Biologie

Die Biologie ist eine Naturwissenschaft. ie beschäftigt sich mit den Kennzeichen von Lebewesen wie z. B. Gestalt, Bewegung, Stoffwechsel, Wachstum, Reizbarkeit, Fortpflanzung und Entwicklung.

Medizin

***Aufgabe:* Medizin – auch Heilkunde genannt – beschäftigt sich mit Krankheiten und der Erhaltung der Gesundheit.**
Beispiel: Erkennen, Behandeln und Vorbeugung einer Grippeerkrankung

Chemie

***Aufgabe:* Die Chemie ist eine Naturwissenschaft. Sie beschäftigt sich mit dem Aufbau und der Umwandlung von Stoffen.**
Beispiel: Eine Kerze verbrennt an der Luft. Dabei bilden sich verschiedene Gase.

Technik

***Aufgabe:* Die Technik beschäftigt sich mit der Herstellung von Gegenständen wie z. B. Werkzeugen, Maschinen, Geräten und Apparaten.**
Beispiel: Entwicklung und Bau von Flugzeugen

Politik

***Aufgabe:* Die Politik beschäftigt sich unter anderem mit Gesetzen, Staaten und Regelungen menschlichen Zusammenlebens.**
Beispiel: Entwurf, Ausführung und Einhaltung von Gesetzen zum Schutz der Umwelt

Geschichte

***Aufgabe:* Die Geschichte beschäftigt sich mit Menschen und Ereignissen aus der Vergangenheit.**
Beispiel: Im Jahre 1665 entdeckte der englische Naturforscher Robert Hooke bei einer Untersuchung von Flaschenkork die Zelle.

Streifzug

**Häufig benötigt man Kenntnisse aus anderen Fächern, um biologische Sachverhalte besser zu verstehen. Hierbei helfen dir die „Streifzug"-Seiten.
Du stellst fest, dass die Biologie mit vielen Fächern und Lebensbereichen vernetzt ist.**

Prüfe dein Wissen

Am Ende von Hauptkapiteln hast du Gelegenheit, anhand von umfassenden Aufgaben zu prüfen, ob du das Wesentliche verstanden hast.

Joachim Jaenicke
Andreas Paul

Netzwerk Biologie 2

Ein Lehr- und Arbeitsbuch

Teilband 2

Schroedel

Netzwerk Biologie 2
Teilband 2

Herausgegeben von
Joachim Jaenicke
Andreas Paul

Bearbeitet von
Dr. Joachim Jaenicke
Dr. Harald Kähler
Dr. Andreas Paul
Rolf Wellinghorst
Christian Wendel

unter Mitarbeit der Verlagsredaktion

In Teilen ist dieses Werk eine Bearbeitung
von Netzwerk Biologie 2, ISBN 3-507-86401-0,
hrsg. von Joachim Jaenicke, Wolfgang Jungbauer,
Hans-Peter Konopka

ISBN 3-507-86434-7

Druck A 5 4 3 2 1 / Jahr 2005 2004 2003 2002 2001

Alle Drucke der Serie A sind im Unterricht parallel verwendbar, da bis auf die Behebung von Druckfehlern untereinander unverändert. Die letzte Zahl bezeichnet das Jahr dieses Druckes.

Illustrationen:
Liselotte Lüddecke, Karin Mall, Tom Menzel,
Heike Möller, Barbara Schneider

Grundlayout und Pinnwände:
Atelier *tiger*color Tom Menzel

Einbandgestaltung:
Cordula Hofmann

Gesamtherstellung:
Universitätsdruckerei H. Stürtz AG, Würzburg

CHLORFREI

Gedruckt auf Papier, das nicht mit Chlor gebleicht wurde. Bei der Produktion entstehen keine chlorkohlenwasserstoffhaltigen Abwässer.

Bau und Leistungen des menschlichen Körpers

Immunbiologie

Sexualität des Menschen

Grundlagen der Vererbung

Abstammungslehre

Titel Joggerin: FUFY / IFA BILDERTEAM; Titel Wald: Dr. Jaenicke; 6, 8-4, 8-6: Minkus; 9-1, 9-2: Dr. Philipp; 10-1, 10-4: Minkus; 10-3: Tegen; 11-7: Dr. Jaenicke; 12-1-A: Kerscher / SILVESTRIS; 12-1-B: Fabian; 12-1-C: Krebs / SILVESTRIS; 12-1-D: Wendler / SILVESTRIS; 16-1, 16-2: Minkus; 18-A, 18-B: Dr. Philipp; 20-1-A: Minkus; 24-5: Kröner / OKAPIA; 32-1-A: DRK; 32-1-B: Mauritius / Phototake; 32-1-C: Okapia / Ortatdo; 32-1-D: Okapia / Camzine; 33-2-A: eye of science / Ottawa; 33-2-F: Dr. Keil; 36-Rote Blutkörperchen: eye of science / Meckes / Ottawa; 36-Weiße Blutkörperchen: NAS / OKAPIA; 36-Blutplättchen: Ottawa / eye of science; 36-Bluttest-Karte: Dr. Keil; 37-1-A: Grey / Arnold Inc. / OKAPIA; 38-2-B: Dr. Keil; 42-7-A: Lieder; 42-7-B, 42-7-C: Dr. Nittinger / XENIEL DIA; 43-8: Phototake / MAURITIUS; 43-9: Morgan / OKAPIA; 45: Ernert / dpa; 46-1-A: Schuchardt; 48-3: Morgan / PR ScienceSc. / OKAPIA; 49-6: Breuer / OKAPIA; 49-7: Briscoe / NAS / OKAPIA; 50-1-A: Hubatka / MAURITIUS; 51-Fußpilz: Schroedel Archiv; 51-Warze: Grzimek / OKAPIA; 51-Hühnerauge: SILVESTRIS; 51-Tätowierung: Wothe / LOOK; 55: Lepine / OKAPIA; 57: Reif / OKAPIA; 59-9 Stolz / Mauritius; 62-1: Minkus; 62-2: aus „Comeback“ / Mosaik Verlag; 63-1-A: SIU / NAS / OKAPIA; 63-1-B: eye of science; 64-2, 64-3: AKG; 65-1: Dr. Philipp; 65-2: Lichtbildarchiv Prof. Keil; 66-4-A: Durham / Science-Photo; 66-4-B: Deutsches Museum; 70-1-B: Lane / SILVESTRIS; 71-1-A: Neufried / OKAPIA; 71-1-B: Müller / OKAPIA; 71-2-A: Dr. Nittinger / XENIEL DIA; 71-2-B: Michler / XENIEL DIA; 75-7-A: Klein & Hubert / OKAPIA; 75-7-B: eye of science; 75-7-C, 75-7-D: Minkus; 75-7-E: Neufried / OKAPIA; 76-1: Stone / NAS / OKAPIA; 77-oben: Minkus; 77-4: CDC / P. Arnold Inc. / OKAPIA; 78, 80: Minkus; 82-1: Zeeb; 82-2: Minkus; 84-1: Hubatka / MAURITIUS; 84-2: Paoni / FOCUS; 85-1, 85-2: Fabian; 86-2-D: Prof. Wanner / Karly; 87-3-A: Meckes / eye of science; 88-2-D: Dr. Keil; 89-3: Minkus; 92-1-A: Philipps / PR Science / OKAPIA; 95-1-A: Matheisl / SILVESTRIS; 95-1-B, 95-1-C: Boehme; 96-1-A–D, 96-2: Minkus; 97-3 ACE / Mauritius; 98: Pfletschinger / ANGERMAYER; 100, 101: Minkus; 102-1: Reinbacher; 102-2-A–D: Robbe / SILVESTRIS; 103-4: Michler / XENIEL DIA; 103-5: Focus; 105-1: Dr. Jaenicke; 106-1-D: eye of science; 107: Stadler / SILVESTRIS; 109-1-G: Xeniel Dia; 109-2-G: eye of science; 110-1: Deutsches Museum; 114-1-links: Jonkmanns / BILDERBERG; 114-1-rechts: Damm / ZEFA; 115-3: Mauritius; 115-4: Lieder; 116-1-links: Xeniel Dia; 116-1-rechts: Birke / MAURITIUS; 118-1: Lessing / AKG; 118-2: Schroedel Archiv; 118-3-A: Lieder; 118-3-B: Minkus; 119-6: Lieder; 120-7-A: Focus; 120-7-B: Lieder; 122-1: Dr. Keil; 122-3: Prof. Weber; 124-1-Tiger: Ziesler / Angermayer; 124-1-Afghanischer Windhund: Bender / Okapia; 124-1-Dobermann: Ausloos / Mauritius; 124-1-Schäferhund: Bob / Mauritius; 124-1-Langhaardackel: Nowotny; 124-1-Bernhardiner: Reinhard / Angermayer; 124-1-Wolf: Dr. Dragesco / Okapia; 124-1-Coyote: FLPA / Silvestris; 124-1-Goldschakal: Brehm / Silvestris; 124-1-Rotfuchs: Danegger / Silvestris; 124-1-Eisbär: Lacz / Silvestris; 124-1-Dachs: Cramm / Silvestris; 125-2-A: Fleetham / OSF / Okapia; 125-2-B: Schulz / Xeniel-Dia; 125-2-C: Reinhard / Angermayer; 125-2-D: dpa; 125-2-E: Reinhard / Angermayer; 126-3: dpa; 126-4: dpa; 127-rechts: Genson / Silvestris; 127-5: Huckmöhg / Silvestris; 128-1-A: Heine / Silvestris; 128-1-B: Harrington / Arnold / Okapia; 128-2-A: Griehl / Silvestris; 128-2-B: Kerstitch / Okapia; 128-2-C: Cancalosi / Okapia; 128-2-D: Hessisches Landesmuseum; 129-3-E: Bayerische Staatssammlung für Paläontologie und Historische Geologie; 129-links: pwe Kinoarchiv; 130-1-A: Konopka; 130-1-B, 130-1-C, 130-1-D, 130-1-E: Ernstling / Bilderberg; 130-1-F: Sapountsis / OKAPIA; 132 Reader / Science Photo Library / Focus; 134-1-A: Lessing / AKG; 135-2-B: AKG; 136-Inder: Kanus / Okapia; 136-Äthiopierin: Cholet / action press; 136-Eskimo: Backhaus / dpa; 136-Buschmann: Ahub / Okapia; 136-Polynesierin: Burkard / Bilderberg; 136-Europäerin: Delimage / Imagine; 137-Asiaten: action press; 137-Europäer: Horree / action press; 137-Neandertaler: Schnaubelt / Bilderberg; 137-Indianer: Angular / action press; 137-Afrikaner: Seiler / action press; 137-Aborigines: Horacek / Bilderberg; 138-1: Konopka; 139-oben: Deutsches Museum; 140-1: The Image Works; 142-1-A, 142-1-B, 142-1-C, 142-1-E: Dr. Jaenicke; 143-3: Silvestris; 143-6-A: Dr. Paul; 143-6-B: Okapia

Bau und Leistungen des menschlichen Körpers

1 Lebensmittelvielfalt

***2 Nährstoffangaben. A** Vollmilch; **B** Orangensaft; **C** Zwieback*

1 Ernährung

1.1 Es gibt drei Nährstoffgruppen

Geht man durch einen Supermarkt, entdeckt man eine Vielfalt an Lebensmitteln. Die meisten davon sind verpackt, wie z. B. Reis, Nudeln, Milch, Orangensaft oder Zwieback. Zur besseren Übersicht werden die Lebensmittel immer nach Warengruppen geordnet. So findet man zum Beispiel Milch und Milchprodukte, Mehl und Mehlprodukte, Obst und Gemüse, Fleisch und Fisch.
Auf vielen Verpackungen sind die Inhaltsstoffe aufgeführt. Vergleicht man die Angaben von verschiedenen Lebensmitteln, stellt man fest, dass die Produkte einer Warengruppe jeweils ähnlich zusammengesetzt sind.

Der Hauptanteil der Inhaltsstoffe wird bei allen Lebensmitteln von drei Stoffgruppen gebildet. Diese sind **Kohlenhydrate, Fette** und **Eiweißstoffe.** Weil diese Stoffe den wichtigsten Beitrag für die Ernährung leisten, bezeichnet man sie als **Nährstoffe.**

Kohlenhydrate sind vorwiegend in pflanzlicher Nahrung zu finden. Zu den Kohlenhydraten gehören unter anderem Stärke und verschiedenartige Zucker.
Viel Stärke ist in Kartoffeln und in Getreidekörnern enthalten. Da man aus Getreidekörnern Mehl herstellt, sind auch alle Mehlprodukte wie Brot, Kuchen und Kekse reich an Stärke.
Zuckerrüben und Zuckerrohr enthalten viel Zucker. Aus ihnen wird Rüben- und Rohrzucker gewonnen, den man zum Beispiel zum Süßen von Speisen wie Backwaren, Süßigkeiten und Nachspeisen verwendet. Auch der so genannte Haushaltszucker ist Rübenzucker. Ein besonders wichtiges Kohlenhydrat ist der Traubenzucker, die *Glucose*. Er ist vor allem in Weintrauben und auch in anderen Früchten enthalten. Weitere bedeutende Zucker sind Frucht-, Milch- und Malzzucker. Wie ihre Namen ausdrücken, kommen sie

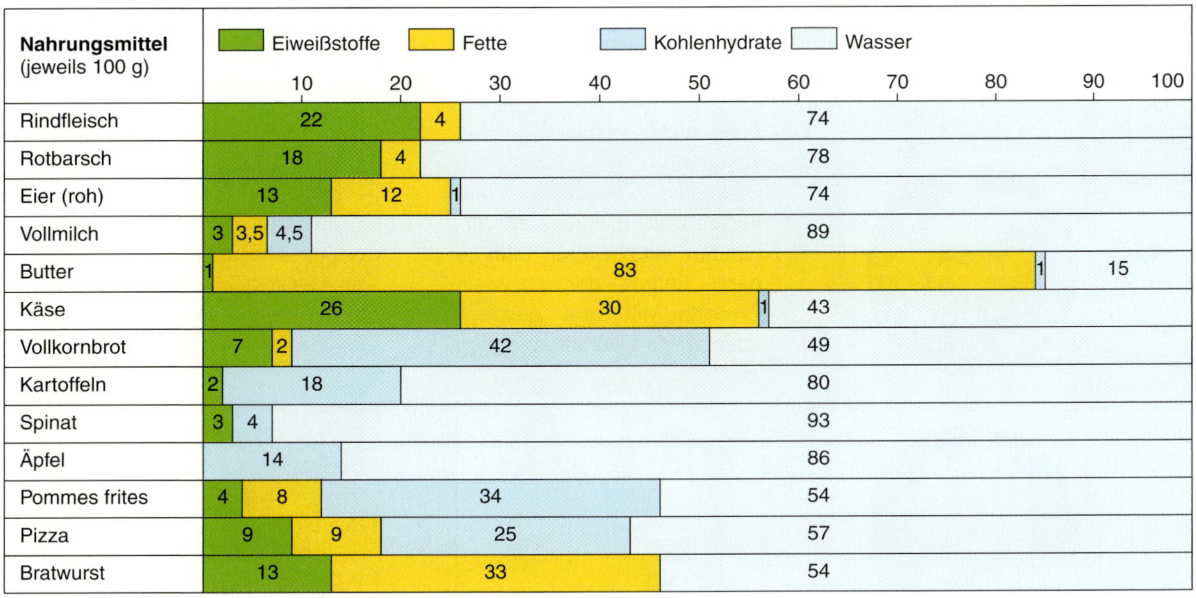

3 Zusammensetzung von Lebensmitteln

in Früchten, in Milch oder in keimenden Gerstekörnern, dem Malz, vor. Der chemische Name für Malzzucker ist *Maltose*.

Fette unterscheidet man nach ihrer Herkunft: Tierische Fette stammen von Tieren, pflanzliche Fette von Pflanzen. Tierische Fette sind zum Beispiel in Butter, Sahne, Käse, Wurst und Speck enthalten. Manche Früchte wie Oliven oder Erdnüsse enthalten viele pflanzliche Fette. Diese können flüssig sein. Dann spricht man von Speiseölen. Ein festes Pflanzenfett ist zum Beispiel Margarine.

Stichwort

Nährstoffe – Nährsalze

Immer wieder werden die Begriffe Nährstoffe und Nährsalze miteinander verwechselt.
Nährstoffe sind energiereiche Stoffe: Kohlenhydrate, Fette und Eiweißstoffe.
Nährsalze werden auch als *Mineralstoffe* bezeichnet. Zu ihnen gehören zum Beispiel solche, die Kalium-, Calcium- und Magnesiumteilchen enthalten. Sie sind für Pflanzen, aber auch für Tiere und Menschen lebensnotwendig. Im Gegensatz zu den Nährstoffen liefern sie keine Energie.

Wie bei den Fetten unterscheidet man bei den **Eiweißstoffen** je nach ihrer Herkunft tierische und pflanzliche Eiweißstoffe. Besonders reich an tierischen Eiweißstoffen sind Milch und Milchprodukte, Fisch und Eier, Fleisch und Fleischprodukte.
Pflanzliche Eiweißstoffe sind besonders viel in Erbsen, Mais und Sojabohnen enthalten.
Die drei Nährstoffe kommen in den verschiedenen Lebensmitteln in unterschiedlichen Mengen vor. In der Vollmilch sind sie zu ungefähr gleichen Anteilen verteilt. Butter besteht fast nur aus Fetten. Fleisch und Fisch enthalten viele Eiweißstoffe. Wurst und Käse sind sehr fett- beziehungsweise eiweißstoffreich, jedoch sehr arm an Kohlenhydraten. Auch Eier enthalten viele Fette und Eiweißstoffe, aber kaum Kohlenhydrate. Obst und Gemüse dagegen enthalten überwiegend Kohlenhydrate.

Viele Lebensmittel enthalten neben den Nährstoffen auch Wasser. Spinat besteht zum Beispiel zu 93 % aus Wasser, Vollmilch zu 89 %. Pommes frites und Vollkornbrot bestehen ungefähr zur Hälfte aus Wasser. Butter enthält mit 15 % relativ wenig Wasser.

In Lebensmitteln sind die drei Nährstoffgruppen Kohlenhydrate, Fette und Eiweißstoffe enthalten. Lebensmittel enthalten diese Nährstoffgruppen in unterschiedlichen Zusammensetzungen und Mengen.

1 Suche auf Lebensmittelverpackungen nach Nährstoffangaben. Stelle diese in einer Tabelle zusammen.

2 Stelle jeweils drei kohlenhydrat-, fett- und eiweißstoffreiche Lebensmittel anhand der Abbildung 3 zusammen.

3 Butter und Käse werden aus Vollmilch hergestellt. Vergleiche jeweils die Zusammensetzung und ziehe Schlussfolgerungen.

Streifzug durch die Chemie

Struktur der Nährstoffe

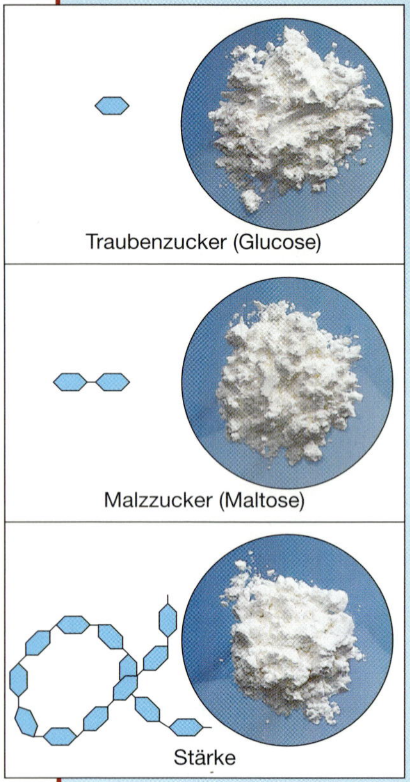

4 Aufbau von Kohlenhydraten

Die Kohlenhydrate Stärke, Maltose und Glucose sehen gleich aus. Sie unterscheiden sich jedoch in ihrem chemischen Bau und in ihren Eigenschaften. So sind sie z. B. verschieden gut in Wasser löslich.
Jedes Stärketeilchen besteht aus vielen miteinander verbundenen Glucosebausteinen, jedes Malzzuckerteilchen aus zwei miteinander verbundenen Glucosebausteinen. Glucose ist also der Baustein der abgebildeten Kohlenhydrate. Sie ist ein **Einfachzucker.** Maltose ist dagegen ein **Zweifachzucker,** und Stärke ist ein **Vielfachzucker.**

Fette setzen sich aus Teilchen zusammen, bei denen die Bausteine **Glycerin** und **Fettsäuren** miteinander verbunden sind. Dabei kann je nach Fettart der Baustein Glycerin mit drei gleichen oder aber mit unterschiedlich

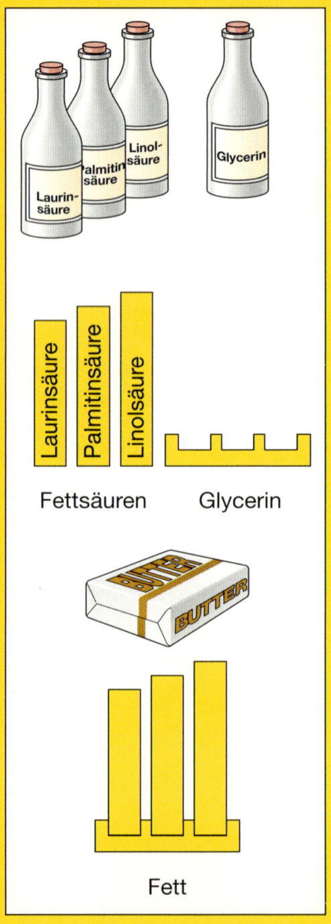

5 Aufbau von Fetten aus Fettsäuren und Glycerin

aufgebauten Fettsäurebausteinen verbunden sein. Manche Fettsäuren kann der Körper nicht selbst aufbauen. Sie müssen daher mit der Nahrung aufgenommen werden. Man spricht von **essenziellen Fettsäuren.**

Die Teilchen der Eiweißstoffe bestehen aus etwa 20 verschiedenen Bausteinen, den **Aminosäuren.** Sie werden zu Ketten verknüpft. Verschiedene Eiweißstoffe unterscheiden sich in der Reihenfolge ihrer Aminosäuren in den Ketten.

Einige Aminosäuren kann der Körper nicht selbst aufbauen. Sie müssen ebenso wie die essenziellen Fettsäuren mit der Nahrung aufgenommen werden und heißen **essenzielle Aminosäuren.**

6 Aufbau von Eiweißstoffen aus verschiedenen Aminosäuren

Nachweis von Kohlenhydraten

Übung

V1 Nachweis von Stärke mit Iod-Kaliumiodid-Lösung

Material: Bechergläser; Wasser; Messer; Stärke; Glasstab; Iod-Kaliumiodid-Lösung; verschiedene Lebensmittel (z.B. Kartoffel- und Obstscheibe, Nudeln, Mehl, Reis, Fleisch)

Durchführung: Fülle zwei Bechergläser gleich hoch mit Wasser. Gib in eines eine Messerspitze Stärke und rühre mit einem Glasstab um. Versetze jedes Becherglas mit zwei Tropfen Iod-Kaliumiodid-Lösung.
Prüfe mit einer Iod-Kaliumiodid-Lösung Lebensmittel auf Stärke, indem du die Lösung direkt auf die Lebensmittel gibst.

Aufgabe: Beschreibe deine Beobachtungen. Nenne Lebensmittel, die Stärke enthalten.

V2 Nachweis von Traubenzucker mit Glucose-Teststreifen

Material: Bechergläser; Wasser; Messer; Traubenzucker; Glasstab; Glucose-Teststreifen; verschiedene Lebensmittel (z.B. verschiedene Fruchtsäfte, Malzbier, Milch, Banane, Rosinen, Weißbrot, Kartoffel, Fleisch); Küchenreibe

Durchführung: Fülle zwei Bechergläser gleich hoch mit Wasser. Gib in eines eine Messerspitze Traubenzucker und rühre mit einem Glasstab um. Tauche kurz einen Glucose-Teststreifen in jedes Becherglas.
Prüfe mit Glucose-Teststreifen Lebensmittel auf Traubenzucker, indem du den Teststreifen direkt in die flüssigen Lebensmittel hältst. Zerkleinere feste Lebensmittel mit der Küchenreibe und mische sie in einem Becherglas mit Wasser, bevor du den Teststreifen hineinhältst.

Aufgabe: Beschreibe deine Beobachtungen am Testbezirk des Glucose-Teststreifens. Nenne Lebensmittel, die Traubenzucker enthalten.

A3 Nachweis von Traubenzucker mit der Fehling-Probe

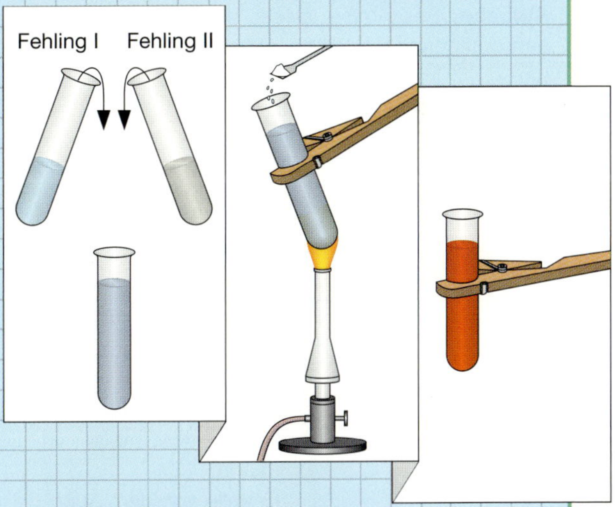

Bei der Fehling-Probe benutzt man zwei Lösungen, Fehling I und Fehling II. Sie werden in gleichen Mengen in ein Reagenzglas gegeben. Dabei entsteht eine dunkelblaue Lösung. Nun wird Traubenzucker zugegeben und das Gemisch erhitzt. Erstelle von dem abgebildeten Versuch ein Versuchsprotokoll (Material, Durchführung, Beobachtung, Ergebnis).

Übung

Nachweis von Fetten und Eiweißstoffen

V 1 Nachweis von Fetten mit der Fettfleck-Probe

Material: Löschpapierblätter; Wasser; Öl; verschiedene Lebensmittel (z. B. Butter, Wurst, Käse, Brot, Speck, Banane); Mörser; Pistill; Heptan oder Waschbenzin; Trichter; Filtrierpapier; Reagenzgläser

Durchführung: Gib auf ein Blatt Löschpapier einen Tropfen Wasser und einen Tropfen Öl. Halte die Blätter nach dem Trocknen gegen das Licht. Prüfe mit der Fettfleck-Probe Lebensmittel auf Fett. Gib dazu die Butter direkt auf das Löschpapierblatt. Zerkleinere feste Lebensmittel im Mörser mit etwas Heptan oder Waschbenzin. Gieße dann das Gemisch aus dem Mörser in einen Trichter, der mit Filtrierpapier bestückt ist. Fange die filtrierte Flüssigkeit unten in einem Reagenzglas auf und gib einen Tropfen davon auf das Löschpapierblatt.

Aufgabe: Beschreibe jeweils deine Beobachtungen und nenne die Lebensmittel, die Fette enthalten.

A 2 Nachweis von Fetten in Öl und Milch

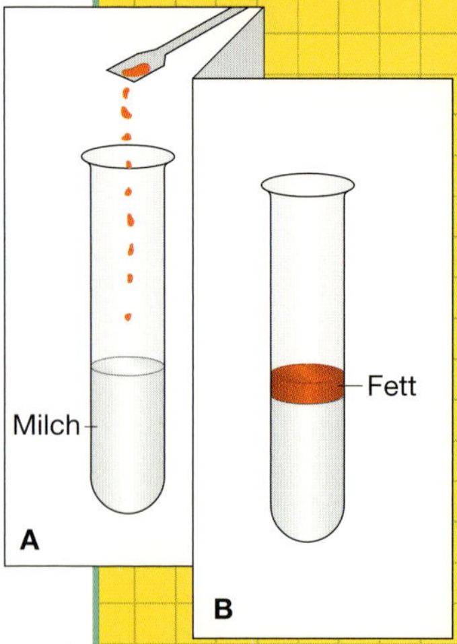

Man gibt zu Öl oder Milch im Reagenzglas eine winzige Spatelspitze von Sudan(III)-Pulver. Dann schüttelt man kräftig. Sudan(III)-Pulver löst sich in Fetten.

Erstelle von dem abgebildeten Versuch ein Versuchsprotokoll (Material, Durchführung, Beobachtung, Ergebnis).

V 3 Nachweis von Eiweißstoffen mit Eiweiß-Teststreifen

Material: Bechergläser; Wasser; Bunsenbrenner; Eiklar; Glasstab; Eiweiß-Teststreifen; verschiedene Lebensmittel (z. B. Quark, Käse, Haferflocken, Kartoffel, Apfel, Banane); Küchenreibe

Durchführung: Fülle zwei Bechergläser gleich hoch mit Wasser. Gib in eines etwas Eiklar und rühre mit einem Glasstab um. Tauche kurz einen Teststreifen in jedes Becherglas.

Prüfe Lebensmittel auf Eiweißstoffe, indem du sie mit der Küchenreibe zerkleinerst. Mische sie in einem Becherglas mit Wasser, bevor du den Teststreifen hineinhältst.

Aufgaben: a) Beschreibe deine Beobachtungen.

b) Gib in zwei Bechergläser die gleiche Menge Eiklar und verrühre jeweils mit etwas Wasser. Erhitze ein Becherglas bis zum Kochen, lasse es abkühlen und führe dann in beiden Ansätzen den Eiweißstoff-Nachweis durch. Vergleiche die Ergebnisse und erläutere.

A 4 Nachweis von Eiweißstoffen mit Ninhydrin

Ein Chemiker kann Eiweißstoffe mit Ninhydrin nachweisen. Er gibt dann zu dem zu untersuchenden Lebensmittel im Reagenzglas eine wässerige Ninhydrinlösung und erhitzt.

Was erwartest du als Versuchsergebnis bei der Zugabe von Ninhydrin zu Butter, Weizenmehl, Banane, Fischstäbchen und Wurst?

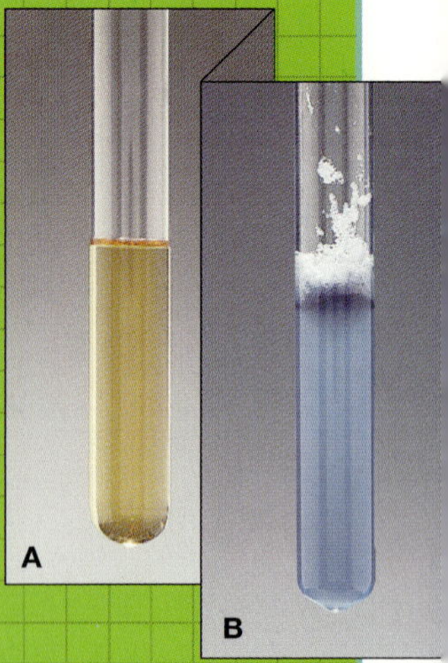

Energie

Streifzug durch die Physik

7 Dampfmaschine

Zum Betreiben der abgebildeten Spielzeugdampfmaschine verbrennt man Spiritustabletten. Die dabei entstehende Wärme wird zur Erzeugung von Wasserdampf genutzt, der eine Säge und einen Dynamo antreibt. Der Dynamo erzeugt elektrischen Strom, durch den eine Glühlampe zum Leuchten gebracht wird.

Wärme, Bewegung und Licht sind Formen von **Energie.** Die brennende Spiritustablette wird in einem chemischen Vorgang zersetzt. Dabei wird die im Spiritus gespeicherte chemische Energie in **Wärmeenergie** und **Lichtenergie** umgewandelt. Die Spiritustablette ist also ein **Energieträger,** während die Dampfmaschine ein **Energiewandler** ist.
In der Dampfmaschine erfolgt die Umwandlung von chemischer Energie in Wärme- und Bewegungsenergie zum Antreiben der Säge und des Dynamos. Der Dynamo wandelt die Bewegungsenergie wiederum in **elektrische Energie** um, die dann anschließend von der Glühlampe in Licht- und Wärmeenergie umgewandelt wird. Diese Wärme fließt ungenutzt in die Umgebung wie auch ein Teil der Wärmeenergie im Kessel der Dampfmaschine. Man spricht von einer **Energieentwertung.**

> Stichwort
>
> **Energieeinheiten**
>
> Die Maßeinheit für die Energie ist das *Kilojoule* (Abkürzung *kJ*). Die alte Maßeinheit *Kilokalorie (kcal)* ist aber noch häufig in Gebrauch. Es gilt: 1 kcal = 4,18 kJ. Darüber hinaus gibt es auch noch andere Maßeinheiten, wie z.B. *Kilowattstunde (kWh).*

Auch die Nährstoffe sind Energieträger. Will man ermitteln, welchen Energiegehalt sie haben, verbrennt man sie in einem *Kalorimeter.* Hier werden sie vollständig zu Kohlenstoffdioxid und Wasser umgesetzt. Aus der frei werdenden Wärmemenge wird der **physikalische Brennwert** ermittelt.

Bei der Zellatmung im Körper werden Kohlenhydrate und Fette ebenfalls vollständig zu Kohlenstoffdioxid und Wasser abgebaut. Eiweißstoffe dagegen werden nur bis zum Harnstoff, einer noch recht energiereichen Verbindung, umgewandelt. Sie setzen also im Körper weniger Energie frei als Fette und Kohlenhydrate. Die Wärmemenge, die im Körper beim Abbau von Nährstoffen frei wird, heißt **physiologischer Brennwert.** Dieser ist bei den Eiweißstoffen kleiner als der physikalische Brennwert. Bei Kohlenhydraten und Fetten stimmen beide Werte überein.

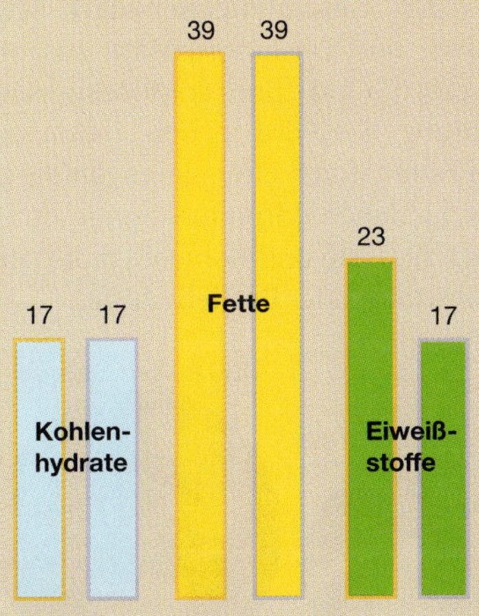

8 Physikalischer und physiologischer Brennwert in kJ/g

1.2 Bedeutung der Nährstoffe für den Stoffwechsel

Nach einer mehrstündigen Wanderung ist man müde und hungrig. Woran liegt das? Für die ständige Bewegung braucht der Körper Energie. Das Hungergefühl nach der Wanderung ist ein Zeichen dafür, dass die Energiereserven des Körpers aufgebraucht sind und mit Nahrung wieder aufgefüllt werden müssen.
Es gibt aber auch Menschen, die sich bereits morgens nach dem Aufstehen mit gutem Appetit an den Frühstückstisch setzen. Obwohl sie die ganze Nacht geschlafen haben, also „nichts" getan haben, sind sie beim Aufwachen hungrig. Wie lässt sich das erklären?
Viele Körperfunktionen laufen auch ab, wenn man sich in völliger Ruhe befindet, wenn man zum Beispiel schläft. Atmung, Blutkreislauf und Aufrechterhaltung der Körpertemperatur sind Vorgänge, die auch beim Schlafen ablaufen. Diese Lebensfunktionen benötigen ständig Energie, die von außen zugeführt werden muss. Die Energiemenge, die ein Mensch im Liegen in einem Raum mit einer Temperatur von 20 °C durchschnittlich benötigt, wird **Grundumsatz** genannt. Er liegt zwischen 5000 und 8000 kJ pro Tag und ist unter anderem abhängig vom Alter und Geschlecht.
Für jede weitere Leistung, die ein Mensch vollbringt, braucht er zusätzliche Energie. Diese Energiemenge, die über den Grundumsatz hinaus benötigt wird, bezeichnet man als **Arbeits-** oder **Leistungsumsatz.** Er wird vor allem durch die Muskeltätigkeit bestimmt, z. B. beim Wandern. Mit jeder Muskeltätigkeit ist ein zusätzlicher Energiebedarf verbunden. Der Leistungsumsatz ist bei verschiedenen Tätigkeiten sehr unterschiedlich: Beim Spazierengehen beträgt er ungefähr 50 kJ pro Stunde, beim Lauftraining hingegen 2650 kJ pro Stunde. Der **Gesamtenergiebedarf** setzt sich also aus Grund- und Leistungsumsatz zusammen. Die Energie für den Grund- und Leistungsumsatz stammt aus der Nahrung. Sie wird in den Zellen aus Kohlenhydraten und Fetten durch Energieumwandlung für die verschiedenen Körperfunktionen nutzbar gemacht. Fette und Kohlenhydrate sind **Brennstoffe** oder **Betriebsstoffe.**

Muskelbewegungen benötigen besonders viel Energie. Bei der Verbrennung von Traubenzucker zu Kohlenstoffdioxid und Wasser in der Zellatmung wird die gespeicherte chemische Energie in den Muskeln in Bewegungsenergie umgewandelt. Die Bewegungsvorgänge werden von den Nervenzellen im Gehirn gesteuert. Diese Zellen benötigen für ihre Tätigkeit ebenfalls Energie, die der Körper durch die Verbrennung von Kohlenhydraten liefert. Ein Teil der Energie wird als Wärme frei, die einerseits zur Aufrechterhaltung der Körpertemperatur genutzt wird, die andererseits aber ungenutzt in die Umgebung abstrahlt.
Der Körper kann nur eine sehr begrenzte Menge an Kohlenhydraten speichern. Sind die Speicher aufgefüllt, werden die überschüssig aufgenommenen Kohlenhydrate in der Leber zu Fett umgebaut und im Fettgewebe gespeichert. Auch mit der Nahrung über den Energiebedarf hinaus aufgenommene Fette werden im Fettgewebe gespeichert. Es handelt sich bei ihnen um Energiereserven.

Ein Baby braucht für sein Wachstum und seine Entwicklung ebenfalls Energie, die es über die Nahrung erhält. Nach etwa fünf Monaten hat es sein Geburtsgewicht verdoppelt, nach zwölf Monaten verdreifacht. Alle Organe haben im Wachstum an Größe und Gewicht zugenommen. Aber auch bei Erwachsenen finden vergleichbare Vorgänge statt: Man kann am eigenen Körper beobachten, wie Haare und Nägel wachsen, wie die Haut sich schuppt. Genauso werden Blut und Muskelsubstanz erneuert. Dazu benötigt man Stoffe, die man als **Baustoffe** bezeichnet. Sie haben die Aufgabe, körpereigene Stoffe aufzubauen. Kohlenhydrate und Fette sind daran nur in geringem Maße beteiligt.

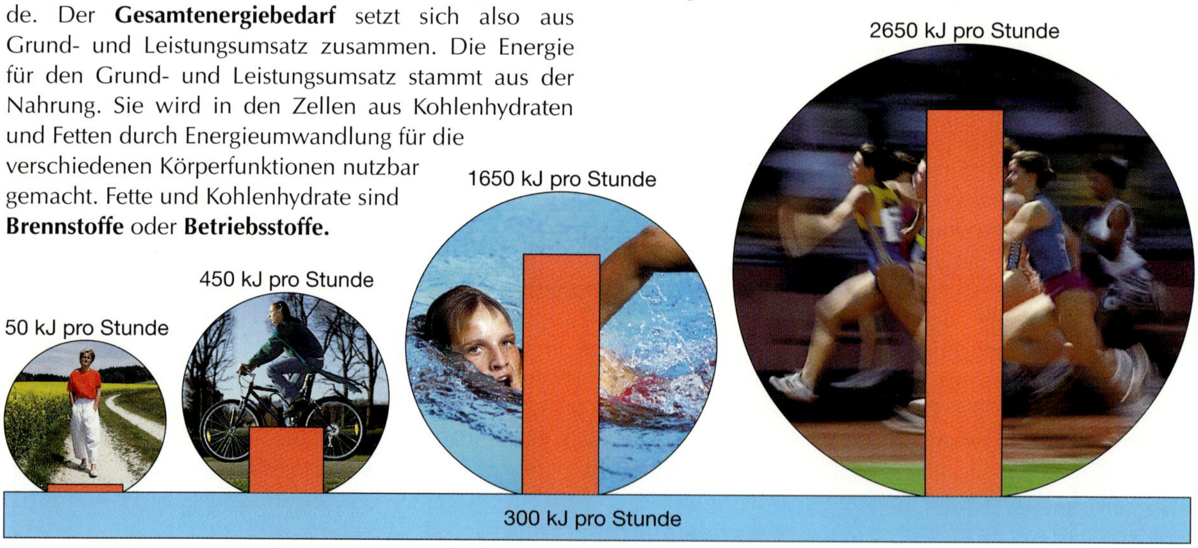

1 Durchschnittlicher Energiebedarf für verschiedene Tätigkeiten in kJ pro Stunde. Grundumsatz, Leistungsumsatz

Der größte Teil des menschlichen Körpers besteht jedoch aus Eiweißstoffen, zum Beispiel die Muskulatur, Nägel und Haare. Isst man Fleisch oder Fisch, nimmt man tierische Eiweißstoffe auf, die dem Körper zum Aufbau körpereigener Eiweißstoffe dienen. Eiweißstoffe dienen vorwiegend als Baustoffe.

Für den Aufbau von Körpereiweißstoffen werden als Bausteine die Aminosäuren benötigt. Darunter befinden sich einige essenzielle Aminosäuren, die vom Körper nicht selbst aufgebaut werden können. Sie müssen mit den Eiweißstoffen der Nahrung aufgenommen werden.

Bei der Nahrungszusammenstellung ist zu beachten, dass Eiweißstoff aber nicht gleich Eiweißstoff ist. Zur Ermittlung der Qualität eines Eiweißstoffes, **biologische Wertigkeit** genannt, berücksichtigt man das Mengenverhältnis der essenziellen Aminosäuren. Die biologische Wertigkeit gibt an, wie viel Gramm Körpereiweißstoff aus 100 Gramm Nahrungseiweißstoff aufgebaut werden können.

Pflanzliche und tierische Eiweißstoffe unterscheiden sich in der Aminosäurezusammensetzung von den menschlichen Eiweißstoffen. Die biologische Wertigkeit eines Eiweißstoffes ist hoch, wenn es die essenziellen Aminosäuren in einem ähnlichen Mengenverhältnis enthält wie der menschliche Körper. Die biologische Wertigkeit von tierischen Eiweißstoffen ist im Allgemeinen höher als die von pflanzlichen. Eine Ausnahme bilden Eiweißstoffe aus Sojakeimlingen.

> Der Grundumsatz ist die Energiemenge, die der Körper in Ruhe in 24 Stunden benötigt. Jeder weitere Energiebedarf, z. B. durch Muskeltätigkeit, wird Leistungsumsatz genannt.
> Eiweißstoffe dienen dem Körper hauptsächlich als Baustoffe, Fette und Kohlenhydrate als Brennstoffe.

1 Nenne die Aufgaben, die die einzelnen Nährstoffe für den Körper haben.

2 Erkläre die Begriffe Grundumsatz und Leistungsumsatz.

3 Berechne mithilfe der Abbildung 3 und der Abbildung 8 auf Seite 11 den Energiebedarf von Jungen und von Mädchen im Alter von 12 bis 15 Jahren.

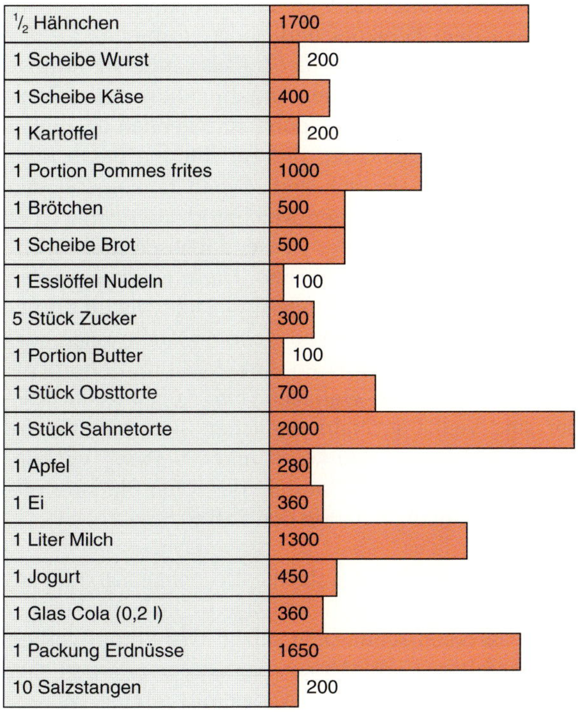

2 Energiegehalt von Lebensmitteln in kJ

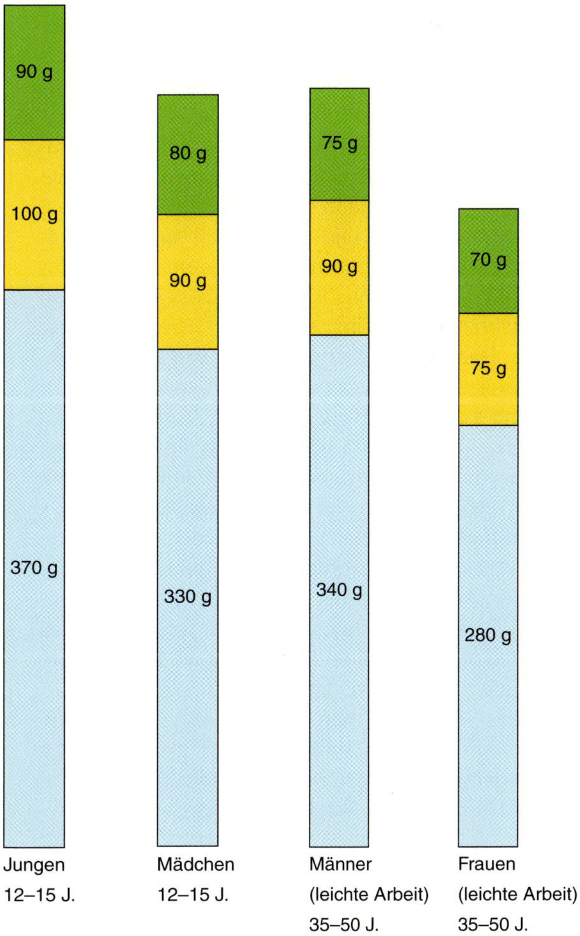

3 Nährstoffbedarf in Abhängigkeit vom Alter.
Eiweißstoffe, Fette, Kohlenhydrate

Streifzug durch die Geschichte

Als die Seefahrer erkrankten

Im Altertum und im Mittelalter segelten die Hochseeschiffe meist in Ufernähe. So konnten sich die Seeleute immer wieder mit frischen Nahrungsmitteln wie z. B. Obst und Gemüse versorgen. Gegen Ende des 15. Jahrhunderts erkundeten die damals führenden Seemächte Spanien und Portugal neue Handelswege. Das Zeitalter der großen Entdeckungsreisen begann. Die Schiffe waren manchmal monatelang auf dem offenen Meer unterwegs. Neben den Anstrengungen der Reise und den Stürmen war auch der Gesundheitszustand der Seeleute ein großes Problem. An der bis dahin kaum bekannten Seefahrerkrankheit *Skorbut* starben viele Matrosen. Der Portugiese Vasco da Gama verlor beispielsweise 100 von 160 Leuten, als er 1498 als Erster Afrika umrundete und den Seeweg nach Indien fand. Sein Landsmann Magellan startete 1519 zur ersten Weltumsegelung. Dabei entdeckte er den Pazifik, den „Stillen Ozean". Nach fast vier Monaten Fahrt waren alle Nahrungsvorräte weitgehend erschöpft. Als die letzte Schiffsratte gegessen war, begann die Mannschaft neben Resten von Zwieback und Pökelfleisch sogar das Leder von den Mastbeschlägen zu kauen. Der Chronist Magellans schreibt: „Infolge dieser schlechten Ernährung kam eine eigenartige Krankheit über uns. Das Zahnfleisch des Ober- wie Unterkiefers schwoll so an, dass es die Zähne bedeckte. (...) 19 Mann starben an diesem Leiden. Zu alledem kam noch, dass etwa 25 bis 30 Mann an Schmerzen und offenen Geschwüren an den Armen, Beinen und anderen Teilen des Körpers krank lagen."
Der englische Seefahrer James Cook löste im 18. Jahrhundert das Skorbutproblem auf seine Weise: Jeden Abend aß er mit seinen Offizieren eine Portion Sauerkraut. Als die einfachen Matrosen dies sahen, erschien ihnen Sauerkraut als Delikatesse, die sie auch regelmäßig verzehren wollten.
Später erkannte man, dass auch Obst gegen Skorbut wirkte. Daraufhin erließ die englische Kriegsmarine den Befehl, dass jeder Seemann an Bord täglich einen Apfel essen müsse.

Heute weiß man, dass Sauerkraut, Obst und Gemüse viel Vitamin C enthalten. Dadurch schützen sie vor Skorbut, das durch Vitamin-C-Mangel entsteht.

1.3 Die Nahrung enthält weitere wichtige Stoffe

Im 19. Jahrhundert trat vor allem bei Kindern in den dunklen, engen Wohnungen der Großstädte eine neuartige Krankheit auf. Die Kinder litten unter Verkrümmungen der langen Röhrenknochen besonders in Armen und Beinen. Diese Krankheit heißt *Rachitis.* Man erkannte, dass sie von dem Lichtmangel in den Wohnungen der Großstädte verursacht wurde. Das Wachstum der Röhrenknochen erfordert nämlich einen Wirkstoff, der als Vitamin D bezeichnet wird. Ohne ausreichend Sonnenlicht kann kein Vitamin D gebildet werden. Erst durch die regelmäßige Einnahme von Vitamin-D-haltigem Lebertran gelang es, der Krankheit wirksam vorzubeugen.
Vitamine sind Stoffe, die vom Körper nur in winzigen Mengen benötigt werden. Dennoch sind sie lebensnotwendig, da sie ein Bestandteil der Enzyme sind, die viele Vorgänge in den Zellen steuern. Manche Vitamine sind in der Nahrung nur als Vorstufen enthalten. Sie werden erst im Körper zum eigentlichen Vitamin umgewandelt. Die meisten Vitamine sind im Wasser löslich. Einige jedoch, wie z. B. die Vitamine A, D und K, sind fettlöslich. Ihre Aufnahme in den Körper wird durch Fett in der Nahrung erleichtert.

Manche Krankheiten sind auf andere Ernährungsmängel zurückzuführen. Dies ist z. B. oft bei einer *Schilddrüsenerkrankung* der Fall. Die Schilddrüse liegt im Hals vor dem Kehlkopf und bildet Hormone, die das Wachstum sowie die Sauerstoffaufnahme in Körperzellen steuern. Bei einer Unterfunktion der Schilddrüse, die an der Kropfbildung zu erkennen ist, fehlen dem Körper Iodteilchen, die zur Bildung des Schilddrüsenhormons wichtig sind. Durch den reichlichen Verzehr von Seefisch und Milchprodukten kann einer Kropfbildung vorgebeugt werden. Seefisch und Milchprodukte enthalten Iodteilchen. Diese gehören zu den **Mineralstoffen.** Mineralstoffe sind Salze, die im Körper gelöst vorkommen. Hierzu gehören auch Salze, die Calcium-, Natrium-, Eisen-, Magnesium-, Phosphat- und Fluoridteilchen enthalten. Ihre Aufgaben im Körper sind vielfältig. Natriumteilchen sind z. B. für die Erregbarkeit der Muskeln und Nerven wichtig, Eisenteilchen sind ein Baustein des roten Blutfarbstoffs und Fluoridteilchen härten den Zahnschmelz.

Das Vorkommen von Salzen, also Mineralstoffen, im Körper merkt man beim Schwitzen. Die entstehenden Schweißtropfen schmecken salzig. Der Körper verliert so Mineralstoffe und Wasser, bei extremer körperlicher Aktivität bis zu 1,5 Liter Wasser pro Stunde. Wasser ist nicht nur ein Lösungsmittel, sondern auch für viele

Vitamin	Tagesbedarf	Hauptvorkommen	Mangelerscheinungen
A	1,5 mg	**Lebertran, Leber,** Milch, als Vorstufe (Provitamin A) in Möhren, Spinat, Petersilie	Wachstumsstillstand, Verhornung der Haut, Nachtblindheit
B_1	1 mg	**Hefe, Getreidekeime,** Leber, Niere, Hülsenfrüchte, Milch, Eier	Müdigkeit, Verdauungsstörungen, Muskelschwund und Lähmungen (Beri-Beri), Herzschwäche
B_2	2 mg	**Hefe, Schweinefleisch,** Getreidekeimlinge, Gemüse, Milch, Eier	Wachstumsstillstand, Haut- und Schleimhauterkrankungen
C	75 mg	**Hagebutten, Schwarze Johannisbeeren,** Zitrusfrüchte, Kartoffeln, Gemüse, Sauerkraut	Anfälligkeit für Infektionen, Müdigkeit, Appetitlosigkeit, Skorbut
D	0,01 mg	**Lebertran, Hering,** Leber, Nieren, in Pflanzen als Vorstufe (Provitamin D)	Knochenerweichung und -verkrümmung (Rachitis), schlechte Zahnbildung

1 ***Wichtige Vitamine.*** *fettlöslich, wasserlöslich*

Transportvorgänge, z.B. im Blut oder zum Ausscheiden von Abfallprodukten, von Bedeutung. Pro Tag muss ein erwachsener Mensch mindestens 1,5 Liter Wasser aufnehmen, um z.B. den täglichen Wasserverlust durch Verdunstung über die Haut und durch Ausatmen über die Lungen auszugleichen. Außerdem muss pro Tag mindestens ein halber Liter Harn ausgeschieden werden, um den Körper über die Nieren zu entgiften. Wenn die Wasserverluste nicht durch Wasseraufnahme ausgeglichen werden, führt der Wassermangel in wenigen Tagen zum Tod.

Obst und Gemüse enthalten viel Wasser. In diesen Nahrungsmitteln sind aber auch viele andere Stoffe enthalten, die für eine gesunde Ernährung wichtig sind. Es sind **Ballaststoffe.** Darunter versteht man in erster Linie die Cellulose der pflanzlichen Zelle. Cellulose gehört zwar zu den Kohlenhydraten, ist aber schlecht im Körper abbaubar. Ballaststoffe fördern jedoch die Darmtätigkeit und damit den Abbau der Nährstoffe.

Außer Nährstoffen sind Vitamine, Mineralstoffe, Wasser und Ballaststoffe in der Nahrung enthalten. Werden sie nicht in ausreichendem Maße aufgenommen, kommt es zu Mangelerscheinungen.

1 Einen Tomatensalat serviert man häufig mit einer Marinade aus Essig und Öl. Begründe, warum dieser Zusatz für die Verwertung der Nahrung sinnvoll ist.
2 Erläutere, warum Frauen zwischen 10 und 50 einen höheren Bedarf an Eisenteilchen haben als Männer.
3 Nenne die Bedeutung der Ballaststoffe für den Körper.

Mineralstoff	Tagesbedarf	Hauptvorkommen	Mangelerscheinungen
Calciumteilchen	1,2 g	Milchprodukte, Eigelb, grünes Gemüse	unzureichende Skelettverknöcherung, Muskelkrämpfe
Natriumteilchen	2 bis 3 g	Kochsalz	Übelkeit, Erbrechen, Muskelkrämpfe, Blutdruckabfall
Eisenteilchen	10 bis 15 mg	Leber, Fleisch, Eidotter, Obst, Gemüse	Blutarmut, erhöhtes Infektionsrisiko, Müdigkeit
Magnesiumteilchen	300 mg	grünes Gemüse	Herzrhythmusstörungen, Krämpfe, Übererregbarkeit der Muskeln
Phosphatteilchen	1,4 g	Milchprodukte, Hülsenfrüchte, Fleisch	Knochenerweichung, Störung der Skelettbildung
Iodidteilchen	0,2 mg	Seefisch, Milchprodukte, iodhaltiges Speisesalz	Müdigkeit, Kälteempfinden, Verstopfung, Antriebsarmut, Kropfbildung
Fluoridteilchen	1 mg	Seefisch	erhöhte Kariesanfälligkeit

2 Wichtige Mineralstoffe

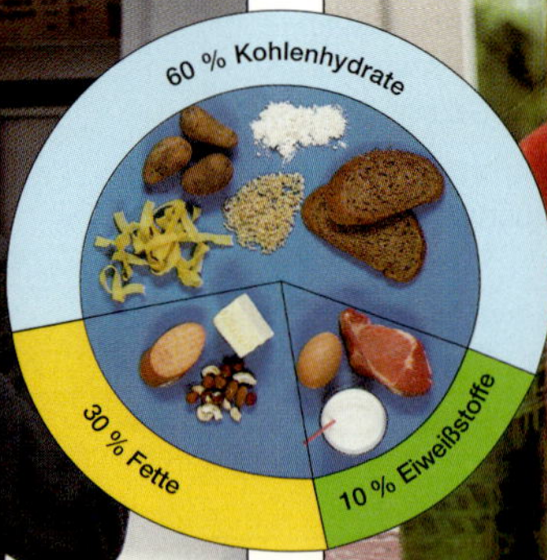

1 „Ungesunde" Mahlzeit?

2 „Gesunde" Mahlzeit?

1.4 Ausgewogene Ernährung ist gesund

Viele Menschen meinen, eine Currywurst mit Pommes frites und Cola sei „ungesund", eine Mahlzeit mit Kartoffeln, Gemüse, Salat und Mineralwasser dagegen „gesund". Vergleicht man allerdings die Zusammensetzung beider Mahlzeiten, so stellt man fest, dass beide alle Nährstoffe, also Kohlenhydrate, Fette und Eiweißstoffe, enthalten. Selbst Mineralstoffe, Vitamine, Ballaststoffe und Wasser sind vorhanden. Weshalb soll nun eine der beiden Mahlzeiten „ungesund" sein?

Untersucht man beide Mahlzeiten, stellt man fest, dass die Stoffe in unterschiedlichen Mengen vertreten sind. Ein Verhältnis der Nährstoffe von etwa 60 % Kohlenhydraten, 30 % Fetten und 10 % Eiweißstoffen gilt als besonders günstig, da dem Körper sowohl Baustoffe als auch energiereiche Stoffe in ausgewogenen Mengen zugeführt werden. Bei Kohlenhydraten spielt auch die Art des aufgenommenen Stoffes eine wichtige Rolle. Da Vielfachzucker langsamer verdaut werden als Ein- und Zweifachzucker und über einen längeren Zeitraum Energie liefern, soll der Kohlenhydratbedarf überwiegend in Form von Vielfachzuckern wie Stärke gedeckt werden. Stärkehaltige Lebensmittel wie z. B. Brot und Kartoffeln enthalten auch Vitamine und Mineralstoffe. Außerdem kommen in der Randschicht des Getreidekorns, die im Vollkornmehl enthalten ist, viele Ballaststoffe vor. Weißes Mehl enthält dagegen überwiegend Stärke, aber kaum Ballaststoffe. Beinhaltet die Mahlzeit darüber hinaus noch Obst, Gemüse und Milchprodukte, sind Nährstoffe, Vitamine, Ballaststoffe, Mineralstoffe und Wasser in ausreichendem Maße und im richtigen Verhältnis vorhanden. Man spricht von einer **ausgewogenen Ernährung.**

Eine Mahlzeit mit Pommes frites, Cola und Currywurst ist auf Dauer ungesund, weil sie zu viele Fette und zu viel Zucker enthält. Eine solche einseitige Ernährung führt dem Körper mehr Nährstoffe und Energie zu, als er benötigt. Überschüssige Kohlenhydrate werden zu Fetten umgewandelt, die dann im Fettgewebe gespeichert werden. Dieses Gewebe kann an bestimmten Stellen das Körpers, zum Beispiel in der Bauchgegend, besonders viel Fett speichern. So kommt es zu starkem Übergewicht, das die Wahrscheinlichkeit zur Entstehung bestimmter Krankheiten erhöht. Deshalb spricht man bei Übergewicht auch von einem Risikofaktor. Es kann zu einer Überlastung des Bewegungsapparates kommen. Außerdem steigt die Gefahr von Herz-Kreislauf-Erkrankungen und von Stoffwechselstörungen. Eine einseitige Ernährung kann auch zu Vitamin- und Mineralstoffmangelerscheinungen führen.

Eine ausgewogene Ernährung enthält alle für den Körper wichtigen Nährstoffe, Vitamine, Mineral- und Ballaststoffe sowie Wasser in ausreichender Menge und in einem ausgewogenen Verhältnis.

1 Erläutere, warum Vollkornbrot „gesünder" ist als Weißbrot.

2 Überlege, ob man Durst besser mit Mineralwasser oder mit Limonade löschen sollte. Erläutere.

3 Errechne mithilfe der auf der Pinnwand Seite 17 angegebenen Definitionen dein Normalgewicht und deinen Body Mass Index.

4 Ist jeder mit einem Body Mass Index unter 20 oder über 30 magersüchtig oder fettleibig? Begründe deine Überlegungen. Nimm die Pinnwand Seite 17 zu Hilfe.

ESSSTÖRUNGEN

Pinnwand

Esssucht

Hauptmerkmal ist das regelmäßige Zuvielessen. Dabei kommt es immer wieder zu Heißhungeranfällen. Das Essen ist bei Esssüchtigen keine Reaktion auf Hungergefühle, sondern meist auf unangenehme Gefühle wie Angst, Ärger, Langeweile, Trauer etc. Die Betroffenen erleben das Verlangen unbedingt zu essen als zwanghaft und unkontrolliert. Eine Folge des Zuvielessens ist Übergewicht.

Ess-Brech-Sucht (Bulimie)

Hierbei kommt es zu Heißhungeranfällen, bei denen in kurzer Zeit sehr große Mengen Nahrung aufgenommen werden. Darauf folgt unmittelbar der Versuch, die Nahrungsaufnahme rückgängig zu machen: durch selbst herbeigeführtes Erbrechen, manchmal kombiniert mit Abführmitteln und/oder Diätversuchen, um eine Gewichtszunahme zu verhindern. Während der Heißhungeranfälle haben die Betroffenen das Gefühl, ihr Essverhalten nicht kontrollieren zu können. Vom äußeren Erscheinungsbild fallen bulimische Jugendliche und Erwachsene kaum auf.

Magersucht

Äußeres Merkmal ist eine extreme Gewichtsabnahme, die durch eine eingeschränkte und streng kontrollierte Nahrungsaufnahme hervorgerufen wird. Die Betroffenen haben große Angst vor dem Dicksein oder einer Gewichtszunahme, selbst wenn sie bereits stark untergewichtig sind. Sie empfinden sich auch dann als dick, wenn sie nur noch aus Haut und Knochen bestehen. Ihre Gedanken drehen sich ständig um Essen und Körpergewicht. Erstaunlicherweise kochen die Betroffenen gern für andere, essen aber selbst nichts davon. Mädchen und Frauen sind 16-mal häufiger betroffen als Jungen und Männer.

Methoden zur Beurteilung des Körpergewichts

1.
Normalgewicht in Kilogramm: Körpergewicht in Zentimetern minus 100;
leichtes Übergewicht: Körpergewicht bis zu 20 % über dem Normalgewicht;
mittleres Übergewicht: Körpergewicht zwischen 20 % und 30 % über dem Normalgewicht;
schweres Übergewicht: Körpergewicht ab 30 % über dem Normalgewicht.

2.
Eine andere Methode ist der **Body Mass Index (BMI).** Der BMI errechnet sich folgendermaßen:

$$\text{Body Mass Index (BMI)} = \frac{\text{Körpergewicht (kg)}}{\text{Quadrat der Körperlänge (m}^2\text{)}}$$

Aus dieser Rechnung ergibt sich eine Indexzahl. Liegt sie zwischen 20 und 30, ist das Körpergewicht normal. Ist die Indexzahl kleiner als 20, liegt Untergewicht vor, bei über 30 behandlungswürdiges Übergewicht.

Die Feststellung, ob ein Mensch Normalgewicht, Untergewicht oder Übergewicht hat, lässt sich nicht so einfach treffen, weil es verschiedene „Typen“ mit unterschiedlicher Statur, Größe usw. gibt. Als grob vereinfachende Regel gilt: Jeder Mensch hat sein ganz individuelles „Normalgewicht“, manchmal auch „Wohlfühlgewicht“ genannt.

Zeichnung von Wilhelm Busch

Pinnwand

GESUNDE ERNÄHRUNG

!!! Versuche !!!

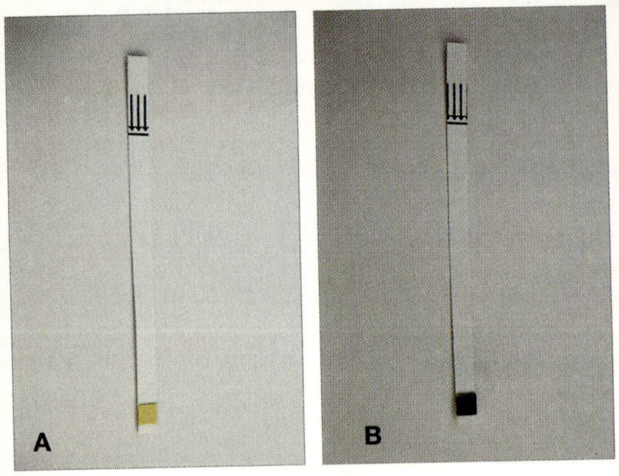

Ascorbinsäure-Teststäbchen.
A mit Wasser; **B** mit Vitamin C

Material: Reagenzglasständer; Reagenzgläser; Wasser; Ascorbinsäure (Vitamin C); Glasstab; Ascorbinsäure-Teststäbchen; Messer; verschiedene Lebensmittel (z. B. Zitrone, Orange, Apfel, Brot, frische und gekochte Paprika)

Durchführung: Fülle zwei Reagenzgläser gleich hoch mit Wasser. Gib in eines etwas Ascorbinsäure und rühre mit einem Glasstab um. Tauche kurz ein Teststäbchen in jedes Reagenzglas. Zerkleinere Lebensmittel mit dem Messer und halte an die Schnittfläche ein Teststäbchen.
Zerkleinere und prüfe eine frische, eine gekochte und eine klein geschnittene Paprika, die mindestens zwölf Stunden nicht abgedeckt an der Luft gestanden hat, mit einem Teststäbchen.

Aufgaben:
a) Welche der untersuchten Lebensmittel enthalten Vitamin C?
b) Stelle Regeln für die vitaminschonende Lagerung und Zubereitung von Lebensmitteln auf.

Vollwert-Ernährung

Es handelt sich um eine überwiegend pflanzliche Ernährungsweise. Die hauptsächlich verwendeten Lebensmittel sind Vollkornprodukte, Gemüse und Obst, Kartoffeln, Hülsenfrüchte sowie Milch und Milchprodukte. Daneben können geringe Mengen an Fleisch, Fisch und Eiern enthalten sein. Etwa die Hälfte der Nahrungsmenge besteht aus unerhitzter Frischkost. Die Zubereitung erfolgt schonend und mit wenig Fett aus frischen Lebensmitteln. Nahrungsmittel mit Zusatzstoffen werden vermieden.

Diäten

Unter einer Diät versteht man eine besondere Ernährungsform. Sie kann vom Arzt zur Vorbeugung oder Behandlung bestimmter Krankheiten verordnet oder zur Verringerung des Körpergewichts durchgeführt werden. Dazu nimmt man weniger Nahrung zu sich als gewöhnlich. Ein Beispiel ist die FdH-Methode. FdH steht für „Friss die Hälfte". Es ist zu beachten, dass man sich trotz halber Energiezufuhr ausgewogen ernährt, das heißt, dass lebenswichtige Vitamine, Mineralstoffe und Ballaststoffe in ausreichendem Maße verzehrt werden. Deshalb muss bei einer Diät sorgsam auf eine ausgewogene Kostzusammenstellung geachtet werden: Milchprodukte, mageres Fleisch, Vollkornprodukte, Fisch, Geflügel, Kartoffeln, Rohkost und Gemüse, frisches Obst und pflanzliche Öle sind empfehlenswert. Damit es nach Beendigung der Diät nicht wieder zu einer enttäuschenden, schnellen Gewichtszunahme kommt, muss zusätzlich zur Diät das Ess- und Bewegungsverhalten verändert werden. Dabei helfen Kurse, die von Volkshochschulen und Krankenkassen angeboten werden.

Vegetarier

Sie essen kein Fleisch und keinen Fisch. Man unterscheidet folgende Formen:
Ovo-Lacto-Vegetarier verzehren neben pflanzlichen Lebensmitteln auch Produkte lebender Tiere wie Milch, Milchprodukte und Eier.
Lacto-Vegetarier ernähren sich wie Ovo-Lacto-Vegetarier, verzehren aber keine Eier.
Veganer verzehren überhaupt keine von Tieren stammende Lebensmittel, also auch nicht Milch, Eier oder Honig. Sie verzichten auch auf das Tragen von Leder, Seide und Schafwolle.

5 Stelle mithilfe deines Ernährungswissens, der Tagesleistungskurve und der Ernährungspyramide einen Kostplan mit ausgewogener Ernährung für einen Tag zusammen.

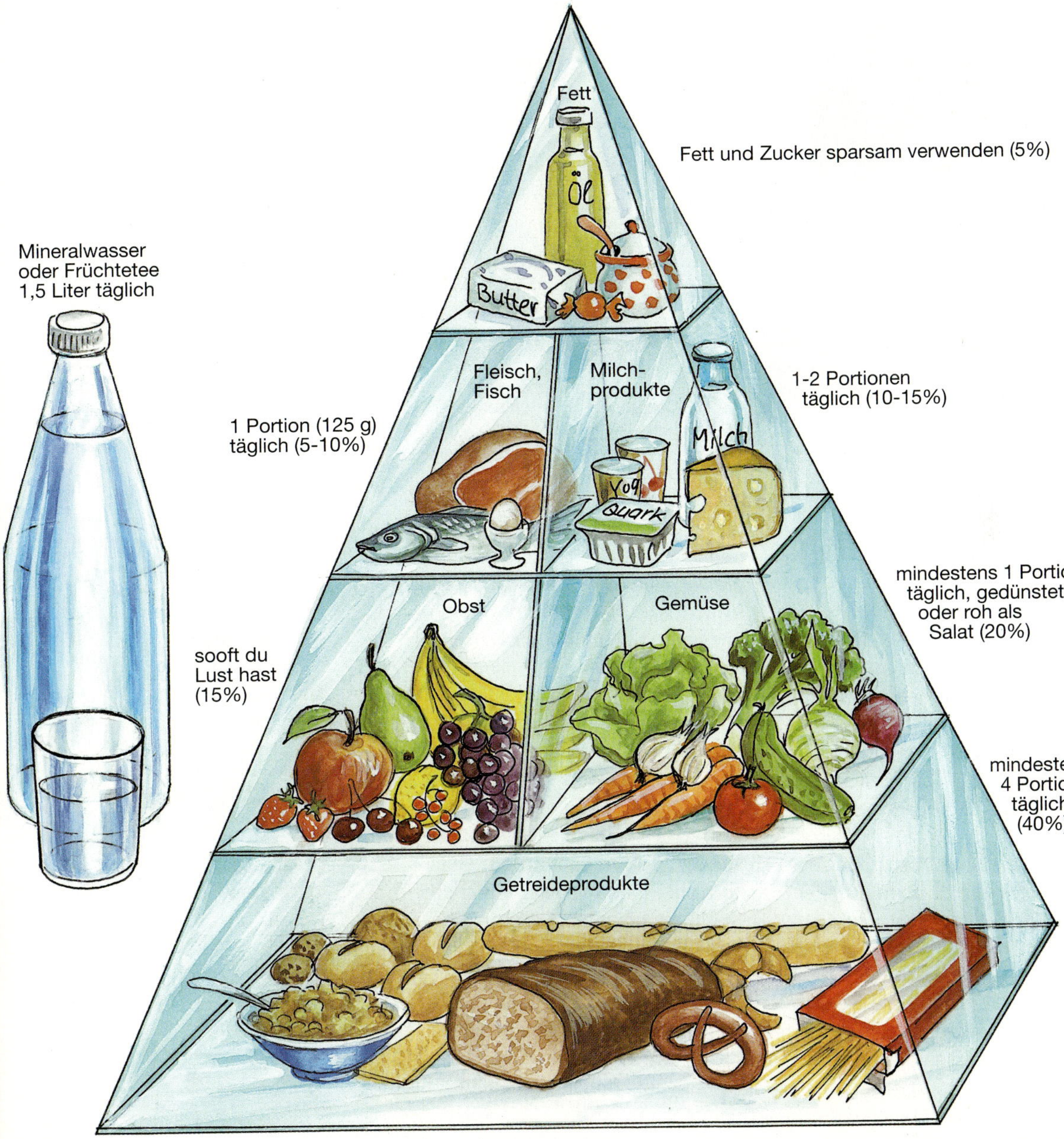
Fett
Öl
Butter
Fett und Zucker sparsam verwenden (5%)
Mineralwasser oder Früchtetee 1,5 Liter täglich
Fleisch, Fisch
Milch-produkte
Milch
Yog
Quark
1 Portion (125 g) täglich (5-10%)
1-2 Portionen täglich (10-15%)
Obst
Gemüse
sooft du Lust hast (15%)
mindestens 1 Portion täglich, gedünstet oder roh als Salat (20%)
Getreideprodukte
mindestens 4 Portionen täglich (40%)

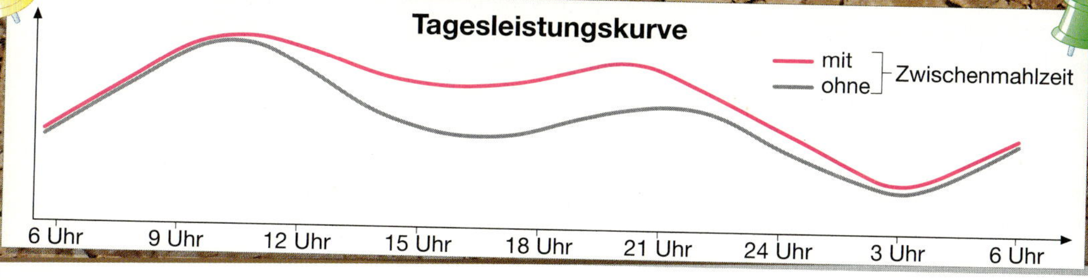
Tagesleistungskurve
mit
ohne
Zwischenmahlzeit
6 Uhr
9 Uhr
12 Uhr
15 Uhr
18 Uhr
21 Uhr
24 Uhr
3 Uhr
6 Uhr

2 Verdauung

1 *Mundverdauung.* ***A*** *Nahrungsaufnahme;* ***B*** *Speicheldrüsen;* ***C*** *Mundregion;* ***D*** *Magenregion*

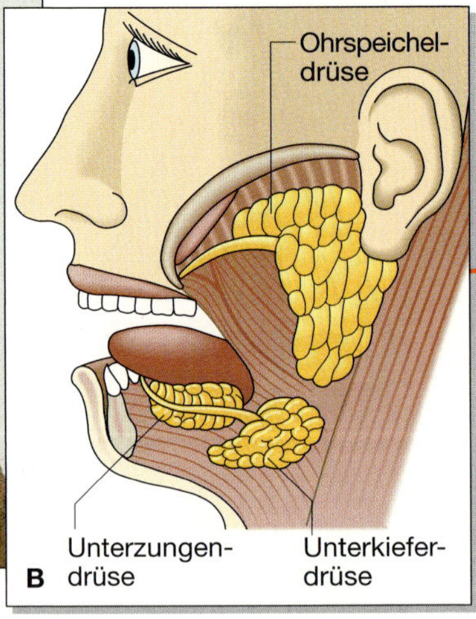

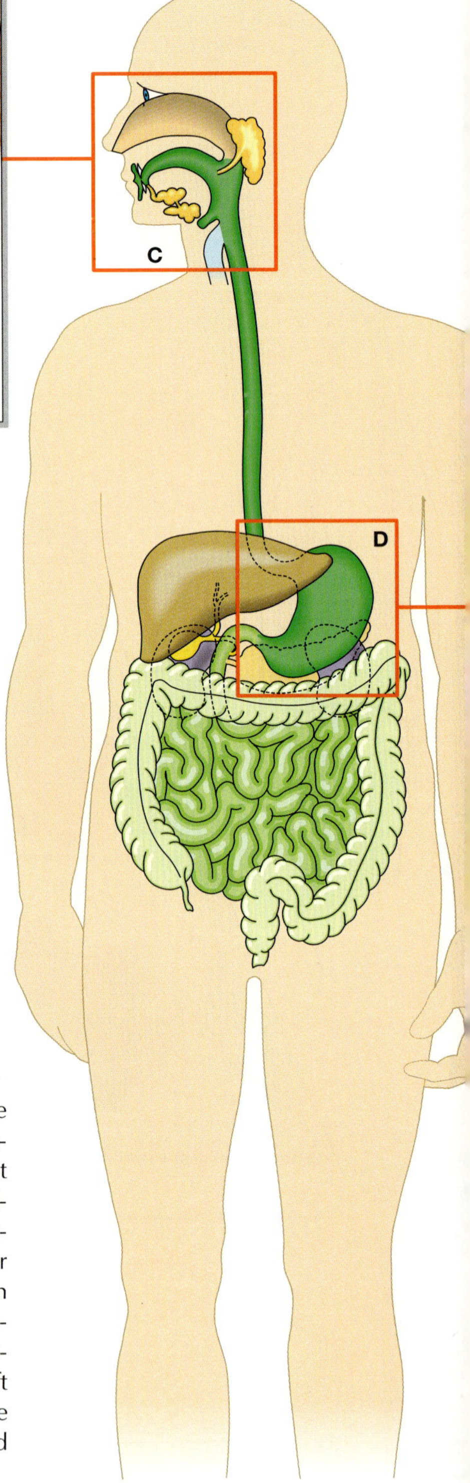

2.1 Verdauung in Mund und Magen

Ein Käsebrot enthält alle Nährstoffe. Das Brot selbst besteht aus Getreide, also aus Kohlenhydraten. Butter oder Margarine liefern Fette und der Käse Eiweißstoffe. Was passiert mit den Nährstoffen im Körper, nachdem ein Stück von dem Käsebrot abgebissen wurde?

Zunächst wird der Bissen mit den Zähnen zerkleinert. Beim anschließenden Kauen entsteht ein Nahrungsbrei. Hierzu tragen verschiedene *Speicheldrüsen* bei, indem sie eine Flüssigkeit, den Speichel, absondern. Schon beim Anblick oder Geruch guten Essens „läuft einem das Wasser im Mund zusammen". Dabei können pro Tag bis zu eineinhalb Liter Speichel gebildet werden.

Kaut man Brot über eine längere Zeit, schmeckt es süß. Offenbar enthält der Speichel einen Stoff, der die im Brot enthaltene Stärke verändert. Untersucht man den Speichel, findet man einen Wirkstoff oder ein **Enzym,** das Stärke in kleinere Zuckerbausteine zerlegt. Das Enzym nennt man *Amylase,* den entstehenden Zucker *Malzzucker.* Die Zerlegung von Nährstoffen wie die der Stärke durch Enzyme bezeichnet man als **Verdauung.** Sie beginnt also schon im Mund.

Durch den Speichel gleitfähig gemacht, lässt sich der Speisebrei leicht hinunterschlucken. Dabei gelangt er in die *Speiseröhre.* Beim Schlucken legt sich der Kehldeckel auf den Kehlkopfeingang und verschließt dadurch die Luftröhre. Gleichzeitig wird die Atmung für den Moment unterbrochen. Auf diese Weise wird verhindert, dass Nahrungsteilchen in die vor der Speiseröhre liegende Luftröhre geraten. Durch die Speiseröhre gelangt der Nahrungsbissen – selbst wenn man sich auf den Kopf stellen würde – in den Magen. Muskeln, die sich in der Wand der Speiseröhre befinden, werden in bestimmten Abständen zusammengezogen, sodass der Nahrungsbissen sogar gegen die Schwerkraft bewegt wird. Die Speiseröhre durchquert das Zwerchfell und mündet im Magen.

Der **Magen** ist ein muskulöser schlauchförmiger Hohlraum. Er ist dehnbar und hat ein Fassungsvermögen von bis zu zwei Litern. Eine kräftige Muskulatur, die aus längs, ringförmig und schräg verlaufenden Muskeln besteht, erzeugt wellenförmige Bewegungen, *Peristaltik* genannt. Hierdurch wird der Nahrungsbrei durchmischt und die Nahrungsteilchen aneinander zerrieben. Wenn die Nahrung nicht genügend gekaut wurde, dauert das Zerkleinern im Magen wesentlich länger. Kohlenhydrate halten sich nur ein bis zwei Stunden im Magen auf. Eiweißstoffe verlassen den Magen erst nach etwa vier Stunden und größere Fettmengen brauchen sechs bis acht Stunden, ehe sie an den Darm weitergegeben werden.

Noch bevor die ersten Nahrungsbissen den Magen erreichen, ist Magensaft gebildet worden. Seine Produktion wird wie die des Speichels durch Geruch und Geschmack der Speisen ausgelöst. Magensaft besteht aus Salzsäure und Eiweiß spaltenden Enzymen. Diese Stoffe werden von zahlreichen Drüsenzellen abgesondert, die sich in der innersten Schicht des Magens, der Magenschleimhaut, befinden. Salzsäure wird in den *Belegzellen* gebildet. Sie wird in das Mageninnere abgegeben und hat nach etwa einer Stunde den gesamten Nahrungsbrei durchsäuert. Dabei werden die meisten von den mit der Nahrung in den Magen gelangten Bakterien und andere Kleinstlebewesen abgetötet. Die Salzsäure verändert auch die im Nahrungsbrei vorhandenen Eiweißstoffe, sodass diese leichter verdaut werden können. Hierfür produzieren die *Hauptzellen* das zunächst unwirksame Enzym *Pepsinogen*. Erst im Magen wird es durch die Einwirkung von Salzsäure in das wirksame Enzym *Pepsin* umgewandelt. Pepsin spaltet nun Eiweißstoffe in kürzere Aminosäureketten. Kohlenhydrate und Fette hingegen können im Magen nicht abgebaut werden.
Auch die Zellen des Magens bestehen aus Eiweißstoffen. Wieso verdaut sich der Magen nicht selbst?

In der Magenwand befinden sich neben den bereits erwähnten Beleg- und Hauptzellen auch noch *Nebenzellen*. Sie sondern einen zähflüssigen Schleim ab, der den gesamten Mageninnenraum überzieht. Da der Schleim gegen Salzsäure unempfindlich ist, verhindert die Schleimschicht eine Selbstverdauung des Magens. Erst wenn die Schleimschicht verletzt ist, kann es zu einer Schädigung der Magenwand durch die Salzsäure kommen. Wenn alle Nahrungsteilchen einen Durchmesser von etwa einem halben Millimeter aufweisen und der Nahrungsbrei gut durchmischt ist, öffnet sich am Magenausgang ein ringförmiger Muskel, der **Magenpförtner.** Er reguliert die Weitergabe des Nahrungsbreies, indem er stets nur kleine Portionen des Mageninhaltes an den Darm weiterleitet.

Im Mund wird die Nahrung zerkleinert und eingespeichelt. Das Enzym Amylase im Mundspeichel baut Stärke zu Malzzucker ab. Im Magen wird ein feinkörniger Nahrungsbrei hergestellt. Das Enzym Pepsin zerlegt große Eiweißstoffe in kleinere.

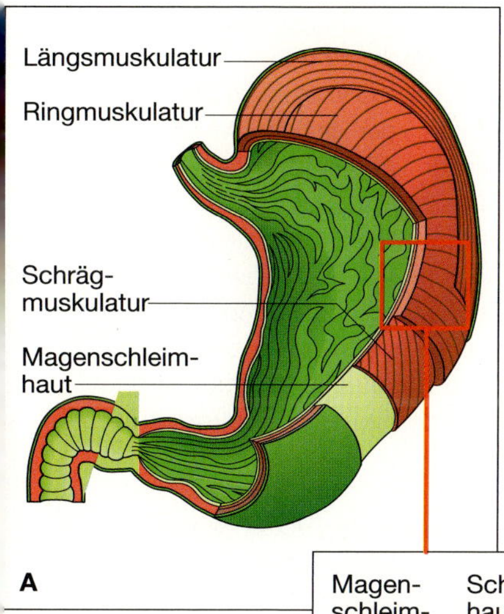

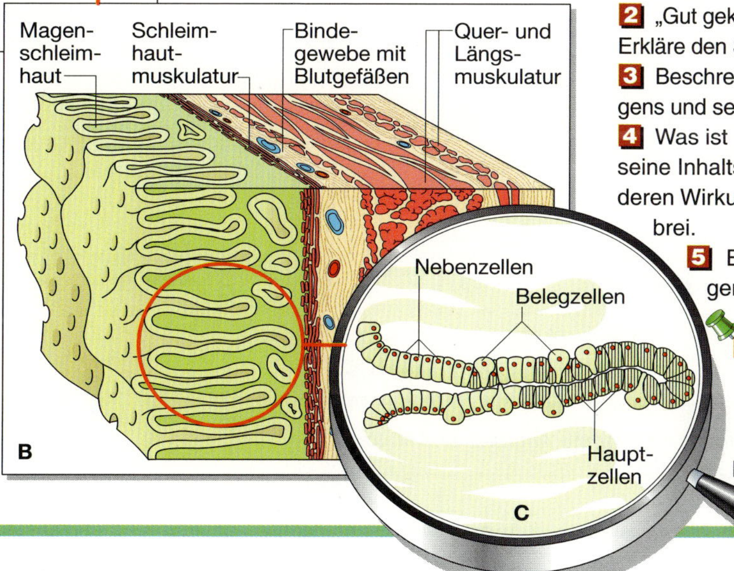

*2 **Magen.** **A** Bauplan des Magens; **B** Ausschnitt aus der Magenwand; **C** Haupt-, Beleg- und Nebenzellen in der Magenschleimhaut*

1 Erläutere, wie Stärke im Mund verdaut wird. Nenne das entstehende Produkt.

2 „Gut gekaut ist halb verdaut." Erkläre den Sinn dieses Sprichwortes.

3 Beschreibe den Aufbau des Magens und seine Lage im Bauchraum.

4 Was ist Magensaft? Nenne seine Inhaltsstoffe und beschreibe deren Wirkung auf den Nahrungsbrei.

5 Erkläre, warum der Magen sich nicht selbst verdaut.

6 Erläutere, wie sich die Magenverdauung von Taube und Mensch unterscheidet. Nimm die Pinnwand auf Seite 30 zu Hilfe.

Streifzug durch die Chemie

Enzyme

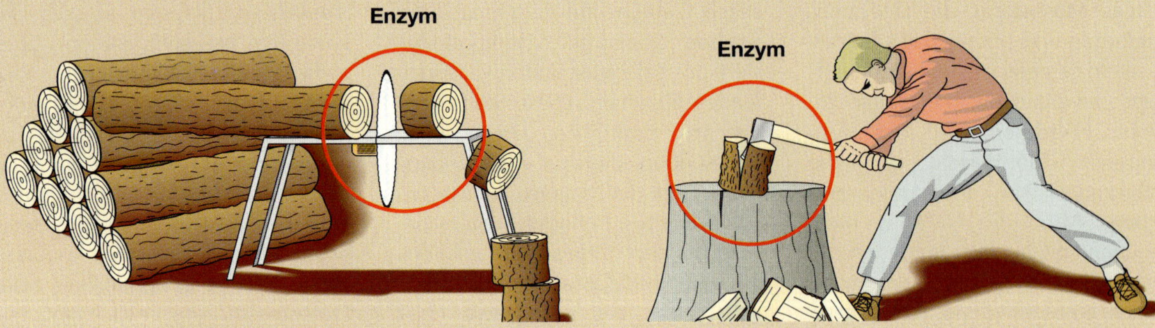

3 Modell zur Wirkungsweise der Enzyme

Kohlenhydrate, Eiweißstoffe und Fette sind für den Chemiker riesige Teilchen, die aus vielen kleinen Bausteinen zusammengesetzt sind. Im Laufe der Verdauung werden diese Riesenteilchen in ihre Bausteine zerlegt. Dafür sind in den Verdauungssäften ganz bestimmte eiweißhaltige Stoffe enthalten. Man nennt sie **Enzyme.**

Oft wird für den Abbau mehr als ein Enzym benötigt. So zerlegt z. B. die *Amylase* die Riesenteilchen der Stärke zunächst in Malzzuckerteilchen. Jedes Malzzuckerteilchen besteht aus zwei Bausteinen Traubenzucker. Zur Zerlegung des Malzzuckers wird ein anderes Enzym, die *Maltase,* benötigt. Warum kann die Amylase Stärke nicht sofort in die Traubenzuckerbausteine zerlegen?

Jedes Enzym hat einen besonders gestalteten räumlichen Aufbau. In den Bau der Amylase passt nur die Stärkekette wie ein „Schlüssel" in das „Schloss".

Sobald der „Schlüssel im Schloss" steckt, verändert sich die Raumstruktur des „Schlosses" vorübergehend. Dabei wird die Kette an zwei Stellen zerteilt. Das geschieht so lange, bis die gesamte Stärkekette in alle ihre Malzzuckerteilchen zerlegt ist. Im Dünndarm erfolgt die Zerlegung des Malzzuckers. Das Enzym *Maltase* besitzt ein „Schloss", in das nur der „Schlüssel" Malzzucker passt. Dieses Enzym spaltet die Malzzuckerteilchen in die beiden Traubenzuckerbausteine, aus denen dieser Zweifachzucker aufgebaut ist. Die Traubenzuckerbausteine werden vom Blut aufgenommen und in die Körperzellen transportiert. Hier wird Traubenzucker z. B. zur Freisetzung von Energie benötigt. Dabei entstehen Kohlenstoffdioxid und Wasser. An diesem Vorgang sind viele Enzyme beteiligt.

Andere Enzyme dagegen können die Traubenzuckerbausteine aber auch zu einem Reservestoff, dem Glykogen, zusammensetzen, der in der Muskulatur und in der Leber gespeichert wird.

Für jede Reaktion, die im Stoffwechsel von Lebewesen stattfindet, ist ein bestimmtes Enzym zuständig. Es wirkt beschleunigend auf diese Reaktion ein und wird deshalb *Biokatalysator* genannt.

3 Beschreibe die Abbildung 3. Vergleiche sie mit der Abbildung 4. Äußere Kritik an der Modellvorstellung.

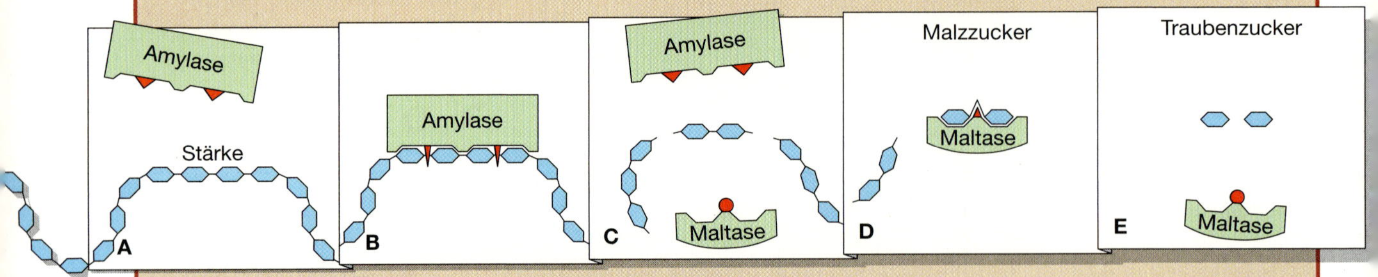

4 Abbau von Stärke durch die Enzyme Amylase und Maltase

Verdauung im Mundbereich

Übung

V1 Produktion von Mundspeichel

Material: Würfelzucker; Spiegel
Durchführung: Lege ein Stück Würfelzucker unter deine Zunge und beobachte deinen geöffneten Mund etwa zwei Minuten lang.
Aufgabe: Protokolliere und erläutere deine Beobachtung.

V2 Abbau von Stärke durch Speichel

Material: Speichel; Stärke; Iod-Kaliumiodid-Lösung; Salzsäure (ca. 5 %); 3 Reagenzgläser; Reagenzglasständer; Reagenzglasstopfen; 1 Becherglas (100 ml); 2 Bechergläser (250 ml); Pipetten; Spatel; Glasstab; Schutzbrille
Durchführung: In dem 100-ml-Becherglas werden zunächst etwa 6 ml Speichel gesammelt. Darauf wird in ein 250-ml-Becherglas eine Spatelspitze Stärkepulver in 100 ml Wasser eingerührt. Nummeriere zwei Reagenzgläser und gib in beide jeweils etwa 20 ml dieser Flüssigkeit. Setze dem ersten Reagenzglas 2 ml Speichel zu; das zweite Reagenzglas dient als Kontrolle und erhält anstelle von Speichel deshalb 2 ml Wasser. Verschließe die Reagenzgläser mit einem Stopfen und schüttele sie gut durch. Stelle sie anschließend in ein Becherglas, das etwa 37 °C warmes Wasser enthält. Gib nach fünf Minuten in alle Reagenzgläser einen Tropfen Iod-Lösung.
Aufgaben: a) Protokolliere deine Beobachtungen und erläutere die Wirkung des Speichels auf die Stärke.
b) Erläutere, warum bei diesem Versuch ein Kontrollversuch sinnvoll ist.

Mundhygiene

Streifzug durch die Medizin

Beim Kauen von Süßigkeiten bleiben meist kleinere Reste zurück, die an bestimmten Stellen der Zähne haften bleiben und dort Zahnbeläge (Plaques) verursachen.
Mundbakterien ernähren sich von diesen Stärke und Zucker enthaltenden Belägen und können sich innerhalb weniger Stunden stark vermehren. Dabei scheiden sie Säuren aus, die den harten Zahnschmelz entkalken und kleine Löcher hineinfressen. Hier können Bakterien eindringen und ihr Zerstörungswerk im darunter liegenden, weichen Zahnbein fortsetzen. Man bezeichnet diese Zahnerkrankung als Zahnfäule oder **Karies.** Von ihr sind 95 bis 98 % aller Menschen in den Industrieländern in verschieden starkem Maße betroffen. Untersuchte Gebisse aus der Jungsteinzeit zeigten nur in zwei Prozent der Fälle Anzeichen von Karies. Die einfache, aber natürliche Nahrung der Naturvölker enthält keine künstlich hergestellten Stärke- und Zuckerprodukte, wie das auf unsere Nahrung zutrifft. Somit können sich keine Beläge an den Zähnen bilden und eine Erkrankung an Karies wird vermieden.
Was kann man tun, um nicht an Karies zu erkranken? Die Zahnheilkunde rät zu einer regelmäßigen Entfernung des Zahnbelags und zu einer Beschränkung der Zuckeraufnahme. Zusätzlich sollte man die Zähne mit fluoridhaltiger Zahncreme putzen, um der Entkalkung des Zahnschmelzes entgegenzuwirken.

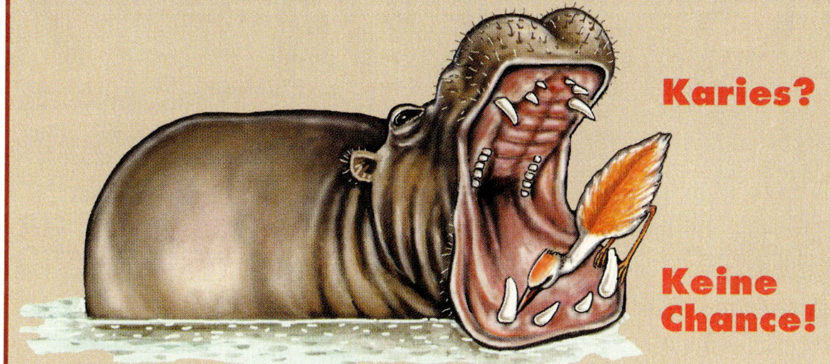

Streifzug durch die Medizin

Magenerkrankungen

5 Mensch im Stress

Ärger, Kummer oder auch berufliche Belastungen schlagen manchen Menschen auf den Magen. Was heißt das? Der Magen reagiert auf **Stress** mit vielfältigen Beschwerden wie Appetitlosigkeit, Völlegefühl, Aufstoßen, Unbehagen oder Übelkeit und Schmerzen. Der Arzt spricht von einem **nervösen Magen** oder einem **Reizmagen,** wenn noch keine Schädigungen erkennbar sind.

Manchmal treten Schmerzen im Oberbauch auf, aber auch Appetitlosigkeit und Übelkeit, die bis zum Erbrechen führen können. Dies sind Anzeichen einer entzündeten Magenschleimhaut. Eine **Magenschleimhautentzündung,** auch *Gastritis* genannt, kann mehrere Ursachen haben: Verzehr verdorbener Speisen, schnelles Trinken eiskalter Getränke, übermäßiger Alkoholgenuss oder die Einnahme mancher Medikamente. Sobald man die schädigenden Stoffe oder Umstände vermeidet, klingt diese Erkrankung meist nach wenigen Tagen wieder ab.

Zu den bekanntesten Magenerkrankungen gehört das **Magengeschwür.** Zugrunde liegt eine Schleimhautverletzung, die aber nicht wie bei der Gastritis auf die Oberfläche begrenzt bleibt, sondern kraterförmig in die tiefer liegenden Schichten der Magenwand eindringt. Rauchen, der übermäßige Genuss von Alkohol, eine hastige Nahrungsaufnahme, Stress und seelische Belastungen führen zu einer Überproduktion von Salzsäure. Diese überschüssige Säure galt lange Zeit als Auslöser für die Bildung eines Magengeschwürs.

Heute geht man davon aus, dass die Überproduktion von Magensäure und damit das Entstehen von Gastritis und Magengeschwüren auf die Stoffwechselaktivität eines Bakteriums mit der Bezeichnung *Helicobacter pylori* zurückzuführen ist.

Eine schlimme Magenerkrankung, die sich durch Völlegefühl, Appetitlosigkeit, Widerwillen gegen Fleisch, Aufstoßen, Erbrechen und Abmagerung bemerkbar macht, ist der **Magenkrebs.** Er war lange Zeit die häufigste Krebserkrankung in Europa. Seit man Lebensmittel in Kühlschränken längere Zeit aufbewahren kann und diese, um sie haltbar zu machen, nicht mehr stark räuchern oder pökeln muss, ist Magenkrebs seltener geworden.

Untersuchungen des Magens erfolgen meist durch eine *Magenspiegelung.* Hierbei ist es möglich, das Innere des Magens über ein optisches Instrument, das *Endoskop,* zu betrachten. Nachdem die Schleimhaut des Rachens durch ein Spray unempfindlich gemacht worden ist, wird ein dünner, sehr biegsamer Glasfaserstab in den Magen eingeführt. Durch die Glasfasern wird Licht geleitet, sodass der Arzt die Innenwände des Magens betrachten kann. Im Inneren des Stabes verläuft außerdem ein Kanal, durch den sich verschiedene Werkzeuge in den Magen einführen lassen. So können z. B. mit einem Mikrozupfer Gewebeproben aus verdächtig erscheinenden Regionen der Magenschleimhaut entnommen werden. Das bereitet keine Schmerzen, da die Magenschleimhaut schmerzunempfindlich ist.

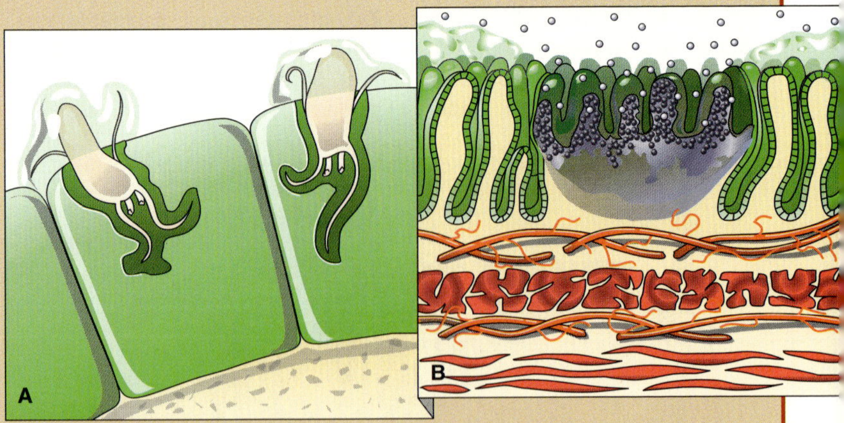

***6 Entstehung eines Magengeschwürs. A** Helicobacter-Bakterien bohren sich in die Schleimhaut ein; **B** Magengeschwür*

Übung

Der Magen reagiert sauer

Bei Versuchen mit Säuren oder Laugen immer Schutzbrille tragen!

V 1 Wirkung von Salzsäure auf Fäulniserreger

Material: Hackfleisch; verdünnte Salzsäure; 2 Reagenzgläser; Reagenzglasständer; Pipette; Schutzbrille

Durchführung: Verteile auf zwei Reagenzgläser einen halben Teelöffel Hackfleisch. Gib in das erste Reagenzglas etwa 5 ml Wasser, in das zweite etwa 5 ml verdünnte Salzsäure. Lasse beide Reagenzgläser bei Zimmertemperatur etwa vier Tage lang stehen.

Aufgaben: a) Protokolliere deine Beobachtungen.

b) Erläutere die Ergebnisse und stelle einen Zusammenhang mit der Magenverdauung her.

A 2 Sodbrennen

Hat man seinen Magen mit großen Mengen an Nahrungsmitteln, vor allem mit in viel Fett gebratenen Speisen oder mit vielen Süßigkeiten, überladen, kommt es bei gesunden Menschen manchmal zu einem sauren Aufstoßen. Dies erfolgt meist dann, wenn z. B. beim Bücken ein Druck auf den Magen ausgeübt wird.

Da die Speiseröhrenschleimhaut keinen schützenden Schleim produziert, wird sie durch die Magensäure gereizt. Es kommt zu einem brennenden Schmerz. Um das Brennen zu verhindern, nahmen die Betroffenen früher Soda ein. Man bezeichnet das Aufstoßen von saurem Magensaft, der bis in den Mund hochschießen kann, deshalb als **Sodbrennen.** Heute ist Soda durch modernere Medikamente abgelöst worden.

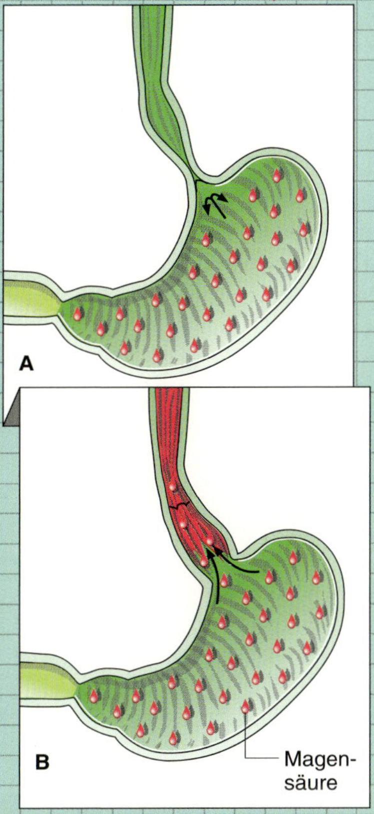

Beschreibe mithilfe der Abbildungen, wie Sodbrennen entsteht.

V 3 Säure lässt Eiweiß gerinnen

Material: Milch; Becherglas (250 ml); Messzylinder; Glasstab; Pipette; verdünnte Essigsäure

Durchführung: Verdünne in einem Becherglas 50 ml Milch mit 150 ml Wasser und füge unter Umrühren tropfenweise verdünnte Essigsäure hinzu.

Aufgabe: Beschreibe deine Beobachtung.

V 4 Die Verdauung von Eiweiß

Material: frisches Hühnerei; Pepsinlösung (1 %); Salzsäure (1 %); Gasbrenner; Rundkolben (200 ml); 4 Reagenzgläser; Reagenzglasständer; Pipetten; Petrischale; Schere; Pinzette; Wasserbad (37 °C)

Durchführung: Schlage das Ei auf, trenne den Dotter ab und fange das Eiklar in einer Petrischale auf. Entferne mithilfe von Pinzette und Schere die Hagelschnüre. Gib das Eiklar in den Rundkolben, füge 30 ml Wasser hinzu und erhitze unter ständigem Schütteln über einer Gasflamme, bis eine milchige Trübung auftritt. Kühle den Kolben mit der trüben Eiweißlösung unter Leitungswasser ab. Beschrifte vier Reagenzgläser mit Zahlen. Gib in alle vier Reagenzgläser 5 ml der trüben Eiweißlösung und in das erste 5 ml Wasser, in das zweite 3 ml Wasser und 2 ml Pepsinlösung, in das dritte 2 ml Wasser und 3 ml Salzsäure und in das vierte 2 ml Pepsinlösung und 3 ml Salzsäure.

Verschließe alle Reagenzgläser mit einem Stopfen und schüttele sie gut durch. Stelle sie für 30 bis 45 Minuten in ein auf etwa 37 °C erwärmtes Wasserbad oder in einen Wärmeschrank.

Aufgaben: a) Protokolliere und erläutere deine Beobachtungen.

b) In einem fünften Reagenzglas könntest du einen Kontrollversuch ansetzen. Was müsstest du in dieses Reagenzglas geben?

c) Erläutere den Zusammenhang zwischen diesem Experiment und den Vorgängen bei der Verdauung im Magen.

2.2 Im Dünndarm findet die Schlussverdauung statt

Der mit Salzsäure durchmengte Nahrungsbrei gelangt aus dem Magen in den drei bis vier Meter langen, **Dünndarm,** dessen erster Abschnitt als **Zwölffingerdarm** bezeichnet wird. Er heißt so, weil er so lang ist, wie zwölf nebeneinander liegende Finger breit sind. Der Dünndarm ist innen mit einer Schleimhaut ausgekleidet. Diese weist viele bis zu einem Zentimeter hohe Falten auf, die ringförmig in das Darminnere hineinragen. Auf die Dünndarmschleimhaut folgt nach außen hin eine Muskelschicht, die aus Längs- und Ringmuskeln besteht. Durch das periodisch erfolgende Zusammenziehen beider Muskelschichten entsteht die *Darmperistaltik.* Sie sorgt dafür, dass der Nahrungsbrei langsam vorwärts bewegt wird.

Der Dünndarm ist der Ort des endgültigen Abbaues der Nährstoffe. Die hierfür erforderlichen Enzyme werden größtenteils von der **Bauchspeicheldrüse** gebildet. Sie liegt unterhalb des Magens und mündet zusammen mit dem Gallengang in den Zwölffingerdarm. Die Bauchspeicheldrüse liefert pro Tag etwa eineinhalb bis zwei Liter Bauchspeichelsaft. Dieser enthält einen Stoff, der die Salzsäure des Magens im Speisebrei neutralisiert und eine schwach alkalische Reaktion bewirkt. Alle Enzyme des Darms können nur in dem hier vorliegenden Flüssigkeitsmilieu wirksam sein.

Die im Bauchspeichelsaft enthaltenen Enzyme *Trypsin* und *Chymotrypsin* zerlegen Eiweißstoffe in kurze Eiweißketten. Der Bauchspeichelsaft enthält auch das Enzym *Amylase,* das noch nicht verdaute Stärke in Malzzucker abbaut. Für den Fettabbau produziert die Bauchspeicheldrüse *Lipasen.* Sie zerlegen Fette in Glyzerin und Fettsäuren. Zu diesem Verdauungsvorgang wird Gallenflüssigkeit benötigt, die von der Leber hergestellt wird. Gallenflüssigkeit sorgt dafür, dass Fette in feinste Tröpfchen aufgeteilt werden. Man nennt diesen Vorgang *Emulgierung.* Emulgierte Fetttröpfchen können von den Lipasen besser angegriffen und schneller zerlegt werden.

Die Bauchspeicheldrüse liefert aber nicht alle Enzyme für die Verdauung im Darm. Auf der inneren Dünndarmwand befinden sich Millionen von kleinen Ausstülpungen, die **Darmzotten.** In Vertiefungen zwischen den Zotten liegen zahlreiche Drüsenzellen. Sie bilden täglich bis zu drei Liter Verdauungssaft. Darin sind verschiedene Enzyme enthalten. Sie zerlegen nun alle noch unvollkommen abgebauten Nährstoffe in ihre Bausteine. Einige von ihnen spalten die kurzen Eiweißketten in Aminosäuren auf. Andere zerlegen die Zweifachzucker. So entsteht aus Malzzucker die Glucose. Auch die häufig in der Nahrung vorkommenden Zweifachzucker, der Rohrzucker und der Milchzucker, werden hier in Einfachzucker gespalten.

Die Darmzotten sind von einem dichten Netz kleiner Blutgefäße durchzogen, in das alle Nahrungsbausteine, auch Vitamine und Nährsalze, aufgenommen werden. Diesen Vorgang nennt man **Resorption.** Die Zotten sind etwa einen Millimeter lang und wölben sich fingerförmig in den Darmraum vor. Sie tragen dadurch, wie schon die quer verlaufenden Falten, zu einer Vergrößerung der inneren Oberfläche des Dünndarms auf über einhundert Quadratmeter bei. Wäre die Darmoberfläche kleiner, könnten nicht alle vorliegenden Bausteine resorbiert werden.

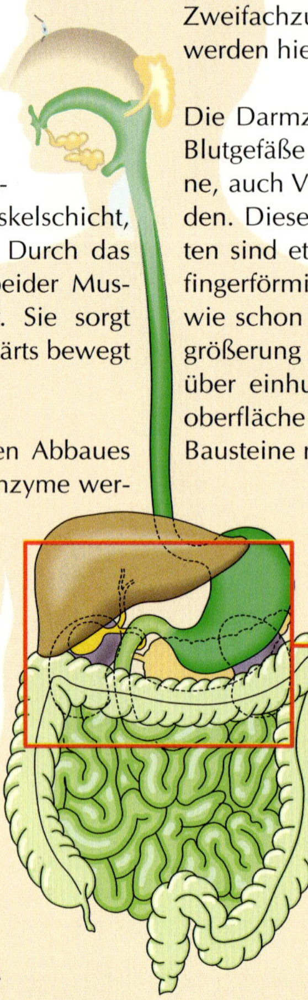

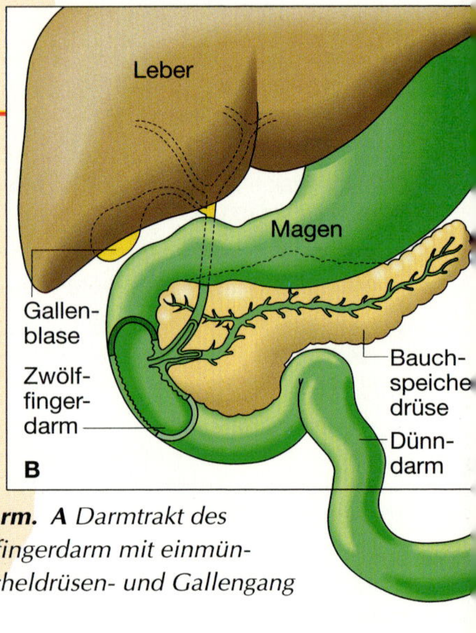

1 ***Verdauung im Darm.*** ***A*** *Darmtrakt des Menschen;* ***B*** *Zwölffingerdarm mit einmündendem Bauchspeicheldrüsen- und Gallengang*

Die Blutgefäße, die vom Dünndarm abzweigen, münden in die Pfortader. Über diese gelangen die resorbierten Nährstoffbausteine zunächst in die Leber, in der über ihre weitere Verwendung entschieden wird.

1 Beschreibe den Aufbau des Dünndarms.
2 Erkläre, welche Bedeutung die Darmzotten haben.
3 Welche Drüsen münden in den Dünndarm? Nenne den Einmündungsort und die von ihnen gebildeten Flüssigkeiten und Enzyme.

Der Dünndarm mündet in den **Dickdarm.** Der unterhalb der Einmündungsstelle liegende Dickdarmteil endet blind und heißt **Blinddarm.** An ihm befindet sich ein wurmartiger Fortsatz. Entzündet sich dieser, spricht man von einer Blinddarmerkrankung. In den Dickdarm gelangen die unverdaulichen Nahrungsreste, zu denen auch die *Ballaststoffe* gehören. Beim Eintritt in den Dickdarm ist der Darminhalt sehr dünnflüssig. Allein über die Verdauungssäfte werden dem Nahrungsbrei mehr als acht Liter Wasser täglich zugesetzt. Damit dieses Wasser dem Körper nicht verloren geht, wird es hier zurückgeführt. Dadurch wird der Nahrungsbrei stark eingedickt.

In Dickdarm und Blinddarm leben viele verschiedene Bakterien. Sie ernähren sich von den Nahrungsresten. Manche dieser Bakterien bilden sogar Vitamine, die für den Menschen lebensnotwendig sind. Andere Bakterien bilden Gase und Geruchsstoffe. Bei Pflanzen fressenden Säugetieren ist der Blinddarm als Teil des Dickdarms oft stark vergrößert. Bakterien schließen hier die zellulosereiche Nahrung auf.

Der verfestigte Kot wird im **Enddarm** gesammelt und von Zeit zu Zeit ausgeschieden. Der **After** ist ein ringförmiger Schließmuskel, über den diese Kotausscheidung gesteuert wird.

Im Dünndarm werden die Nährstoffe vollständig in ihre Bausteine zerlegt. Der Abbau erfolgt durch Enzyme aus der Bauchspeicheldrüse und der Darmschleimhaut. Die Bausteine werden in das Blut resorbiert.

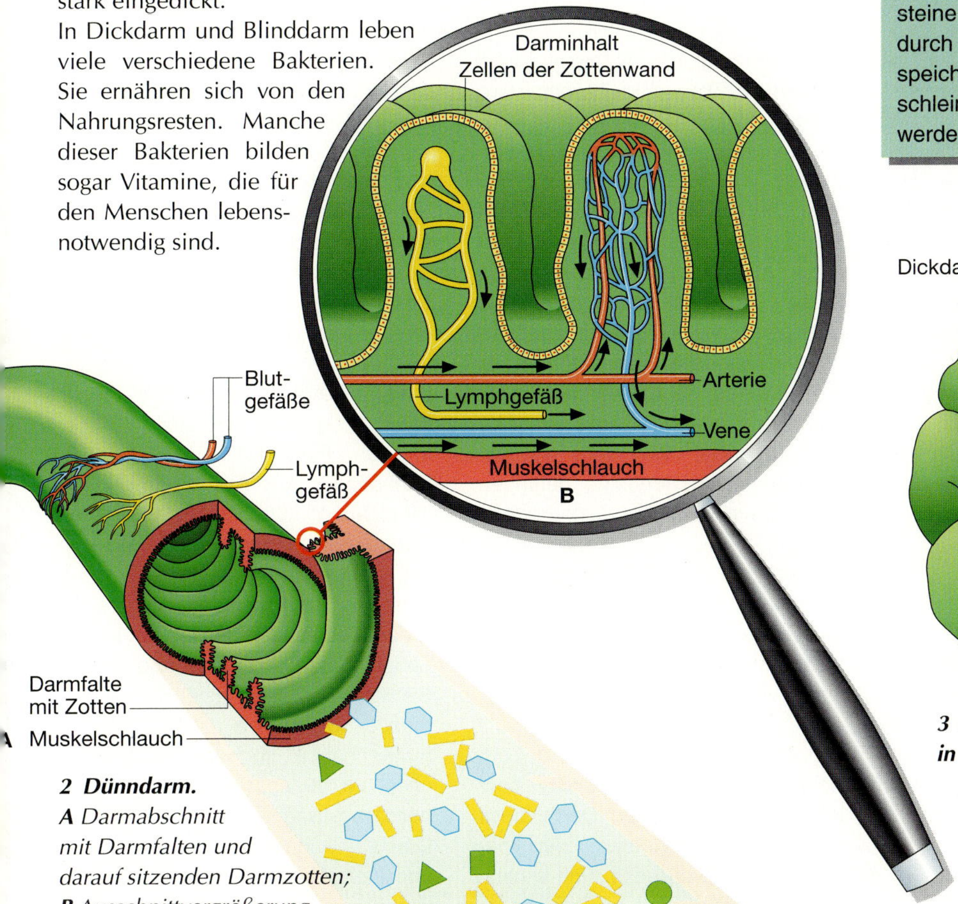

2 ***Dünndarm.***
A *Darmabschnitt mit Darmfalten und darauf sitzenden Darmzotten;* ***B*** *Ausschnittvergrößerung von Darmzotten*

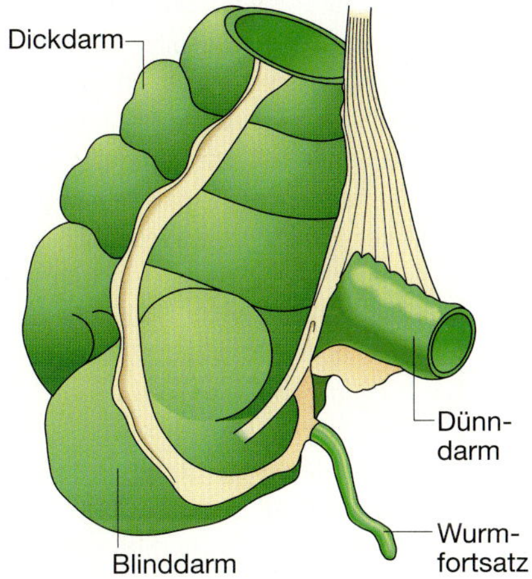

3 Einmündung des Dünndarms in den Dickdarm

4 Beschreibe die Verdauungsvorgänge im Dünndarm.
5 Stelle die Verdauungsvorgänge zusammenfassend in einer Tabelle dar.
6 Erläutere die Bedeutung des Gallensaftes.
7 Beschreibe den Unterschied zwischen den Verdauungssystemen von Fuchs und Kaninchen. Nimm die Pinnwand auf Seite 30 zu Hilfe.

Streifzug durch die Medizin

Wurmparasiten des Darms

1897 starteten drei schwedische Forscher in einem Freiballon, um den Nordpol zu erreichen. Das Unternehmen misslang, der Ballon landete auf dem Eis und die Männer machten sich zu Fuß auf den Rückweg. Sie ernährten sich vom Fleisch der Eisbären, die sie schießen konnten. Trotzdem kamen die Forscher nie zurück. Erst 1930 fand man ihre Leichen in einer Höhle nahe der Insel Spitzbergen. Die Männer hatten sich mit dem Bärenfleisch eine Wurmerkrankung, die *Trichinose*, zugezogen und waren an ihr gestorben. Verursacher dieser Krankheit war die **Trichine.** Trichinen sind Fadenwürmer von zwei bis vier Millimetern Länge. Sie ruhen eingekapselt als *Muskeltrichinen* in der Muskulatur vieler Fleisch fressender Säugetiere. Isst man trichinöses Fleisch, lösen sich die Kapseln in der Magensäure auf. Die frei werdenden Trichinen gelangen in den Darm und werden jetzt *Darmtrichinen* genannt. Ihre Nachkommen durchbohren die Darmwand und wandern mit dem Blut in die Muskulatur ein, wo sie, spiralig aufgerollt, eingekapselt werden.

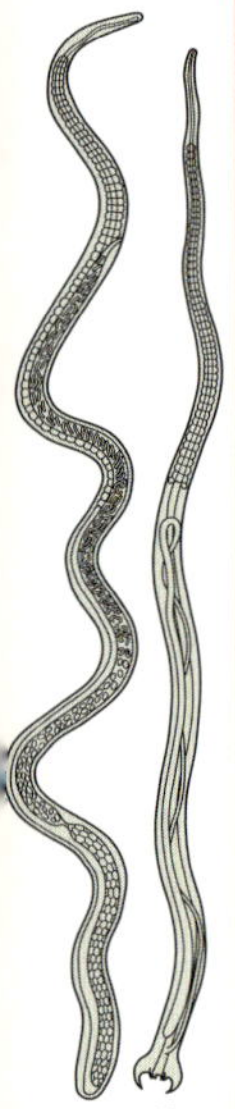

♀ ♂
Darm-trichine

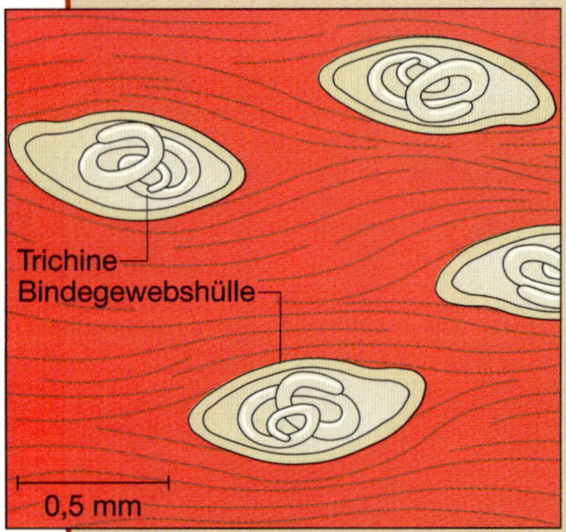

4 Muskeltrichinen

Muskeltrichinen können heftige Muskelschmerzen, Muskellähmungen und Fieberanfälle verursachen.
Bei starkem Befall der Zwerchfellmuskulatur endet die Krankheit fast immer tödlich. In Europa wird Fleisch im Schlachthof auf Trichinen untersucht. Erkrankungen sind deshalb selten geworden.

Weit verbreitet ist der menschliche **Spulwurm.** Die weißgelblichen Tiere werden 15 bis 35 Zentimeter lang. Sie besitzen eine kräftige Muskulatur, mit der sie sich schlängelnd gegen das Abdriften im Darm schützen. Ein Weibchen bringt in seinem Leben etwa 60 Millionen Eier hervor. Diese werden mit dem Kot ins Freie abgegeben. Wenn Fäkalien zur Düngung verwendet werden, können die Eier z.B. auf Gemüse, Salat oder Erdbeeren gelangen. Werden solche Nahrungsmittel vor dem Verzehr nicht gründlich gereinigt, gelangen die Eier wieder in den menschlichen Körper.
Spulwürmer sind weit weniger gefährlich als Trichinen. Nur bei einem Massenbefall kann es zu Lungenentzündung, zu Leibschmerzen oder einem Darmverschluss kommen.

Vor allem bei Kindern tritt oft der nur wenige Millimeter lange **Kinder-** oder **Madenwurm** auf. Dieser Darmparasit ist harmlos. Die Wurmweibchen kriechen nachts, wenn das Kind schläft, durch den After nach außen und legen dort ihre Eier ab. Durch die Bewegungen der Würmer entsteht ein Juckreiz. Das Kind kratzt sich, einige Wurmeier bleiben an den Fingern hängen und können über den Mund zu einer erneuten Infektion führen.

Sehr dünne, oftmals mehrere Meter lange Wurmparasiten sind die **Bandwürmer.** Am Kopf tragen sie Saugnäpfe, manchmal auch Haken, mit denen sie sich an der Darmwand festhalten. Bandwürmer sind Zwitter, die sich selbst befruchten können. Ihre Eier werden mit dem Kot ausgeschieden. Werden diese bei der Nahrungssuche z.B. von einem Rind oder Schwein aufgenommen, entwickeln sich zunächst Larven. Diese durchbohren den Darm und setzen sich in der Muskulatur und anderen Organen fest. Dort entwickeln sie sich zu kugelförmig aussehenden *Finnen.* Isst der Mensch finniges Fleisch, so entwickelt sich in seinem Darm aus der Finne ein Bandwurm.
Besonders gefährlich sind die nur etwa einen halben Zentimeter lang werdenden, in Hund und Fuchs lebenden Bandwürmer. Ihre Eier können mit dem Kot in das Hundefell oder beim Fuchsbandwurm auch durch den Wind auf Waldfrüchte gelangen. Nimmt der Mensch solche Eier auf, entwickeln sich in seinen Organen die kugeligen Finnen. Diese setzen sich meist in der Leber, in der Lunge, aber auch im Gehirn fest. Da sie einen Durchmesser von mehr als zehn Zentimeter haben können, verursachen sie, zu spät erkannt, nicht heilbare Schäden.
Durch hygienische Stallhaltung und Fleischbeschau kommt es in Europa heute seltener zu einer Bandwurmerkrankung. Einen absoluten Schutz bietet aber nur der Verzicht auf rohes Schweine-, Rind- und Fischfleisch. Vorsicht ist auch bei Liebkosungen von Hunden und Katzen geboten, wenn diese nicht regelmäßig entwurmt werden. Auch sollten niedrig wachsende Waldfrüchte vor dem Verzehr gut gereinigt werden.

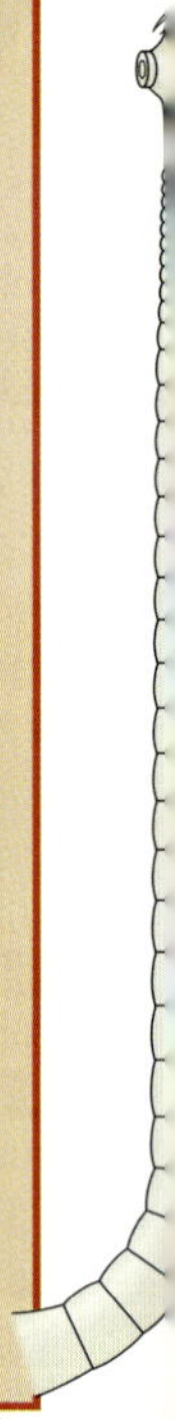

Ban
wurr

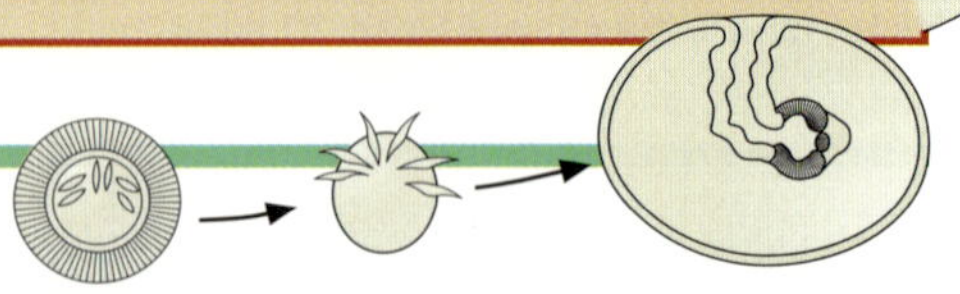

Eihülle mit Larve Larve Finne

2.3 Die Leber

Im rechten Oberbauch, geschützt durch Rippen, liegt die größte Drüse des menschlichen Körpers, die **Leber.** Sie hat ein Gewicht von etwa 1500 Gramm. Äußerlich wird sie durch eine Furche in einen rechten größeren und einen linken kleineren Lappen gegliedert. Innen sind die Leberzellen zu kleineren Einheiten, den *Leberläppchen*, zusammengefasst. Die Blutversorgung der Leber erfolgt über eine Arterie und eine besondere Vene, die **Pfortader.** Die Pfortader ist die Verbindung zwischen Darm und Leber. Ihr Blut enthält die resorbierten Nährstoffe. Diese werden von den Leberzellen in körpereigene Stoffe umgebaut.
Hierzu verfügt die Leber über besondere Enzyme. So wird z.B. Traubenzucker zu Glykogen zusammengesetzt. Glykogen ist eine Form von Stärke, die nur bei Tieren und Menschen vorkommt. Sie wird in Leber- und Muskelzellen gespeichert und dient als Energiespeicher.
Aus Aminosäuren stellt die Leber Bluteiweißstoffe und den Blutgerinnungsstoff *Fibrinogen* her. Außerdem kann sie Aminosäuren auch in Traubenzucker oder in Fettsäuren umwandeln. Aus einem Teil der ihr zugeführten Fettsäuren baut die Leber Cholesterin auf. Cholesterin wird z.B. für die Herstellung von Zellmembranen, einiger Hormone und von Gallensaft benötigt. Der Gallensaft wird in den Leberzellen gebildet. Er wird über den Gallengang der Gallenblase zugeführt, wo er eingedickt und gespeichert wird.

Einige Stoffe werden in der Leber auch abgebaut, z.B. Rote Blutkörperchen, überschüssige Aminosäuren, Alkohol und Medikamente. Beim Abbau von Aminosäuren entsteht giftiges Ammoniak. Es wird von den Leberzellen in einen ungiftigen Stoff, den *Harnstoff*, umgewandelt und dann über die Nieren ausgeschieden. Abbauprodukte der Roten Blutkörperchen und einiger Medikamente werden nicht über die Niere, sondern über den Gallensaft in den Darm entsorgt.
Darüber hinaus ist die Leber auch noch Speicherorgan, nicht nur für das Glykogen, sondern auch für einige Vitamine und Nährsalze, z.B. Eisen.
Da die Leber an vielen Stoffwechselvorgängen beteiligt ist, wird sie häufig als „Zentrallabor" des Körpers bezeichnet.

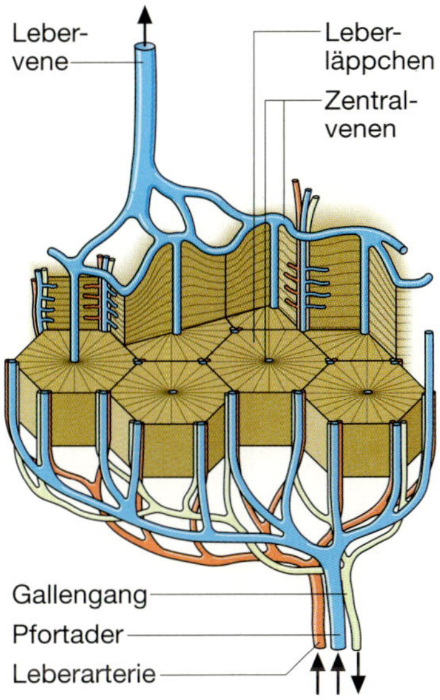

1 Leberläppchen. *Jedes Leberläppchen erhält arterielles Blut und Pfortaderblut. Venöses Blut und Gallenflüssigkeit werden abgeleitet.*

Entzündet sich die Leber, tritt ein Teil des Gallensaftes in das Blut über. Es kommt zur Gelbfärbung der Haut, zur *Gelbsucht.*

Ständiger Alkoholmissbrauch fügt der Leber schweren Schaden zu. Dabei lagert die Leber zunächst Fett ein. Sie vergrößert sich und nimmt eine gelbe Farbe an. Man bezeichnet sie jetzt als Fettleber. Wird weiterhin Alkohol getrunken, sterben Leberzellen ab. Es kommt zur Schrumpfleber. Allmählich setzt dann eine Leberverhärtung ein, die zur **Leberzirrhose** führt. Dieses Stadium kann sich unbemerkt über viele Jahre hinziehen, ehe es zum völligen Zusammenbruch der Leberfunktion kommt.

Schwere Lebererkrankungen können auch durch verschiedene Hepatitis-Viren verursacht werden. So verursachen die Viren vom Typ A die *Hepatitis A*, die man sich als Reisekrankheit im Mittelmeergebiet, im Orient und in Südamerika durch den Genuss verunreinigter Nahrung zuziehen kann. Die Krankheit heilt meist in vier bis acht Wochen aus. Eine Infektion mit Hepatitis-B- oder -C-Viren, die auch in Europa verbreitet sind, kann über eine Leberzirrhose zum Leberkrebs führen. Diese Viren können z.B. über verunreinigte mehrmals verwendete Spritzen oder auch Geschlechtsverkehr übertragen werden.

In der Gallenblase kann es durch Ausfällung von Salzen zur Bildung von *Gallensteinen* kommen. Stört ein Stein den Abfluss des Gallensaftes, führt das meist zu einer sehr schmerzhaften Gallenkolik. Früher musste dann oft die Gallenblase entfernt werden. Heute gibt es andere medizinische Möglichkeiten, um Steine zu beseitigen.

Die Leber ist die größte Drüse des menschlichen Körpers. Sie vermag Stoffe auf- oder abzubauen und dient für einige Stoffe als Speicher.
Alkohol und einige Hepatitis-Viren können zu schweren Leberschädigungen führen.

1 Beschreibe die Wirkung des Alkohols auf die Leber.

2 Ist die Pfortader eine Arterie oder eine Vene? Beschreibe ihre Aufgabe.

Pinnwand

VERDAUUNGSSYSTEME

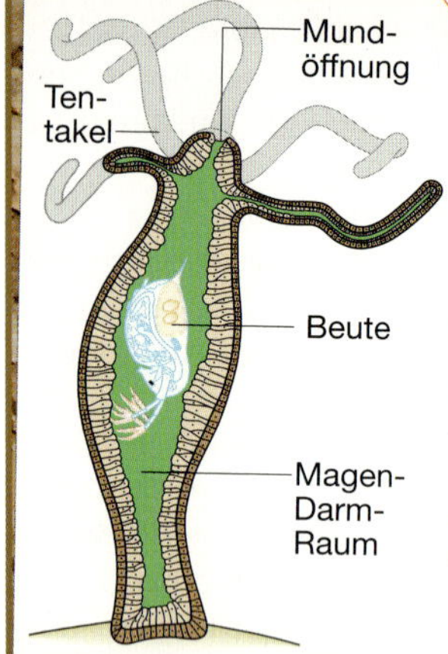

Name:
Brauner Süßwasserpolyp

Vorkommen:
stehende Gewässer

Nahrung:
Insektenlarven und Kleinkrebse

Besonderheit:
nimmt lebende Nahrung in einen Magen-Darm-Raum auf und verdaut sie hier; Mund ist zugleich After

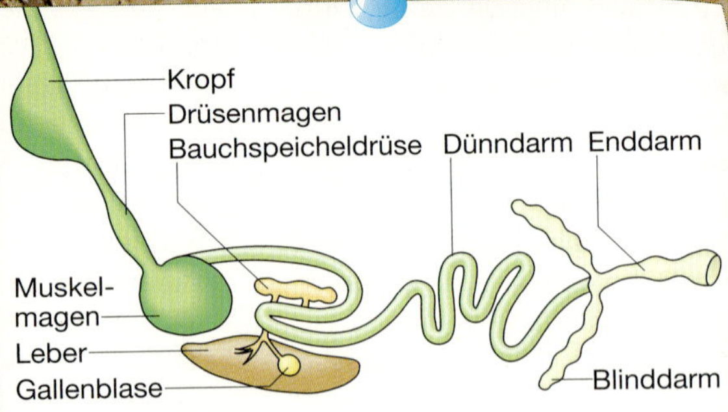

Name: ***Haustaube***
Vorkommen: Häuser und Felder
Nahrung: Getreide und Samen
Besonderheit: Magen ist in Kropf, Drüsen- und Muskelmagen gegliedert

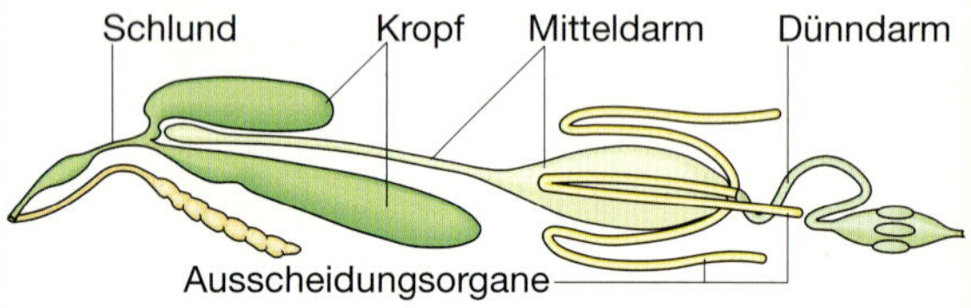

Name: ***Stechmücke***
Vorkommen: Gewässer und Feuchtgebiete
Nahrung: weibliche Tiere saugen Blut
Besonderheit: aufgenommenes Blut wird in Schlundanhängen, den Kröpfen, gespeichert und portionsweise in den Darm abgegeben

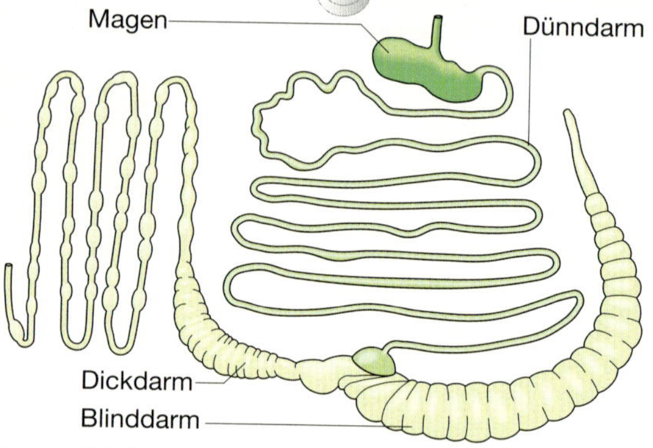

Name: ***Wildkaninchen***
Vorkommen: Erdbauten in sandigen Böden
Nahrung: Gras, Kräuter, Wurzeln
Besonderheit: kräftig entwickelter Blinddarm

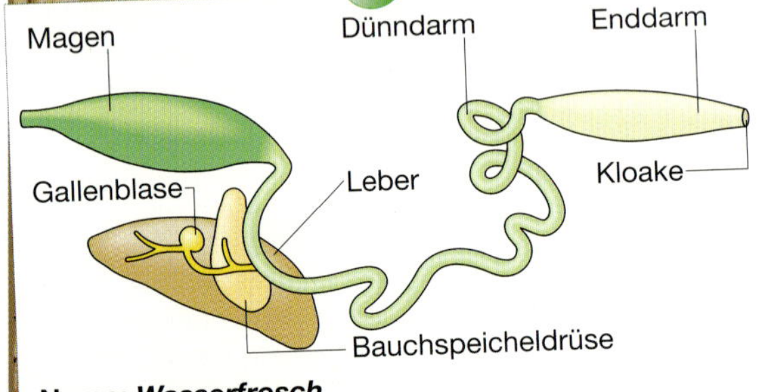

Name: ***Wasserfrosch***
Vorkommen: Teiche und Tümpel
Nahrung: Insekten
Besonderheit: kein Blinddarm

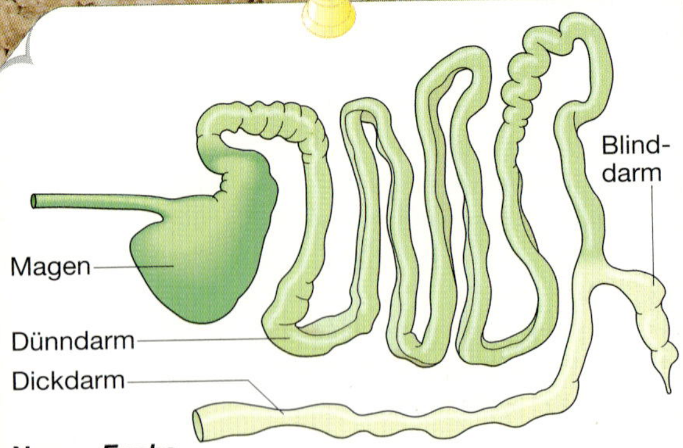

Name: ***Fuchs***
Vorkommen: Wald
Nahrung: kleine Säugetiere, Vögel
Besonderheit: kleiner Blinddarm und relativ kurzer Dickdarm

3 Nenne die Unterschiede beim Bau der Verdauungssysteme von Süßwasserpolyp und Wildkaninchen.

4 Nenne je ein Wirbeltier ohne Blinddarm, mit kleinem und mit großem Blinddarm. Erkläre die Unterschiede.

5 Ein Stechmückenweibchen hat keinen Magen. Erläutere den Ablauf der Verdauung.

Darmverdauung

Übung

V1 Galle wirkt auf Fett ein

Material: Speiseöl; Ochsengalle (aus der Apotheke); 2 Reagenzgläser; Reagenzglasständer; Reagenzglasstopfen; Messzylinder; Pasteurpipette

Durchführung: Fülle in beide Reagenzgläser jeweils zehn Tropfen Speiseöl und ca. 5 ml Wasser. Gib in eines der Reagenzgläser zusätzlich 5 ml Gallensaft. Verschließe beide Reagenzgläser mit einem Stopfen und schüttele sie kräftig. Stelle sie dann für ca. fünf Minuten in einen Reagenzglasständer.

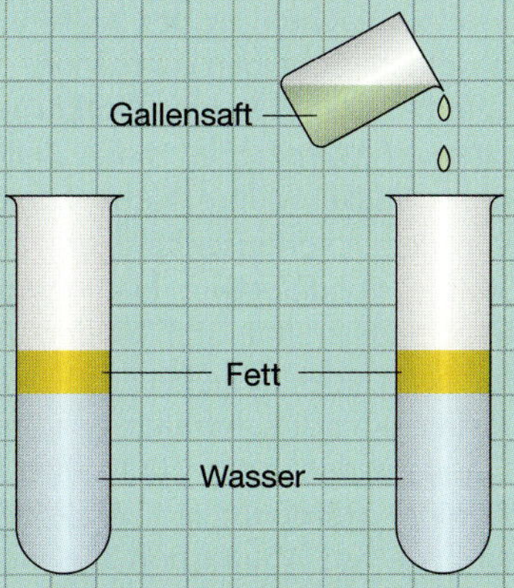

Aufgabe: Vergleiche das Versuchsergebnis in den beiden Reagenzgläsern. Welche Bedeutung hat Galle bei der Verdauung von Fett?

V2 Eiweißverdauung im Dünndarm

Material: Hühnerei; 1 %ige Pankreatinlösung (aus der Apotheke); 5 %ige Sodalösung; Glas-trichter; Glaswolle; Becherglas (100 ml); 2 Reagenzgläser; Reagenzglasständer; Reagenzglasstopfen; Gasbrenner; Dreifuß; Pas-teurpipetten; Wasserbad

Durchführung: Fange das Eiklar eines Hühnereies in einem Becherglas auf und verdünne es mit 20 ml Wasser. Filtriere die Lösung durch Glaswolle in ein Becherglas und erhitze das Filtrat, bis eine milchige Trübung entsteht. Fülle in zwei Reagenzgläser je 5 ml des abgekühlten Filtrats und 2 ml Sodalösung. Gib in eines der zwei Reagenzgläser 3 ml Pankreatinlösung, in das andere 3 ml Wasser. Verschließe beide Reagenzgläser mit einem Stopfen und schüttele kurz. Stelle sie dann für 30 Minuten in ein Wasserbad von 37 °C.

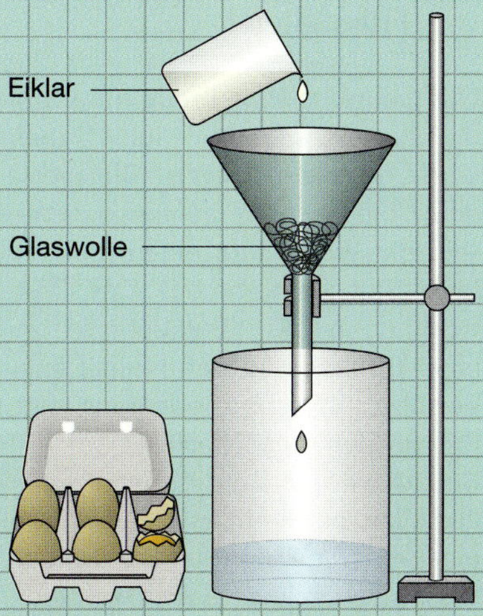

Aufgaben: a) Erkläre, warum die Trübung in einem der Reagenzgläser verschwindet.

b) Pankreatin ist getrocknetes Bauchspeicheldrüsenpulver. Erläutere, welche der darin enthaltenen Enzyme in diesem Versuch wirksam sind.

c) Wenn die beiden Reagenzgläser in ein Wasserbad von 45 °C gestellt werden, verschwindet die Trübung nicht. Begründe dieses Versuchs-ergebnis.

V3 Stärkeverdauung im Dünndarm

Material: 1%ige Pankreatinlösung; 1%ige Stärkelösung; Iod-Kaliumiodid-Lösung; 5%ige Sodalösung; 2 Reagenzgläser; Reagenzglasständer; Pasteurpipetten; Wasserbad

Durchführung: Fülle zwei Reagenzgläser mit je 5 ml Stärkelösung und 2 ml Sodalösung; füge bis zur Blaufärbung ein bis zwei Tropfen Iod-Kaliumiodid-Lösung hinzu. Gib in eines der Reagenzgläser zusätzlich 3 ml Pankreatinlösung, in das andere 3 ml Wasser. Stelle die Gläser in ein Wasserbad von 37 °C.

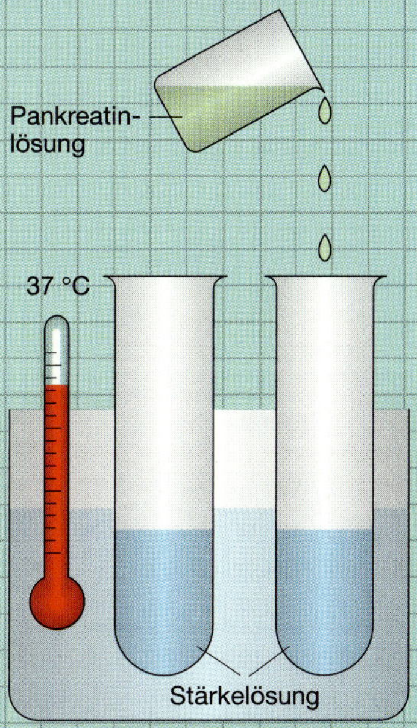

Aufgaben: a) Erkläre, warum die Blaufärbung in einem der Reagenzgläser immer schwächer wird, bis sie schließlich verschwunden ist.

b) Vergleiche die Wirkung des Pankreatins mit der des Mundspeichels.

1 ***Blut. A*** *Plakat;* ***B*** *rote Blutzellen;* ***C*** *weiße Blutzellen;* ***D*** *Blutplättchen (B–D mikroskopische Aufnahmen)*

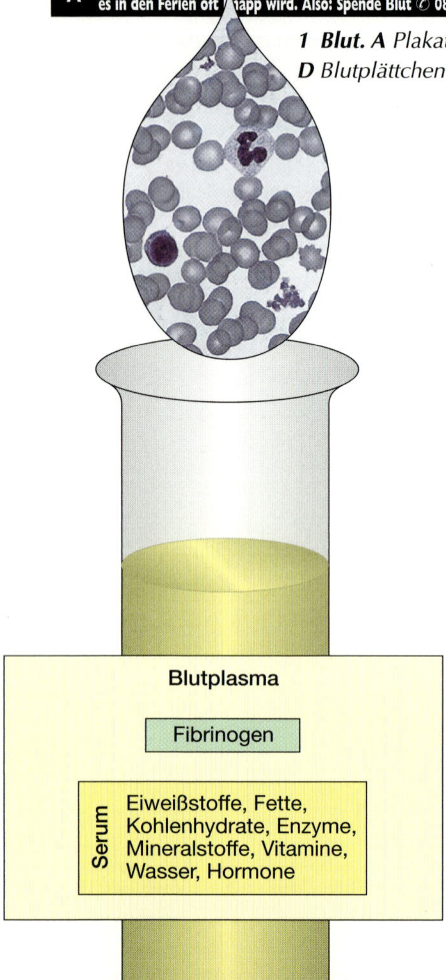

3 Blut und Blutkreislauf

3.1 Blut – nur eine Flüssigkeit?

Das Deutsche Rote Kreuz ruft ständig zu Blutspenden auf. Dabei wird den freiwilligen Blutspendern, die älter als achtzehn Jahre sein müssen, bis zu einem halben Liter Blut entnommen. Das Blut wird dann als Blutkonserve in einer Blutbank für den Notfall aufbewahrt. Welche Bedeutung hat Blut für den Menschen?

Betrachtet man Blut in einem Reagenzglas, erscheint es zunächst als eine einheitliche rote Flüssigkeit. Lässt man es längere Zeit bei niedriger Temperatur und unter Luftabschluss stehen, trennt es sich in zwei Bereiche auf: Auf dem Boden setzen sich schwere feste Bestandteile ab, darüber steht eine leicht getrübte gelbliche Flüssigkeit, das **Blutplasma.**

Der Anteil des Blutplasmas in den fünf bis sechs Litern Blut, die im Blutgefäßsystem eines Erwachsenen fließen, beträgt etwa 56 %. Das Blutplasma besteht aus ungefähr 90 % Wasser, 8 % Eiweißstoffen und 2 % weiteren Stoffen. Hierzu zählen Salze, Vitamine, Wirkstoffe wie Enzyme und Hormone, Abwehrstoffe gegen Krankheitserreger und weitere Stoffe des Stoffwechsels. Oft verwechselt man die Blutflüssigkeit mit dem **Blutserum.** Hierunter versteht man das Blutplasma ohne den Eiweißstoff *Fibrinogen*, der zur Blutgerinnung dient.

Untersucht man den Bodensatz mikroskopisch, entdeckt man verschiedene Blutzellen. Etwa 99 % der Blutzellen haben die Form von runden, flachen, in der Mitte eingedellten Scheiben und sind rot gefärbt. Diese **Roten Blutkörperchen** (*Erythrozyten*) sind Zellen ohne Zellkern. Ihre Farbe kommt von dem roten eisenhaltigen Farbstoff *Hämoglobin.* Hämoglobin kann Sauerstoff an sich binden und leicht wieder abgeben. So wird dieses für die Atmung wichtige Gas von den roten Blutzellen im Körper transportiert. Außerdem sind sie am Abtransport des Kohlenstoffdioxids beteiligt.

Erst im angefärbten Blutpräparat kann man die **Weißen Blutkörperchen** (*Leukozyten*) gut erkennen. Sie sind farblose Blutzellen mit Zellkern. Im Gegensatz zu den roten Blutzellen haben sie keine feste Form und bewegen sich wie

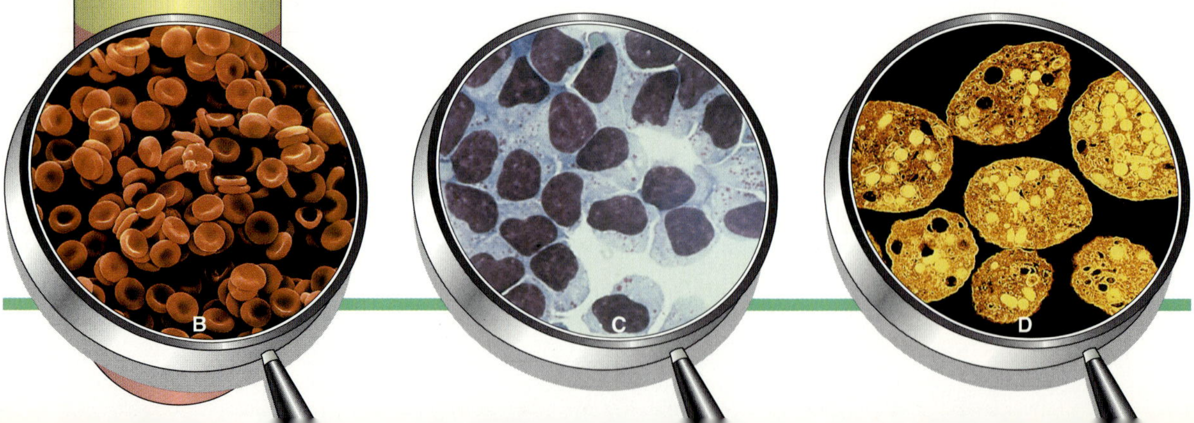

Amöben fort. Sie können auch die Blutgefäße verlassen und so fast jeden Ort im Körper erreichen. Stoßen sie bei ihrer Wanderung auf körperfremde Stoffe, versuchen sie, diese unschädlich zu machen. Dabei werden Krankheitskeime umflossen und aufgefressen. Sterben diese Fresszellen bei der Abwehr von Krankheitserregern ab, werden sie mit den körperfremden Stoffen zusammen als Eiter aus dem Körper ausgeschieden.

Neben den roten und weißen Blutzellen finden sich noch kleine, plättchenförmige Zellbruchstücke im Blut. Diese **Blutplättchen** (*Thrombozyten*) spielen beim **Wundverschluss** eine Rolle, wenn ein Blutgefäß verletzt ist oder Blutverlust droht. Kleine Verletzungen der Gefäße werden von den Blutplättchen durch Ansammeln am Rande der Wunde sofort verschlossen. Bei größeren Wunden läuft der Wundverschluss in mehreren Schritten ab: Zunächst ballen sich an den Wundrändern die Blutplättchen zusammen. Durch Abgabe eines Stoffes wird veranlasst, dass sich das blutende Gefäß zusammenzieht. Der Blutaustritt wird so verlangsamt. Wirkstoffe aus den zerstörten Zellen des verletzten Gewebes gelangen in die Blutbahn und bewirken den Zerfall von Blutplättchen. Hierdurch werden Gerinnungsstoffe freigesetzt. Sie führen unter Mitwirkung von verschiedenen Wirkstoffen des Blutplasmas, so genannten Faktoren, über mehrere Zwischenstufen zur Bildung des Enzyms *Thrombin*. Dieses bewirkt die Umwandlung des im Blutplasma gelösten Fibrinogens in wasserunlösliches fädiges *Fibrin*. Die langen Fibrinfäden lagern sich an die Wunde an und bilden miteinander eine Art Netz. Diesen Vorgang der Verfestigung bezeichnet man als *Blutgerinnung*. In diesem engmaschigen Fibrinnetz verfangen sich rote Blutzellen. Dadurch wird die Wunde verschlossen und die Blutung kommt zum Stillstand. Mit der Zeit ziehen sich die Fäden zusammen und bilden einen festen Blutkuchen, den **Wundschorf.** Dieser schützt die Wunde, sodass von darunter liegenden Schichten der Haut neue Zellen gebildet werden können, die in die Wunde einwachsen und sie endgültig verschließen. Dann fällt der Wundschorf von der verheilten Wunde ab. Es gibt Menschen, bei denen Stoffe zur Blutgerinnung fehlen. Solche Menschen heißen **Bluter.** Die *Bluterkrankheit* ist angeboren und kommt meist nur bei Männern vor.

Bei der Bildung von Wundschorf kommt es häufig zum Austritt einer klaren Flüssigkeit, dem *Blutserum*. Das Blutserum enthält auch Stoffe, die rote Blutzellen verklumpen können. Dieses erkannte man bereits im vorletzten Jahrhundert bei der Übertragung von Blut eines Menschen in die Blutbahn eines anderen, also bei *Bluttransfusionen*. Häufig kam es vor, dass sich die roten Blutzellen des Empfängers zusammenballten, die Adern verstopften und die Übertragung damit tödlich endete. Heute weiß man, dass bei Blutübertragungen Spenderblut und Empfängerblut dieselbe Blutgruppe haben müssen. Es gibt vier **Blutgruppen,** die man mit **A, B, AB** und **0** (null) bezeichnet.

Menschen mit der Blutgruppe A haben auf der Oberfläche der roten Blutzellen einen besonders geformten Eiweißstoff, das *Antigen A*. Bei der Blutgruppe B findet sich das *Antigen B* und bei der Blutgruppe AB liegen beide Antigene vor. Die Blutgruppe 0 besitzt keine Antigene auf der Oberfläche der roten Blutzellen.

Im Blutserum der Blutgruppe A befindet sich ein Stoff, der als *Antikörper B* (Anti-B) bezeichnet wird. Das Blutserum der Blutgruppe B enthält *Antikörper A* (Anti-A). Im Blutserum der Blutgruppe AB fin-

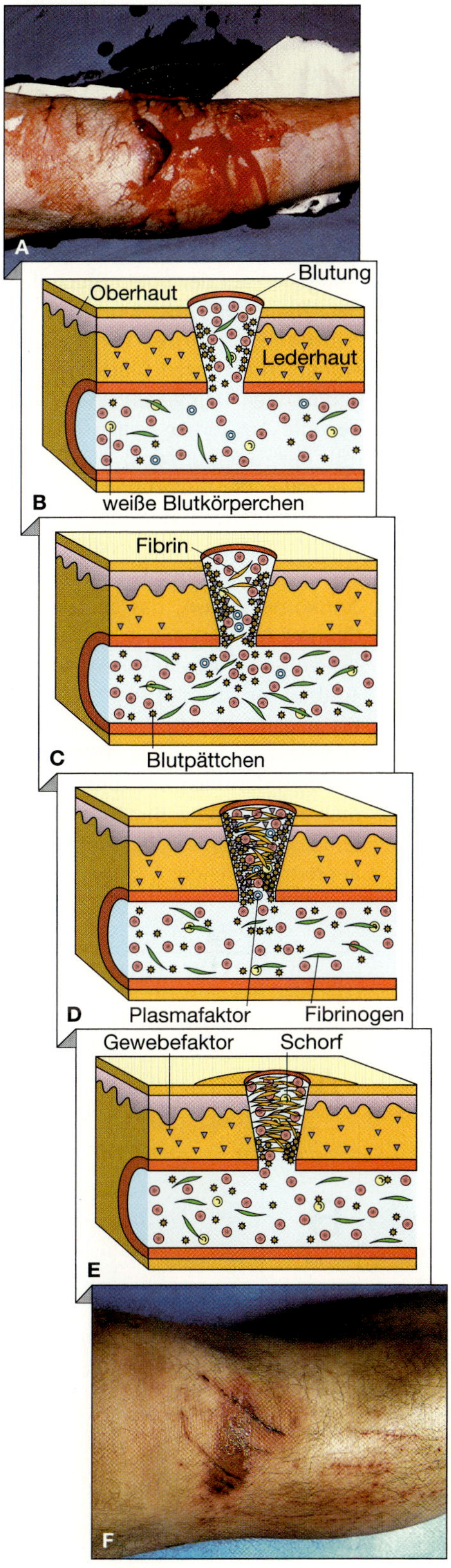

2 Wundverschluss

det man keine Antikörper. Dagegen sind im Blutserum der Blutgruppe 0 beide Antikörper, Anti-A und Anti-B, vorhanden. Wenn Blut der Blutgruppe A mit Blut der Blutgruppe B vermischt wird, geschieht Folgendes: Die Antikörper im Blut der Blutgruppe A, also Anti-B, verbinden sich mit den Antigenen auf den roten Blutzellen der Blutgruppe B. Durch diese *Antigen-Antikörper-Verbindung* vernetzen die roten Blutzellen, sie verklumpen. Umgekehrt verklumpen die Antikörper Anti-A im Blut mit der Blutgruppe B die roten Blutzellen der Blutgruppe A.

Zur Bestimmung der Blutgruppen verwendet man zwei verschiedene *Testseren.* Das eine Serum enthält Antikörper Anti-A, das andere Antikörper Anti-B. Vermischt man mit diesen Seren jeweils einen Tropfen Testblut, erhält man ein Testergebnis wie in der Abbildung wiedergegeben. Neben den AB0-Eigenschaften der roten Blutzellen kennt man noch andere Blutgruppensysteme, also andere Antigenmuster auf den Blutzellen.

Von besonderer Bedeutung ist das **Rhesus-System.** Es wurde so genannt, weil es bei Rhesusaffen entdeckt wurde. 86 % der Bevölkerung haben den Rhesus-Faktor Antigen D (Anti-D) auf der Oberfläche der roten Blutzellen. Man sagt, sie sind Rhesus-positiv (Rh^+). Die restlichen 14 % besitzen diesen Faktor nicht, sie sind Rhesus-negativ (rh^-). Erhält ein Rhesus-negativer Mensch eine Bluttransfusion mit Rhesus-positivem Blut, so bilden sich im Blut nach einiger Zeit so genannte Anti-D-Antikörper. Wird nun diesem Menschen erneut Rhesus-positives Blut übertragen, kommt es zu Verklumpungen.

Blut besteht aus Blutplasma, roten und weißen Blutzellen sowie Blutplättchen. Blutplasma und Blutplättchen wirken bei der Bildung von Wundschorf zusammen. Antikörper im Blutplasma und Antigene auf den roten Blutzellen bestimmen die Eigenschaften der AB0-Blutgruppen sowie des Rhesus-Faktors.

1 Berechne mithilfe der Pinnwand Seite 36 die Anzahl von roten Blutzellen in einem Liter Blut.

2 Bei Blutübertragungen werden jeweils nur Spender herangezogen, deren Blutgruppe mit der des Empfängers identisch ist. Im Notfall kann man das Blut der Blutgruppe 0 aber allen anderen Empfängern geben. Erläutere.
Hinweis: Bei Blutübertragungen fließt das Spenderblut langsam in das schneller vorbeiströmende Empfängerblut und verteilt sich sehr rasch.

3 Beschreibe anhand der Testkarte auf der Pinnwand Seite 36, wie die Blutgruppe und der Rhesus-Faktor bestimmt werden.

4 Nenne den Unterschied zwischen dem AB0-Blutgruppensystem und dem Rhesus-System.

5 Max hat die Blutgruppe 0 und Lea die seltene Blutgruppe AB. Es stehen die Testseren Anti-A und Anti-B zur Verfügung. Beschreibe, wie man herausfinden kann, ob die Angaben zu den Blutgruppen von Max und Lea zutreffen.

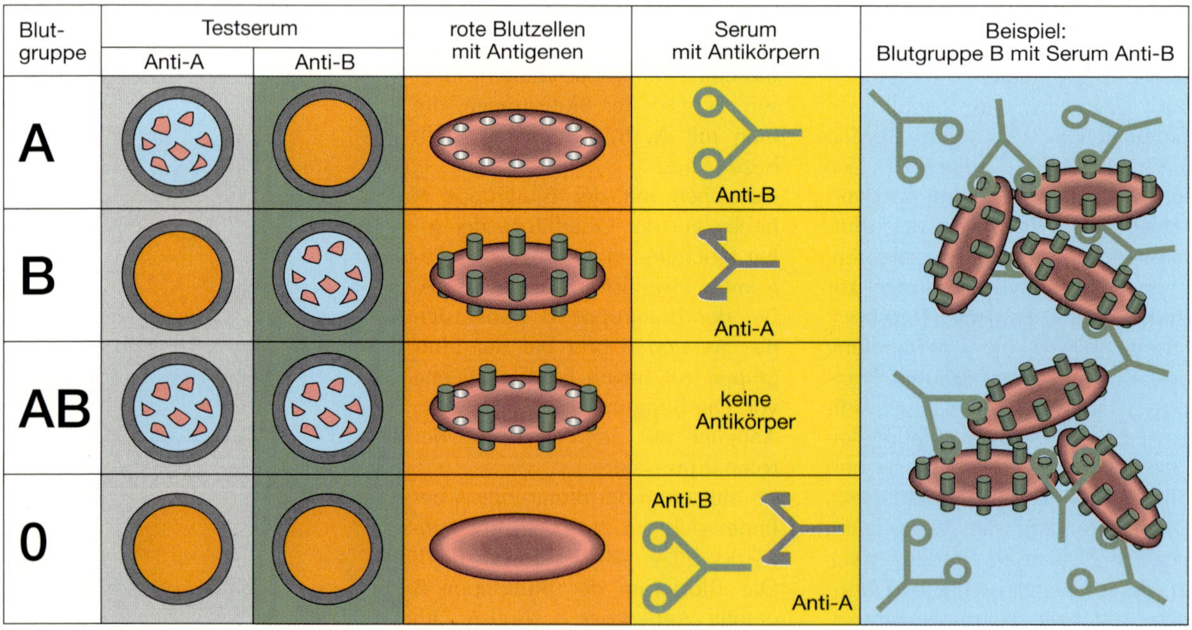

3 Blutgruppenmerkmale

Untersuchung von Schweineblut

Übung

Material: Schweineblut (vom Schlachthof oder vom Metzger); Natriumoxalat-Lösung; zwei Bechergläser (250 ml); Messzylinder (100 ml); zwei Holzstäbe oder zwei Quirle; Mikroskop und Zubehör; Filzstift (wasserlöslich).

Durchführung: a) Gib jeweils 200 ml Tierblut in jedes Becherglas. Kennzeichne das eine mit dem Schriftzug „ohne Oxalat“, das andere „mit Oxalat“. Fülle in das letztere Becherglas 10 ml Natriumoxalat-Lösung und rühre um. Lasse die Bechergläser einen Tag lang ruhig stehen.

b) Fertige einen Blutausstrich nach folgender Skizze an. Lasse ihn dann an der Luft trocknen. Mikroskopiere.

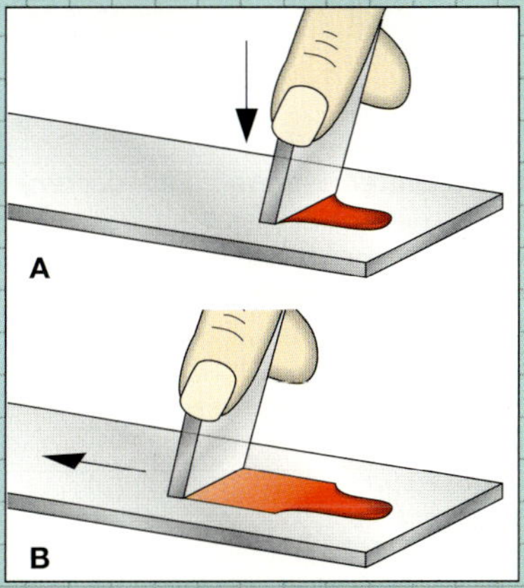

c) Nimm die Bechergläser mit dem Versuchsergebnis von a). Quirle mit einem Holzstab oder einem Quirl das Blut unterhalb der Flüssigkeitsoberfläche in jedem Becherglas.

Aufgaben: a) Wie hat sich das Blut in den beiden Bechergläsern nach einem Tag des Stehenlassens verändert? Erläutere.

b) Fertige eine Zeichnung des mikroskopischen Bildes des Blutausstrichs bei starker Vergrößerung an. Beschrifte deine Zeichnung. Vergleiche sie mit den Aufnahmen in Abbildung 1.

c) Beschreibe das Ergebnis des Quirlens in beiden Bechergläsern. Fertige jeweils eine Zeichnung mit Beschriftung an. Erläutere. Welche Aufgabe hat die Natriumoxalat-Lösung?

d) Mikroskopiere Blutserum und Blutkuchen. Fertige eine Zeichnung an. Beschrifte.

LANDSTEINER entdeckt die Blutgruppen

Streifzug durch die Medizin

Bis zu Beginn des 20. Jahrhunderts verliefen Blutübertragungen von Mensch zu Mensch in zwei Dritteln der Fälle tödlich. Untersuchte man die an der Übertragung Gestorbenen, fand man, dass die roten Blutzellen verklumpt und die Blutgefäße verstopft waren. Zur Aufklärung dieses Phänomens machte der Wiener Arzt Karl LANDSTEINER (1868–1943) im Jahre 1901 ein entscheidendes Experiment. Er entnahm fünf seiner Mitarbeiter und sich selbst etwas Blut und trennte jeweils rote Blutzellen und Serum. Auf einer Glasplatte schrieb er am linken Rand senkrecht untereinander seinen Namen sowie die seiner Mitarbeiter. Nun gab er waagerecht daneben jeweils sechs Tropfen Serum dieser Personen.

Jede der sechs Serumreihen versetzte er mit roten Blutzellen von je einem Mitarbeiter. Auf diese Weise ergaben sich 36 Kombinationen. Dabei stellte sich heraus, dass Blutzellen von Dr. STÖRK und Dr. LANDSTEINER nie verklumpten. Bei den anderen Mitarbeitern reagierten die Blutzellen gegenüber den Seren unterschiedlich, aber immer zwei in gleicher Weise. LANDSTEINER schloss daraus, dass es drei verschiedene Blutgruppen geben müsse. Er bezeichnete sie zunächst mit A, B und C. Ein Jahr später wurde eine vierte Blutgruppe entdeckt. Seit 1928 werden die vier Blutgruppen international einheitlich mit A, B, AB und 0 bezeichnet.

6 Ordne den Testpersonen im LANDSTEINERschen Versuch die Blutgruppen zu.

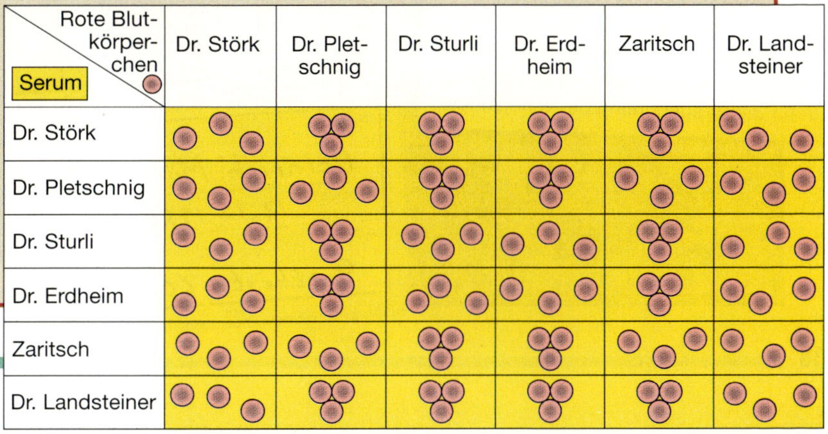

Pinnwand

BLUT

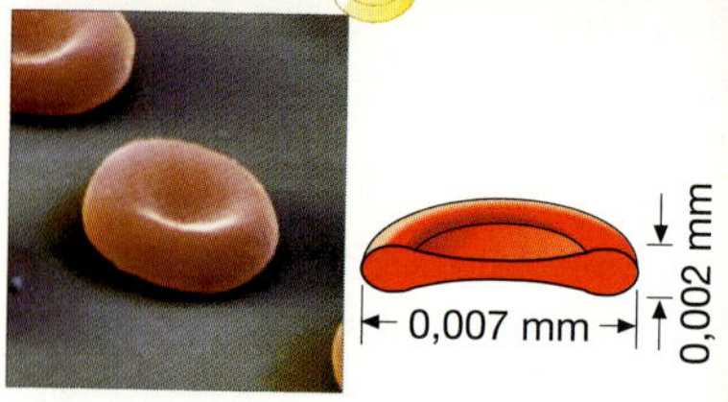

Rote Blutkörperchen (Erythrozyten)

Bau: runde, von beiden Seiten eingedellte, scheibenförmige Zellen mit einem Durchmesser von etwa 7 µm (1 µm = 1/1000 mm); Zellkern wurde ausgestoßen; enthalten roten Blutfarbstoff Hämoglobin

Bildung: rotes Knochenmark; pro Sekunde entstehen 2,4 Millionen rote Blutzellen

Lebensdauer: 100 bis 140 Tage

Anzahl: beim Mann 5 Millionen pro µl (= 1/1000 ml) Blut; bei der Frau 4,5 Millionen pro µl Blut

Aufgaben: Transport von Sauerstoff und Kohlenstoffdioxid

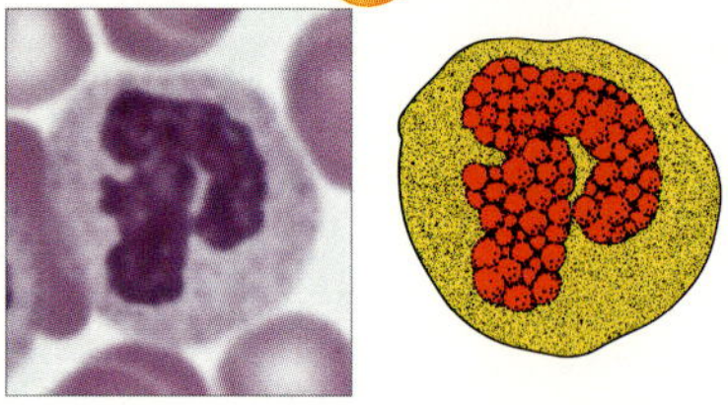

Weiße Blutkörperchen (Leukozyten)

Bau: Zellen mit Zellkern; farblos; keine feste Form; beweglich (ähnlich der Bewegung der Amöben); drei verschiedene Typen (Granulozyten, Durchmesser 8 bis 14 µm (1 µm = 1/1000 mm); Lymphozyten, Durchmesser 6 bis 8 µm; Makrophagen, Durchmesser 15 bis 20 µm)

Bildung: Milz, Leber, Lymphknoten, rotes Knochenmark

Lebensdauer: Granulozyten ein Tag bis zwei Wochen; Lymphozyten fünf Tage bis viele Jahre; Makrophagen zwei bis drei Tage

Anzahl: 4000 bis 10 000 pro µl (= 1/1000 ml) Blut

Aufgaben: Abwehr und Beseitigung von Krankheitserregern

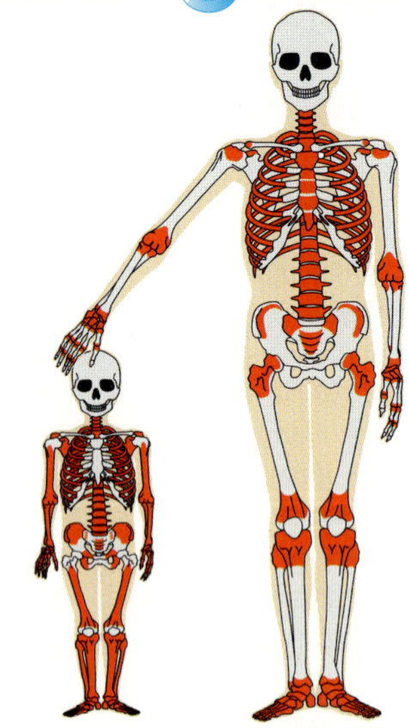

Rotes Knochenmark im Skelett eines Kindes und eines Erwachsenen

Würde man die 30 000 Milliarden Erythrozyten eines Menschen hintereinander zu einem Band anordnen, würde dieses fünfmal um den Äquator der Erde reichen.

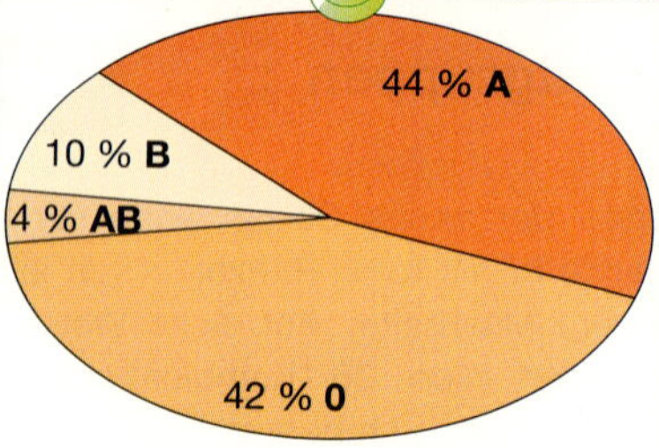

Häufigkeitsverteilung der vier Blutgruppen (deutsche Bevölkerung)

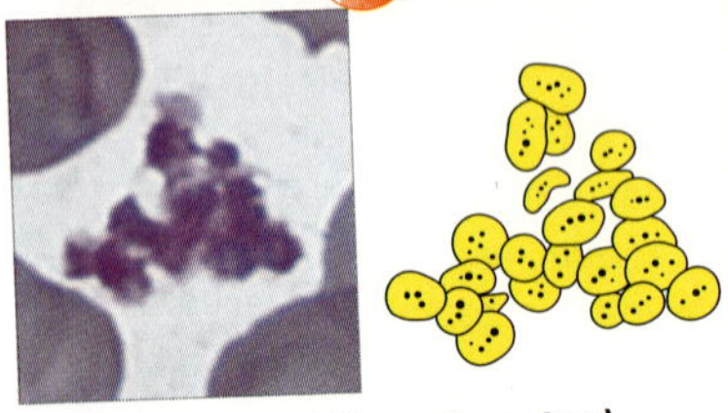

Blutplättchen (Thrombozyten)

Bau: Zellbruchstücke von 1 bis 4 µm Durchmesser

Bildung: rotes Knochenmark; entstehen durch Abschnürungen aus großen Zellen (Riesenzellen)

Lebensdauer: 5 bis 11 Tage

Anzahl: 150 000 bis 350 000 pro µl (= 1/1000 ml) Blut

Aufgaben: sorgen mit anderen Stoffen sowie dem Fibrinogen im Blutplasma für die Blutgerinnung bei Verletzungen

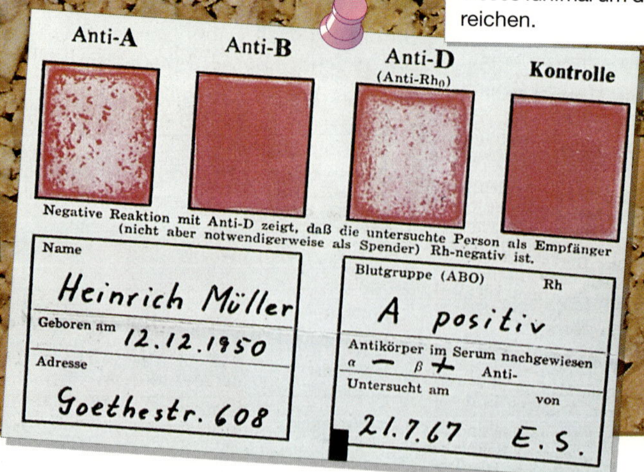

Anti-A | Anti-B | Anti-D (Anti-Rh₀) | Kontrolle

Negative Reaktion mit Anti-D zeigt, daß die untersuchte Person als Empfänger (nicht aber notwendigerweise als Spender) Rh-negativ ist.

Name: Heinrich Müller
Geboren am: 12.12.1950
Adresse: Goethestr. 608

Blutgruppe (ABO): A — Rh: positiv
Antikörper im Serum nachgewiesen: α — β + Anti-
Untersucht am: 21.7.67 — von: E. S.

3.2 Das Blut strömt in einem Kreislauf

In einem Naturkundemuseum ist manchmal ein „gläserner Mensch“ ausgestellt. Er ist durchsichtig und gibt den Blick frei in sein Inneres. Besonders auffällig sind unzählige rote und blaue Röhren, die Nachbildungen der Blutgefäße. Diese durchziehen den gesamten menschlichen Körper. Im Brustbereich ist das Herz zu sehen. Gefäße, die Blut vom Herzen wegführen, nennt man **Arterien.** In den **Venen** wird das Blut zum Herzen zurücktransportiert.

Arterien und Venen unterscheiden sich in ihrem Aufbau. Die Wand einer Arterie wird beim lebenden Menschen durch elastische Häute mit eingelagerten Muskeln verstärkt. Die Wand einer Vene ist dünner und besitzt eine nur schwach ausgebildete Muskelschicht. Verfolgt man eine Arterie bis in ein Organ, wie zum Beispiel die Darmwand, kann man erkennen, dass sie sich immer weiter verzweigt. Die feinsten Verästelungen werden als **Kapillaren** bezeichnet. Ihre Wand ist sehr dünn und besteht oft nur aus einer einzigen Zellschicht.

Der Bau der Blutgefäße steht in Zusammenhang mit ihrer Funktion. Das Herz pumpt das Blut mit hohem Druck in die Arterien. Die Arterienwände müssen diesem *Blutdruck* standhalten können. In den Venen ist dagegen der Blutdruck sehr gering. Hier reicht die Pumpleistung des Herzens nicht mehr aus, um das Blut vorwärts zu bewegen. Deshalb wirken mehrere Einrichtungen zusammen. Einerseits saugt das Herz bei seinen Pumpbewegungen Blut aus Venen an. Andererseits verlaufen oft Venen neben Arterien. Wenn diese durch die Pumpleistung des Herzens etwas erweitert werden, wird die Venenwand zusammengedrückt und presst auf diese Weise das Blut weiter. Schließlich wird auch durch die Bewegung von Muskeln, an denen eine Vene vorbeiführt, das Blut weiterbefördert. Damit es aber nicht in die Gegenrichtung strömt, sind in diesen Gefäßen im Abstand von einigen Zentimetern *Venenklappen* eingelagert. Diese Bindegewebssäckchen wirken als „Rückschlagventile“ und erlauben dem Blut nur in Richtung zum Herzen hin zu fließen.

In den Kapillaren findet der Stoffaustausch mit den umliegenden Geweben statt. Hier diffundieren Sauerstoff und Nährstoffe aus dem Blut in die Gewebszellen. Im Gegenzug werden in den Kapillaren Kohlenstoffdioxid und Abfallprodukte des Stoffwechsels von den Gewebszellen an das Blut abgegeben.

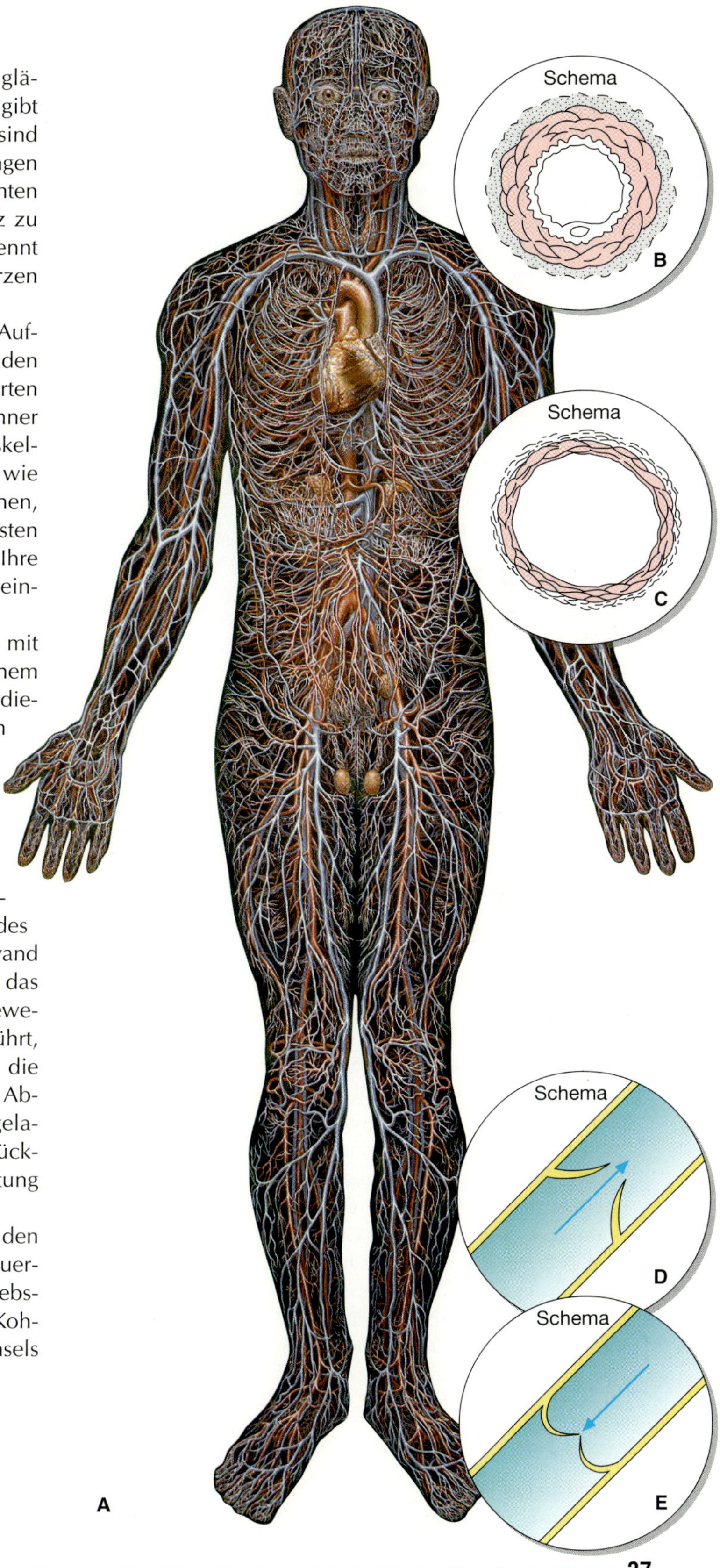

***1 Blutgefäße. A** der „gläserne Mensch“; **B** Arterie (Querschnitt); **C** Vene (Querschnitt); **D** Venenklappe (offen); **E** Venenklappe (geschlossen)*

Das Blut kann seine Transportleistungen nur dann erfüllen, wenn es ständig in Bewegung gehalten wird. Pro Minute pumpt das Herz etwa fünf Liter Blut in die Arterien. Ein Teil dieser Blutmenge, das *Herzminutenvolumen,* wird über die *Lungenarterie* in die Lungen transportiert. Dieses Blut enthält nur wenig Sauerstoff, aber viel Kohlenstoffdioxid. In den Kapillarnetzen der Lungenbläschen erfolgt der Gasaustausch und das Blut wird wieder mit Sauerstoff angereichert. Über die *Lungenvene* wird das sauerstoffreiche Blut zum Herzen zurückgeführt. Damit wird ein Kreis Herz–Lunge–Herz geschlossen. Man spricht vom **Lungenkreislauf.**

Anschließend wird das Blut in den Körper gepumpt. Aus dem Herzen heraus führt eine besonders große Arterie, die *Körperschlagader* oder **Aorta.** Von dieser zweigen mehrere Arterien ab, die Kopf, Arme, Beine und innere Organe mit Sauerstoff versorgen. Eine dieser Arterien führt von außen an das Herz heran und verzweigt sich in die so genannten *Herzkranzgefäße.* Über diese wird das Herz, das als ständig arbeitender Muskel besonders viel Sauerstoff benötigt, eigens versorgt.

Ein großer Teil des Blutes aus der Aorta gelangt in die Kapillaren der Darmwand. Dort nimmt das Blut die Bausteine der verdauten Nahrung wie beispielsweise Aminosäuren, Traubenzucker und Fettsäuren auf und transportiert sie durch eine große Vene, die *Pfortader,* zur Leber. Hier werden dem Blut Giftstoffe entnommen und abgebaut. Viele Giftstoffe wie zum Beispiel Alkohol schädigen deshalb besonders die Leber. Die Ausscheidung der Abfallprodukte des Stoffwechsels, unter anderem von Harnstoff, der beim Eiweißabbau anfällt, erfolgt in den Nieren.

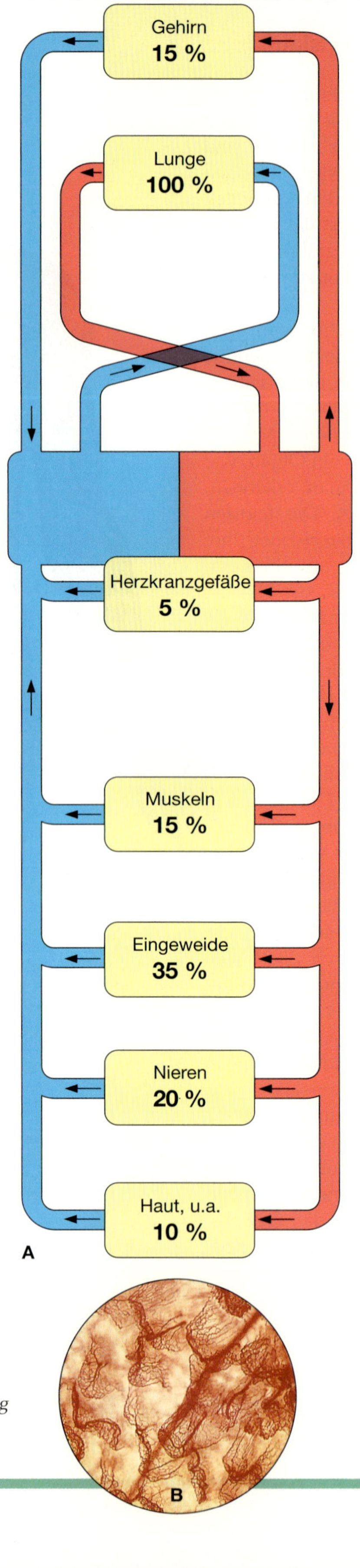

***2 Doppelter Blutkreislauf. A** Versorgung der Organe; **B** Kapillaren (Foto)*

Nachdem das Blut die Kapillaren aller Organe durchströmt hat, sammelt es sich in den Venen und wird zum Herzen zurückgeführt. In dieses münden zwei große Venen. Die obere Hohlvene bringt das Blut aus dem Kopf, dem Brustbereich und den Armen heran. Die untere Hohlvene transportiert Blut aus den Beinen und den Organen des Bauchraums. Durch diese Venen wird der so genannte **Körperkreislauf** geschlossen.

Das Blut fließt zuerst im Lungenkreislauf und anschließend im Körperkreislauf. Es liegt demnach ein **doppelter Blutkreislauf** vor.

Durch die ständige Blutzirkulation wird auch die Wärme, die durch die Muskelarbeit und durch Stoffwechselvorgänge entsteht, gleichmäßig im Körper verteilt. So wird eine gleich bleibende Körpertemperatur von etwa 36,5 °C aufrechterhalten.

Das Herz pumpt das Blut in den Lungenkreislauf und den Körperkreislauf. Arterien transportieren das Blut vom Herzen weg. Venen führen es zum Herzen hin. Über die Kapillaren werden die Organe mit Sauerstoff und Nährstoffen versorgt. Außerdem reguliert das Blut die Körpertemperatur.

1 Begründe, weshalb aus einer verletzten Arterie das Blut stoßweise spritzt, während es aus einer verletzten Vene langsam fließt.

2 Beschreibe mithilfe von Abbildung 2 das Kreislaufsystem des Menschen und erläutere.

3 Vergleiche die schematische Darstellung des Herzens in Abbildung 2 mit dem Bau des menschlichen Herzens und erläutere.

4 Ordne den in Abbildung 2 in den gelben Feldern genannten Organen jeweils Aufgaben des Blutes zu.

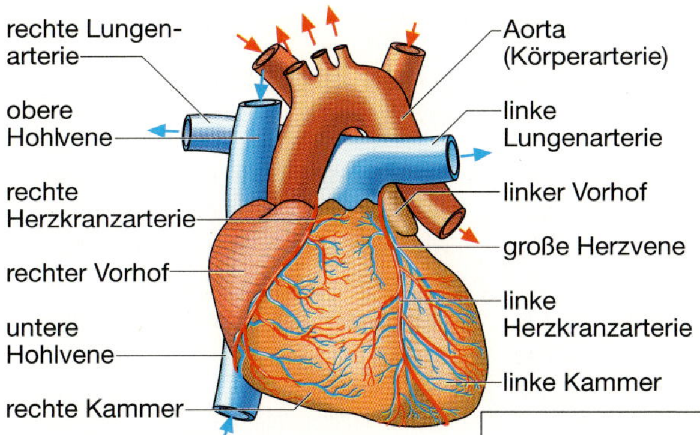

1 Herz mit Arterien und Venen

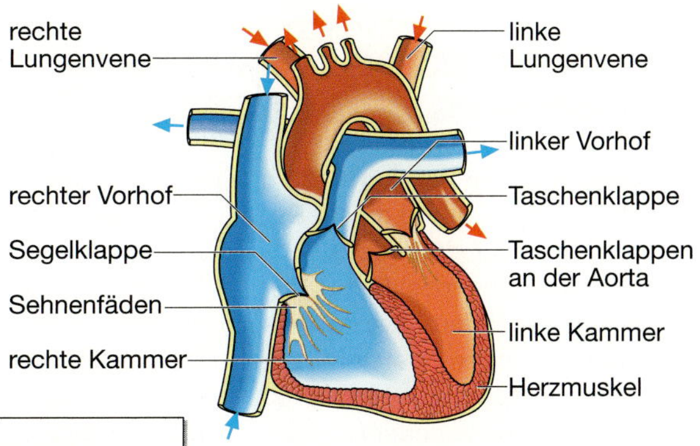

2 Herz (aufgeschnitten)

3.3 Das Herz pumpt ein Leben lang

Etwa 70-mal pro Minute pumpt das Herz Blut sowohl in die Lungenarterie als auch in die Aorta. Diese beiden Blutgefäße führen oben in der Mitte aus dem Herzen heraus. Seitlich am Herzen münden – von der Lage im Körper aus gesehen – links die Lungenvenen, rechts die Hohlvenen, die das Blut wieder zum Herzen zurückbringen. Am aufgeschnittenen Herzen kann man vier Hohlräume erkennen. Die beiden größeren werden als *Herzkammern* bezeichnet. Sie werden durch die *Herzscheidewand* voneinander getrennt. Die linke Herzkammer ist deutlich größer und hat auch eine dickere Muskelwand.

Jeder Herzkammer ist ein Vorhof vorgelagert. Die Öffnungen zwischen den Herzkammern und den Vorhöfen können durch Bindegewebshäute, die *Segelklappen*, verschlossen werden. In den linken Vorhof münden die Lungenvenen, in den rechten Vorhof die Hohlvenen. Am Eingang der Vorhöfe sitzen *Venenklappen*, die einen Rückfluss des Blutes in die Venen verhindern.

Die Lungenarterie entspringt der rechten, die Aorta der linken Herzkammer. Am Beginn dieser beiden Arterien sitzen ebenfalls Herzklappen, die *Taschenklappen*.

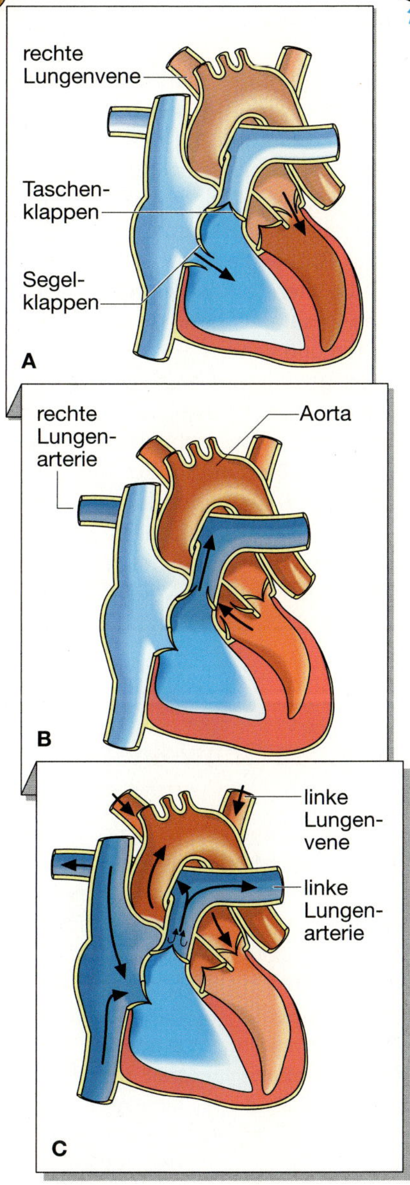

3 Arbeitsphasen des Herzens.
***A** Beginn der Diastole; **B** Ende der Diastole und Anfang der Systole; **C** Ende der Systole*

Die Aktivität der Herzkammern kann in zwei Abschnitte eingeteilt werden: Zuerst zieht sich die Muskelwand der mit Blut gefüllten Herzkammern bei geschlossenen Taschenklappen zusammmen. Dadurch steigt der Druck in den Herzkammern, bis er den Druck in der Aorta und der Lungenarterie übersteigt. Daraufhin öffnen sich die Taschenklappen und das Blut wird in die Arterien gepresst. Diese Vorgänge bezeichnet man als **Systole.** Während der Systole füllen sich die beiden Vorhöfe mit Blut.

Durch den Druckabfall in den Herzkammern schließen sich die Taschenklappen wieder. Die Muskelwand der Herzkammern erschlafft. Gleichzeitig ziehen sich die Vorhöfe zusammen, die Segelklappen öffnen sich und das Blut wird in die Herzkammern gepresst. Dies bezeichnet man als **Diastole.**

Das Herz besteht aus zwei Herzkammern und zwei Vorhöfen.
Die Herzaktivität wird in Systole und Diastole gegliedert.

1 Beschreibe anhand von Abbildung 3 die Herztätigkeit.

2 Um das Blut in den Körperkreislauf zu pressen, ist ein höherer Druck notwendig als im Lungenkreislauf. Erläutere, auf welche Weise das Herz angepasst ist.

Streifzug durch die Geschichte

Die Entdeckung des Blutkreislaufs

Starker Blutverlust kann zum Tod führen. Aufgrund dieser Beobachtung war die lebenswichtige Bedeutung des Blutes mit Sicherheit schon dem Menschen der Vorzeit bekannt. Die ersten Aufzeichnungen über gezielte Untersuchungen zum Blut und dem Blutgefäßsystem stammen von dem griechischen Arzt HIPPOKRATES um etwa 400 vor Christus. Zur damaligen Zeit wurden die meisten Erkenntnisse bei der Untersuchung der Körper von Säugetieren gewonnen.

Um 200 nach Christus untersuchte GALEN, der Leibarzt des römischen Kaisers MARC AUREL, Schweine und Schafe, da aus religiösen und rechtlichen Gründen eine Untersuchung menschlicher Leichen verboten war. GALEN widerlegte zwar die bis dahin geltende Vorstellung, dass in den Blutgefäßen Luft transportiert wird. Er hatte jedoch die Meinung, dass das Blut in der Leber aus den Bausteinen der Nahrung gebildet wird, dann über die Hohlvene zum Herzen und von dort in alle Organe gebracht wird, wo es völlig verbraucht wird.

Der berühmte Maler Leonardo DA VINCI (1452–1519) beschäftigte sich nicht nur mit Malerei, sondern auch mit der Konstruktion technischer Apparate und dem Aufbau des menschlichen Körpers. Dabei zerlegte er mehr als 30 Leichen, erkannte jedoch nicht den Zusammenhang zwischen Arterien und Venen.
Dies gelang erst 1628 dem englischen Arzt William HARVEY. Er schnürte bei verschiedenen Säugetieren Blutgefäße zu und beobachtete die Blutstauungen. Dabei fand er heraus, dass in den Arterien Blut vom Herzen wegfließt und in den Venen wieder zurückkehrt. Damit war die Auffassung von GALEN, die mehr als 1300 Jahre die Medizin beeinflusst hatte, widerlegt und der Kreislauf des Blutes entdeckt.

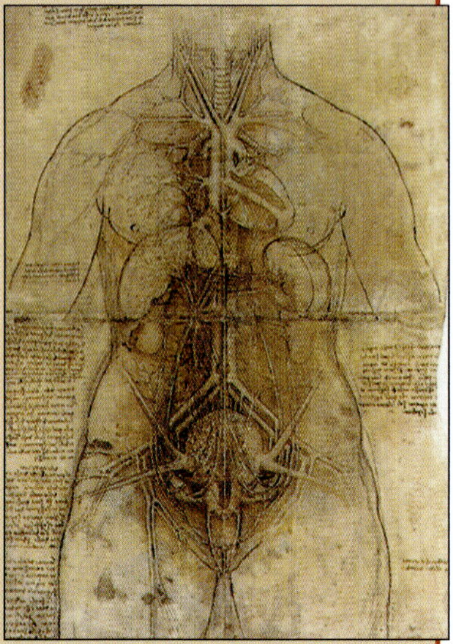

4 Blutgefäße des Menschen (Zeichnung von Leonardo DA VINCI)

Übung

Untersuchung eines Schweineherzens

Material: frisches Schweineherz vom Schlachthof oder Metzger; größere Glasschale; scharfes Messer

Durchführung: Das Schweineherz wird in die Glasschale gelegt und zuerst von außen betrachtet. Dann wird das Herz mit dem Messer in Richtung zur Herzspitze aufgeschnitten. Mit je einem Schnitt wird jeweils eine Herzkammer geöffnet. Mit einem weiteren Schnitt kann ein Vorhof geöffnet werden.

Aufgaben: a) Betrachte die Herzkranzgefäße und erläutere ihre Aufgabe. Suche an der Aorta den Ausgangspunkt der Herzkranzarterie.

b) Vergleiche die Form und die von außen sichtbaren Blutgefäße von Schweineherz und Menschenherz. Nimm die Abbildung 1 auf Seite 39 zu Hilfe. Benenne die von außen sichtbaren Blutgefäße.

c) Beschreibe am geöffneten Herzen den Weg des Blutes. Beginne an den beiden Hohlvenen.

d) Von den Segelklappen führen deutlich sichtbare Sehnenfäden zur Innenwand der Herzkammern. An den Taschenklappen sind keine Sehnenfäden zu erkennen. Beschreibe die Funktion der Segelklappen und Taschenklappen. Erläutere unter Berücksichtigung der Druckverhältnisse im schlagenden Herzen, weshalb die Segelklappen mit Sehnenfäden befestigt sind, die Taschenklappen jedoch nicht.

e) Vergleiche die Dicke der Muskelwand in den beiden Herzkammern und erläutere.

Elektrokardiogramm

Streifzug durch die Medizin

Bei jedem Herzschlag entstehen elektrische Spannungsänderungen. Diese kann man als **Elektrokardiogramm,** abgekürzt **EKG,** sichtbar machen und aufzeichnen. Dabei werden dem Patienten an Armen und Füßen, manchmal auch am Brustkorb, Metallplättchen angelegt, die den Strom leiten, so genannte Elektroden. Diese sind über Kabel mit einem Verstärker und einem Schreiber verbunden. Während der Untersuchung zeichnet der Schreiber die Spannungsänderungen für einen kurzen Zeitraum auf.

Bei Menschen mit einem gesunden Herzen zeigt die Kurve ein ganz bestimmtes Muster von Ausschlägen, die man den verschiedenen Bewegungsabläufen bei der Herztätigkeit zuordnen kann, beispielsweise dem Zusammenziehen der Vorhöfe oder der Kammern. Weist das EKG bestimmte Besonderheiten auf, kann der Arzt daraus Rückschlüsse auf das Vorhandensein verschiedener Erkrankungen des Herzens oder der übrigen Kreislauforgane ziehen. So ist es beispielsweise möglich, mithilfe des EKG zu erkennen, ob der Herzmuskel zu wenig Sauerstoff erhält und deshalb die Gefahr eines Herzinfarktes besteht. Zur Erkennung mancher Erkrankungen ist es erforderlich, ein *Belastungs-EKG* aufzunehmen, bei dem der Patient körperlich aktiv ist.

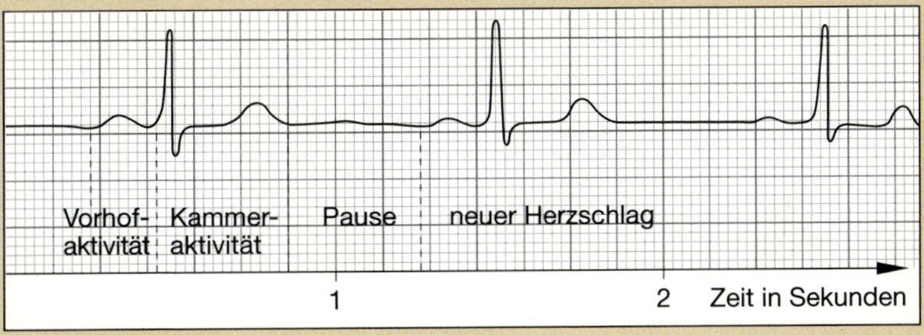

5 EKG *(Schema)*

Blutdruckmessung

Streifzug durch die Medizin

Zur Messung des *Blutdrucks* legt z.B. der Arzt eine aufblasbare Manschette um den Oberarm. Anschließend wird die Manschette mit einer kleinen Luftpumpe so stark aufgepumpt, bis die im Oberarm verlaufende Arterie völlig abgedrückt ist. An der Armbeuge wird die Membran eines Hörrohrs, eines Stethoskops, aufgelegt. Nun lässt der Arzt die Luft langsam entweichen. Sobald der Druck so weit abgenommen hat, dass das Blut wieder durch die Arterie zu fließen beginnt, ist ein dumpfer Klopfton zu hören. Der Druck, der zu diesem Zeitpunkt auf dem mit der Manschette verbundenen Manometer abzulesen ist, zeigt den *systolischen Blutdruck* an.

Entweicht noch mehr Luft aus der Manschette, werden die Pulsschläge immer leiser. Sobald das Geräusch des Pulsschlags nicht mehr zu vernehmen ist, wird der Druck nochmals abgelesen. Dieser Wert ist der *diastolische Blutdruck.*

Bei gesunden Menschen liegt der systolische Wert bei etwa 120, der diastolische Wert bei etwa 90. Ein Blutdruck von 120 entspricht dem Druck einer Quecksilbersäule von 120 mm Höhe (Einheit: mm Hg). Heute wird der Druck oft in Kilopascal (kPa) angegeben. Ein Wert von 120 mm Hg entspricht etwa 16 kPa, ein solcher von 90 mm Hg etwa 12 kPa. Viele Menschen müssen ihren Blutdruck regelmäßig selbst kontrollieren. Dazu gibt es handliche Geräte, die die beiden Blutdruckwerte automatisch registrieren und anzeigen.

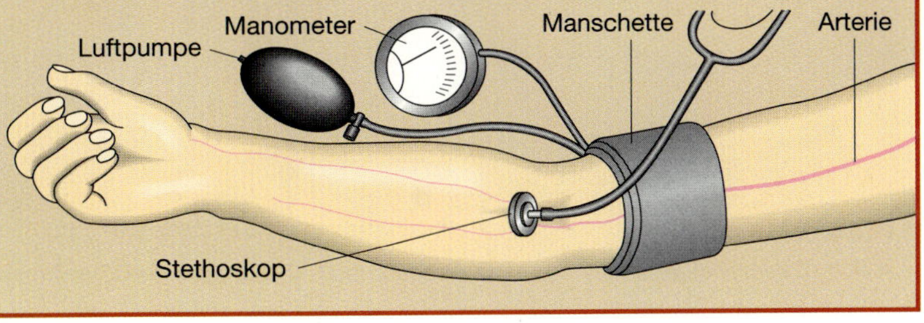

Streifzug durch die Medizin

Herz- und Kreislauferkrankungen

Heftige Schmerzen in der Brust und im linken Arm, Atemnot, Übelkeit, Schweißausbrüche und ein Gefühl der Todesangst – diese Anzeichen einer schweren Erkrankung erleiden Tausende von Menschen in jedem Jahr in Deutschland. Meist stellt der Notarzt nach einer kurzen Untersuchung die Diagnose „Herzinfarkt". Wie entsteht eine derartige lebensbedrohende Erkrankung?

Das Herz hält durch seine Pumpleistung das Blut im Körper in ständiger Bewegung und versorgt auf diese Weise alle Organe mit Sauerstoff und Energie. Das Blut innerhalb des Herzens dient jedoch nicht der Versorgung des Herzmuskels selbst. Diese Aufgabe übernehmen vielmehr Arterien, die von außen an das Herz herantreten und sich dort in feine Kapillaren verzweigen. Diese Arterien werden als *Herzkranzgefäße* oder *Koronargefäße* bezeichnet. Kommt es zu einer Verengung dieser Gefäße, können sie den Herzmuskel nur noch ungenügend mit Sauerstoff versorgen. Im ungünstigsten Fall verschließt sich eines der Herzkranzgefäße vollständig. Der von diesem Gefäß versorgte Teil des Herzens kann dann nicht mehr arbeiten, ein **Herzinfarkt** ist die Folge.

Wie kommt es zur Verengung der Gefäße? Ein gesundes Blutgefäß hat eine glatte, elastische Wand und lässt das Blut ohne Behinderung durchfließen. Unter bestimmten Bedingungen kann es jedoch zu einem Anschwellen der inneren Schicht der Gefäßwand kommen. Dabei entstehen kleine Verletzungen in der Wand. Durch diese Veränderungen wird die Anheftung von winzig kleinen Kügelchen bestimmter Blutfettstoffe begünstigt, manchmal lagern sich auch kalkartige Stoffe an. Die Gefäßwand wird durch diese Ablagerungen im Laufe der Zeit immer dicker und verliert ihre Elastizität. Eine solche Gefäßverengung nennt man **Arteriosklerose.**

Die Ablagerungen führen oft zu Verwirbelungen im Blutstrom. Dies kann zur Bildung kleiner Blutgerinnsel führen, so genannten *Thromben.* Auch diese können sich an der Gefäßwand absetzen. Manchmal wird ein Thrombus mit dem Blutstrom mitgerissen, setzt sich in einer anderen, bereits ebenfalls verengten Arterie fest und verstopft diese vollständig. Betrifft dies ein Koronargefäß, kommt es zu einem Infarkt.

Arteriosklerose tritt nicht nur an den Herzkranzgefäßen auf. Durch diese Erkrankung kann jede Arterie im Körper

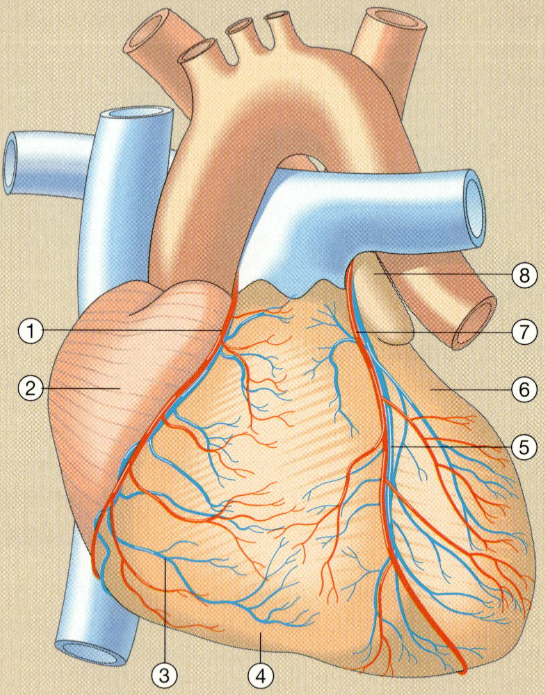

6 Herzkranzgefäße. *① rechte Kranzschlagader; ② rechter Vorhof; ③ kleine Herzvene; ④ rechte Herzkammer; ⑤ große Herzvene; ⑥ linke Herzkammer; ⑦ linke Kranzschlagader; ⑧ linker Vorhof*

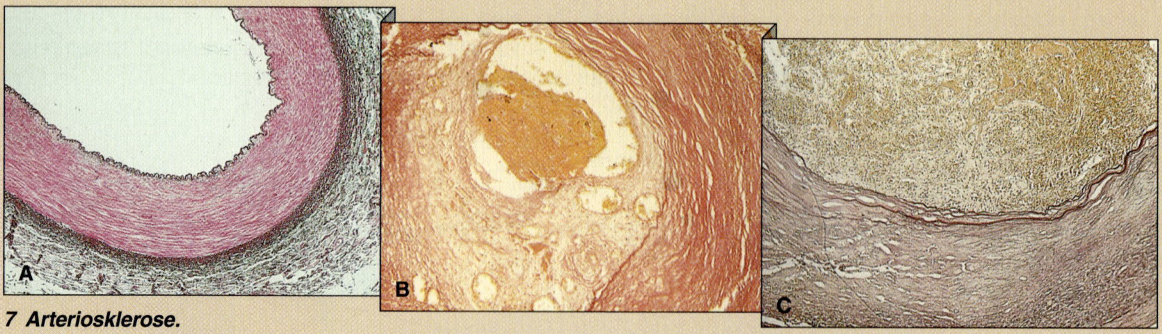

7 Arteriosklerose.
A *Schnitt durch ein gesundes Gefäß;* ***B*** *Ablagerungen;* ***C*** *verengtes Gefäß (mikroskopische Aufnahmen)*

geschädigt werden. Bei einer Verstopfung von Gefäßen im Gehirn kann es zu einem **Schlaganfall** kommen. Hierbei werden Teile des Gehirns nicht mehr ausreichend mit Blut versorgt. Lähmungen, Sprachstörungen oder eine Beeinträchtigung des Sehens sind oft die Folge.
Man kennt heute eine Reihe von Risikofaktoren, die Herz- und Kreislauferkrankungen fördern. Die wichtigsten sind: Rauchen, Übergewicht, Stress, zu hoher Blutdruck, zu hoher Anteil bestimmter Fettstoffe im Blut, mangelnde Bewegung. Einige dieser Risikofaktoren können vermieden werden. So wird zur Vorbeugung empfohlen, regelmäßig Sport zu treiben, auf eine ausgewogene Ernährung mit wenig Fett und Zucker zu achten sowie auf das Zigarettenrauchen zu verzichten.
In den letzten Jahren sind verschiedene Behandlungsmethoden entwickelt worden, die eingesetzt werden, wenn eine ernsthafte Erkrankung bereits eingetreten ist. Verengte Koronararterien kann man künstlich erweitern und auf diese Weise den Blutfluss wieder erleichtern. Dabei wird ein dünner Schlauch, ein *Katheter*, durch ein Blutgefäß in den Körper eingeführt und bis an die verengte Stelle am Herzen vorgeschoben. Durch einen aufblasbaren länglichen Ballon am Ende des Katheters kann die Verengung dann gedehnt werden.
In anderen Fällen muss eine *Bypass-Operation* vorgenommen werden. Dabei legt der Chirurg um den verengten Arterienbereich am Herzen gleichsam eine Umleitungsstrecke, z.B. ein Stück Vene, das dem Patienten aus dem Bein entnommen wurde.

Manche Patienten leiden unter **Herzrhythmusstörungen.** Normalerweise zieht sich das Herz bei einem ruhenden Menschen etwa einmal pro Sekunde zusammen. Die Signale für diese Bewegungen werden von einem Erregungszentrum am rechten Vorhof ausgelöst. Krankhafte Veränderungen des Erregungszentrums können zur Folge haben, dass das Herz zu selten, zu oft oder zu unregelmäßig schlägt. Um diese Herzrhythmusstörungen auszugleichen, wird betroffenen Patienten oft ein künstlicher Herzschrittmacher eingesetzt, der durch elektrische Impulse die Häufigkeit des Herzschlags, die Herzschlagfrequenz, wieder normalisiert.

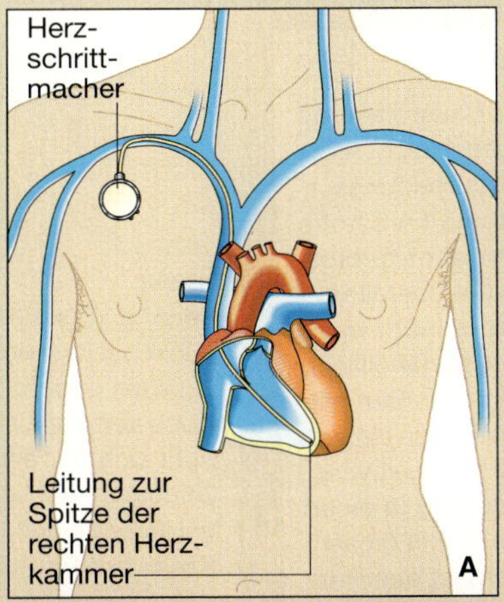

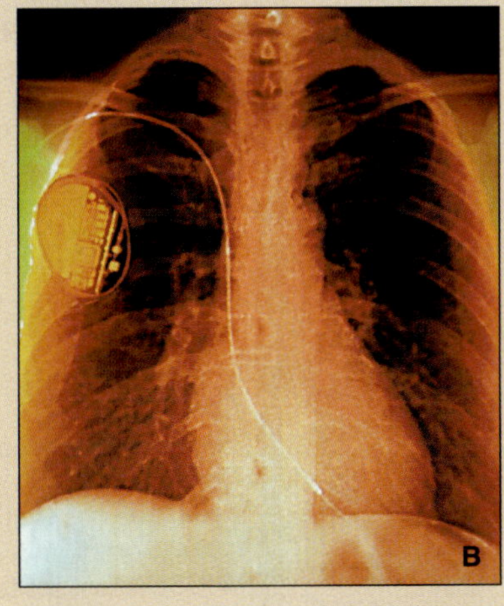

***8 Herzschrittmacher. A** Lage im Körper; **B** Röntgenbild*

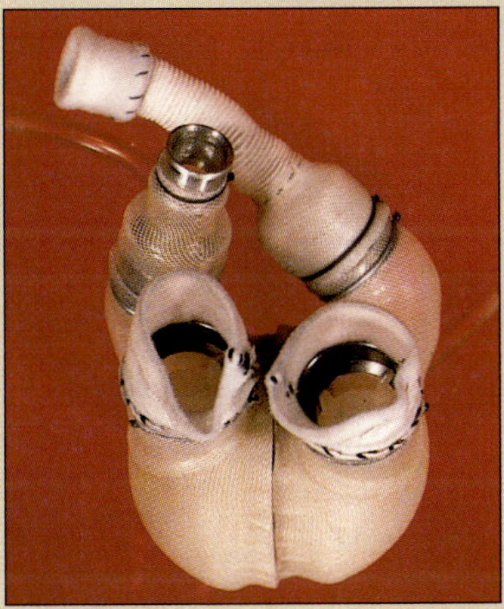

9 Künstliches Herz

Herzklappenfehler vermindern die Pumpleistung des Herzens. Die Folgen können lebensbedrohend sein. Durch eine Operation am vorübergehend stillgelegten Herzen können defekte Klappen durch künstliche Ersatzteile oder z.B. durch Klappen von Schweineherzen ersetzt werden. Während der Operation werden Kreislauf und Atmung durch eine Herz-Lungen-Maschine aufrechterhalten.

In seltenen Fällen ist die Leistungsfähigkeit des Herzens durch eine Erkrankung so weit eingeschränkt, dass dem Patienten nur durch eine Herzverpflanzung geholfen werden kann. Nach einer solchen *Transplantation* versucht der Körper das fremde Organ oft abzustoßen. Dies muss durch Medikamente verhindert werden. Allerdings wird der Patient dadurch anfällig für Infektionen. Künstliche Herzen, bei denen eine Abstoßungsreaktion seltener erfolgt, sind bereits entwickelt worden. Bisher ist es aber noch nicht gelungen, einen Menschen ausschließlich mit einem künstlichen Herzen längere Zeit am Leben zu erhalten.

Pinnwand

HERZEN UND KREISLAUFSYSTEME BEI TIEREN

Blut und Blutkreislauf

Blut versorgt die Organe mit Energie- und Baustoffen, oft auch mit Sauerstoff. Es nimmt von den Organen nicht mehr verwertbare Stoffe auf und führt sie den Ausscheidungsorganen zu. Bei vielen Tieren ist das Blut durch Farbstoffe (z. B. Hämoglobin) rot gefärbt, bei anderen ist es farblos; Blutzellen wie beim Menschen kommen nicht überall vor. Von einem **geschlossenen Blutkreislauf** spricht man, wenn das Blut im gesamten Körper durch Blutgefäße fließt; ein **offener Blutkreislauf** liegt vor, wenn sich das Blut teilweise frei zwischen den Organen bewegt und nur in einigen Blutgefäßen in bestimmten Körperteilen gesammelt wird. Bei vielen Wirbeltieren besteht eine Gliederung in einen Lungenkreislauf und in einen Körperkreislauf. Bei diesem besonders leistungsfähigen Kreislaufsystem ist das Herz in zwei Vorhöfe und zwei Hauptkammern gegliedert.

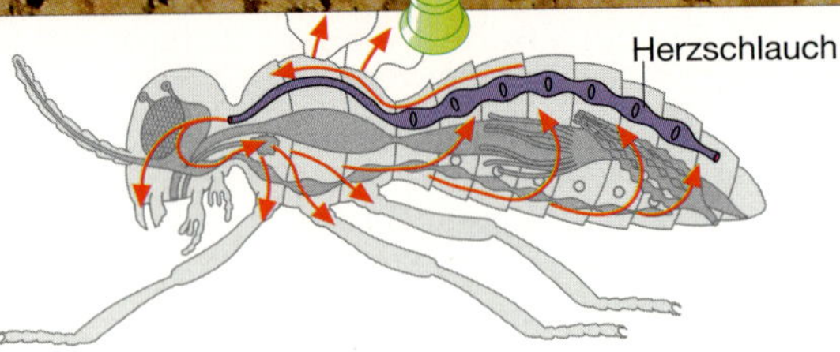

Insekt
Herz: lang gestreckter, vorn offener Herzschlauch auf der Rückenseite; wird das Herz durch seitlich anliegende Muskeln gedehnt, strömt farbloses Blut aus dem Körper durch seitliche Öffnungen ein; entspannen sich die Muskeln, zieht sich der elastische Herzschlauch zusammen, die Öffnungen schließen sich und das Blut strömt aus dem Vorderende aus
Kreislauf: Blutgefäße fehlen; das Blut fließt frei durch den Körper; es ist nicht am Sauerstofftransport beteiligt

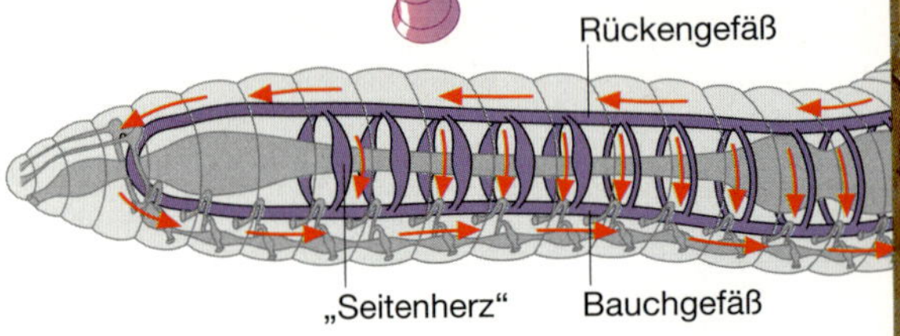

Regenwurm
Herz: ein eigentliches Herz fehlt; Teile des Rückengefäßes und einige Ringgefäße im vorderen Körperabschnitt („Seitenherzen“) können sich zusammenziehen und das Blut dadurch in Bewegung halten
Kreislauf: ein Rückengefäß und ein Bauchgefäß durchziehen den ganzen Körper; diese Gefäße sind in jedem Segment durch seitliche Ringgefäße miteinander verbunden; die Organe werden durch feine Blutkapillaren versorgt

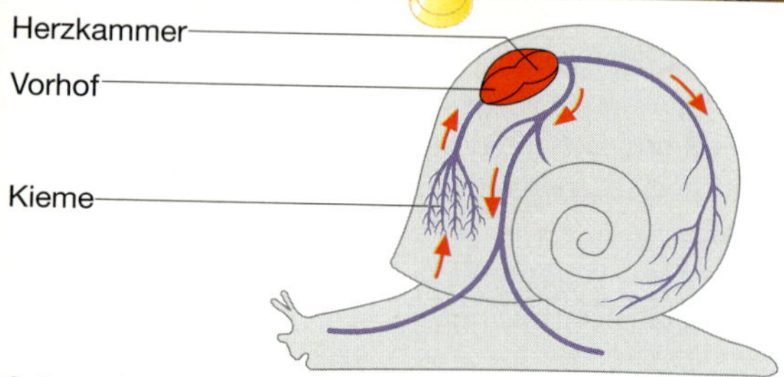

Schnecke
Herz: einfach gebautes Herz aus einem Vorhof und einer Herzkammer
Kreislauf: das Blut gelangt von der Kieme oder der Lunge in den Vorhof und von dort in die Herzkammer; einige Gefäße leiten das farblose Blut zu den Organen, wo es aus feinen Verästelungen austritt und die Organe frei umspült

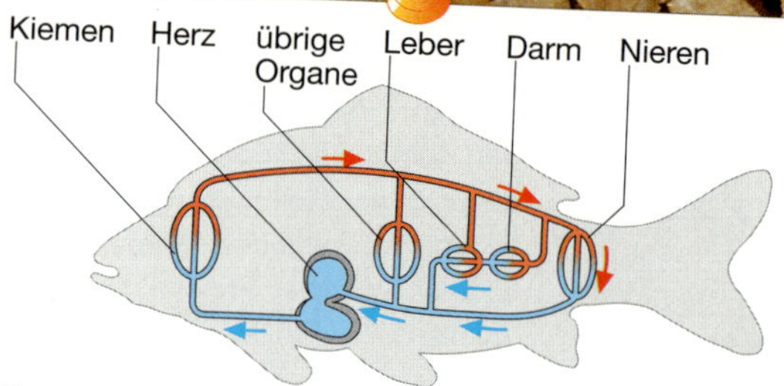

Fisch
Herz: einfach gebautes Herz mit einem Vorhof und einer Herzkammer
Kreislauf: vom Herzen gelangt das Blut zunächst in die Kiemen, wo es Sauerstoff aufnimmt; dieses Blut versorgt die Organe; mit Kohlenstoffdioxid angereichert fließt es wieder zum Herzen zurück

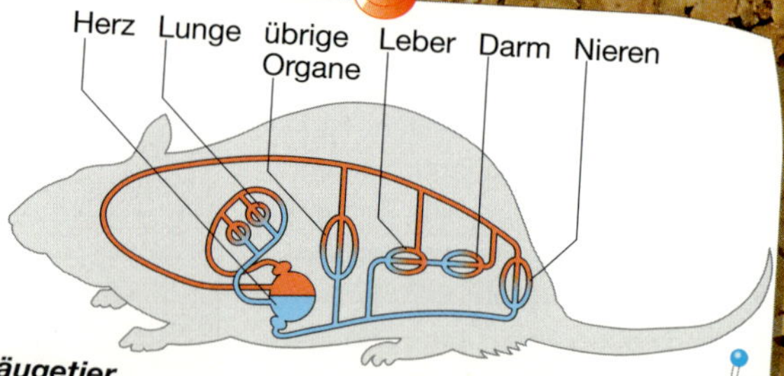

Säugetier

3 Welche der auf dieser Seite abgebildeten Tiere haben einen offenen, welche einen geschlossenen Blutkreislauf? Erläutere.

4 Bei Fisch und Säugetier ist ein Teil des Blutkreislaufs rot gezeichnet, ein anderer blau. Erläutere, warum diese Unterscheidung beim Insekt nicht gemacht wird.

5 Erstelle für den Pinnzettel „Säugetier“ in deinem Heft den fehlenden Text.

ERSTE HILFE

Pinnwand

Erste Hilfe bei blutenden Wunden

Kleine blutende Wunden, z. B. leichte Schnittwunden, können mit einem Pflaster behandelt werden. Dabei muss die keimfreie saugfähige Mullschicht auf die Wunde gelegt werden, die klebenden Enden des Pflasters befestigt man auf der unverletzten Haut. Bei stärker blutenden Verletzungen kann auch das keimfreie saugfähige Material aus einem Verbandspäckchen zum Umwickeln der Wunde verwendet werden.

Stark blutende Wunden können mit einem Druckverband versorgt werden. Auf die blutende Wunde wird zuerst eine keimfreie Wundauflage gelegt, notfalls auch ein sauberes Taschentuch. Anschließend legt man ein ungeöffnetes Verbandspäckchen als elastisches Druckpolster auf. Dann wird ein Dreieckstuch umgelegt und fest verknotet. Die verletzte Stelle sollte hoch gelegt oder hoch gehalten werden. Verletzungen von Schlagadern sind lebensgefährlich und müssen deshalb so schnell wie möglich von einem Arzt behandelt werden.

Verbandskästen enthalten keimfreies Verbandsmaterial. Jeder Autofahrer muss einen Verbandskasten im Fahrzeug mitführen.

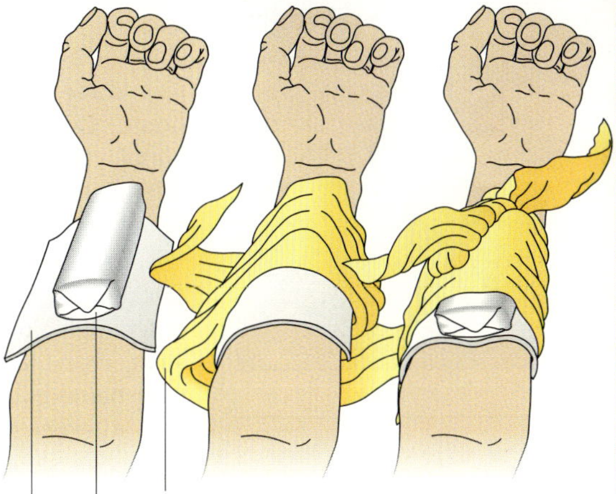

Erste Hilfe für die Seele

Manchmal wird man Augenzeuge eines Unfalls, bei dem Menschen verletzt werden. Wenn die Verletzungen erheblich sind, müssen Maßnahmen zur Ersten Hilfe eingeleitet und ein Rettungsdienst verständigt werden.
Verunglückten kann man auch helfen, wenn man sich in erster Hilfe noch nicht auskennt. Wichtige Verhaltensmaßregeln sind:

- Sage dem Verletzten, dass er nicht allein ist, beruhige ihn z. B. mit der Versicherung, dass ein Arzt bereits unterwegs ist.
- Beuge dich zu dem Unfallopfer hinunter oder knie dich daneben hin, denn ein stehender Mensch lässt den Verunglückten seine hilflose Lage besonders unangenehm empfinden.
- Zeige dem Verletzten dein Mitgefühl und suche vorsichtig Körperkontakt, indem du z. B. seine Hand hältst.
- Rede mit dem Unfallopfer, um es z. B. von seinen Schmerzen abzulenken.

Kurse, in denen man erste Hilfe lernen kann, bieten alle Hilfsorganisationen regelmäßig an (z. B. Deutsches Rotes Kreuz, Arbeiter-Samariter-Bund, Malteser-Hilfsdienst).

6 Informiere dich, wo in deiner Schule Verbandskästen aufbewahrt werden.

7 Untersuche den Inhalt eines Verbandskastens. Erläutere, welchem Zweck die einzelnen Teile dienen.

Was der Rettungsdienst wissen muss, wenn er über einen Unfall informiert wird

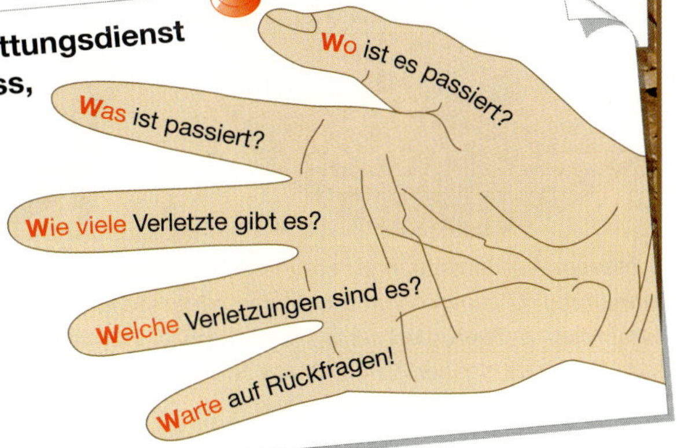

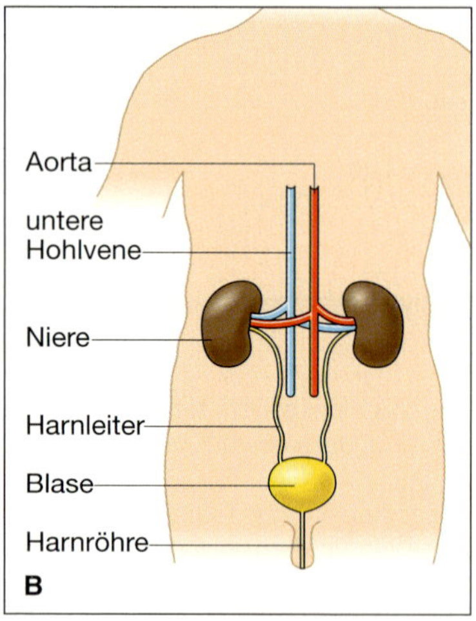

4 Ausscheidung und Gaswechsel

4.1 Bau und Funktion der Niere

Zur Ausrüstung eines Motorradfahrers sollte ein Nierenschutz gehören. Dies ist ein breiter Ledergürtel, der um die Hüften geschnallt wird und die Nieren vor dem kalten Fahrtwind schützt.
Die beiden Nieren liegen auf der Rückenseite des Menschen knapp unter dem Brustkorb. Ihre Lage kann man leicht zeigen, indem man beide Hände in die Taille auf den Rücken stemmt. Die Nieren sind etwa sieben Zentimeter groß, bohnenförmig und dunkelrot gefärbt. An der Einbuchtung führt eine Arterie hinein und eine Vene heraus. Schneidet man eine Niere längs auf, erkennt man einen Hohlraum, der als *Nierenbecken* bezeichnet wird. Dort verlässt der *Harnleiter* die Niere und führt zur *Harnblase.* Das Nierengewebe selbst besteht aus der hellen *Nierenrinde* und dem dunkleren *Nierenmark.* Dieses ragt mit den kegelförmigen *Nierenpyramiden* in das Nierenbecken.

Mit dem Mikroskop kann man in der Nierenrinde kleine Bindegewebsbläschen erkennen, in denen jeweils ein Knäuel aus sehr feinen Blutgefäßkapillaren liegt. Aus dem Bläschen, das als *BOWMANsche Kapsel* bezeichnet wird, führt ein langer, dünner Schlauch heraus. Dieses *Nierenkanälchen* ist am Anfang stark gewunden. Dann folgt ein länglicher Abschnitt, der in das Nierenmark führt, dort umbiegt und wieder zurück in die Nierenrinde gelangt. Dieser Teil heißt *HENLEsche Schleife.* Schließlich mündet das Nierenkanälchen in ein *Sammelröhrchen*, das mit Millionen anderer Sammelröhrchen zum Nierenbecken führt.

Welche Aufgabe hat die Niere im Körper? Die dunkelrote Farbe dieses Organs zeigt, dass es besonders stark durchblutet wird. Im Blut werden neben Sauerstoff, Kohlenstoffdioxid und Nährstoffen auch nicht verwertbare Stoffe transportiert, die im Stoffwechsel entstanden sind. Diese Stoffe können in größeren Mengen giftig wir-

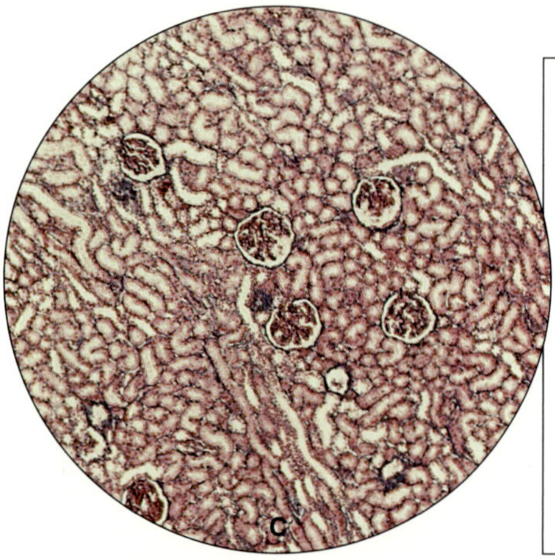

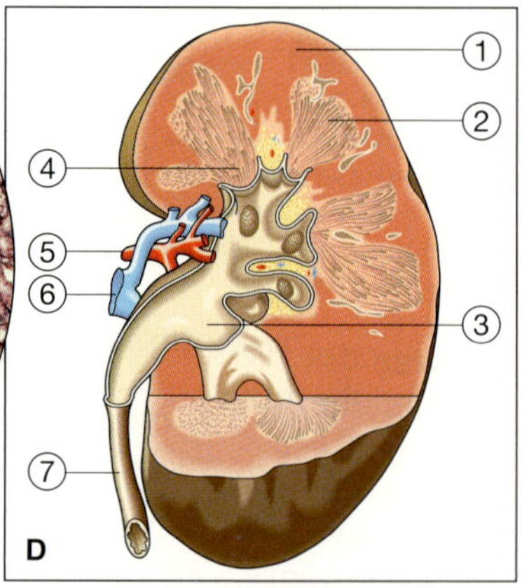

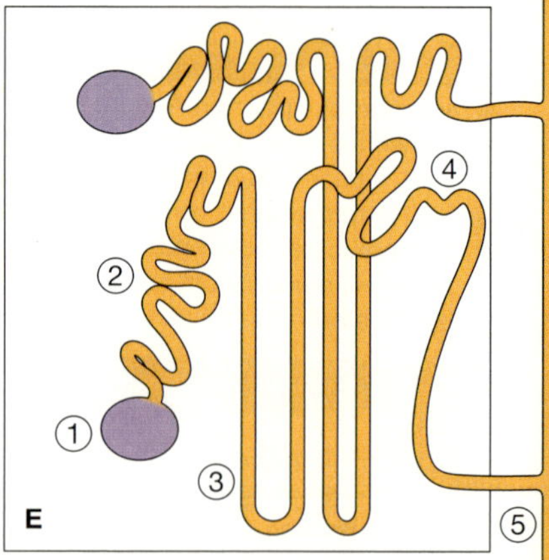

1 Nieren. A *Motorradfahrerin mit Nierenschutzgürtel;* ***B*** *Lage der Nieren im Körper;* ***C*** *Nierenrinde (mikroskopische Aufnahme);* ***D*** *Längsschnitt durch eine Niere (Schema): ① Nierenrinde, ② Nierenmark, ③ Nierenbecken, ④ Nierenpyramiden, ⑤ Nierenarterie, ⑥ Nierenvene, ⑦ Harnleiter;* ***E*** *Nierenkörperchen mit Nierenkanälchen: ① BOWMANsche Kapsel, ② kapselnaher Abschnitt des Nierenkanälchens, ③ HENLEsche Schleife, ④ kapselferner Abschnitt des Nierenkanälchens, ⑤ Harnsammelröhrchen*

ken und müssen deshalb rasch aus dem Blut entfernt werden. Dies geschieht in den Nieren.
Das Blut gelangt durch eine Arterie in die Niere. Die Kapillaren in den Nierenkörperchen sind so eng, dass sich hier das Blut staut. Der Blutdruck presst Blutflüssigkeit durch winzige Porenöffnungen zwischen den Zellen der Kapillarenwände aus dem Kapillarenknäuel hinaus in den Hohlraum der BOWMANschen Kapsel. An den Poren werden Blutzellen und Eiweißstoffe wie in einem Filter zurückgehalten. Wasser und darin gelöste Stoffe können jedoch hindurchtreten und sammeln sich in dem Hohlraum als **Primärharn.**

Jeden Tag entstehen in den Nieren eines Menschen etwa 170 Liter Primärharn. Immer wieder strömt das Blut im Blutkreislauf durch die Nieren und presst dabei ständig Flüssigkeit durch die Kapillarwände in die Gewebskapseln. Zu den Stoffen, die im Primärharn enthalten sind, gehören giftige Abbauprodukte aus dem Eiweißstoffwechsel wie z. B. *Harnstoff* und *Harnsäure.* Täglich werden etwa 50 Gramm solcher Giftstoffe durch die Nieren aus dem Blut herausgefiltert. Jedoch sind auch lebensnotwendige Stoffe wie Zucker und verschiedene Salze im Primärharn enthalten. Diese dürfen natürlich nicht ausgeschieden werden. Das gilt auch für das Wasser. Der Verlust von 170 Litern Primärharn täglich wäre auch durch starkes Trinken nicht auszugleichen. Deshalb holt sich der Körper auf dem langen Weg durch das Nierenkanälchen den größten Teil der Stoffe, die er benötigt, aus dem Primärharn zurück. Diese Rückgewinnung nennt man die **Rückresorption.** In die Sammelröhrchen gelangt eine konzentrierte Flüssigkeit, der **Endharn.** Täglich werden etwa 1,5 Liter Endharn gebildet, in der Harnblase gesammelt und über die Harnröhre ausgeschieden.

Die Nieren sind Organe mit einer besonders hohen Stoffwechselleistung. Deshalb sind sie besonders gefährdet. Beispielsweise können infolge einer starken Erkältung Bakterien über die Harnleiter bis in die Niere wandern und zu einer Entzündung führen, in deren Verlauf Nierengewebe zerstört wird. Auch durch giftig wirkende Stoffe wie z. B. Alkohol oder bestimmte Medikamente kann Nierengewebe geschädigt werden. Bei manchen Menschen entstehen im Nierenbecken oder in der Harnblase aus unlöslichen Bestandteilen des Harns kleine Kristalle, die zu *Nierensteinen* oder *Blasensteinen* verklumpen. Diese können dann in den Harnwegen äußerst starke Schmerzen, eine *Nierenkolik,* auslösen. Wenn die Nierenleistung stark absinkt, besteht Lebensgefahr, weil sich die Giftstoffe im Blut anreichern und alle Organe des Körpers schädigen.

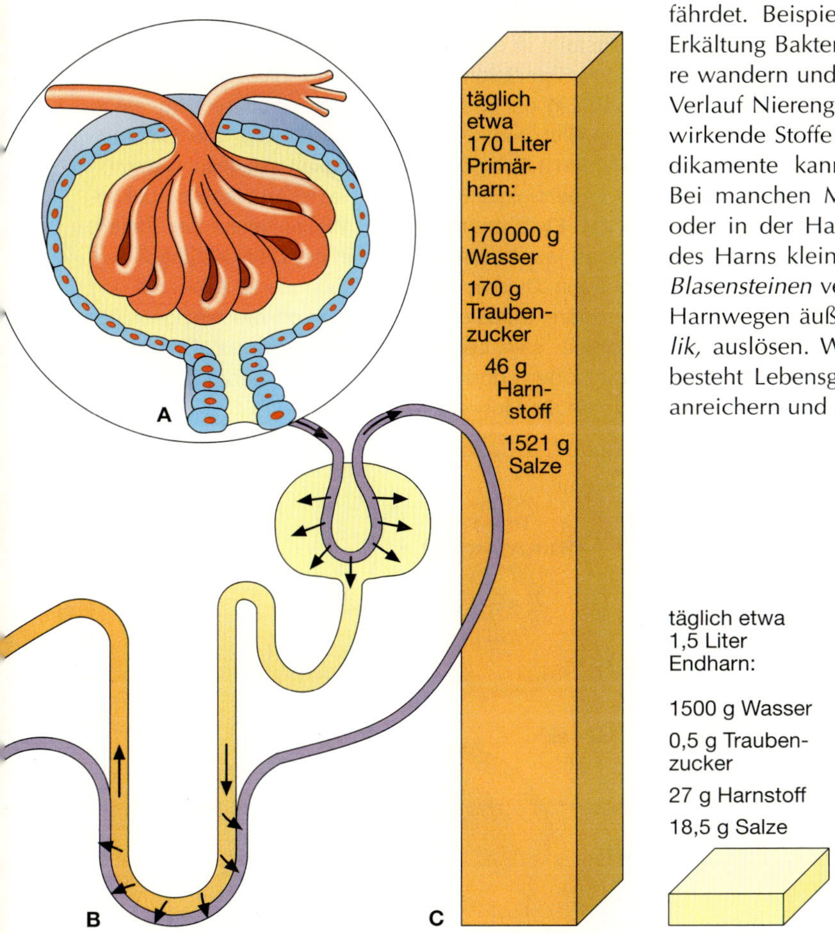

***2 Funktion der Nieren. A** BOWMANsche Kapsel; **B** Filtration und Rückresorption; **C** Vergleich von Primärharn und Endharn*

Die Ausscheidung von nicht verwertbaren Stoffen aus dem Stoffwechsel erfolgt über die Nieren. In den Nierenkörperchen wird das Blut gefiltert und der Primärharn gebildet. Die für den Körper wichtigen Stoffe werden in den Nierenkanälchen rückresorbiert.

1 Beschreibe den Aufbau eines Nierenkörperchens und seine Funktion.
2 Wie viele Flaschen Mineralwasser mit 0,7 Litern Inhalt müsste ein Mensch täglich trinken, um den Verlust von 170 Litern Primärharn auszugleichen?

Streifzug durch die Medizin

Dialyse

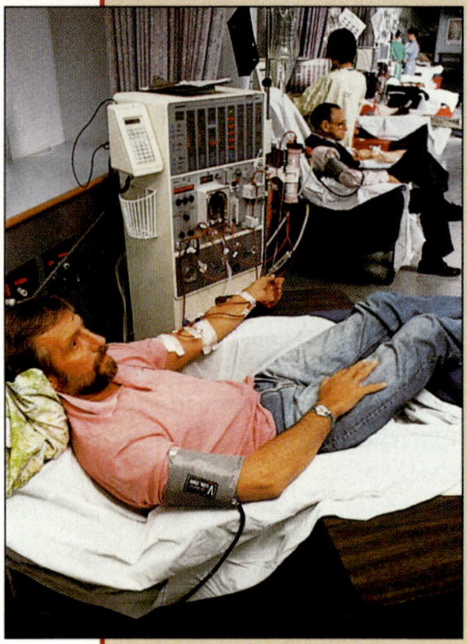

3 Dialyse-Station

In Beipackzetteln von Medikamenten wird oft vor Nierenschäden gewarnt, weil durch das Medikament Nierengewebe geschädigt werden kann. Auch als Folge von Nierenentzündungen oder bei bestimmten Krankheiten wird manchmal Nierengewebe zerstört. Das Blut kann dann nicht mehr entgiftet werden und die Giftstoffe reichern sich im Körper an. Wenn die Leistung der Nieren unter 10% des normalen Wertes sinkt, werden Herz, Darm, Muskeln und Nerven durch die Giftstoffe in ihrer Tätigkeit beeinträchtigt. Der Zustand des Kranken verschlechtert sich schnell. Während früher jährlich in Deutschland etwa 5000 Menschen an einer solchen schweren Nierenschädigung erkrankten und starben, kann seit einigen Jahren mit medizinischer Technik geholfen werden.

Im Anfangsstadium der Krankheit ist eine Diätnahrung zur Entlastung der Nieren ausreichend. Wenn die Nieren stärker geschädigt sind, muss das Blut künstlich entgiftet werden. Dies geschieht durch eine „künstliche Niere“ in einer Dialysestation. Dort erfolgt die Reinigung des Blutes durch die Dialyse.

Eine Armschlagader wird angestochen und das Blut in das Dialysegerät, den *Dialysator,* geleitet. Dort fließt das Blut zwischen Platten oder in dünnen Röhren. Das Kernstück des Gerätes ist die *Dialysemembran.* Sie wirkt als Filter und enthält viele winzige Poren. Diese sind so klein, dass Eiweißstoffe oder Rote Blutkörperchen nicht hindurchpassen. Gelöste Stoffe, wie z.B. Harnstoff und Salze, können jedoch ungehindert durch die Poren wandern. Auf der einen Seite dieser Membran strömt das Blut des Nierenkranken, auf der anderen Seite eine „Waschflüssigkeit“, die man als Dialysierflüssigkeit oder *Dialysat* bezeichnet, eine genau zusammengestellte Lösung aus Wasser und einigen Salzen. Aus dem Blut können die Giftstoffe in die Dialysierflüssigkeit wandern, nicht jedoch Eiweißstoffe und die Roten Blutkörperchen. Die Salze in der Dialysierflüssigkeit wandern zum Teil in das Blut und verhindern Salzverluste. Die Giftstoffe werden mit der Dialysierflüssigkeit weggeschwemmt.

Das gereinigte Blut wird in eine Armvene zurückgeleitet. Etwa dreimal in der Woche muss der Patient bis zu jeweils fünf Stunden in der Dialyse-Station verbringen. Dies bedeutet natürlich starke seelische und familiäre Belastungen, ist aber oft die einzige Möglichkeit, sein Leben zu retten. Dialysestation in Urlaubsorten oder sogar auf Kreuzfahrtschiffen erhöhen die Mobilität der Kranken.

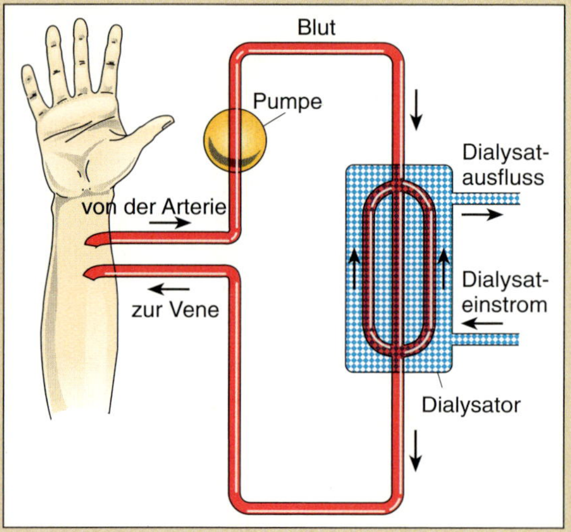

4 Dialyse (Schema)

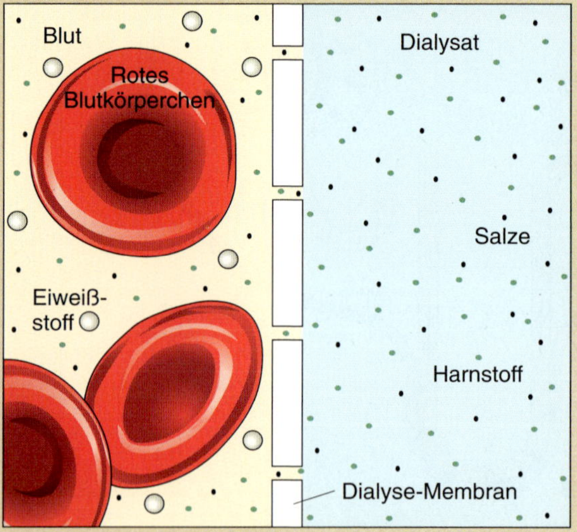

5 Vorgänge an der Membran

Nierentransplantation

Streifzug durch die Medizin

Durch die Dialyse wird ein Nierenkranker in seinem Leben stark eingeschränkt. Er muss eine genaue Diät einhalten, darf auf keinen Fall zu viel Flüssigkeit zu sich nehmen, wobei er das in der Nahrung enthaltene Wasser mit einberechnen muss, und ist auf die Einhaltung der regelmäßigen, stundenlangen Dialysesitzungen angewiesen. Es wurde zwar vor mehr als 20 Jahren eine Methode entwickelt, nach der ein Dialysepatient die Blutreinigung selbstständig daheim durchführen kann. Jedoch besteht bei diesem Verfahren ein Risiko, dass lebensgefährliche Infektionen auftreten können.

Die beste Möglichkeit, einem Menschen mit schwerer Nierenschädigung zu helfen, ist die **Nierentransplantation**. Dies ist eine Operation, in der dem Kranken eine gesunde Niere eingesetzt wird. Woher stammt diese Niere?

Die Übertragung einer tierischen Niere auf den Menschen ist nicht möglich. Man kann zwar z. B. die Herzklappe eines Schweins in das Herz eines Menschen einsetzen, aber diese wird nicht durchblutet und deshalb nicht vom menschlichen Abwehrsystem zerstört. Damit ein fremdes Organ nicht abgestoßen wird, müssen die Eiweißstoffe von Spender und Empfänger weitgehend übereinstimmen. Dies ist besonders bei Familienangehörigen der Fall. Da ein Mensch mit nur einer Niere gut leben kann, wird manchmal z. B. einem Elternteil oder einem Geschwister – natürlich mit dessen Einverständnis und nach intensiver Beratung – eine Niere entnommen und dem Kranken eingesetzt. Der größte Teil der Spendernieren stammt von verstorbenen Menschen. Oft sind dies Opfer von Verkehrsunfällen. Nachdem zwei Ärzte eindeutig den Tod festgestellt hat, können Organe entnommen und für Transplantationen verwendet werden. Dazu muss jedoch ein **Organspendeausweis** des Verstorbenen oder die Genehmigung eines nahen Angehörigen vorliegen.

Obwohl die Operationstechniken und die Medikamente laufend verbessert werden, ist die Zahl der Spendernieren viel zu gering und reicht bei weitem nicht aus, den Bedarf zu decken. Zur Zeit können nicht einmal 10 % der Dialysepatienten eine Nierenspende erhalten. Durch internationale Zusammenarbeit erhöht sich die Chance, geeignete Spender zu finden. In der *Europäischen Transplantationszentrale* in den Niederlanden werden die Daten von Organempfängern gespeichert und mit möglichen Spendern verglichen, um die Gefahr der Abstoßung des neuen Organs durch den Körper des Empfängers möglichst gering zu halten. Durch verbesserte Aufklärungsarbeit finden sich immer mehr Menschen bereit, im Falle ihres eigenen Todes ein Letztes für andere Menschen zu tun und Organe zu spenden.

6 Unfall

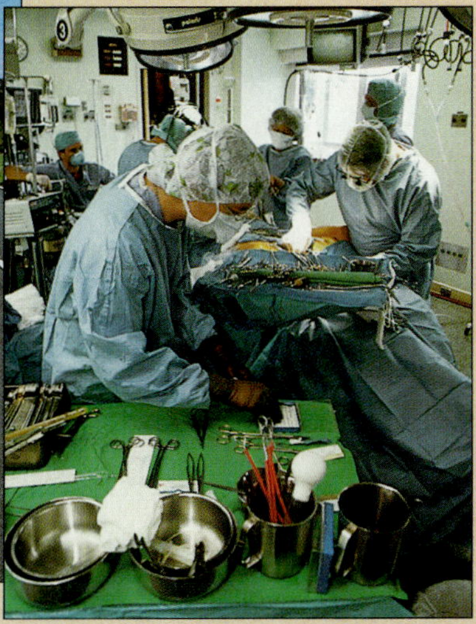

7 Nierentransplantation

„Aus christlicher Sicht gibt es keinen grundsätzlichen Einwand gegen eine freiwillige Organspende. Bedenken ergeben sich nur aus der Möglichkeit des Missbrauchs (z. B. Organhandel). Nach christlichem Verständnis ist das Leben und damit der Leib ein Geschenk des Schöpfers, über das der Mensch nicht nach Belieben verfügen kann, das er aber nach sorgfältiger Gewissensprüfung aus Liebe zum Nächsten einsetzen darf. Das schließt eine Entschädigung von Aufwendungen für die Gewebe- und Organspende nicht aus, verbietet aber einen dadurch erstrebten Gewinn."
(Aus der Erklärung der Deutschen Bischofskonferenz und des Rates der Ev. Kirche in Deutschland)

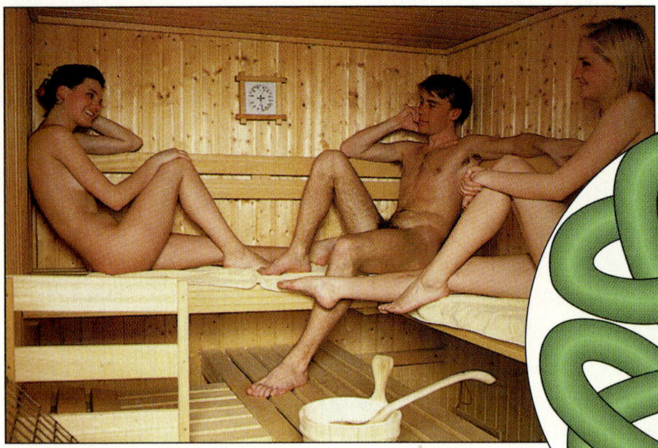

1 In der Sauna

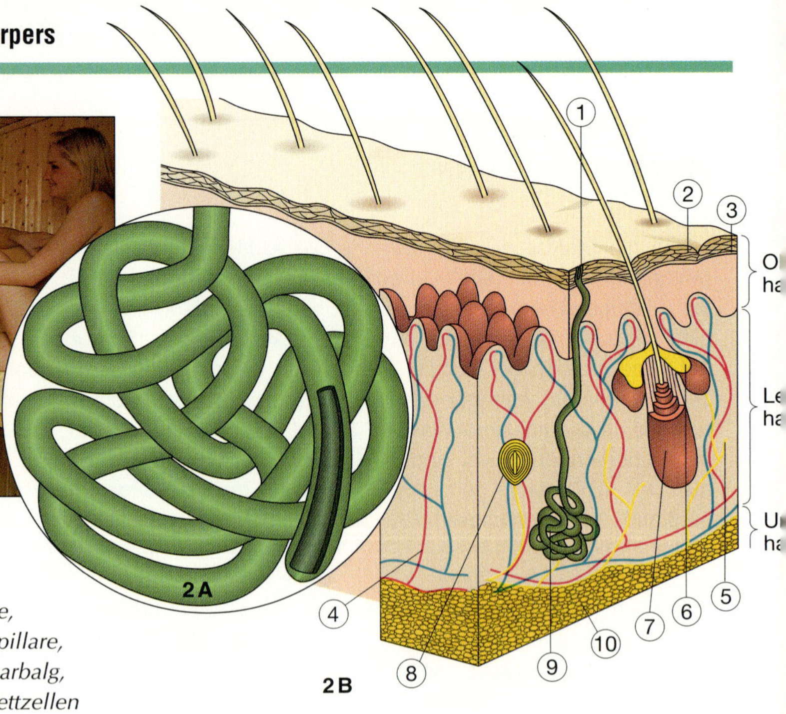

2 Haut. A *Schweißdrüse (Schema);*
B *Aufbau der Haut: ① Pore einer Schweißdrüse, ② Hornschicht, ③ Keimschicht, ④ Blutgefäßkapillare, ⑤ freie Nervenendigungen, ⑥ Talgdrüse, ⑦ Haarbalg, ⑧ Tastsinneskörperchen, ⑨ Schweißdrüse, ⑩ Fettzellen*

4.2 Auch über die Haut werden Stoffe ausgeschieden

In einer Sauna wirkt über 90 °C heiße Luft auf die Haut ein. Sofort wird diese nass durch den gebildeten Schweiß. Wenn ein Tropfen Schweiß in den Mund läuft, empfindet man einen salzigen Geschmack. Schweiß ist also kein reines Wasser, sondern eine Flüssigkeit, die bis zu 20 Gramm Salz pro Liter enthält.
Die Bildung des Schweißes erfolgt in den *Schweißdrüsen*. Sie sind besonders zahlreich in den Achselhöhlen, den Hand- und Fußflächen und auf der Stirn. Neben Salz werden im Schweiß auch Abfallstoffe des Stoffwechsels ausgeschieden. Die Ausscheidung über die Haut kann zwar die Tätigkeit der Nieren nicht ersetzen, liefert aber einen wichtigen Beitrag zur Entgiftung des Körpers.
Daneben hat die Haut noch weitere wichtige Aufgaben. Sie ist der Einwirkung durch die Umwelt unmittelbar ausgesetzt und muss deshalb den Körper schützen. Dazu dient die äußerste Schicht der Haut. Diese *Hornschicht* besteht aus stark verhornten, abgestorbenen Zellen. Da sie sich ständig abschuppt, müssen Zellen nachgeliefert werden. Dies erfolgt durch die *Keimschicht*. Hornschicht und Keimschicht werden zusammen als **Oberhaut** bezeichnet. Sie schützt die darunter liegenden Gewebe und verhindert das Eindringen von Krankheitserregern. Besonders wichtig ist hier der *Säuremantel* der Haut, eine dünne, Bakterien tötende Schicht auf der Oberhaut. Durch Fett, das in den Talgdrüsen gebildet wird, wird die Oberhaut geschmeidig gehalten.

In der darunter liegenden **Lederhaut** liegen feine Blutkapillaren. Bei Kälte ziehen sie sich zusammen und vermindern so die Durchblutung der Haut. Diese wird blass und die Wärmeabgabe aus dem Blut wird eingeschränkt. Bei starker Erwärmung des Körpers erweitern sich die Kapillaren und die Haut strahlt Wärme ab. Auch die Verdunstung von Schweiß hat auf die Haut eine kühlende Wirkung. Auf diese Weise kann die Körpertemperatur reguliert werden.
In der Lederhaut liegen viele Sinneszellen und freie Nervenendigungen für die Wahrnehmung von Kälte, Wärme, Tast- und Schmerzempfindungen. Hier sind auch die Haarbälge zu finden, aus denen die Haare herauswachsen.
Die **Unterhaut** schließlich enthält viele Fettzellen. Sie speichert also Nährstoffe und schützt als Polster die darunter liegenden Organe.

Die Haut besteht aus drei Schichten. Die Oberhaut schützt, die Lederhaut ermöglicht Temperaturregulierung und verschiedene Sinnesempfindungen. Die Unterhaut dient als Fettspeicher. Mit dem Schweiß werden Salze und nicht verwertbare Stoffe ausgeschieden.

1 Ordne in einer Tabelle den Schichten der Haut die verschiedenen Aufgaben zu.
2 In Hallenbädern wird das Tragen von Badesandalen empfohlen. Erläutere. Verwende die Pinnwand Seite 51.
3 Erläutere die Bedeutung der Schweißbildung.

HAUT

Pinnwand

Fußpilz

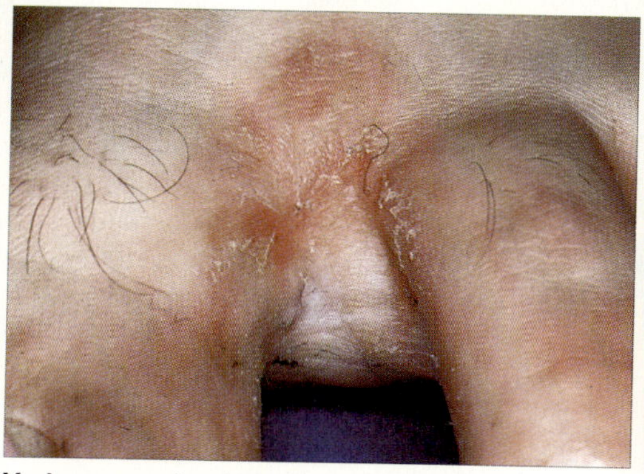

Vorkommen: feuchtwarme Hautstellen, vor allem zwischen den Zehen, auch in der Fußsohle
Lebensweise: Parasit in der Haut; erzeugt rote, juckende Hautstellen
Besonderheit: Übertragung in Schwimmbädern; Bekämpfung mit Lauge aus der Fußdusche und sorgfältiges Trockenreiben der Zehenzwischenräume

Sonnenbrand

Starke Sonneneinstrahlung führt bei heller Haut leicht zu Verbrennungen. Zuerst kommt es zu schmerzhaften Hautrötungen, später löst sich die Hornschicht in Fetzen ab. Darunter wird von der Keimschicht eine neue Hornhaut gebildet.
Einen Schutz vor Sonnenbrand geben Sonnenschutzmittel. Die Haut kann einen natürlichen Schutz entwickeln. Durch die Sonneneinstrahlung wird in der Keimschicht die Bildung des braunen Farbstoffs Melanin angeregt, wodurch die Haut gebräunt wird.
Sonnenbrand fördert Hautkrebs und sollte deshalb vermieden werden.

Warze

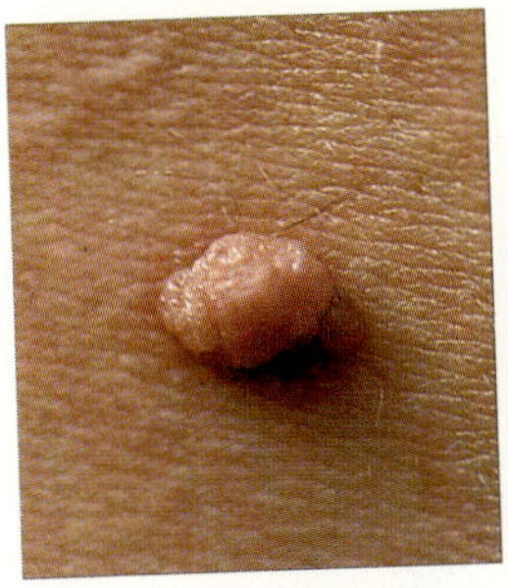

kleine hautfarbene Wucherung der Hornschicht; Ursache ist eine Infektion mit Viren, deshalb Übertragung auf andere Hautstellen möglich; Warzen sind harmlos, aber unschön; Entfernung mit speziellen Warzenmitteln oder durch Operation

Hühnerauge

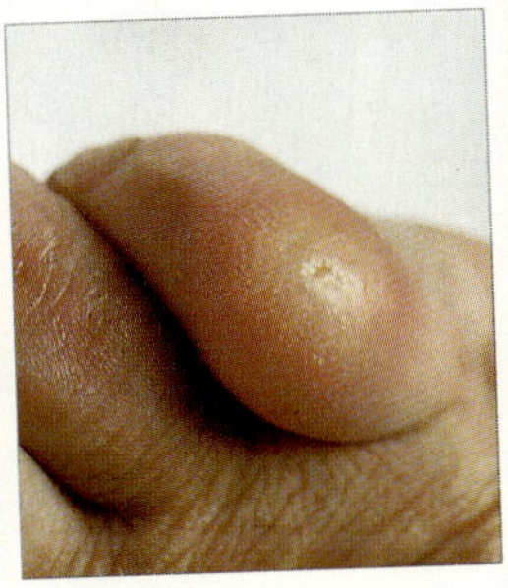

harmlose Wucherung in der Hornschicht an einer Zehe; entsteht an Druckstellen der Schuhe und kann sehr schmerzhaft sein; Entfernung durch Hühneraugenpflaster

Tätowierung

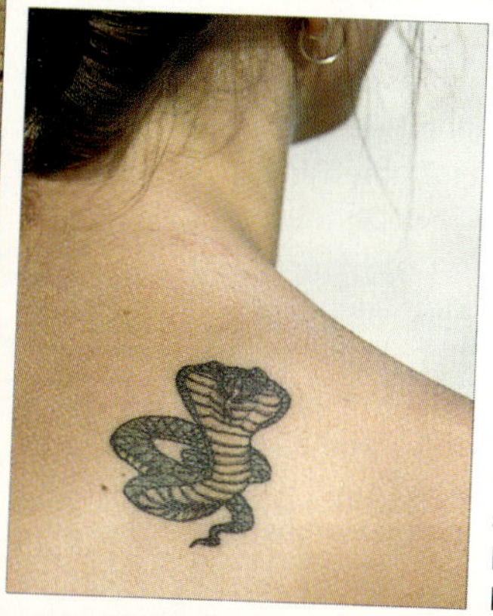

Bei einer Tätowierung werden Farbstoffteilchen mit Nadeln in die Lederhaut eingestochen. Wenn Rußteilchen verwendet werden, erscheint die Tätowierung blau. Bei einigen Naturvölkern war und ist die Tätowierung ein Stammesritual von sozialer und religiöser Bedeutung. Die Entfernung einer Tätowierung ist meist sehr schwierig, weil sich die Farbstoffe unterhalb der Keimschicht befinden.

Neurodermitis

Bereits bei Säuglingen können stark juckende, großflächige Entzündungen der Oberhaut vor allem in den Kniekehlen und den Ellenbeugen auftreten. Die Haut ist auffallend blass und sehr trocken. Es bilden sich kleine Knötchen, die quälend stark jucken und oft aufgekratzt werden. Manchmal verschwindet die Krankheit in der Pubertät von selbst. Die Ursache ist noch unbekannt.

Muttermal

kleiner, runder, brauner bis schwarzer Fleck auf der Haut; verursacht normalerweise keine Beschwerden und ist harmlos
Vorsicht ist geboten, wenn sich ein Muttermal vergrößert und seine Form verändert. Dann muss ein Hautarzt befragt werden, weil sich hier manchmal ein Hautkrebs entwickeln kann.

4.3 Atmung und Gaswechsel

Halten sich viele Menschen in einem geschlossenen Raum auf, z. B. in einem Klassenzimmer, fällt nach einiger Zeit das Arbeiten schwer. Man wird müde und kann sich nicht mehr richtig konzentrieren. Dann muss der Raum gelüftet werden. Beim Öffnen der Fenster gelangt frische Luft in das Zimmer und ersetzt die verbrauchte Luft. Worin unterscheiden sich frische Luft und verbrauchte Luft?
Vergleicht man die Zusammensetzung, kann man eine Veränderung feststellen. Frischluft enthält 78 % Stickstoff, 21 % Sauerstoff, 0,03 % Kohlenstoffdioxid und geringe Mengen an weiteren Gasen. Die ausgeatmete Luft enthält eine unveränderte Stickstoffmenge, jedoch nur noch 16 bis 17 % Sauerstoff, dafür etwa 4 % Kohlenstoffdioxid. Beim Atmen entnimmt also der Körper der Luft Sauerstoff und gibt Kohlenstoffdioxid ab. Diesen Vorgang bezeichnet man als **Gaswechsel.**
Wenn man in einem geschlossenen Raum atmet, wird der Sauerstoffgehalt der Raumluft immer geringer und der Kohlenstoffdioxidgehalt steigt. Alle Gewebe des Körpers, vor allem die Zellen des Gehirns, benötigen für ihren Stoffwechsel aber Sauerstoff und geben Kohlenstoffdioxid als Abfallstoff ab. Verbrauchte Luft kann also dem Körper nicht mehr genügend Sauerstoff zuführen und die Leistungsfähigkeit des Menschen sinkt.

Ein Jugendlicher atmet etwa zwanzigmal in der Minute ein und aus. Bei körperlicher Anstrengung oder Aufregung atmet er schneller. Die Menge an Luft, die er beim Atmen seinem Körper zuführt, beträgt beim Ruhen etwa acht Liter pro Minute, bei höchster Anstrengung aber bis zu 120 Liter.
Die Luft wird durch die Nase oder den Mund eingeatmet. Dabei ist die Atmung durch die Nase gesünder, weil die Luft an den Nasenschleimhäuten von Staub und Krankheitserregern gereinigt und außerdem angefeuchtet und erwärmt wird. Vom *Rachenraum* gelangt die Luft in die *Luftröhre.* Am unteren Ende des Rachens sitzt der *Kehlkopf.* Hier beginnen die Luftröhre und auch die Speiseröhre. Beim Schlucken verschließt der Kehlkopfdeckel die Luftröhre, damit keine Nahrungsteile hineingelangen. Wenn dies trotzdem einmal geschieht, wird durch kräftiges Husten der Fremdkörper meist wieder hinausbefördert.

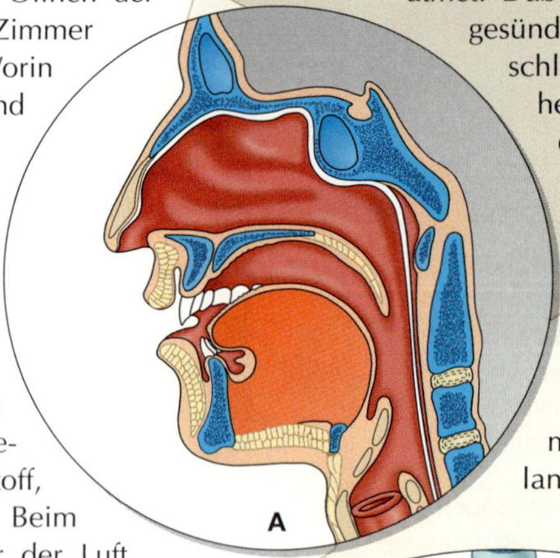

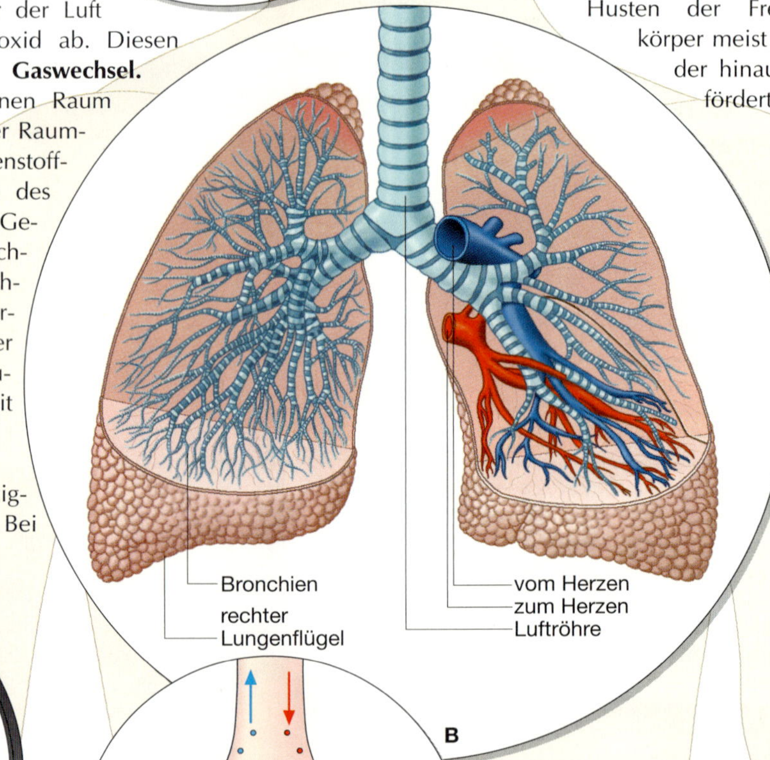

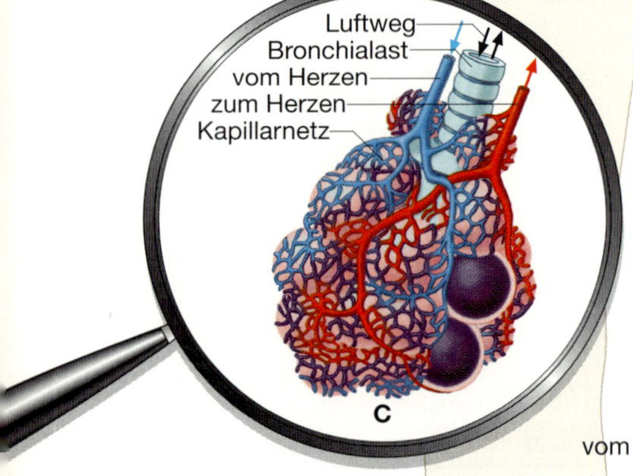

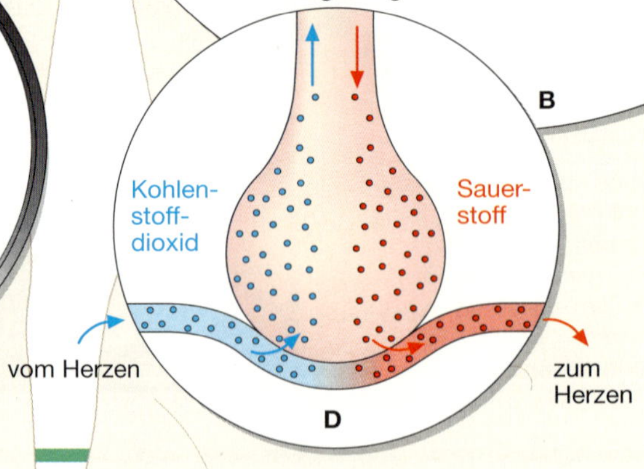

1 Atmung.
***A** Obere Atmungswege;*
***B** Aufbau der Lunge;*
***C** Bronchiolen mit Lungenbläschen;*
***D** Gaswechsel (Schema)*

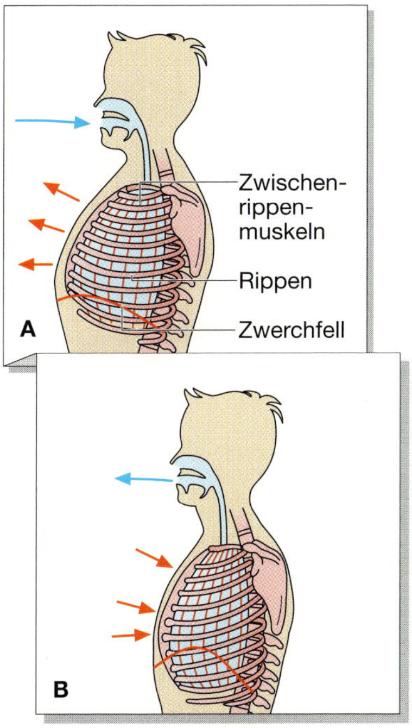

***2* Brustatmung. *A* Einatmen; *B* Ausatmen**

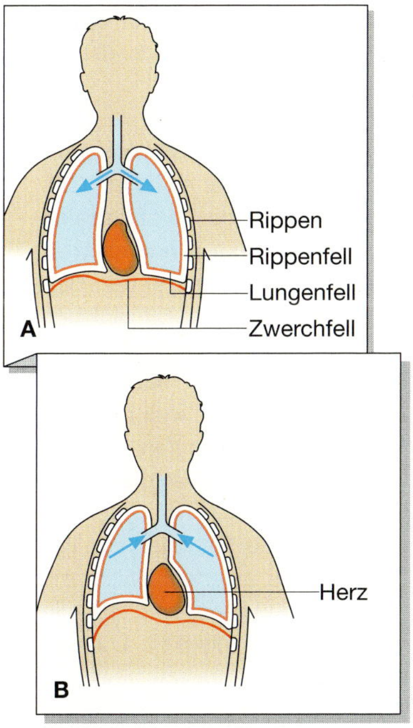

***3* Bauchatmung. *A* Einatmen; *B* Ausatmen**

Die Luftröhre verzweigt sich in zwei Röhren, die *Hauptbronchien,* die in die beiden *Lungenflügel* führen. Hier teilen sich die *Bronchien* immer weiter bis in feinste Verästelungen, die man als Bronchiolen bezeichnet. An den Enden sitzen traubenförmig angeordnet winzige *Lungenbläschen.* Ihre Haut ist von einem Netz feinster Blutkapillaren durchsetzt. Mehr als 300 Millionen Lungenbläschen bilden eine innere Oberfläche von fast 100 m^2.

Die eingeatmete Luft gelangt durch die Bronchien und Bronchiolen bis in die Lungenbläschen. Dort tritt der Sauerstoff durch die Lungenbläschenwand in die Blutkapillaren über. Auf dem entgegengesetzten Weg gibt das Blut Kohlenstoffdioxid an die Luft in den Bläschen ab. Beim Ausatmen scheidet so der Körper das Kohlenstoffdioxid aus.

Die Atemwege sind an ihren Innenwänden mit einer dünnen Schleimschicht überzogen. In dem Schleim kleben beispielsweise Staubteilchen fest. Die Zellen dieser Innenwände tragen feine Flimmerhärchen. Diese treiben durch ihre ständigen Bewegungen den Schleim aus den Atemwegen heraus bis zum Kehlkopf, wo er dann ausgehustet oder verschluckt wird. So reinigen sich die Atemwege selbst.

Einatmen und Ausatmen sind ständige Bewegungen. Das Lungengewebe enthält jedoch keine Muskeln. Wie kommen diese Bewegungen zustande? Die Lungenflügel sind von einer Haut, dem *Lungenfell,* bedeckt. Dieses liegt eng dem *Rippenfell* an, das den Brustkorb auskleidet. Brustfell und Rippenfell können an bestimmten Stellen aneinander vorbeigleiten und sich so während der Atmung verschieben.

Beim Einatmen spannen sich die *Zwischenrippenmuskeln* an. Dadurch hebt sich der Brustkorb und erweitert seinen Innenraum. Wie bei einem Blasebalg, der gedehnt wird, wird Luft eingesaugt. Kehrt der Brustkorb in seine Ausgangslage zurück, verringert sich sein Rauminhalt und die Luft wird herausgepresst. Diese Form der Atembewegungen nennt man die **Brustatmung.**

Die Größe des Brustraums kann auch durch Bewegungen des *Zwerchfells* verändert werden. Dieser Muskel ist wie die Decke einer Kuppel nach oben gewölbt und trennt den Bauchraum vom Brustraum. Wenn sich der Zwerchfellmuskel zusammenzieht, flacht sich die Wölbung ab, der Brustraum vergrößert sich und Luft wird in die Lungen gesaugt. Entspannt sich das Zwerchfell, verstärkt sich wieder die Wölbung, der Brustraum wird kleiner und die Luft wird hinausgepresst. Diese Form der Atembewegungen nennt man **Bauchatmung.**

> Durch die Atmung wird dem Blut Sauerstoff zugeführt und Kohlenstoffdioxid entfernt. Dieser Gaswechsel findet in der Wand der Lungenbläschen statt. Das Ein- und Ausatmen erfolgt durch Vergrößern bzw. Verkleinern des Brustraums.

1 Entwirf ein Pfeildiagramm, das den Weg der Atemluft beim Ein- und Ausatmen zeigt. Beschreibe.

2 Notiere die Zahl deiner Atemzüge pro Minute, wenn du ruhig am Schreibtisch sitzt. Mache dann zehn Kniebeugen und zähle erneut. Erläutere das Ergebnis.

3 Erläutere das Einatmen und Ausatmen bei Bauch- und Brustatmung.

4 Der rechte Lungenflügel ist etwas größer als der linke. Erläutere. Nimm die Abbildung 2 zu Hilfe.

5 Nenne Krankheiten der Atemwege, bei denen eine Ansammlung von Schleim zu Atemnot führt. Nimm die Pinnwand Seite 55 zu Hilfe.

Streifzug durch die Medizin

Rauchen macht krank

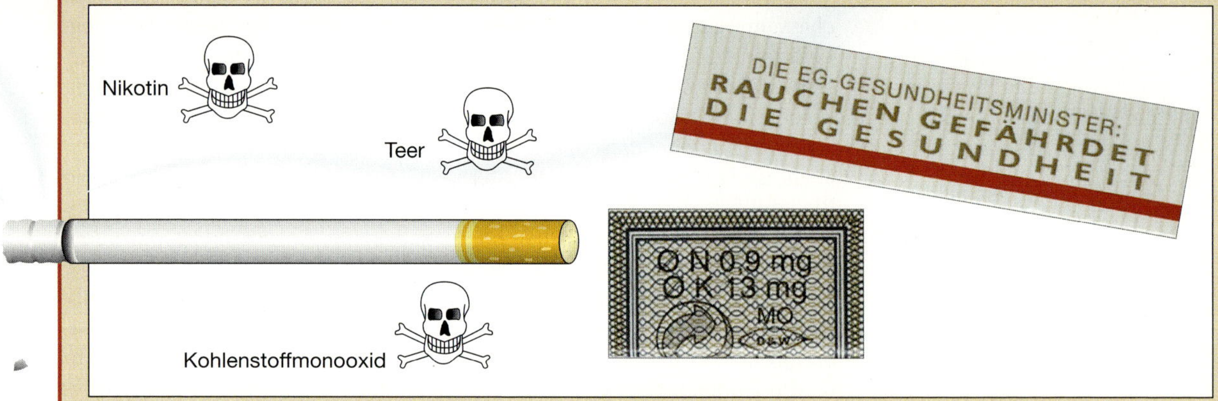

2 Warnhinweise auf Zigarettenschachteln

In einem Aufsehen erregenden Prozess wurde 1999 ein amerikanischer Zigarettenkonzern zu 150 Millionen Dollar Schadenersatz an die Familie eines Mannes verurteilt, der Kettenraucher war und an Lungenkrebs starb. Trotz solcher Meldungen und trotz der Warnhinweise, die für Tabakreklame und Zigarettenschachteln vorgeschrieben sind, werden in Deutschland immer noch pro Kopf und Jahr zweitausend Zigaretten geraucht. Besonders Jugendliche rauchen, wobei die Tendenz bei den jungen Männern rückläufig, bei jungen Frauen dagegen steigend ist.
Wer bis zum 20. Lebensjahr nicht raucht, fängt später meist nicht mehr damit an. Dies hängt vor allem mit der größeren Beeinflussbarkeit von Jugendlichen zusammen. Diese wollen wie Erwachsene wirken, als „cooler Typ" erscheinen und mit der Zigarette angeben. Außerdem gaukelt die Werbung in Zusammenhang mit Rauchen Freiheit, Unbekümmertheit und ein Leben in Luxus vor. Die Wirklichkeit sieht aber ganz anders aus, denn beim Rauchen gelangen große Mengen an schädlichen Substanzen in die Atmungsorgane.

Bei der Verbrennung von Tabak verdampfen **Teerstoffe,** die in den Lungen kondensieren. Die Menge dieser Teerstoffe wird auf dem Warnhinweis mit *K,* Kondensat, angegeben. Wenn ein Raucher täglich 20 Zigaretten raucht, sammelt sich im Jahr etwa eine Tasse voll Teer in seinen Lungen. Die Flimmerhärchen verkleben und die Selbstreinigung der Lungen kann nicht mehr stattfinden. Durch die starke Reizung der Bronchien kommt es zu quälenden Hustenanfällen, die man als *Raucherhusten* bezeichnet. Die Bronchien scheiden als Reaktion auf die Reizung einen zähen Schleim ab, in dem sich Bakterien vermehren können. Die Gefahr von Lungenentzündungen ist dadurch deutlich gesteigert. Manche Teerstoffe sind *Krebs erregend.* Bei starken Rauchern ist die Häufigkeit von Kehlkopfkrebs und Lungenkrebs deutlich höher als bei Nichtrauchern. Aber auch diese sind gefährdet, weil sie in Räumen, in denen geraucht wird, als *passive Raucher* die Schadstoffe ebenfalls einatmen müssen.

Das *N* auf dem Warnhinweis bedeutet **Nikotin.** Dieses hat eine anregende Wirkung, aber es ist ein Gift, das vor allem die Muskelzellen in den Wänden von Blutgefäßen zum Verkrampfen bringt. Dadurch werden *Durchblutungsstörungen* verursacht. In den Beinen können sogar Gewebe absterben. Ein solches „Raucherbein" muss amputiert werden, um das Leben des Patienten zu retten. Durch das Nikotin wird auch der Kreislauf stark belastet, weil das Blut mit erhöhtem Druck durch die verengten Gefäße gepresst wird. Nikotin ist deshalb ein Risikofaktor für *Herzinfarkt* und *Schlaganfall.*
Besonders belastend ist für viele Raucher die Tatsache, dass sie nicht mehr aus eigenem Willen mit dem Rauchen aufhören können. Sie sind süchtig geworden, weil Nikotin eine Abhängigkeit erzeugt, also ein *Suchtmittel* darstellt.

Schließlich enthält Tabakrauch das besonders giftige, geruchlose Gas **Kohlenstoffmonooxid.** Dieses verhindert die Aufnahme von Sauerstoff an den Roten Blutkörperchen. Dadurch kommt es in den Organen zu einem Sauerstoffmangel und zur Minderung der Leistungsfähigkeit.

ERKRANKUNGEN DER ATMUNGSORGANE

Pinnwand

Staublunge

In manchen Berufen sind die Menschen regelmäßig feinem Staub ausgesetzt. Besonders gefährdet sind Bergleute und die Arbeiter in Steinmetz-, Porzellan- und Glasbetrieben. Der feine Quarzstaub lagert sich in den feinsten Bronchienverzweigungen und in den Lungenbläschen ab und führt zu ständigen Reizungen. Diese Berufskrankheit nennt man *Silikose*. Zum Schutz der Belegschaft gelten in solchen Betrieben amtliche Staubschutzverordnungen. Bei manchen Tätigkeiten ist das Tragen von Schutzmasken Vorschrift. Besonders gefährlich ist Asbeststaub. Dieser kann zu bösartigen Zellwucherungen in der Lunge, also zu Lungenkrebs, führen.

Lungenentzündung

Die Lungenentzündung ist die häufigste zum Tod führende Infektionskrankheit in den Industrieländern. Sie betrifft vor allem ältere oder durch eine Krankheit geschwächte Menschen. Sie beginnt mit plötzlichem hohen Fieber und Hustenanfällen. In den Innenräumen der Lungenbläschen sammeln sich Schleim und Blutflüssigkeit. Dadurch tritt Atemnot ein. Zu Beginn der zweiten Krankheitswoche wird der Schleim verflüssigt und ausgehustet. Man spricht von der *Krise*, weil nun der Kreislauf stark belastet ist.

Bronchialasthma

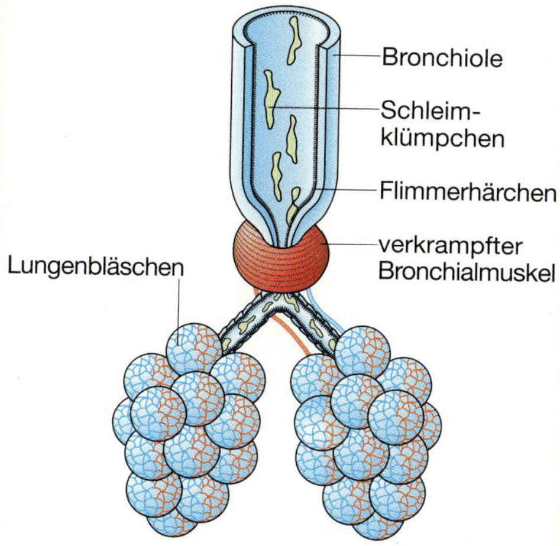

Das Wort *Asthma* kommt aus dem Griechischen und heißt Kurzatmigkeit. Es weist auf die erstickungsartigen Anfälle von Atemnot hin, die z. B. bei bestimmten Allergien auftreten können. Ursache sind krampfartige Verengungen in den Bronchien, die von Schwellungen der Bronchienschleimhaut und Ansammlung von Schleim begleitet werden. Durch Asthmasprays kann eine Entkrampfung bewirkt werden.

Sommersmog über einer Großstadt

Pseudokrupp

Vorkommen: besonders bei Kleinkindern
Ursache: Virusinfektion im Kehlkopf
Krankheitsverlauf: zäher Schleim an den Stimmbändern und in der Luftröhre führt zu Atemnot und starkem Husten; Erstickungsanfälle können zum Tod führen.

Smog

Viele Atemwegserkrankungen werden durch Luftverschmutzungen ausgelöst. Besonders belastend sind diese bei Smog (engl. smoke = Rauch und fog = Nebel). Der Sommersmog (Los-Angeles-Typ) entsteht bei intensiver Sonneneinstrahlung aus den Abgasen von Autos. Dabei entsteht das giftige Ozon. Der Wintersmog (London-Typ) tritt bei niedrigen Temperaturen auf, wenn sich aus feuchter Luft durch Kondensation an Staub- und Rußteilchen Nebel bildet. Bei dieser Smogform entsteht in der Luft Schwefelsäure. Die Anhäufung von Luftschadstoffen z. B. aus den Auto-Abgasen und aus den Schornsteinen vieler Industriebetriebe soll in Verdichtungsräumen bei Smoggefahr durch besondere Alarmpläne verhindert werden.

Übung

Luft und Atmung

V1 Sauerstoffgehalt der Luft

Sachinformation: Wenn Eisen rostet, entzieht das Metall der Luft Sauerstoff und es entsteht rotes Eisenoxid.
Material: Messzylinder; durchbohrter Gummistopfen; dünnes Glasrohr; Becherglas; Wasser; Eisenwolle
Durchführung: Baue den Versuch entsprechend der Abbildung auf. Feuchte die Eisenwolle etwas an. Lasse den Versuchsaufbau einige Stunden stehen.

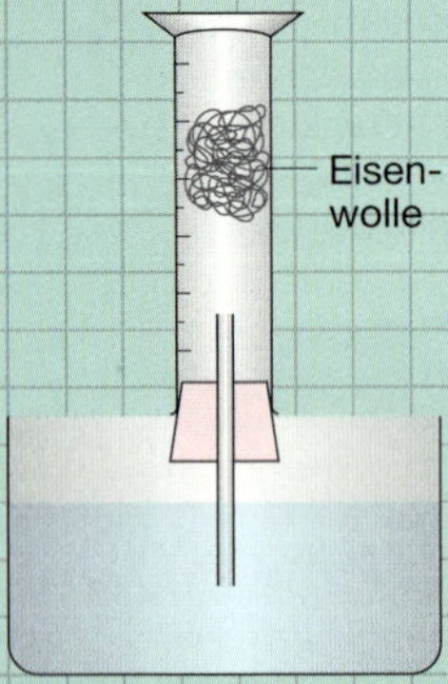

Aufgaben: a) Beschreibe das Versuchsergebnis und erläutere.
b) Schätze aufgrund des Versuchsergebnisses den Sauerstoffanteil in der Luft und vergleiche mit den Angaben in der Tabelle.
c) Rostet das Eisen auch, wenn der Messzylinder mit Luft gefüllt wird, die aus den Lungen ausgeatmet wurde? Erläutere.

Gas	Einatemluft [%]	Ausatemluft [%]
Stickstoff	78,08	78,08
Sauerstoff	20,95	etwa 16
Kohlenstoffdioxid	0,03	etwa 4
Edelgase	0,94	0,94

A2 Sauerstoffbedarf

benötigte Menge an Luft pro Minute in Liter	
im Schlaf	4,7
im Stehen	6,6
im Gehen	17
beim Radfahren (ebene Strecke)	23
beim Schwimmen	43
beim Kurzstreckenlauf	60

a) Erläutere die unterschiedlichen Zahlenwerte in der Tabelle.
b) Berechne die Sauerstoffmenge, die der Körper an einem Tag verbraucht. Gehe von einem Durchschnittswert aus, der von je acht Stunden Schlafen, Stehen und Gehen bestimmt wird.

V3 Vitalkapazität der Lungen

Material: Spirometer (Atemmessgerät)
Durchführung: Miss mit dem Spirometer die Luftmenge, die du beim normalen Atmen einatmest und ausatmest. Wiederhole den Versuch, atme dabei aber so tief wie möglich ein und so stark wie möglich aus.

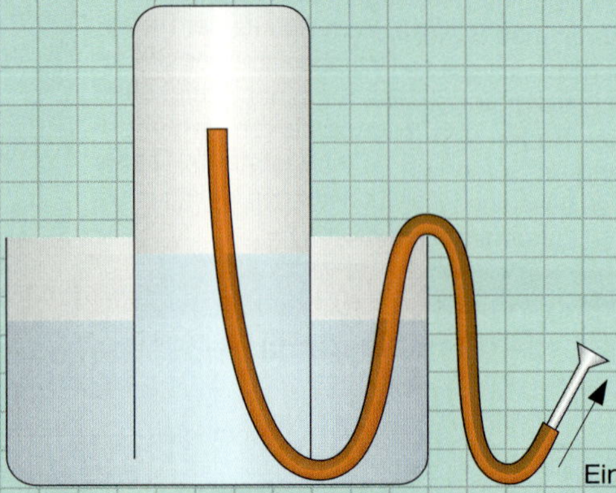

Aufgaben: a) Die Abbildung zeigt schematisch den Aufbau eines einfachen Spirometers. Erläutere die Funktionsweise.
b) Protokolliere deine Messwerte und vergleiche mit den in der Tabelle angegebenen Zahlenwerten.
c) Bei maximaler Ausatmung bleiben noch etwa 1,5 Liter Luft in der Lunge. Diese Restluft verhindert, dass die Lunge zusammenfällt. Erläutere unter Verwendung dieser Information die Begriffe Totalkapazität und Vitalkapazität.
d) Welches Ergebnis erwartest du, wenn ein trainierter Sportler die Spirometermessung durchführt? Erläutere.

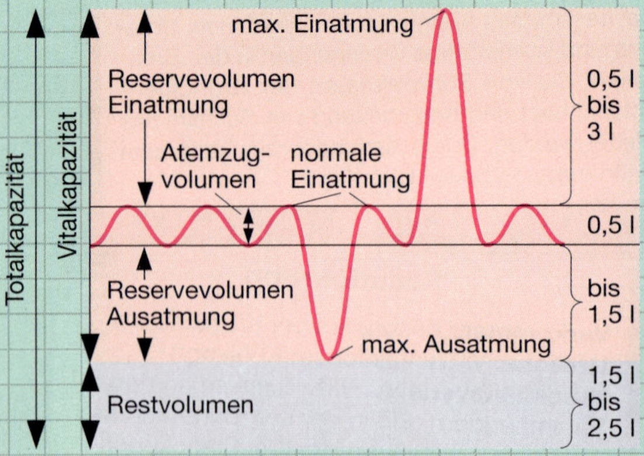

Pinnwand

ATMUNG BEI TIEREN

Sauerstoffverbrauch bei Fischen

Ein Goldfisch verbraucht etwa 70 ml Sauerstoff pro Stunde und bezogen auf 1 kg Körpergewicht. Eine Forelle verbraucht dagegen etwa 220 ml. Die Forelle lebt in Bächen mit starker Strömung, gegen die sie anschwimmt. Dabei leistet sie viel Arbeit.

Sauerstoffverbrauch bei Wirbellosen

(in ml Sauerstoff pro Stunde pro kg Körpergewicht)

	2	Muschel
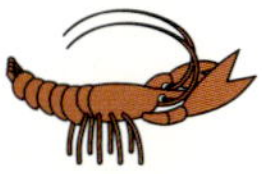	40	Flusskrebs
	90	Tintenfisch
	1000 100 000	Schmetterling (ruhend) (fliegend)

Meeres-Nacktschnecke

Sauerstoffverbrauch von Säugetieren

(in ml Sauerstoff pro Stunde und pro kg Körpergewicht)

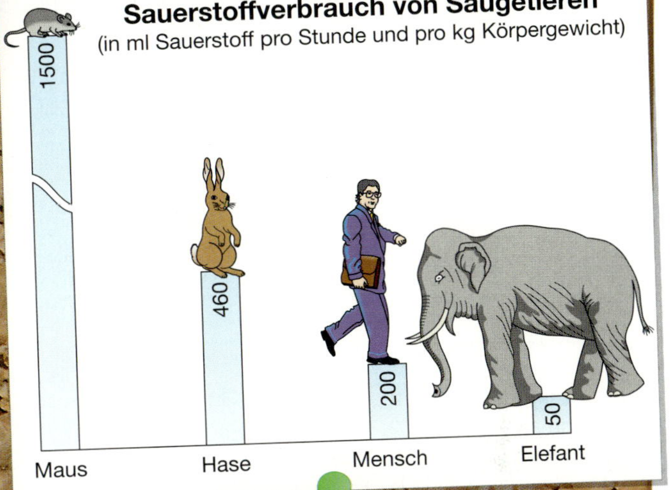

Atmungsorgane

Hautatmung

Durch *Diffusion* gelangt der Sauerstoff von Zelle zu Zelle wandernd in alle Gewebe. Weil die Wegstrecke zu den inneren Geweben nicht zu groß sein darf, kann sie nur bei kleinen Tieren die einzige Form der Sauerstoffaufnahme sein.
Beispiele: Hohltiere, manche Würmer

Tracheenatmung

Die Luft gelangt über ein verzweigtes Röhrensystem direkt in die Gewebe.
Beispiele: Insekten, Spinnentiere

Kiemenatmung

Der Sauerstoff gelangt über feine Hautausstülpungen in das Blut, das den Transport zu den Geweben durchführt. Meist ist ein Blutgefäßsystem ausgebildet.
Beispiele: manche Würmer, Krebse, Muscheln, Tintenfische, Fische

Lungenatmung

Die Sauerstoffaufnahme erfolgt an Hauteinstülpungen, wobei sehr oft eine große innere Oberfläche gebildet wird. Das Blut muss den Transport zu den Geweben durchführen.
Beispiele: manche Schnecken, Lurche, Kriechtiere, Vögel, Säugetiere

1 Erläutere die Unterschiede im Sauerstoffverbrauch bei verschiedenen Wirbellosen und Wirbeltieren.

2 Welche Atmungsform liegt bei der abgebildeten Meeres-Nacktschnecke vor? Erläutere.

Prüfe dein Wissen

Bau und Leistungen des menschlichen Körpers

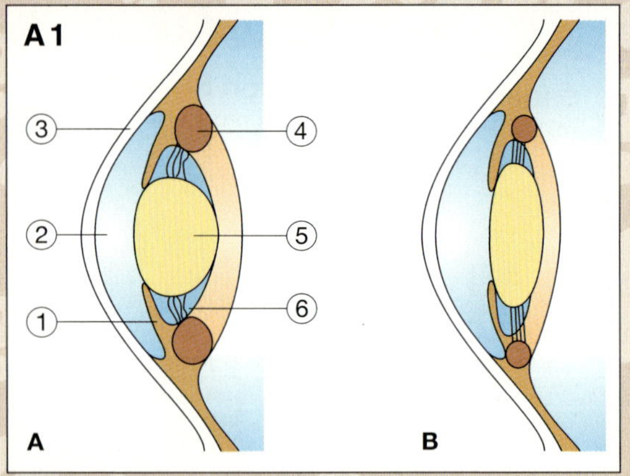

a) Ordne den Ziffern in Abbildung A die passenden Begriffe zu.

b) Um welchen Vorgang geht es in Abbildung A, um welchen in Abbildung B? Erläutere.

c) Beschreibe die einzelnen Schritte der Fernakkommodation in ihrer zeitlichen Abfolge.

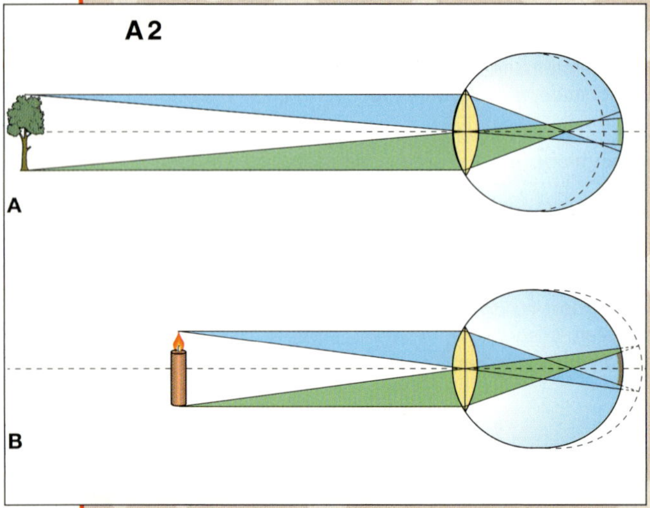

a) Finde für die Abbildungen A und B jeweils eine Bildunterschrift.

b) Nenne die körperlichen Ursachen für die in den beiden Abbildungen dargestellten Sehschwächen.

c) Nenne ein geeignetes Hilfsmittel bei Kurzsichtigkeit und erläutere.

d) Was versteht man unter Altersweitsichtigkeit? Welches Hilfsmittel kann man dagegen einsetzen?

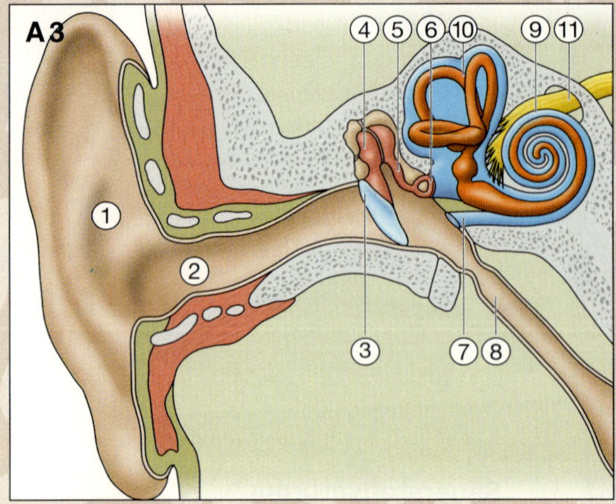

a) Ordne den Ziffern die entsprechenden Begriffe zu.

b) Nenne die einzelnen Stationen der Schallwellen im Ohr in der richtigen Reihenfolge.

c) Warum klingt die eigene Stimme anders, wenn sie von einem Tonträger abgespielt wird?

A 4 a) Ordne den Ziffern die passenden Begriffe zu.

b) In welcher Richtung schreitet die Erregung in einer Nervenzelle voran?

c) Wie nennt man die „Verbindung" zweier hintereinander geschalteter Nervenzellen?

d) Wie lang kann eine Nervenzelle werden?

e) In welchen Organen sind besonders viele Nervenzellen konzentriert?

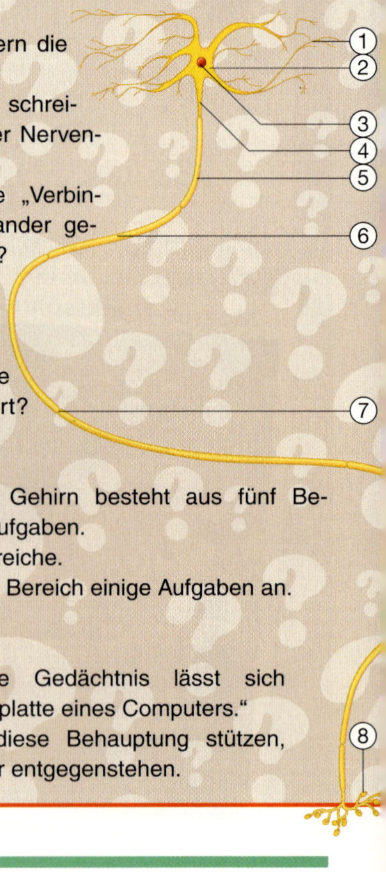

A 5 Das menschliche Gehirn besteht aus fünf Bereichen mit speziellen Aufgaben.

a) Nenne diese fünf Bereiche.

b) Führe dann für jeden Bereich einige Aufgaben an.

A 6 „Das menschliche Gedächtnis lässt sich vergleichen mit der Festplatte eines Computers." Nenne Befunde, die diese Behauptung stützen, aber auch solche, die ihr entgegenstehen.

A7

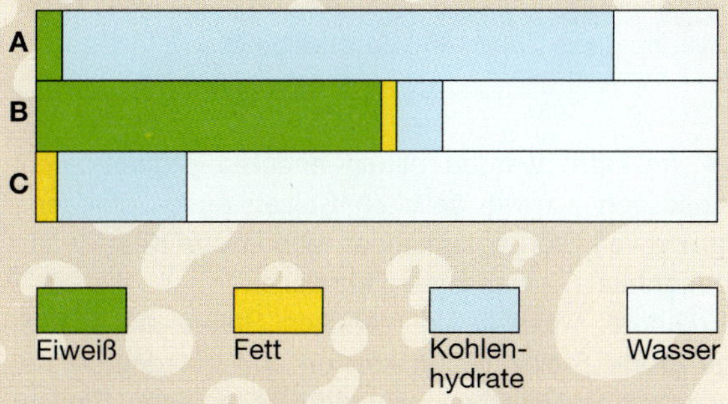

Ordne den Buchstaben A, B und C folgende Nahrungsmittel zu: Tomaten, Brot, Quark.
Erläutere deine Zuordnung.

A8 Eine abwechslungsreiche Ernährung für einen erwachsenen Mann sollte täglich etwa 75 g Eiweiß, 90 g Fett, 340 g Kohlenhydrate, Ballaststoffe und wenige Milligramm Vitamine und Mineralstoffe enthalten. Diese Werte sollten nach den jeweiligen Umständen abgewandelt werden. Welche Änderung der Zusammensetzung der Nahrung ist zu empfehlen für
a) einen Büroangestellten mit überwiegend sitzender Tätigkeit;
b) einen körperlich schwer arbeitenden Mann;
c) einen Mann, der sich von einer schweren Krankheit erholt?
Erläutere jeweils deinen Vorschlag.

A9

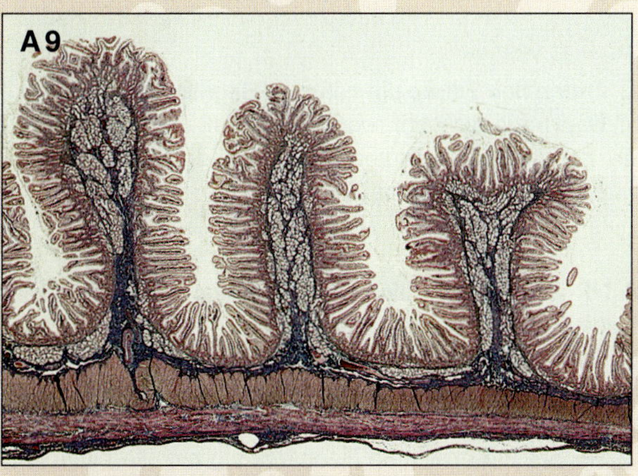

Erläutere Bau und Funktion der hier abgebildeten Strukturen des Verdauungssystems.

A10

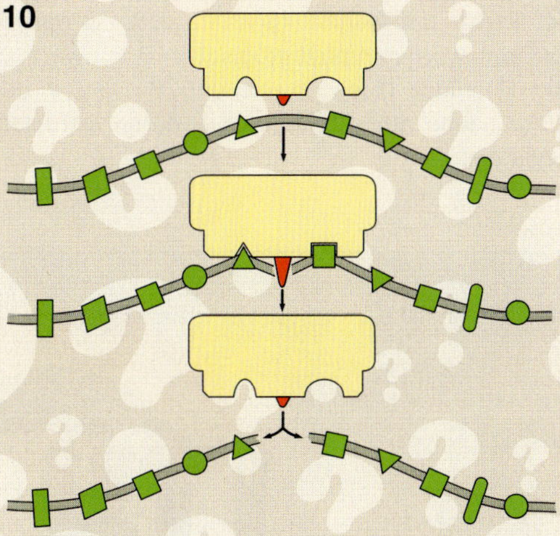

Die Abbildung zeigt als Modell den Abbau eines bestimmten Nährstoffs durch ein Verdauungsenzym.
a) Nenne den Nährstoff, das Enzym und den Abschnitt des Verdauungstraktes, in dem dieser Vorgang stattfindet.
b) Erläutere das abgebildete Modell zur Wirkungsweise des Enzyms. Äußere dich kritisch zu den Vorteilen und Nachteilen eines derartigen Modells.

A11

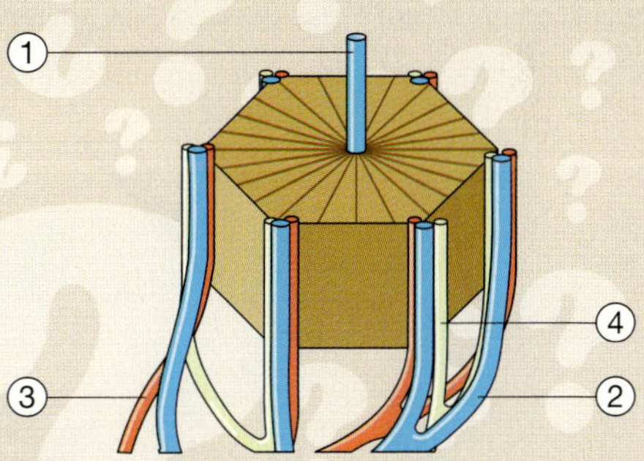

Die Abbildung zeigt schematisch den Bau eines einzelnen Leberläppchens.
a) Ordne den Ziffern in der Abbildung folgende Begriffe zu: Lebervene, Leberarterie, Gallengang, Zentralvene.
b) Erstelle eine Tabelle für die verschiedenen Aufgaben, die die Leber im Stoffwechsel leistet.
c) Erläutere, wie die Nährstoffe vom Darm zur Leber gelangen.
d) Beschreibe die durch Alkoholmissbrauch verursachten Leberveränderungen.

Prüfe dein Wissen

Bau und Leistungen des menschlichen Körpers

A 12 Nenne die Nährstoffgruppe, deren physikalischer Brennwert vom physiologischen Brennwert abweicht. Begründe diese Abweichung. Beziehe in deine Begründung auch die beiden anderen Nährstoffgruppen ein.

A 13

Die Abbildung zeigt einen Teil eines Flaschenetiketts aus Israel.

a) Welche Flüssigkeit enthielt die Flasche beim Kauf? Erläutere.

b) Begründe, weshalb z. B. Urlauber in Israel im Sommer reichlich von dieser Flüssigkeit trinken sollten.

A 14

Welcher Nährstoff wurde hier nachgewiesen? Beschreibe das abgebildete Nachweisverfahren. Erläutere Nachweisverfahren für andere Nährstoffe.

A 15 In der Magenschleimhaut befinden sich unterschiedliche Zellen, die bei der Verdauung eine Rolle spielen. Nenne diese Zellen und beschreibe ihre Aufgaben.

A 16 Im Harn werden neben anderen Stoffen auch Kristalle von schwer löslichen Salzen ausgeschieden. Aufgrund von Störungen können sich solche Kristalle zu so genannten Steinen zusammenballen.

a) Erläutere, weshalb an manchen Stellen der Harnwege große Steine liegen können und trotzdem keine Schmerzen verursachen, während an anderen Stellen bereits sehr kleine Steine starke Schmerzen bewirken.

b) Begründe, weshalb das Verstopfen z. B. eines Harnleiters durch einen Nierenstein lebensgefährlich sein kann.

A 17

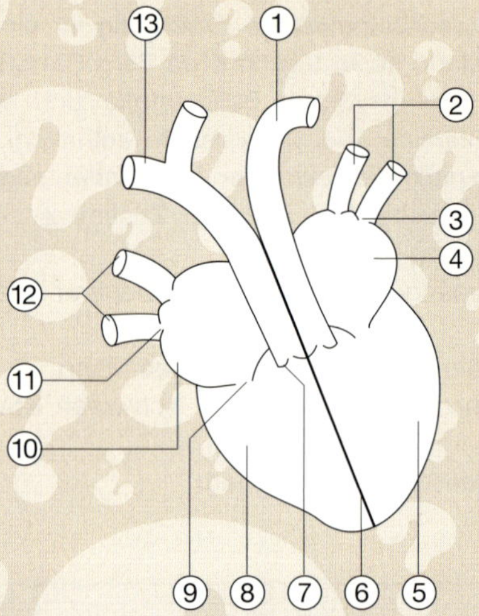

a) Ordne den Ziffern die richtigen Begriffe zu.

b) Übertrage die Abbildung in dein Heft und gib mit Pfeilen den Weg des Blutes an. Verwende Farbstifte und erläutere deine farbliche Zuordnung.

A 18 Zu einem Tropfen Blut der Blutgruppe A wird ein Tropfen der Blutgruppe B gegeben.

a) Beschreibe die zu erwartende Beobachtung.

b) Kennzeichne die beiden Blutgruppen A und B hinsichtlich ihrer Antigene und ihrer Antikörper.

c) Erkläre die erwartete Beobachtung mithilfe einfacher Schemazeichnungen.

d) Wie kann man Blutproben auf ihre Blutgruppenzugehörigkeit überprüfen?

A 19 In der Tabelle ist der Gehalt bestimmter Stoffe in je einem Liter Blutflüssigkeit und Endharn angegeben.

	Blut	Endharn
Traubenzucker	1 g	0,2 g
Harnstoff	0,3 g	18 g
Eiweiß	70 g	0 g

a) Erläutere den Begriff Endharn. Beschreibe die Bildung des Endharns in der Niere.
b) Beschreibe, was die Tabelle aussagt und erkläre.

A 20

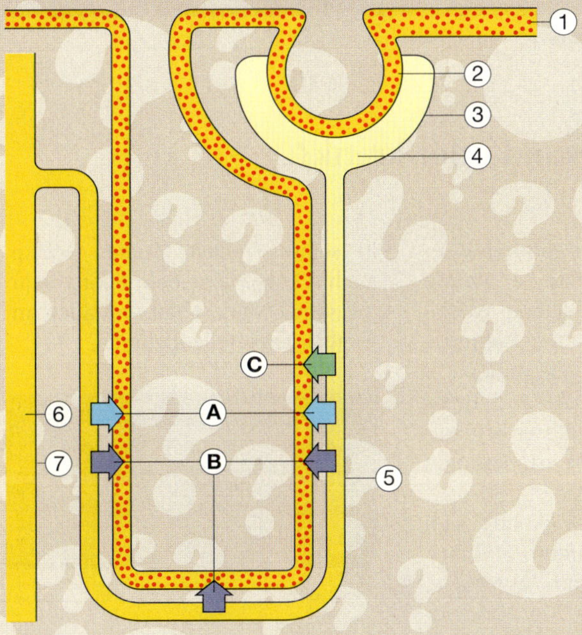

a) Ordne den Ziffern die entsprechenden Begriffe zu.
b) Ordne den Pfeilen A, B und C jeweils einen der folgenden Stoffe zu: Glucose, Wasser, Kochsalz.
c) In welcher Richtung werden Aminosäuren transportiert?

A 21 Schweiß schmeckt salzig. In Schweiß lassen sich geringe Mengen Traubenzucker und auch Harnstoff nachweisen.
a) Erläutere die biologische Bedeutung des Schwitzens.
b) Mit welcher anderen Körperflüssigkeit hat Schweiß Ähnlichkeit?

A 22 a) Ordne den Ziffern die passenden Begriffe zu.
b) Beschreibe den Weg von Sauerstoff und Kohlenstoffdioxid.
c) In einer Lunge befinden sich etwa 300 Millionen Lungenbläschen. Erläutere das Prinzip, das diese hohe Zahl an Lungenbläschen erklärt.

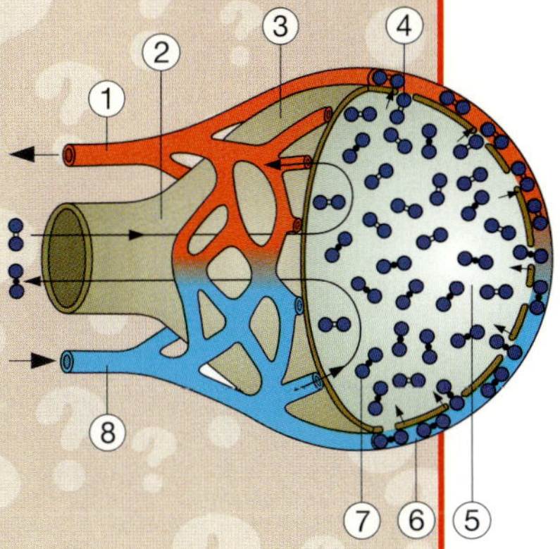

A 23

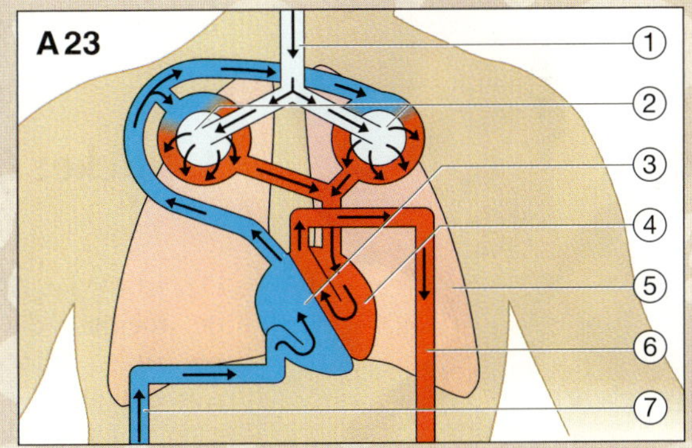

a) Ordne den Ziffern die entsprechenden Begriffe zu.
b) Welche Bedeutung hat der Blutkreislauf für die Atmung bzw. für den Gasaustausch?

A 24

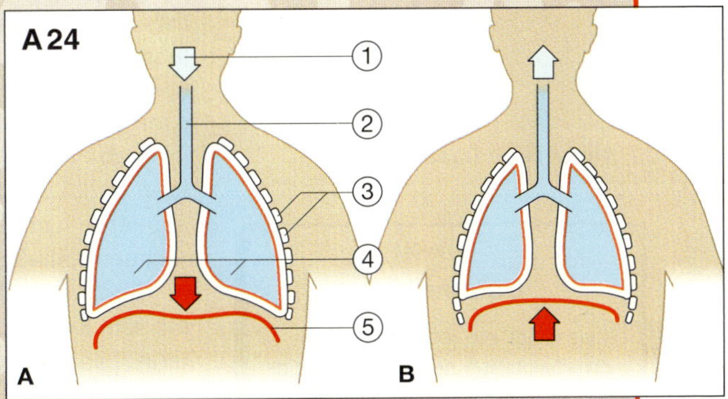

a) Ordne den Ziffern die entsprechenden Begriffe zu.
b) Beschreibe die einzelnen Schritte des Ein- und Ausatmens in ihrer zeitlichen Abfolge.

Immunbiologie

1 Gemeinsam beim Sport

2 Micke beim Training

1 Micke: Gesund oder krank?

Das ist Micke. Als er geboren wurde, meinten die Ärzte, er würde nie sitzen können. Denn Micke war mit einer schweren Behinderung auf die Welt gekommen: Er hatte nur kleine Arm- und Beinstummel. Wie es zu dieser Fehlentwicklung gekommen ist, konnten die Ärzte nicht klären.

Doch Micke entwickelte sich prächtig. Er lernte sitzen. Die Prothesen, die man ihm anfertigte, lehnte er ab, weil sie ihn nur behinderten. Mit fünf Jahren begann er Minigolf zu spielen, indem er sich den Schläger zwischen Kinn und Armstummel klemmte. Er trainierte hart, bis er an Meisterschaften teilnehmen konnte. Als er in die Schule kam, unterstützten ihn sein Rektor und seine Sportlehrerin bei seinen sportlichen Leistungen. Sie ließen ihm ein Spezialpodest bauen, damit er Tischtennis lernen konnte. Nach dem Abitur machte Micke den Führerschein und wurde schließlich Berater für andere Behinderte.

In seiner Freizeit trainiert Micke nach wie vor in seinem Sportverein mit seiner Mannschaft, um auch an Wettkämpfen teilzunehmen.

> Micke hat es mit starker Willenskraft geschafft, seine schwere Behinderung anzunehmen und sein Leben selbstverantwortlich zu gestalten.

Stichwort

Gesundheit

Gesund ist ein Mensch, wenn er sich sowohl mit seinem Körper als auch seiner Seele, seinen Mitmenschen und seiner Umwelt im Einklang fühlt. Ob jemand gesund oder krank ist, kann in den meisten Fällen nur der betroffene Mensch selbst beurteilen.

1 a) Beschreibe, wie Micke sein Leben gemeistert hat.
b) Wie ist deine Meinung: Ist Micke gesund oder krank? Beachte bei deiner Antwort den Text zum Stichwort „Gesundheit“.

2 Was bedeutet für dich „Gesundheit“?

3 Betrachte Abb. 1. Was müsste man zum Beispiel an eurer Schule ändern, damit Behinderte am Unterricht und den meisten Aktivitäten teilnehmen können.

2 Abwehr von Krankheiten

2.1 Bakterien verursachen Infektionskrankheiten

Im Herbst und Winter bekommt man bei nasskaltem Wetter oft eine Erkältung. Meist kündigt sich eine solche Erkrankung durch Beschwerden beim Schlucken an, manchmal treten Kopfschmerzen und Mattigkeit auf. Schließlich entzünden sich die Schleimhäute der Nase und des Rachens, die Mandeln röten sich, Schnupfen, Husten und Heiserkeit kommen hinzu. Derartige Merkmale einer Krankheit nennt man **Symptome.** In der Regel klingen die Symptome einer Erkältung nach einigen Tagen wieder ab, das Krankheitsgefühl verschwindet. Manchmal werden nicht nur die oberen Atemwege erfasst. Bei einer *Bronchitis* entzünden sich auch die Schleimhäute in den Bronchien. Um eine solche schwere Erkältung, die mit *Fieber* einhergeht, zu heilen, ist eine Bettruhe nötig. Das Fieber ist ein Zeichen dafür, dass der Körper die Erreger mit Hochdruck bekämpft.

Die Erreger von Erkältungskrankheiten sind meist **Bakterien.** Mit jedem Atemzug gelangen einige dieser kleinen einzelligen Lebewesen in unseren Körper. Meist werden sie aber schon an den Schleimhäuten der oberen Atemwege abgetötet oder an Schleim gebunden ausgehustet. Im Herbst und Winter wird dieses Verteidigungssystem jedoch durch Nässe und Kälte oft so geschwächt, dass sich Bakterien in den Schleimhäuten der Atemwege festsetzen können. Sie vermehren sich dann rasch. Dadurch und durch die Abgabe von Giften aus dem Stoffwechsel der Bakterien kommt es zu den Entzündungen der Atemwege mit den typischen Krankheitssymptomen.

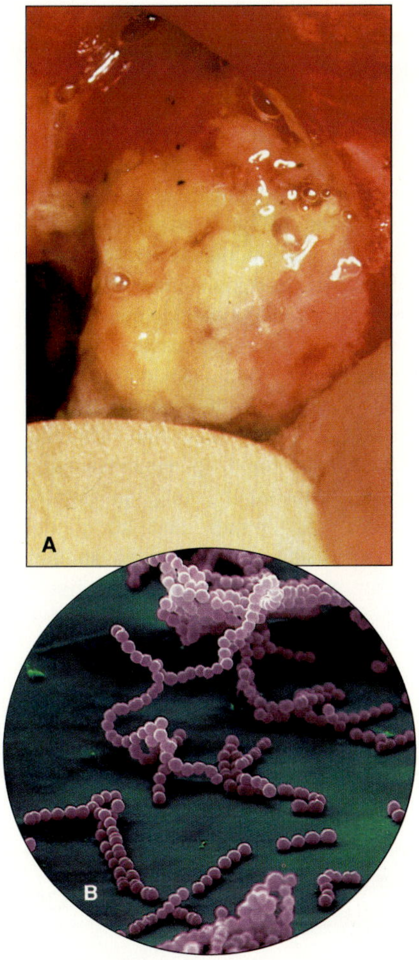

1 ***Erkältung. A*** *Mandelentzündung;* ***B*** *Erreger (Kokken; mikroskopisches Bild)*

Stichwort

Infektion

Infektion (lat. inficere = anstecken, versetzen, vergiften) bedeutet Ansteckung. Dabei dringen Krankheitserreger in den Körper ein und vermehren sich. Erreger können Bakterien, Viren, Pilze oder tierische Parasiten sein. Die Zeit zwischen dem Eindringen der Erreger in den Körper und dem Auftreten der ersten Krankheitssymptome nennt man Inkubationszeit. Sie beträgt meist mehrere Stunden bis Tage, ist manchmal aber auch bedeutend länger.

Die meisten Bakterien, mit denen der Körper in Berührung kommt, sind harmlos. Nur einige wenige Bakterienarten lösen Infektionskrankheiten aus, die ganz unterschiedliche Krankheitssymptome aufweisen können.

Viele durch Bakterieninfektionen hervorgerufene Krankheiten sind ansteckend. Sie werden von Mensch zu Mensch weitergegeben. Bei Erkältungskrankheiten erfolgt diese Ansteckung durch Niesen und Husten. Dabei gelangen kleine Flüssigkeitströpfchen mit Bakterien in die Atemluft. Menschen, die diese Tröpfchen einatmen, können ebenfalls erkranken; sie haben sich angesteckt. Erkranken in einem Gebiet viele Menschen innerhalb kurzer Zeit an der gleichen Infektionskrankheit, spricht man von einer **Epidemie.**

Ein widerstandsfähiger Körper wird nur selten von einer Infektionskrankheit befallen. Häufige Bewegung und sportliche Aktivität an der frischen Luft sowie eine gesunde Ernährung sind die beste Vorbeugung gegen Infektionen.

Bakterien können verschiedene Infektionskrankheiten hervorrufen. Die Erreger vermehren sich dabei im Körper und schädigen den Menschen durch die Abgabe von Stoffwechselgiften.

1 Begründe, warum die Menschen in früheren Jahrhunderten Infektionskrankheiten gegenüber hilflos waren. Verwende zur Beantwortung die Seiten 64 und 66.

2 Ordne die Erreger einiger Infektionskrankheiten verschiedenen Bakterienformen zu. Arbeite dazu mit der Pinnwand auf Seite 67.

Streifzug durch die Geschichte

Der schwarze Tod geht um

Aus dem Jahr 1347 wird Folgendes überliefert: In einer kleinen Hafenstadt am Schwarzen Meer klagten eines Tages viele Menschen über stechende Kopfschmerzen, Fieber und Schwäche. Ihr Puls raste, sie begannen zu taumeln und zu stottern. Ihre Lymphdrüsen schwollen an, später bildeten sich schwarze Flecken auf der Haut und nach fünf bis sechs Tagen starben viele. Der schwarze Tod ging um – die **Pest.** In Windeseile breitete sich die Seuche damals über ganz Europa aus.

In den nächsten 400 Jahren kam es zu immer neuen Pestepidemien. Dabei starben mehr Menschen als durch alle anderen Krankheiten oder Kriege zusammen. Die Ärzte waren machtlos. Sie versuchten sich selbst durch eine schwere Lederkleidung und einen schnabelförmigen Nasenschutz, der allerlei wohlriechende Kräuter enthielt, vor der „schlechten Luft" zu schützen, die ihrer Meinung nach die Krankheit verursachte.

Erst Ende des 19. Jahrhunderts wurden die Erreger der Pest entdeckt. Es sind Bakterien, die zunächst kleine Nagetiere befallen, vor allem Ratten. Auf den Ratten leben fast immer Blut saugende Flöhe. Sterben die Ratten an der Pest, müssen sich die Flöhe neue Wirte suchen, z. B. Menschen. Dabei übertragen sie durch ihren Stich die Pesterreger auf den Menschen. Heute tritt die Pest nur noch selten auf.

2 Pestarzt mit Kräutermaske

Streifzug durch die Geschichte

ROBERT KOCH

1873 wurde Robert KOCH (1843–1910), der damals als Landarzt tätig war, ein verendeter Hirsch gezeigt, dessen Blut schwarz wie Kohle war. Der Arzt untersuchte eine Blutprobe unter dem Mikroskop und fand dabei kleine helle Stäbchen. Die gleichen Stäbchen konnte er auch im Blut von Schafen und Rindern nachweisen, die an *Milzbrand* erkrankt waren. An dieser Krankheit starben damals viele Haustiere. In seinem kleinen Laboratorium gelang es KOCH, die Stäbchen in einer Nährflüssigkeit künstlich zu züchten. Dabei entdeckte er, dass es Bakterien waren, die winzige Dauerstadien ausbildeten, so genannte Sporen.

3* Robert KOCH *bei der Arbeit

Wenn der Arzt Mäuse mit diesen Sporen oder den Bakterien infizierte, erkrankten die Tiere an Milzbrand. Damit hatte Robert KOCH bewiesen, dass die Bakterien und ihre Sporen den Milzbrand hervorriefen, also die Erreger dieser Krankheit waren. Dies war ein entscheidender Durchbruch. Denn wenn man die Erreger kannte und sie züchten konnte, war auch die Hoffnung vorhanden, Möglichkeiten zur Bekämpfung der Krankheit zu finden.

Ende des 19. Jahrhunderts setzte geradezu eine Jagd auf die Erreger von Infektionskrankheiten ein. Robert KOCH selbst entdeckte dabei auch die Erreger der *Cholera* und der *Tuberkulose,* beides Krankheiten, die den Menschen bedrohen. Für seine Entdeckungen wurde Robert KOCH 1905 mit dem Nobelpreis geehrt. Er gilt zusammen mit dem Franzosen Louis PASTEUR (1822–1895) als Begründer der modernen Bakterienforschung.

1 **Heuaufguss**

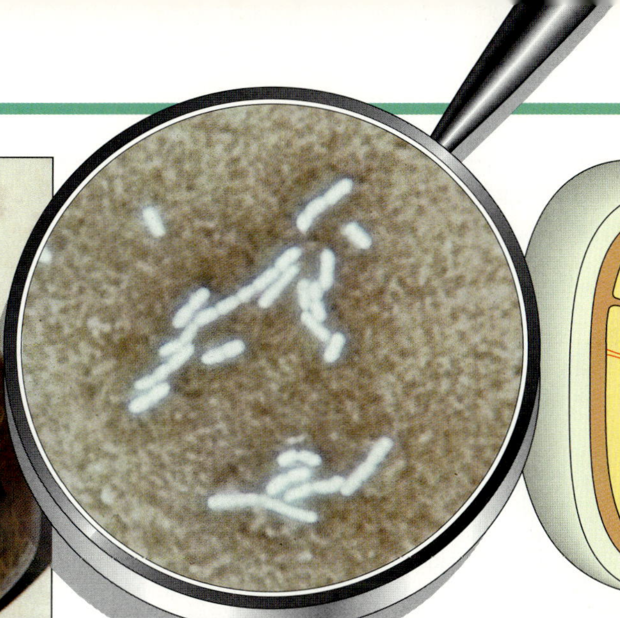

2 **Heubazillen (Bacillus subtilis)**

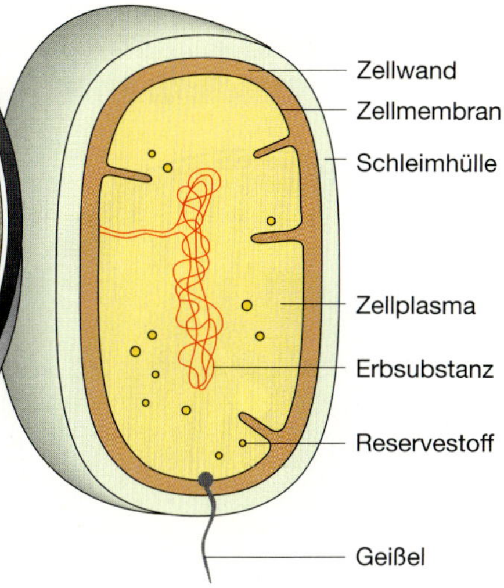

3 **Bau eines Bakteriums** *(Schema)*

2.2 Bau der Bakterien

Lässt man einen Heuaufguss fünf bis sechs Tage stehen, so bildet sich an seiner Oberfläche eine trüb aussehende *Kahmhaut.* Entnimmt man ihr eine Probe und untersucht sie unter dem Mikroskop, so kann man bei sehr starker Vergrößerung einzelne Zellen erkennen. Diese einzelligen Lebewesen sind **Bakterien.** Sie sind ungefähr ein bis zwei Tausendstel Millimeter groß. Ihre Form ist kugelig, langgestreckt oder schraubig; kugelige Formen können auch kettenartig verbunden sein. Während viele Bakterien unbeweglich sind, können sich einige Arten in einer Flüssigkeit mithilfe von **Geißeln** schwimmend fortbewegen. Auf einer festen Unterlage vermögen andere Arten zu gleiten oder zu kriechen.

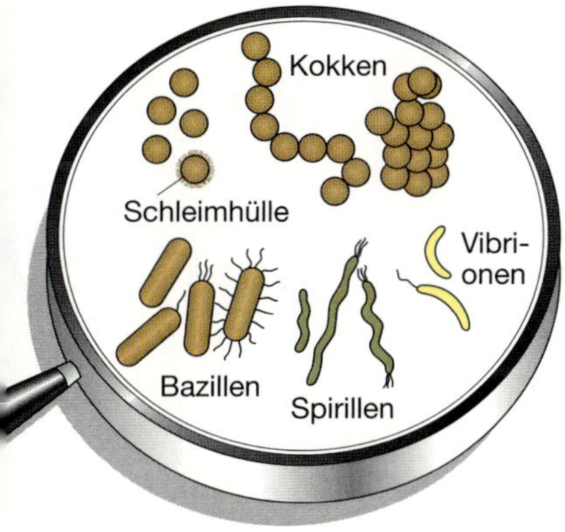

4 **Verschiedene Bakterienformen**

Bakterien sind von einer Zellwand aus **Murein** begrenzt. Bei einigen kann zusätzlich eine schützende **Kapsel** aus Zucker, Eiweißstoffen oder Schleim ausgebildet sein. Unterhalb der Zellmembran befindet sich das Zellplasma, das zahlreiche Inhalts- und Reservestoffe enthält. Frei im Zellplasma liegt die Erbsubstanz, die nicht von einer Kernhülle umgeben ist.
Da sich Bakterien durch einfache **Zweiteilung** verdoppeln können und für eine Zellteilung oft nur zwanzig Minuten benötigen, können sie sich in kurzer Zeit stark vermehren. In einem Gramm Ackerboden gibt es zum Beispiel fast 100 Millionen Bakterien. Die Zahl der Bakterien in der Mundhöhle ist größer als die Zahl der Menschen auf der Erde.
In allen Lebensräumen sind Bakterien zu finden: im Wasser, im Boden und in der Luft treten sie ebenso auf wie im Körperinneren von Lebewesen. So gibt es im menschlichen Darm zahlreiche bei der Verdauung mitwirkende Bakterienarten.

Bakterien sind sehr widerstandsfähig. Manchen Arten ertragen jahrelang eisige Kälte und Frost, andere leben in heißen Quellen. Bei ungünstigen Umweltbedingungen geben sie Wasser ab und bilden eine dicke Zellwand aus. In diesen Dauerformen, den **Sporen,** überstehen sie sogar völlige Austrocknung. Bei günstigen Lebensbedingungen schlüpft die Bakterienzelle aus der Spore, man sagt, die Spore keimt.

Bakterien sind einzellige Lebewesen, die eine Zellwand aus Murein besitzen. Ihre Erbsubstanz liegt frei im Zellplasma. Sie können sich durch Zweiteilung schnell vermehren.

1 Berechne die Zahl an Bakterien nach vier Stunden bei einer Verdopplungszeit von 20 Minuten.
2 Erkläre, woher die Bakterien im Heuaufguss stammen.
3 Welche günstigen Lebensbedingungen liegen für Bakterien in der Mundhöhle vor?
Erläutere, warum regelmäßiges Zähneputzen deshalb besonders wichtig ist.

Streifzug durch die Medizin

Antibiotika

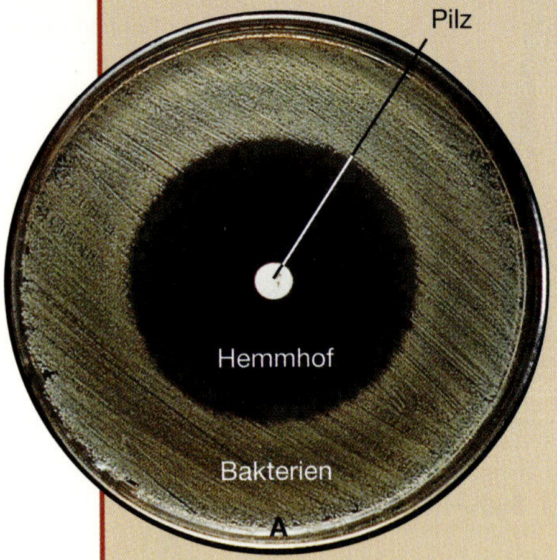

Große Entdeckungen werden oft durch Zufall gemacht. So war es auch im Jahre 1928, als der schottische Bakterienforscher Alexander FLEMING (1881 bis 1955) sein Labor aufräumte. Dabei fiel ihm ein Glasschälchen in die Hand, in dem er vor einiger Zeit Bakterien auf einem Nährboden gezüchtet hatte. Er wollte die Kulturschale schon wegwerfen, weil sie verschimmelt war, da bemerkte er etwas Sonderbares: In der Nähe der Schimmelpilze wuchsen keine Bakterien! Sollte der Schimmelpilz etwa einen Stoff abgeben, der das Wachstum der Bakterien hemmt oder diese sogar abtötet?

FLEMING führte nun Versuche durch, um seine Vermutung zu überprüfen. Zunächst betrachtete er den Schimmelpilz unter dem Mikroskop. Es war eine Art *Pinselschimmel* mit einem verzweigten Fadengeflecht und langen Reihen aus blaugrünen Sporen an den Enden. Dann züchtete FLEMING den Schimmelpilz in einer Nährlösung. Wenn Bakterien mit dieser Lösung in Kontakt gebracht wurden, hörten sie auf zu wachsen. Damit war also tatsächlich nachgewiesen, dass der Schimmelpilz einen Stoff erzeugt, der die Teilung von Bakterien hemmt. Diesen Stoff nannte FLEMING **Penicillin** nach dem wissenschaftlichen Namen *Penicillium* für den Pinselschimmel.

Leider war die Gewinnung des Penicillins aus dem Pilz sehr schwierig. Erst 1940 gelang es einer Forschergruppe Penicillin in größeren Mengen rein herzustellen.

Wenige Jahre später konnten bereits viele Patienten, die an einer Bakterieninfektion erkrankt waren, durch Medikamente geheilt werden, die Penicillin als Wirkstoff enthielten. Alexander FLEMING erhielt für seine Entdeckung 1945 den Nobelpreis für Medizin.

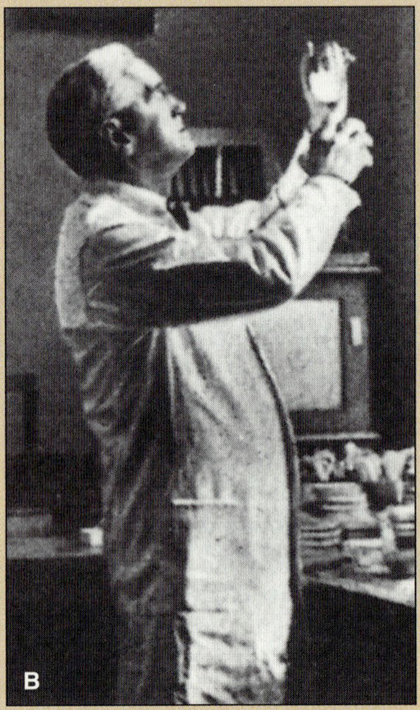

***4 Penicillin. A** Wirkung von Penicillin auf Bakterien; **B** der Entdecker A. FLEMING; **C** Penicillium-Pilz mit Fadensporen*

Der Pinselschimmel ist nicht der einzige Pilz, der einen Bakterien tötenden Stoff erzeugt. Heute kennt man etliche solcher Stoffe, weitere wurden von Chemikern künstlich im Labor hergestellt.

Man nennt diese Stoffe **Antibiotika.** Sie schädigen nur Bakterienzellen, auf menschliche Zellen haben sie meist keine oder nur geringe Auswirkungen. Allerdings dürfen Antibiotika nur unter ärztlicher Aufsicht genommen werden, weil sie z. B. auch die nützlichen Bakterien in unserem Dickdarm schädigen.

Durch Antibiotika haben viele Infektionskrankheiten, die noch vor 100 Jahren viele Menschenleben forderten, ihren Schrecken verloren. Doch gibt es auch Rückschläge. Es treten immer häufiger Bakterien auf, die durch Antibiotika nicht mehr angegriffen werden – sie sind **resistent** geworden. Die zunehmende Resistenz von Bakterien zwingt die Forscher dazu, immer neue Antibiotika zu entwickeln oder bereits bekannte chemisch so zu verändern, dass sie ihre Wirksamkeit behalten.

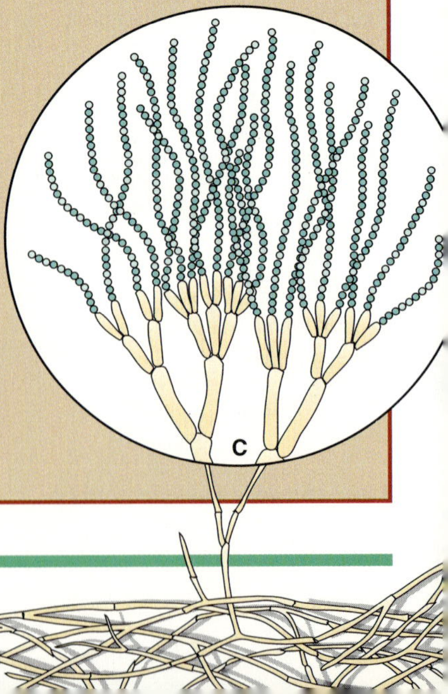

BAKTERIEN ALS KRANKHEITSERREGER

Pinnwand

Name: ***Tuberkulose (Abkürzung Tb oder Tbc)***
Erreger: Stäbchenbakterien; befallen meist die Lunge
Übertragung: meist durch Tröpfcheninfektion
Inkubationszeit: vier bis sechs Wochen
Krankheitsverlauf: Fieber, Schwäche, Müdigkeit, Gewichtsabnahme, Husten mit blutigem Auswurf; bei den meisten Erkrankten kommt es zur Einkapselung der Krankheitsherde in den Lungen (Bildung so genannter Tuberkeln); es ist aber auch die Zerstörung von Lungengewebe mit der Bildung von Hohlräumen möglich (offene Tb); diese Form führt ohne Behandlung zum Tode
Besonderheit: weit verbreitet im 19. und in der ersten Hälfte des 20. Jahrhunderts in den schnell wachsenden Industriestädten, wo viele Menschen auf engem Raum unter schlechten hygienischen Bedingungen zusammen lebten; durch Impfung starker Rückgang; heute in vielen Ländern wieder auf dem Vormarsch

Krankheit	Erreger
Cholera	
Fleckfieber	
Keuchhusten	
Typhus	
Pest	
Tuberkulose	
Diphtherie	
Hirnhautentzündung	
Scharlach	
Wundstarrkrampf	
Syphilis	
Bronchitis	
Blutvergiftung	
Lungenentzündung	
Tripper	

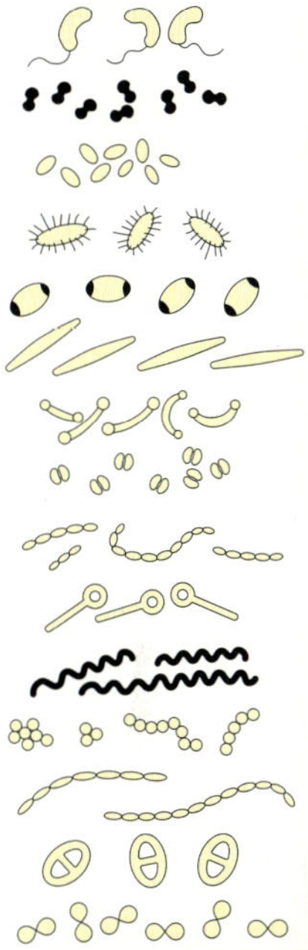

Name: ***Cholera***
Erreger: Komma-Bazillen, die die Darmwände befallen
Übertragung: verseuchtes Trinkwasser, mit solchem Wasser gewaschene Nahrungsmittel
Inkubationszeit: wenige Stunden bis fünf Tage (meist zwei bis drei Tage)
Krankheitsverlauf: Durchfall, Erbrechen, Krämpfe, Mattigkeit; hoher Flüssigkeits- und Salzverlust; unbehandelt fast immer tödlich durch Kreislauf- oder Nierenversagen
Besonderheit: Behandlung besonders durch Ausgleich des Flüssigkeits- und Salzverlustes; Schutz: Abkochen von Trinkwasser, Verzicht auf Obst, Salat und Meeresfrüchte in gefährdeten Gebieten (heute: alle Entwicklungsländer)

Name: ***Syphilis (Lues, harter Schanker)***
Erreger: schraubenförmige Bakterien (Spirochaeten)
Übertragung: meist durch Geschlechtsverkehr, selten auch durch Küsse oder über gemeinsam benutzte Bestecke, Gläser usw.
Inkubationszeit: ein bis drei Wochen
Krankheitsverlauf: unbehandelt verläuft die Syphilis in mehreren Phasen:
1. Stadium nach zwei bis drei Wochen: kleines hartes schmerzloses Geschwür (Schanker) an der Infektionsstelle, meist an den Geschlechtsorganen, das sich von selbst wieder zurückbildet; dieses Symptom bleibt häufig unbemerkt;
2. Stadium nach etwa zwei Monaten: rosafarbene schmerzlose Flecken überall auf der Haut, Lymphknotenschwellungen, Mattigkeit, Haarausfall; nach einigen Wochen Rückbildung der Symptome;
3. Stadium nach mehreren Jahren: Geschwüre, Herz- und Gefäßerkrankungen, Lähmungen durch Schädigung des Nervensystems, oft Zerstörung des Gehirns mit Todesfolge
Besonderheit: die Syphillis wurde durch die Mannschaft des *Christoph Kolumbus* aus Amerika nach Europa gebracht; Heilung im 1. und 2. Stadium möglich, später nicht mehr; Behandlung heute durch Antibiotika

Name: ***Tetanus (Wundstarrkrampf)***
Erreger: Stäbchen-Bakterien
Übertragung: über Wunden, die mit Erde oder verschmutzten Gegenständen in Berührung kommen
Inkubationszeit: 4 bis 60 Tage
Krankheitsverlauf: zuerst Krämpfe in der Kiefer- und Zungenmuskulatur, später sehr schmerzhafte krampfartige Erstarrung der übrigen Muskulatur; ohne Behandlung meist qualvoller Tod durch Ersticken
Besonderheit: Tetanus-Bakterien setzen ein Gift frei, das sich über die Nerven im Körper ausbreitet; Schutzimpfung muss alle zehn Jahre aufgefrischt werden

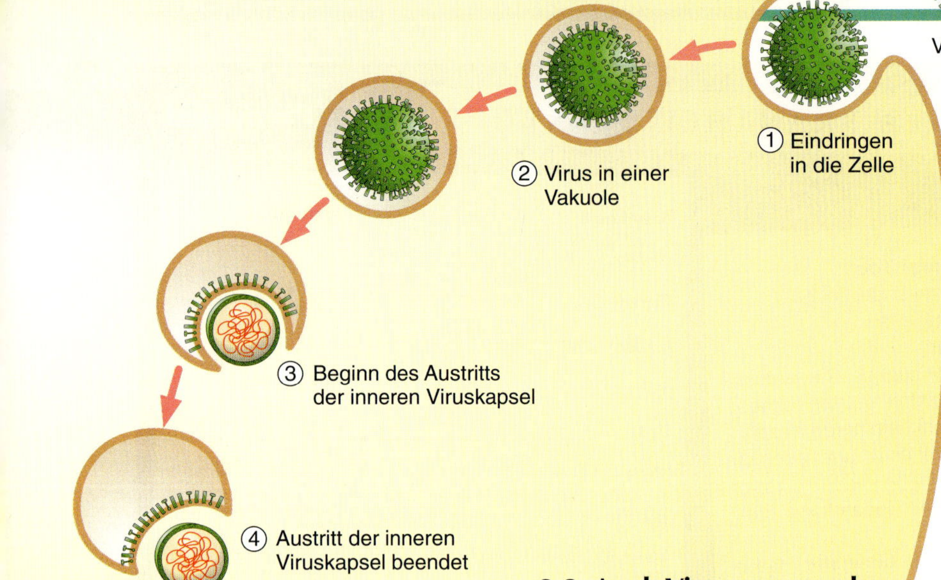

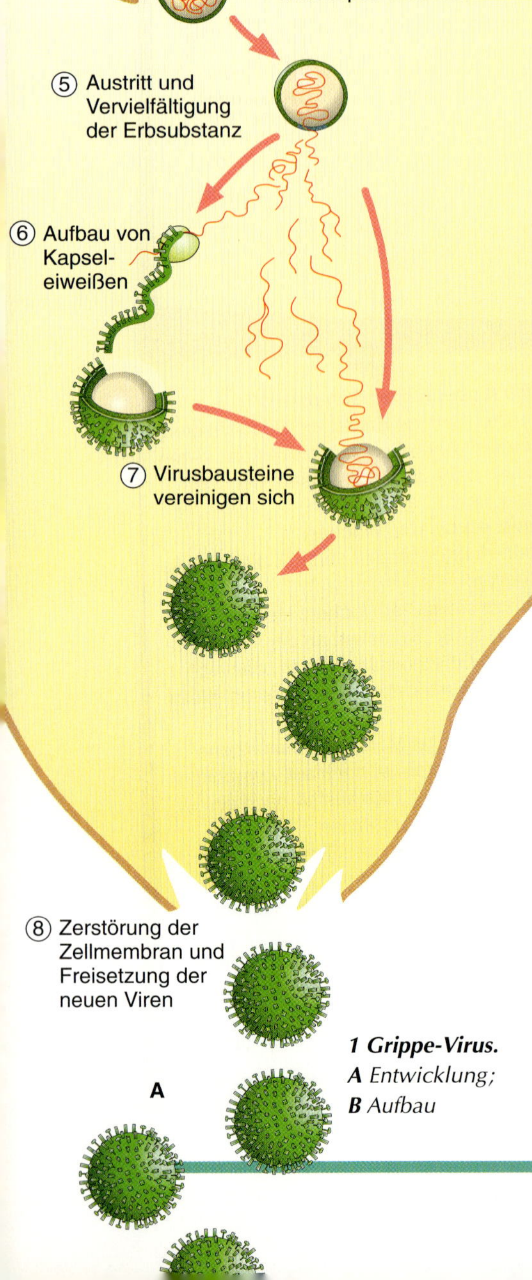

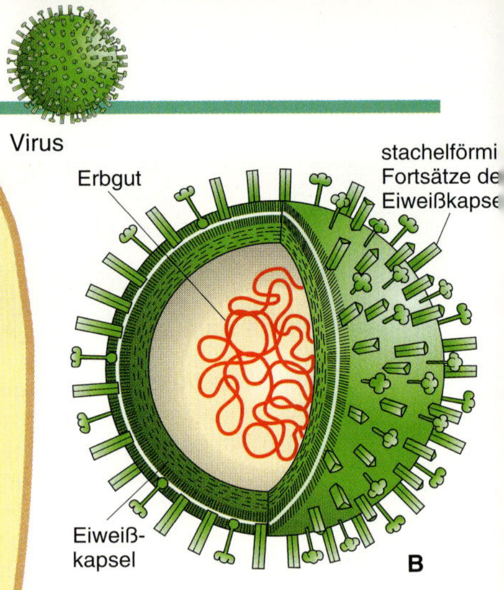

1 Grippe-Virus.
***A** Entwicklung;*
***B** Aufbau*

2.3 Auch Viren verursachen Infektionen

Eine *Grippe* geht mit viel stärkeren Symptomen einher als eine Erkältung. Neben Husten und Schnupfen treten hohes Fieber und schwere Kopf- und Gliederschmerzen auf. Nach vier bis fünf Tagen ist die Krankheit überstanden, es kann aber noch Wochen dauern, ehe man wieder ganz gesund ist. Manche Formen der Grippe können tödlich verlaufen.

Die Grippe wird nicht durch Bakterien, sondern durch **Viren** verursacht. Viren sind so klein, dass man sie nur mit besonderen Mikroskopen sichtbar machen kann. Sie bilden keine Zellen, sondern bestehen lediglich aus einer Eiweißkapsel, die das Erbgut umschließt. Viren haben auch keinen eigenen Stoffwechsel und können sich nicht selbst vermehren. Sie sind äußerst stark rückgebildete Parasiten, die lebende Zellen befallen, die **Wirtszellen.** Beim Eindringen in eine Wirtszelle wird das Virus zunächst von einem Membranbläschen, einer *Vakuole,* umschlossen. Dann verschmilzt die äußere Schicht der Eiweißhülle des Virus mit dieser Membran und die innere Eiweißkapsel wird freigesetzt. Aus dieser tritt dann das Erbgut aus. Dieses „zwingt" nun die Wirtszelle dazu, neue Virusbausteine zu bilden. Die Bausteine vereinigen sich dann von selbst zu neuen Viren. Nun wird die Membran der Wirtszelle aufgelöst, die neuen Viren werden frei und können weitere Zellen befallen. Die Krankheitssymptome entstehen vor allem durch die Zerstörung vieler Wirtszellen.

Weil sich die Viren vorwiegend in den Wirtszellen aufhalten, ist eine Bekämpfung mit Arzneimitteln kaum möglich, ohne gleichzeitig auch den Patienten zu schädigen. Bei Virusinfektionen können deshalb meist nur die Symptome gemildert werden, mit der eigentlichen Infektion muss der Körper selbst fertig werden.

Viren bestehen nur aus Erbsubstanz und einer Eiweißhülle. Sie dringen in Wirtszellen ein und veranlassen diese, neue Viren zu erzeugen.

1 Beschreibe anhand von Abbildung 1 die Entwicklung des Grippevirus.

2 Begründe, warum man Viren mit Lichtmikroskopen nicht sehen kann. Arbeite mit der Pinnwand Seite 69.

3 Beschreibe und erkläre die Fieberkurve auf der Pinnwand Seite 69.

VIRUSERKRANKUNGEN

Pinnwand

Name: ***Kinderlähmung (Poliomyelitis, Polio)***
Erreger: Poliovirus; nistet sich zunächst in der Darmwand ein, kann dann ins Blut übertreten, ins Rückenmark gelangen und dort Nerven zerstören
Übertragung: Kontakt mit infizierten Körperflüssigkeiten oder Ausscheidungen
Inkubationszeit: 5 bis 14 Tage
Krankheitsverlauf: Fieber, Erbrechen, Kopf- und Gliederschmerzen; nach einigen Wochen treten Lähmungen auf; ist die Atmungsmuskulatur betroffen, kann der Tod eintreten; wird die Krankheit überstanden, bleiben meist Lähmungen der Gliedmaßen zurück
Besonderheit: Polioviren sind außerhalb des Körpers sehr widerstandsfähig; durch Schutzimpfung ab 1955 starke Abnahme der Poliofälle in den Industrieländern

Name: ***Tollwut***
Erreger: Tollwutvirus; breitet sich im Zentralnervensystem aus
Übertragung: meist durch Bisse von Tieren, die mit Tollwut infiziert sind
Inkubationszeit: zwei Wochen bis sechs Monate
Krankheitsverlauf: Kopfschmerzen, Schlaflosigkeit, Angstgefühl, erhöhter Speichelfluss, Muskelkrämpfe (vor allem im Schlund, sodass das Schlucken qualvoll wird), Tobsuchtsanfälle, Herz- oder Atemlähmung mit Todesfolge
Besonderheit: von Tollwut befallen sind oft Füchse und Ratten, die Hauskatzen und Hunde infizieren können; Wildtiere mit Tollwut verlieren die Scheu vor dem Menschen (solche Tiere nicht anfassen!)

Name: ***Gelbsucht (Hepatitis A)***
Erreger: Hepatitis-A-Virus; verursacht Entzündungen in der Leber
Übertragung: vor allem durch verunreinigte Lebensmittel
Inkubationszeit: 6 bis 50 Tage
Krankheitsverlauf: Fieber, Schwäche, Appetitlosigkeit, Erbrechen, Gelbfärbung der Haut (aus der entzündeten Leber tritt Gallensaft ins Blut über); Abklingen der Symptome nach einigen Wochen
Besonderheit: eine andere Form der Gelbsucht (Hepatitis B) wird besonders durch infiziertes Blut übertragen; Spätfolgen dieser Erkrankung können Leberkrebs und andere Leberschäden mit tödlichem Ausgang sein

Größenvergleich

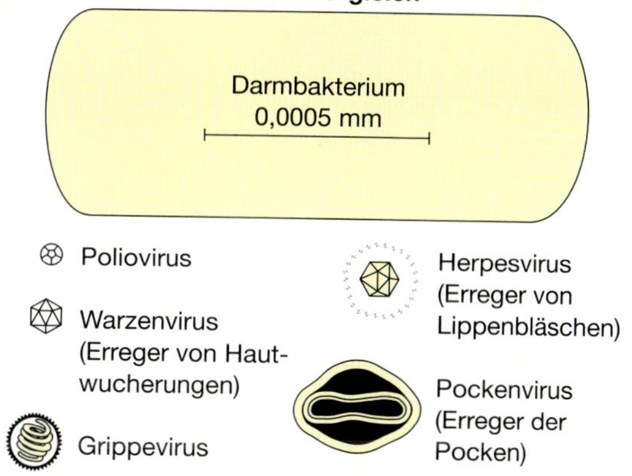

Killerviren auf dem Vormarsch

Nairobi, 1. Dezember
Aus dem Kongo werden wieder Infektionen mit dem Ebola-Virus gemeldet. Mehrere Personen wurden mit hohem Fieber und schweren inneren Blutungen ins Krankenhaus gebracht. Im Frühjahr 1995 waren bei der Epidemie im Kongo mehrere hundert Menschen an der Infektion gestorben. Auch die Infektionen mit Lassa- oder Marburg-Viren können tödlich sein. Sowohl die Krankheitssymptome als auch die Erreger sind erst seit wenigen Jahren bekannt. Bisher ist es immer gelungen, eine Ausbreitung dieser Infektionen zu verhindern. Einige der Viren werden durch Tiere übertragen, bei anderen ist der Infektionsweg noch unklar. Durch den weltweiten Handel mit tropischen Tieren, aber auch durch den Fern-Tourismus besteht die Gefahr, dass sich Viren, die heute vielleicht nur auf ein kleines Gebiet begrenzt sind, weltweit ausbreiten können.

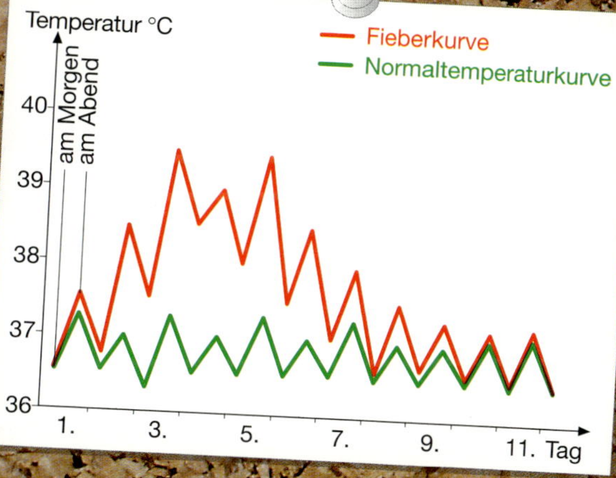

2.4 Einzeller können auch krank machen

Jährlich erkranken etwa 300 Millionen Menschen an **Malaria.** Bis zu drei Millionen sterben an dieser Infektionskrankheit, darunter eine Million Kinder. Die Symptome sind hohes Fieber und Schüttelfrost. Erreger dieser Krankheit sind Einzeller der Gattung *Plasmodium.* Übertragen werden sie durch das Weibchen der *Anopheles-Mücke.*

Diese Stechmücke ist in manchen warmen Ländern, z.B. in Afrika und Südostasien, sehr häufig.

Beim Blutsaugen kann die Mücke mit ihrem Speichel die Erreger in die menschliche Blutbahn übertragen. Über diese gelangen sie in die Leberzellen, wo sie sich erstmals vermehren. Diese zweite Generation befällt die Roten Blutkörperchen des Menschen. In ihnen teilen sich die Erreger gleichzeitig in je 32 Tochterzellen, die weitere Blutzellen befallen. Die Roten Blutkörperchen werden dabei zerstört und Giftstoffe freigesetzt. Dies wiederholt sich im Abstand von einigen Tagen. Dadurch kommt es in regelmäßigen Abständen zu starkem Fieber. Diese Fieberschübe gaben der Malaria ihren deutschen Namen, *Wechselfieber.*

Einige der frei werdenden Erreger entwickeln sich zu Geschlechtszellen. Wird der Malariakranke nun von einer weiteren Anophelesmücke gestochen, gelangen sie in den Magen der Mücke. Hier verschmelzen männliche und weibliche Zellen. Die befruchteten Zellen vermehren sich zunächst in Zellen der Magenwand. Anschließend werden die Speicheldrüsen der Mücke befallen. Mit dem nächsten Stich gelangen die Erreger erneut in den Menschen. Mit diesem Wechsel des *Wirts* ist der Kreislauf geschlossen.

Die Bekämpfung der Malaria richtet sich gegen den Erreger der Krankheit selbst oder gegen den Überträger, die Anopheles-Mücke. Plasmodium kann durch Medikamente abgetötet werden, die vorbeugend eingenommen werden. Die Mücke bekämpft man durch Trockenlegung der Sümpfe, in denen sich ihre Larven entwickeln.

Man muss aber beachten, dass die *Malaria-Prophylaxe* keinen absoluten Schutz gegen die Malaria garantiert. Die äußerst wandlungsfähigen Erreger entwickeln rasch Widerstandsfähigkeit gegen Malariamittel. Deshalb sollte man in Malariagebieten ab Dämmerungsbeginn langärmelige Hemden und lange Hosen tragen sowie die Haut mit Mückenabwehrmitteln einreiben.

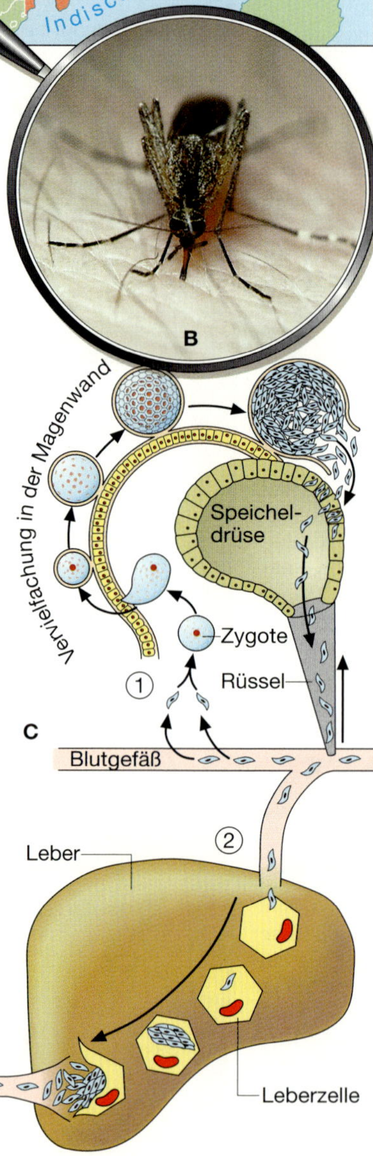

Die Infektionskrankheit Malaria führt weltweit zu den meisten Todesfällen. Sie wird durch Einzeller hervorgerufen, die von der Anopheles-Mücke übertragen werden.

1 Erkläre, warum die Malaria schubweise erfolgt.

2 Beschreibe die Entwicklung des Malariaerregers mithilfe der Abbildung C.

3 Erstelle einen Pinnzettel für den Malariaerreger.

1 ***Malaria. A*** *Verbreitungsgebiet;* ***B*** *Anophelesmücke;* ***C*** *Entwicklung (① in der Mücke, ② in Leberzellen, ③ im Blut des Menschen)*

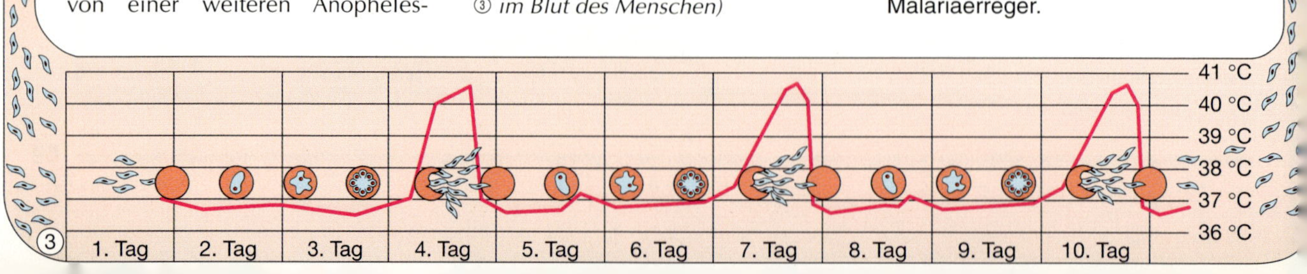

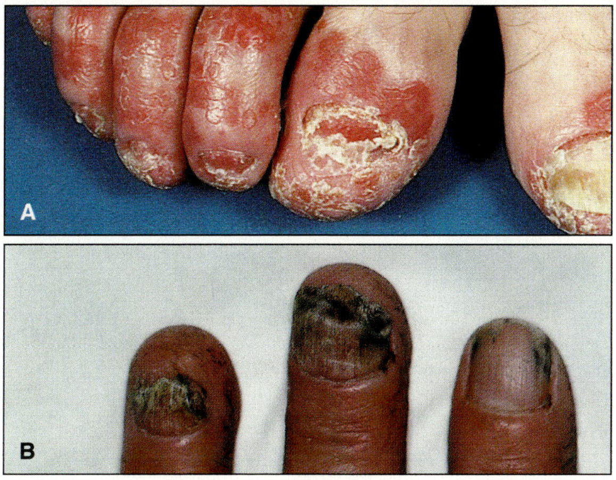

1 ***Hautpilz. A*** *am Fuß;* ***B*** *am Fingernagel*

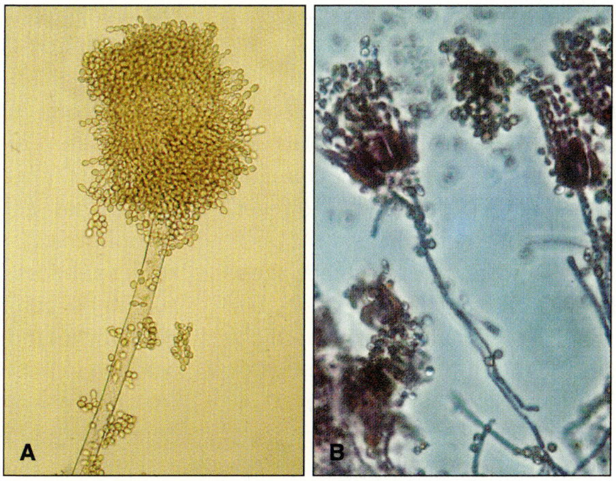

2 ***Gefährliche Pilze (mikroskopische Aufnahmen).***
A *Gelber Gießkannenschimmel;* ***B*** *Pinselschimmel*

2.5 Pilze können krank machen

Wenn sich zwischen den Zehen juckende Bläschen bilden, ist meist der *Fußpilz* die Ursache. Man infiziert sich, wenn man barfuß über einen Boden geht, auf dem ein mit Fußpilz befallener Mensch feinste, mit Pilzhyphen bedeckte Hautschuppen hinterlassen hat. Dies geschieht besonders häufig in Schwimmbädern. Auch wenn Nägel rissig und undurchsichtig werden oder wenn auf dem Kopf ein kreisrunder Haarausfall entsteht, können **Hautpilze** die Ursache sein. Diese Pilze befallen kein lebendes Gewebe, sondern ernähren sich von den abgestorbenen, verhornten oberen Hautschichten. Sie sind also streng genommen keine Parasiten. Die Hautschäden sind die Folge allergischer und entzündlicher Reaktionen der Haut auf die Anwesenheit der Pilze und der von ihnen abgeschiedenen Stoffe.

In vielen Chroniken des Mittelalters wird von einer Krankheit berichtet, die man „Antoniusfeuer" nannte. Die Erkrankten litten unter brennenden Schmerzen in Armen und Beinen. Die Gliedmaßen wurden schließlich schwarz und fielen ab. Auffallend war, dass die Krankheit besonders häufig in Hungerjahren auftrat. In solchen Jahren wurde auch verdorbenes Getreide zu Nahrungsmitteln verarbeitet. Heute weiß man, dass es sich um eine Vergiftung mit **Mutterkorn** handelte. Mutterkörner entstehen in den Ähren von Getreide, wenn dieses vom Mutterkornpilz befallen ist. Die befallenen Getreidekörner werden durch das wuchernde Mycel aufgezehrt. Dabei entsteht ein schwarzbraunes Dauermycel, das der Pilz zur Überwinterung ausbildet. In den Mutterkörnern sind Gifte enthalten, die seit alters her in der Geburtsmedizin verwendet werden. Daher stammt ihr Name. Werden aber größere Mengen der Gifte in den Körper aufgenommen, so führen Durchblutungsstörungen in den Gliedmaßen zu den Symptomen des Antoniusfeuers.

Im Jahre 1960 starben in England über hunderttausend Truthühner an einer unbekannten Krankheit. Nachforschungen ergaben, dass alle betroffenen Geflügelfarmen Erdnussmehl aus Brasilien verfüttert hatten, das stark vom *Gelben Gießkannenschimmel* befallen war. Dieser hatte im Mehl einen hochgiftigen Stoff hinterlassen, der nach dem wissenschaftlichen Namen des Pilzes (**A**spergillus **fla**vus) **Aflatoxin** genannt wurde. Seitdem sind mehr als hundert Stoffe gefunden worden, die von Schimmelpilzen auf Lebens- oder Futtermitteln gebildet werden und Menschen oder Tiere krank machen. Man nennt solche Stoffe *Mykotoxine,* was Pilzgifte bedeutet. Einige Mykotoxine sind vermutlich mitverantwortlich für das Auftreten von Leberkrebs.

Ein Kubikmeter Luft kann Millionen von Schimmelpilzsporen enthalten. Wegen ihrer geringen Größe können sie beim Atmen in die Bronchien gelangen und **allergisches Asthma** verursachen.

3 ***Mutterkorn.***
A *Mutterkörner in einer Roggenähre;* ***B*** *Sporenkapseln auf einem Mutterkorn*

Hautpilze nutzen die Haut des Menschen als Nährboden. Schimmelpilze hinterlassen in befallenen Nahrungsmitteln gefährliche Giftstoffe.

1 Warum genügt es nicht, an einem Nahrungsmittel die verschimmelte Stelle zu entfernen? Erläutere.

2.6 Die Abwehr unseres Körpers

Der menschliche Körper kommt ständig in Kontakt mit Bakterien, Viren und Pilzsporen. Darunter sind auch viele Krankheitserreger. Diese können allerdings nicht ohne weiteres in den Körper eindringen. Für die meisten Erreger bildet bereits die verhornte Außenschicht der Haut ein unüberwindbares Hindernis. Leichter wäre ein Eindringen durch die Schleimhäute möglich, wie z. B. die Mundschleimhaut. Schleimhäute werden jedoch durch Flüssigkeiten aus Drüsen benetzt, die Bakterien abtötende Stoffe enthalten. Auch die Salzsäure im Magensaft bewirkt ein Absterben von Krankheitserregern, die mit der Nahrung in den Körper gelangt sind.

Einigen Krankheitserregern gelingt es dennoch diese natürlichen Infektionsbarrieren zu überwinden. Über die Atemwege und andere Körperöffnungen, über Wunden und durch Insektenstiche gelangen sie in den Körper und können sich vermehren. Trotzdem kommt es nur selten zum Ausbruch einer Infektionskrankheit. Der Körper kann sich also offenbar gegen Krankheitserreger zur Wehr setzen. Wie geht diese Abwehr vor sich?

An der Abwehr körperfremder Stoffe sind Blutzellen, die **Weißen Blutkörperchen,** beteiligt. Sie können sich ähnlich wie die einzelligen Amöben kriechend bewegen und dabei ihre Form verändern. Auf diese Weise können sie auch die Blutkapillaren verlassen, indem sie sich zwischen den Zellen der Gefäßwände hindurchschieben. Dabei gelangen sie in die Zwischenräume von Geweben. Diese Zwischenräume sind mit einer farblosen Flüssigkeit gefüllt, die als **Lymphe** bezeichnet wird. Lymphe tritt z. B. an Schürfwunden aus und sie sammelt sich in Druck- oder Brandblasen.

Die Weißen Blutkörperchen können auch wie Amöben Scheinfüßchen ausbilden und damit Stoffe umfließen. Durch Abschnüren des nun von einer Membran umgebenen körperfremden Stoffes gelangt dieser in das Cytoplasma. Es hat sich eine Vakuole gebildet. Eine solche Stoffaufnahme heißt **Phagozytose.** Die phagozytierenden Weißen Blutkörperchen nennt man **Fresszellen.** Fresszellen kommen an verschiedenen Stellen des Körpers in unter-

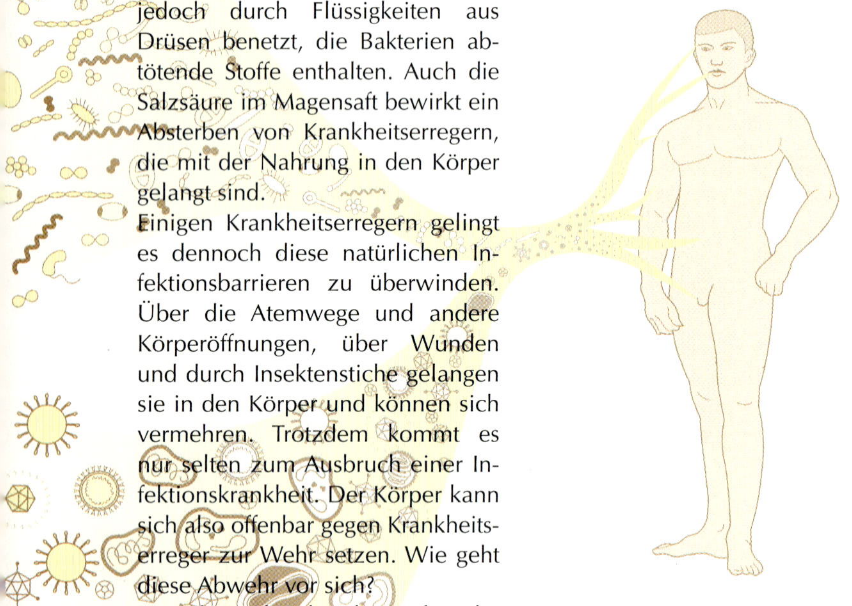

1 Infektionswege

schiedlichen Mengen vor. Besonders hoch ist ihre Zahl in den **Lymphknoten.** Die Rachenmandeln gehören zu den Lymphknoten. Alle Lymphknoten sind untereinander durch *Lymphbahnen* verbunden. Sie durchziehen den Körper wie ein zweites Gefäßsystem. In diesen Gefäßen fließt ein Teil der Lymphe mit darin enthaltenen Fresszellen. Um ein Fließen in nur einer Richtung zu gewährleisten, liegen in den Lymphbahnen wie in den Venen Klappen, die ein Rückströmen der Lymphflüssigkeit ver-

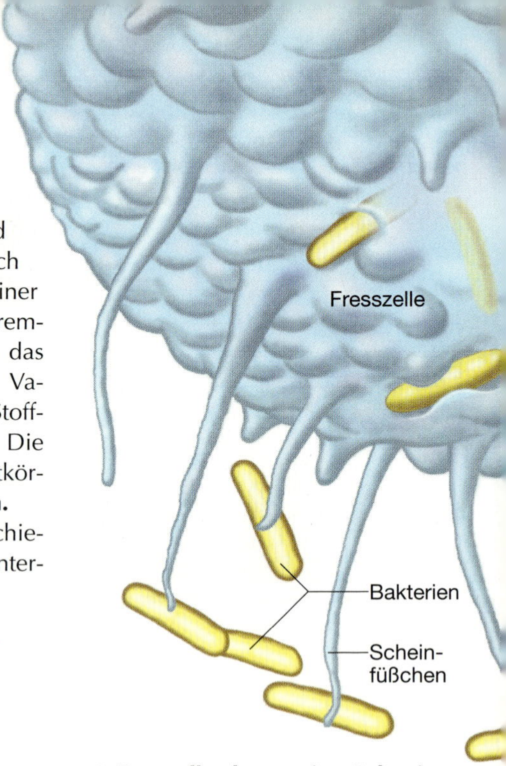

2 Fresszelle phagozytiert Bakterien

hindern. In der Nähe des Herzens mündet das Lymphsystem in den Blutkreislauf.

Bei Erkältungen schwellen die Rachenmandeln häufig an. Dabei kann sich Eiter bilden. Dieser entsteht, wenn große Mengen an Fresszellen abgestorben sind. Eiter kann sich auch in entzündeten Wunden bilden.

Die Fresszellen vernichten alle eingedrungenen Fremdkörper, wie z. B. Bakterien und Viren, die in den Körper eingedrungen sind. Weil die Fresszellen nicht auf einen bestimmten Erreger spezialisiert sind, nennt man dies die **unspezifische Abwehr.**

In manchen Fällen werden die Fresszellen mit bestimmten Krankheitserregern nicht fertig. Dann vermehren sich diese Erreger schnell. Um sie dennoch erfolgreich zu bekämpfen, müssen sie gezielt vernichtet werden. Man spricht deshalb von der **spezifischen Abwehr.** Die Zellen und Organe, die daran beteiligt sind, bilden das **Immunsystem.**

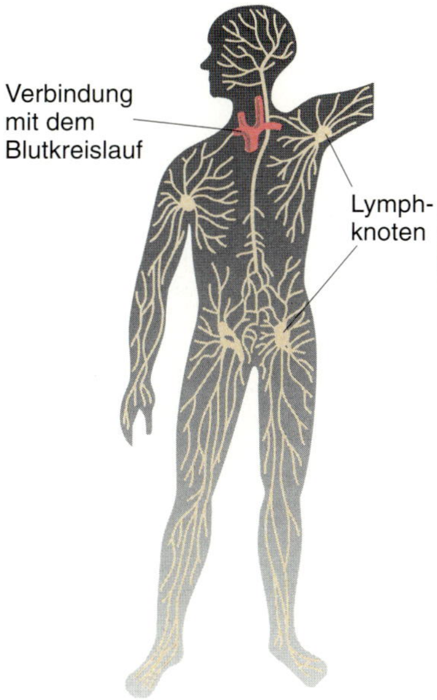

3 Lymphbahnen

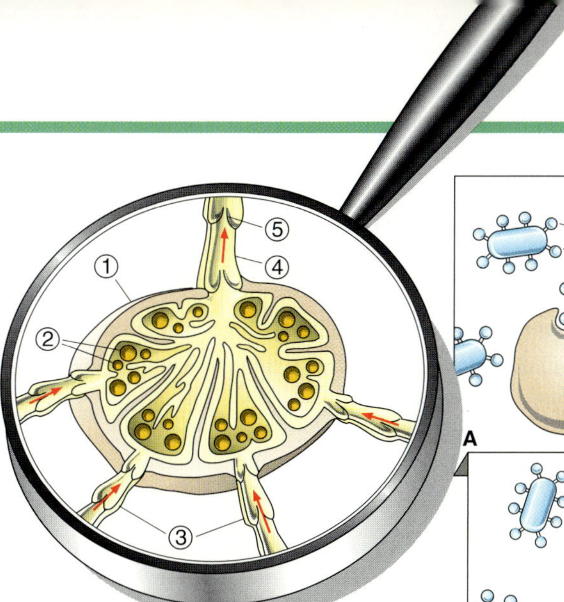

4 Lymphknoten. *① Außenkapsel; ② Knötchen mit Weißen Blutkörperchen; ③ zuführende Lymphgefäße; ④ abführendes Lymphgefäß; ⑤ Klappen*

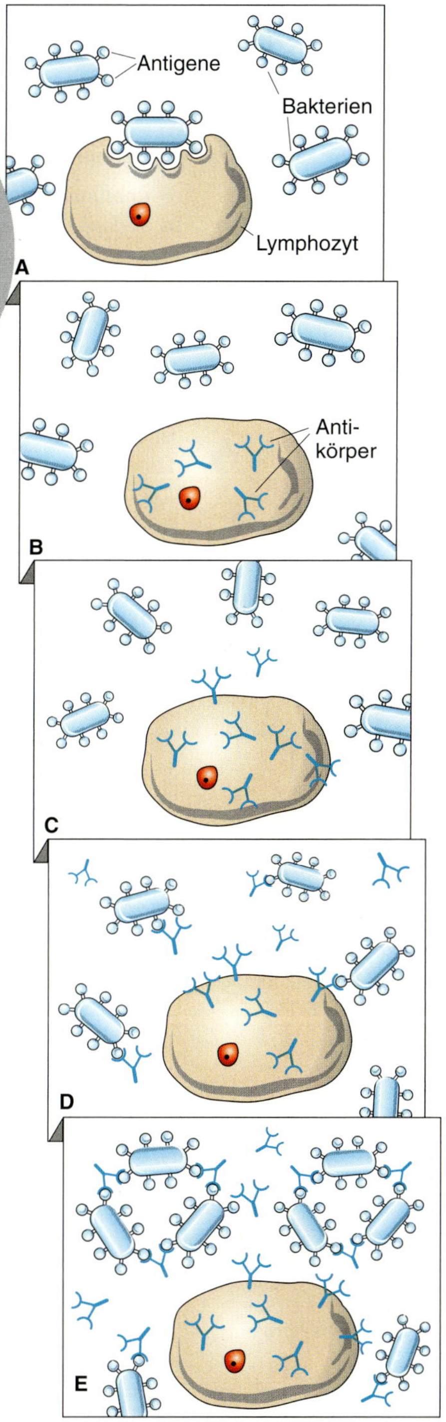

5 Antigen-Antikörper-Reaktion. ***A*** *Erkennen des Antigens;* ***B*** *Produktion von Antikörpern;* ***C*** *Freisetzung von Antikörpern;* ***D*** *Beginn der Antigen-Antikörper-Reaktion;* ***E*** *durch mehrfache Bindung von Antikörpern unschädlich gemachte Erreger*

Die spezifische Abwehr von Krankheitserregern übernimmt eine andere Form von Weißen Blutkörperchen, die **Lymphozyten.** Diese können sich an Bakterien oder Viren anlagern. An der Oberfläche solcher Krankheitserreger befinden sich bestimmte Eiweißstoffe, die man als **Antigene** bezeichnet. Die Lymphozyten erkennen den Aufbau dieser Antigene und produzieren eine Art Gegenmittel. Diese Gegenmittel bestehen ebenfalls aus Eiweißstoffen und heißen **Antikörper.** Sie sind so aufgebaut, dass sie sich an die körperfremden Antigene binden können. Durch diese **Antigen-Antikörper-Reaktion** verklumpen Krankheitserreger und werden dadurch unschädlich gemacht. Da die Antikörper mehrere Bindungsstellen haben, können sie sich gleichzeitig an mehrere Bakterien oder Viren heften. Viren werden auf diese Weise daran gehindert, in menschliche Zellen einzudringen, und können sich daher nicht mehr vermehren. Bakterien, die durch Antikörper verklumpt sind, verlieren ihre Teilungsfähigkeit.

Die Zahl der Antigene, mit denen der Körper im Laufe des Lebens in Kontakt kommen kann, ist sehr groß. Zu jedem Antigen passt nur jeweils ein ganz bestimmter Antikörper. Das Immunsystem kann jedoch nicht alle möglichen Antikörper ständig „auf Lager" haben. Wenn ein neuer Erreger mit bestimmten Antigenen auftritt, dauert es deshalb einige Tage, bis das Immunsystem eine wirksame Abwehr durchführen und die passenden Antikörper in ausreichender Menge herstellen kann.

Bei einer Virusinfektion halten sich die Erreger nicht nur im Blut und zwischen den Organen auf. Zur Vermehrung müssen sie in die Zellen eindringen. Hier können sie jedoch von Antikörpern nicht erreicht werden. Um Viren auch dort wirksam bekämpfen zu können, verfügt der Körper noch über eine weitere Abwehrstrategie. Bestimmte Lymphozyten, die **Killerzellen,** erkennen von Viren befallene Körperzellen an den anhaftenden Antigenen und zerstören sie durch bestimmte Enzyme.

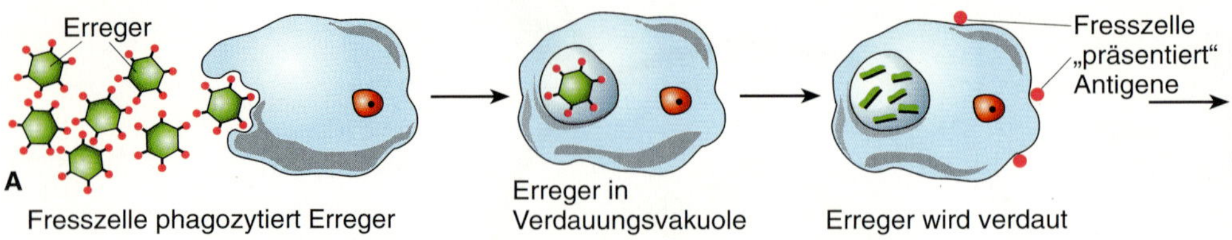

6 ***Immunabwehr. A*** *Fresszellen;* ***B*** *Bildung von Killerzellen;* ***C*** *Bildung von Antikörpern*

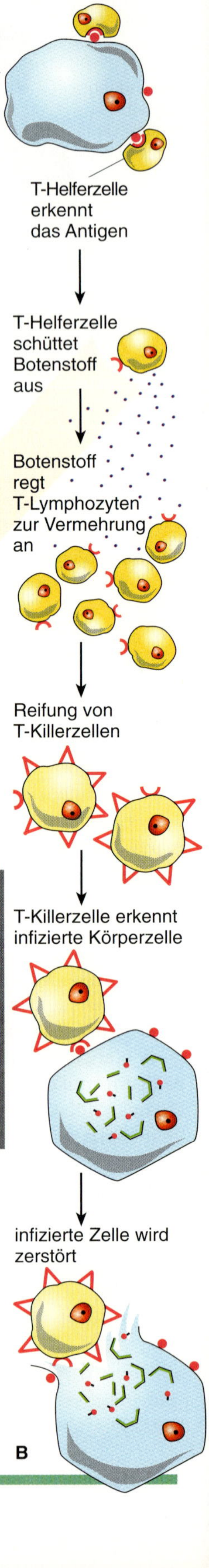

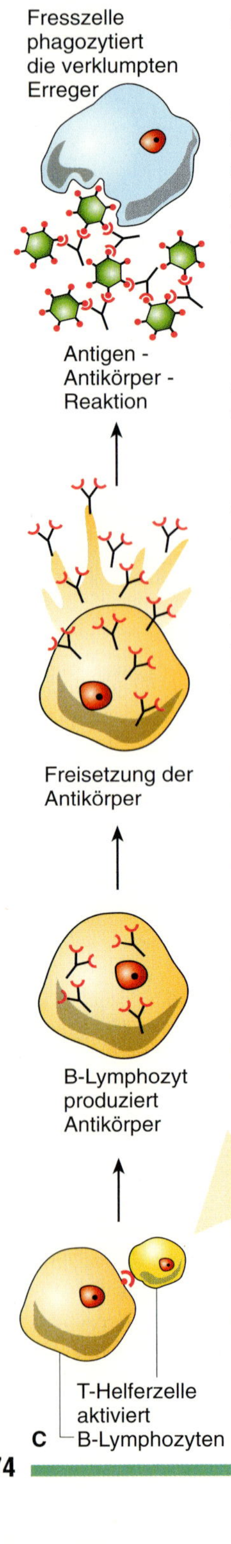

Bei einer Infektion greifen verschiedene Glieder des Immunsystems ineinander. Daran beteiligt sind mehrere Gruppen von Lymphozyten, **B-** und **T-Lymphozyten.** Diese entstehen im Knochenmark. Die B-Lymphozyten wandern dann in Lymphknoten oder in die Milz und reifen dort. Die T-Lymphozyten reifen im Thymus, einer Drüse hinter dem Brustbein.

Nach einer Infektion, z.B. mit Grippeviren, wird ein Teil der Erreger von Fresszellen durch Phagozytose unschädlich gemacht. Diese Fresszellen lagern einige Virus-Antigene in ihre Zellmembran ein – sie „präsentieren“ die Antigene. T-Lymphozyten erkennen diese Antigene und werden dadurch „alarmiert“. Eine bestimmte Untergruppe von ihnen, die **T-Helferzellen,** erzeugt daraufhin *Botenstoffe.* Dadurch werden andere T-Lymphozyten zur Vermehrung angeregt. Diese Zellen reifen dann zu *T-Killerzellen* heran, suchen die von Viren befallenen Körperzellen gezielt auf und zerstören sie.

Die T-Helferzellen informieren durch Botenstoffe auch die B-Lymphozyten, die sich daraufhin ebenfalls vermehren und spezifische Antikörper erzeugen. Die Antikörper binden sich dann an Viren, die sich im Blut und in der Gewebsflüssigkeit aufhalten, und verklumpen sie miteinander. Die verklumpten Viren werden anschließend von Fresszellen vernichtet.

Viele Infektionskrankheiten macht der Mensch in seinem Leben nur einmal durch, z.B. die Masern. Wer diese Krankheit überstanden hat, erkrankt nie wieder daran, er ist **immun** geworden. Dies liegt daran, dass in bestimmten B-Lymphozyten, den **Gedächtniszellen,** die Struktur der Masern-Antigene gespeichert worden ist. Kommt das Immunsystem später wieder mit Masernviren in Kontakt, können die passenden Antikörper so schnell erzeugt werden, dass eine neue Erkrankung verhindert wird.

An Grippe kann man allerdings immer wieder erkranken. Diese Viren verändern ihre Antigene im Laufe der Zeit. Die Gedächtniszellen erkennen die veränderten Antigene nicht wieder. Deshalb dauert es einige Zeit, bis das Immunsystem mit dem veränderten Erreger fertig wird.

Das Immunsystem schützt den Körper vor Krankheitserregern. Bei der unspezifischen Abwehr werden sie von Fresszellen phagozytiert. Die spezifische Immunantwort beruht auf dem Erkennen von körperfremden Antigenen, der Erzeugung spezifischer Antikörper und dem Einsatz von Killerzellen.

1 Beschreibe anhand der Abbildungen 3 und 4 Bau und Wirkungsweise des Lymphsystems und erkläre seine Bedeutung.

2 Erläutere die Antigen-Antikörper-Reaktion. Nimm Abbildung 5 zu Hilfe.

3 Erläutere die Aufgaben der T-Helferzellen.

Allergien

Streifzug durch die Medizin

Wenn im Frühjahr die ersten schönen Tage kommen und Bäume und Sträucher zu blühen beginnen, zieht es die meisten Menschen hinaus ins Freie. Doch manche bleiben lieber zu Hause, denn sie leiden jetzt wieder an *Heuschnupfen:* Die Augen tränen, die Nase läuft, sie müssen ständig niesen, Kopfschmerzen und Müdigkeit stellen sich ein. Bei Kindern können die Symptome so schlimm sein, dass die Leistungen in der Schule nachlassen.
Heuschnupfen ist eine **Allergie.** Sie wird durch den Kontakt mit Pollenkörnern hervorgerufen. Bei starkem Pollenflug sollten sich Betroffene deshalb möglichst nicht im Freien aufhalten und die Fenster geschlossen lassen.

oder bestimmte Metalle, z. B. beim Tragen von Schmuck. Meist äußern sich diese Allergien durch juckende Hautrötungen oder Pustelbildungen.
Zur Erkennung des Allergens ist oft ein *Allergietest* beim Hautarzt notwendig. Dabei wird die Haut mit mehreren infrage kommenden Allergenen in Kontakt gebracht. Zeigt sich eine Hautreaktion, kann man diese dann einem bestimmten Allergen zuordnen.
Die Zahl allergischer Beschwerden in der Bevölkerung steigt ständig. Schwere Allergien der Atemorgane, die mit akuter Atemnot einhergehen können, z. B. Asthma, hängen möglicherweise mit der großen Zahl von Schadstoffen in der Luft zusammen. Auch der Kontakt mit immer mehr chemischen Stoffen in

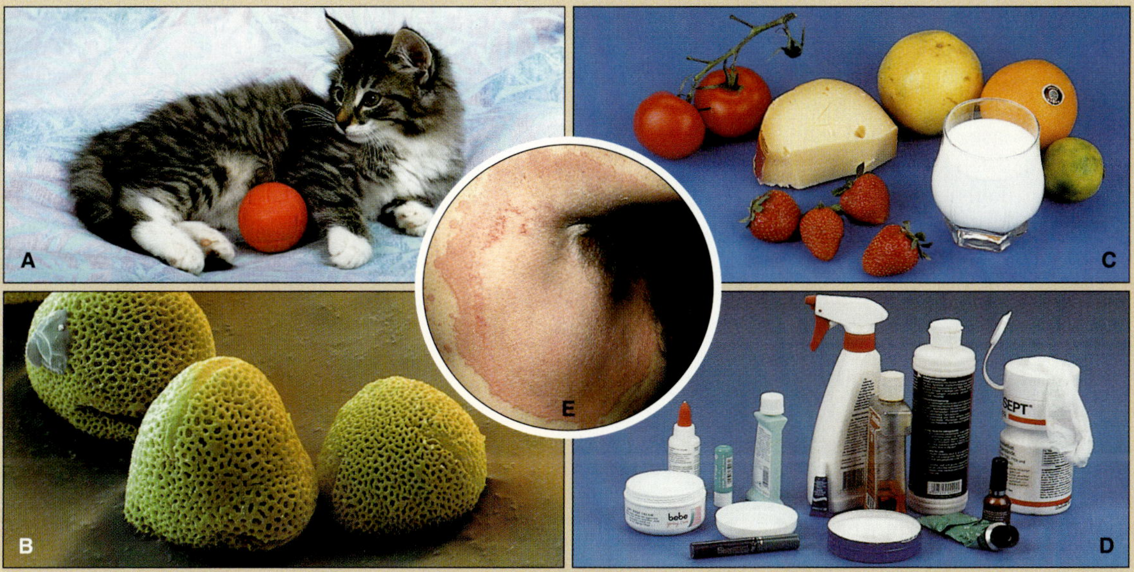

7 Auslöser von Allergien. A *Tierhaare;* ***B*** *Pollenkörner;* ***C*** *Lebensmittel;* ***D*** *Haushalts-Chemikalien;* ***E*** *allergische Hautreaktion*

Bei einer Allergie reagiert das Immunsystem überempfindlich auf einen oder mehrere körperfremde Stoffe, so genannte **Allergene.**
Bestimmte Zellen des Immunsystems bilden als Antwort auf die Allergene außergewöhnlich große Mengen an Antikörpern. Diese vielen Antikörper lösen über eine komplizierte Kette von Vorgängen schließlich die allergische Reaktion aus.
Nicht nur Pollenkörner können allergische Symptome hervorrufen. Manche Menschen reagieren auch allergisch auf Tierhaare, Hausstaub, Insektenstiche, bestimmte Nahrungsmittel, Reinigungsmittel, Arzneien

Nahrungsmitteln, Kleidungsstücken, Kosmetika, Reinigungs- und Pflegemitteln hat Anteil daran.

Manche Allergien lassen sich durch Medikamente lindern. Bei einer Nahrungsmittelallergie müssen die Betroffenen auf bestimmte Nahrungsmittel verzichten, z. B. Erdbeeren, Zitrusfrüchte oder Milch. Liegt eine Hausstauballergie vor, die oft durch winzig kleine Milben hervorgerufen wird, müssen Teppiche, Vorhänge und Matratzen durch Materialien ersetzt werden, in denen sich diese Tiere nicht einnisten können.

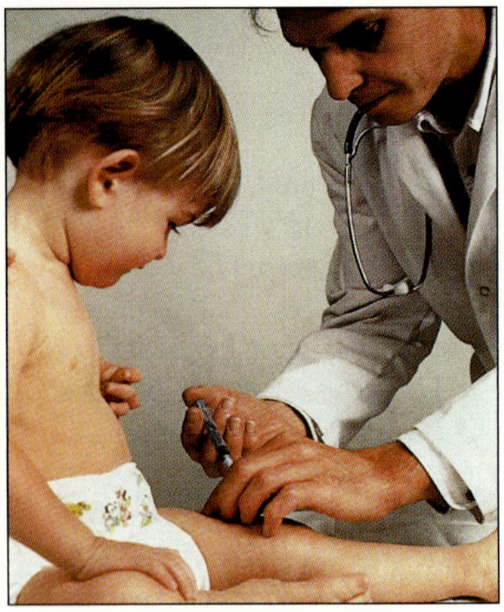

1 Schutzimpfung

2.7 Impfungen helfen dem Immunsystem

Noch vor 50 Jahren waren die Masern eine weit verbreitete Kinderkrankheit. Masern beginnen mit Schnupfen, Husten und Fieber, nach einigen Tagen entsteht auf der Haut ein rötlicher Ausschlag. Lebensgefährlich können die Masern werden, wenn gleichzeitig eine Hirnhautentzündung hinzukommt. Heute sind die Masern selten geworden, weil die meisten Kinder durch eine **Impfung** vor dieser Krankheit geschützt sind.

Zur Herstellung eines Impfstoffes müssen zunächst die Krankheitserreger, also meist Bakterien oder Viren, in großen Mengen isoliert werden. Dann behandelt man die Erreger mit chemischen Stoffen oder anderen Methoden, bis sie ihre Fähigkeit zur Vermehrung verloren haben. Die spezifischen Antigene des jeweiligen Erregers müssen dabei aber erhalten bleiben. Die abgeschwächten oder abgetöteten Erreger werden nun bei der Impfung in den menschlichen Körper gebracht. Dies geschieht durch Ritzen der Haut, durch Einspritzen oder durch eine Schluckimpfung, bei der der Impfstoff z. B. auf Zucker geträufelt verschluckt wird.

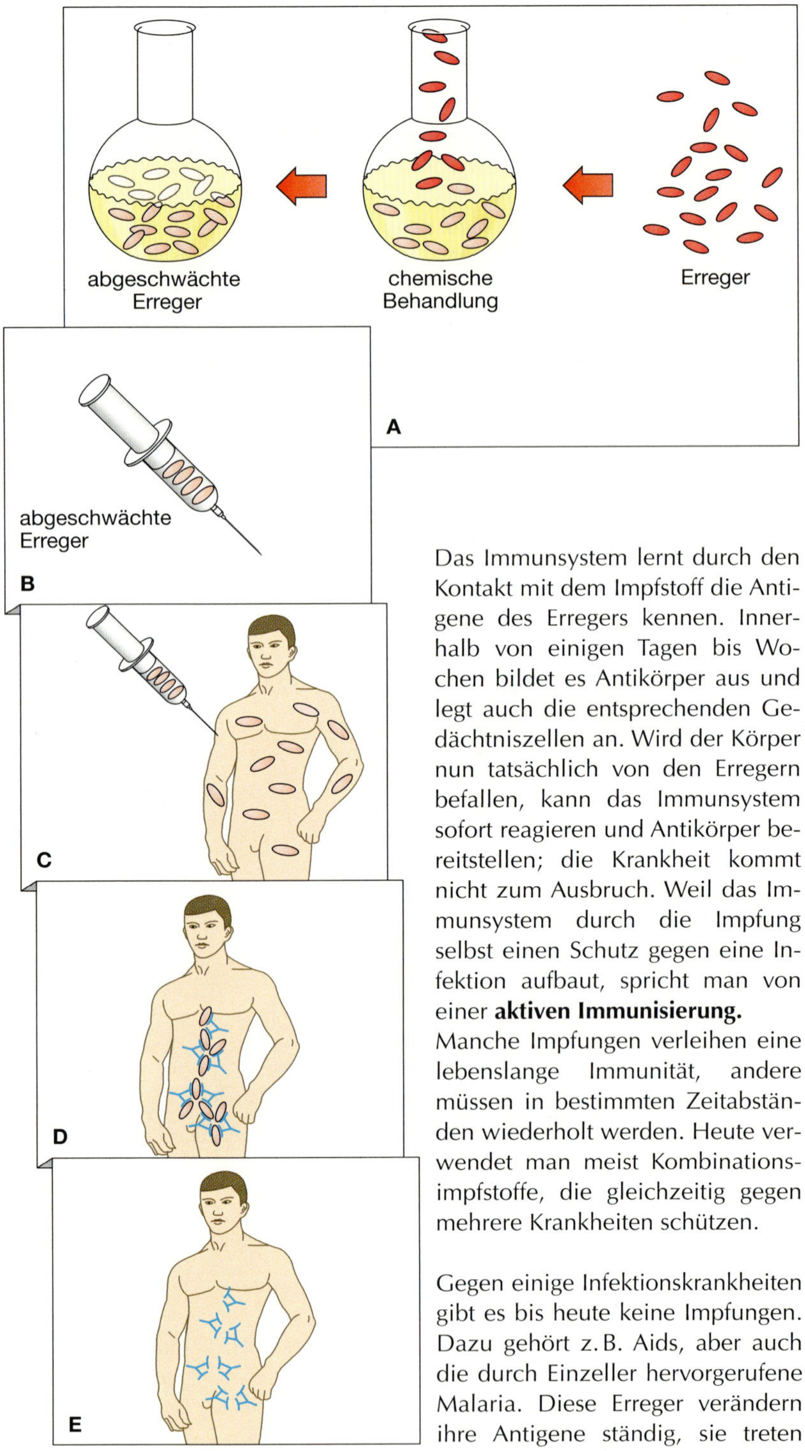

***2 Aktive Immunisierung durch Schutzimpfung. A** Krankheitserreger werden abgeschwächt; **B** fertiger Impfstoff; **C** Impfung; **D** Bildung von Antikörpern; **E** Impfschutz ist aufgebaut*

Das Immunsystem lernt durch den Kontakt mit dem Impfstoff die Antigene des Erregers kennen. Innerhalb von einigen Tagen bis Wochen bildet es Antikörper aus und legt auch die entsprechenden Gedächtniszellen an. Wird der Körper nun tatsächlich von den Erregern befallen, kann das Immunsystem sofort reagieren und Antikörper bereitstellen; die Krankheit kommt nicht zum Ausbruch. Weil das Immunsystem durch die Impfung selbst einen Schutz gegen eine Infektion aufbaut, spricht man von einer **aktiven Immunisierung.**
Manche Impfungen verleihen eine lebenslange Immunität, andere müssen in bestimmten Zeitabständen wiederholt werden. Heute verwendet man meist Kombinationsimpfstoffe, die gleichzeitig gegen mehrere Krankheiten schützen.

Gegen einige Infektionskrankheiten gibt es bis heute keine Impfungen. Dazu gehört z. B. Aids, aber auch die durch Einzeller hervorgerufene Malaria. Diese Erreger verändern ihre Antigene ständig, sie treten dem Immunsystem immer wieder in einer „neuen Verkleidung" entgegen. Forscher arbeiten intensiv daran, diese Erreger zu überlisten und doch einen Impfstoff zu entwickeln.

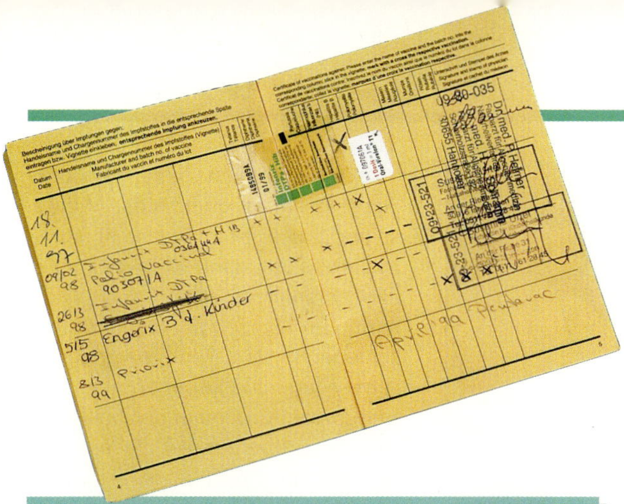

Bei einer Schutzimpfung wird der Körper mit abgeschwächten oder abgetöteten Erregern in Kontakt gebracht. Das Immunsystem baut dann Antikörper auf und legt Gedächtniszellen an.

1 Erläutere anhand von Abbildung 2 die aktive Immunisierung durch eine Schutzimpfung.

2 Überprüfe mithilfe deines Impfpasses, welche Impfungen du erhalten hast.

3 Informiere dich über einige Krankheiten, gegen die du geimpft bist. Arbeite dazu mit den Pinnwänden der Seiten 67 und 69.

Lebensalter	Impfung	Bemerkung
ab 3. Lebensmonat	Diphtherie, Keuchhusten, Wundstarrkrampf	3× im Abstand von vier Wochen
	Hirnhaut- und Kehlkopfentzündung	2× im Abstand von sechs Wochen
	Kinderlähmung	2× im Abstand von mindestens sechs Wochen
2. Lebensjahr	Diphtherie, Keuchhusten, Wundstarrkrampf	4. Impfung
	Hirnhaut- und Kehlkopfentzündung	3. Impfung
	Kinderlähmung	3. Impfung
	Masern, Mumps, Röteln	1. Impfung
ab 6. Lebensjahr	Masern, Mumps, Röteln	2. Impfung
	Diphtherie, Wundstarrkrampf	Auffrischimpfung
ab 10. Lebensjahr	Kinderlähmung	Wiederimpfung
11. bis 15. Lebensjahr	Röteln	Impfung für Mädchen
	Diphtherie, Wundstarrkrampf	Auffrischimpfung

3 Impfkalender

Streifzug durch die Geschichte

JENNER entdeckt die Pockenschutzimpfung

Im 18. Jahrhundert waren die *Pocken* eine gefürchtete Krankheit. Wer sich angesteckt hatte, bekam hohes Fieber. Am Körper entstanden Pusteln (Pocken) mit einer wässrigen Flüssigkeit. Wer nicht an den Pocken starb, behielt für den Rest seines Lebens entstellende Narben, z. B. im Gesicht.

Damals hatte der englische Arzt Edward JENNER (1749 bis 1823) eine Praxis bei Bristol. Ihm war aufgefallen, dass die Menschen auf dem Lande nie an Pocken erkrankten, wenn sie früher einmal die viel leichter verlaufenden *Kuhpocken* gehabt hatten. Kuhpocken kommen auch bei Rindern vor. Im Mai 1796 wagte JENNER ein Experiment: Er hatte gesehen, dass eine junge Magd die typischen Pusteln der Kuhpocken an ihren Händen bekam. Aus einer der Pusteln entnahm er etwas Flüssigkeit und impfte damit einen achtjährigen Jungen. Dieser bekam leichtes Fieber und einige wenige Pusteln. Bald verschwanden diese Symptome wieder. Im Juli infizierte JENNER den Jungen dann mit Flüssigkeit aus den Pusteln eines Patienten mit „echten“ Pocken. Der Junge erkrankte nicht. Der Kontakt mit den Kuhpocken hatte ihn immun gemacht.

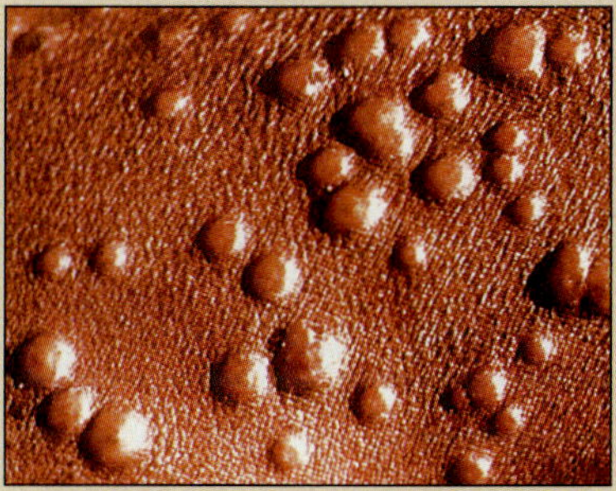

4 Pocken-Pusteln auf der Haut

Nach anfänglichen Zweifeln bei JENNERs Kollegen setzte sich die Pockenschutzimpfung bald weltweit durch. Heute sind die Pocken ausgerottet.

So erfolgreich JENNER war – erklären konnte er seine Methode nicht. Heute weiß man, dass die Antigene des Kuhpocken-Virus ähnlich aufgebaut sind wie die des menschlichen Pocken-Virus. Wird ein Mensch mit dem Kuhpocken-Erreger geimpft, erzeugt er Antikörper und entsprechende Gedächtniszellen, die ihn auch vor dem Erreger der Pocken des Menschen schützen.

2.8 HIV – Gib Aids keine Chance

Über kaum eine andere Krankheit wird in der Öffentlichkeit so viel gesprochen wie über Aids. Mit Fernsehspots, Videoclips, Plakaten und einer Fülle von Aufklärungsschriften versuchen Gesundheitsministerien, Krankenkassen und private Aidsgruppen auf die Gefahren der Ansteckung aufmerksam zu machen und auf das Schicksal der Infizierten hinzuweisen.

In Westeuropa und in Nordamerika ist aufgrund dieser intensiven

1 Zahl der Infizierten in verschiedenen Teilen der Erde
(Stand: Ende der neunziger Jahre)

Aufklärungsbemühungen die Zahl der Neuerkrankungen in den letzten Jahren zurückgegangen. In einigen Teilen der Welt, vor allem in Afrika, ist die Ausbreitung von Aids jedoch außer Kontrolle geraten. Im südlichen Afrika ist wahrscheinlich ein Viertel der Bevölkerung mit dem Aidserreger infiziert. Auch in Asien und in Osteuropa steigt die Zahl der Aidsfälle sprunghaft an. Tritt eine Infektionskrankheit, wie dies bei Aids der Fall ist, gleichzeitig auf der ganzen Erde auf, spricht man von einer **Pandemie.**

Aids ist eine Krankheit, die man erst seit wenigen Jahren kennt.

1981 berichteten amerikanische Ärzte erstmals über Aids. Wenig später traten Krankheitsfälle auch in Europa auf, dann weltweit.
Der Krankheitsverlauf von Aids kann im Einzelfall recht unterschiedlich sein, einige gemeinsame Merkmale kommen aber fast immer vor. Kurz nach der Infektion treten vorübergehend Symptome auf, die an eine Grippe erinnern. Erst Monate oder sogar Jahre später kommt es erneut zu Beschwerden wie Lymphknotenschwellungen, Fieberanfällen und Pilzinfektionen. Häufig bildet sich auch eine sonst nur sehr selten vorkommende Art

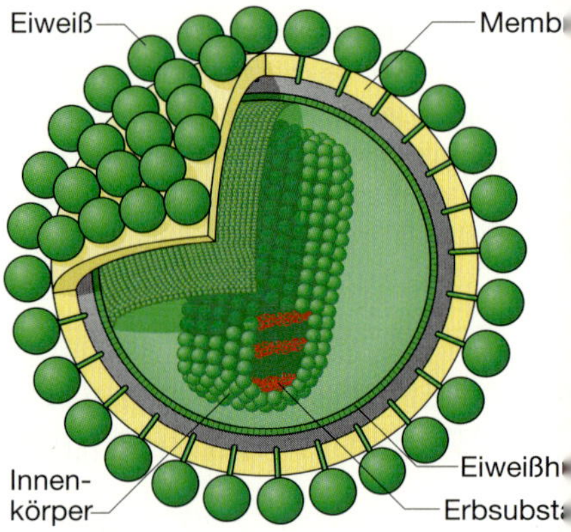

2 Aufbau von HIV

von Hautkrebs aus. Jahre nach der Infektion verschlechtert sich der Zustand des Patienten rapide. Kleinstlebewesen, die für gesunde Menschen meist völlig harmlos sind, lösen nun verschiedenartige Infektionen aus, die schließlich zum Tode führen.
Das Auftreten derartiger *opportunistischer Infektionen* ließ schon bald vermuten, dass die Erreger der neuen Krankheit das Immunsystem schwächen. Aus dieser Beobachtung entstand der Name für die Krankheit: **a**cquired **i**mmune **d**eficiency **s**yndrome: erworbene Immunschwäche-Erkrankung.
Bereits 1983 fand man den Erreger von Aids. Es ist ein Virus, das **HIV**

genannt wird, **H**umanes **I**mmunschwäche-**V**irus. Zur Ansteckung mit HIV kommt es meist durch sexuelle Kontakte. Ein besonders hohes Risiko haben dabei alle Menschen, die häufig den Sexualpartner wechseln. Durch die Verwendung von Kondomen kann aber eine Ansteckung fast immer vermieden werden. Paare, die zusammenbleiben wollen, vorher aber wechselnde Geschlechtspartner hatten, können sich durch einen HIV-Test beim Gesundheitsamt vergewissern, dass bei ihnen keine Infektion vorliegt.
Eine Ansteckung mit HIV ist auch über das Blut möglich. Dies kann beispielsweise bei Drogenabhängigen vorkommen, die die gleiche Injektionsnadel verwenden, oder bei Transfusionen mit Blut, das von einem HIV-Infizierten stammt. In den Industrieländern werden deshalb Blutkonserven vor der Verwendung auf HIV getestet. Schwangere, die mit HIV infiziert sind,

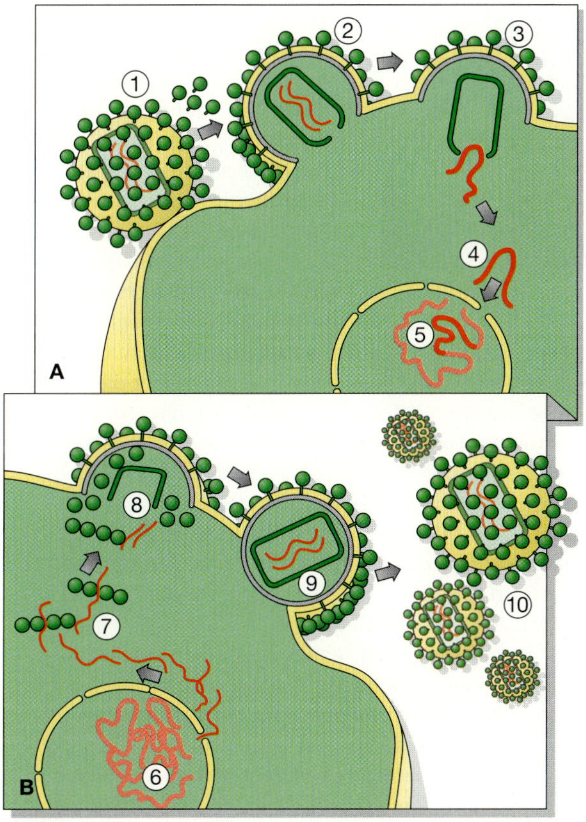

***3 Entwicklung von HIV. A** Eindringen in eine Zelle des Immunsystems (① HIV heftet sich an die Zellmembran, ② und ③ Freisetzen der Erbsubstanz, ④ Erbsubstanz von HIV wandert zum Zellkern, ⑤ Einbau der Erbsubstanz in das menschliche Erbgut); **B** Vermehrung (⑥ Freisetzen und Vervielfältigen der Erbsubstanz von HIV, ⑦ Aufbau von HIV-Bausteinen, ⑧ und ⑨ Zusammenbau der HIV-Bausteine an der Zellmembran, ⑩ neue Viren)*

können bei der Geburt ihr Kind anstecken. Eine Infektion ist auch über die Muttermilch möglich.

Wie jedes andere Virus kann sich auch HIV nur in lebenden Zellen vermehren. Dazu dringt es in die Zellen des Immunsystems ein, vor allem in T-Helferzellen. Nachdem sich HIV an die Membran einer T-Helferzelle angeheftet hat, schleust es seine Erbinformation in die Zelle ein, während die Eiweißhülle außerhalb der Zelle bleibt. Die Erbinformation des Virus wird nun in das Erbgut der T-Helferzelle eingebaut. Dort kann sie jahrelang ruhen. Während dieser Zeit kann ein HIV-Infizierter den Erreger an andere Menschen weitergeben, z. B. durch Geschlechtsverkehr.
Irgendwann wird das Erbgut von HIV wieder aktiv. Es stellt dann den Stoffwechsel der Wirtszelle um. Diese erzeugt neue Virusbestandteile, die sich an der Zellmembran zu vollständigen Viren zusammensetzen. Anschließend werden die neu gebildeten Viren freigesetzt, die nun andere Zellen befallen können. Die T-Helferzelle wird durch die Virusvermehrung so geschädigt, dass sie abstirbt. Durch die massenhafte Vermehrung von HIV wird schließlich die Anzahl der T-Helferzellen so stark vermindert, dass das Immunsystem nicht mehr fähig ist andere Infektionen abzuwehren. Das volle Krankheitsbild von Aids kommt dann zum Ausbruch.
Bis heute ist Aids nicht heilbar. Allerdings ist es in den letzten Jahren gelungen, wirksame Medikamente zu entwickeln, die die Lebenserwartung von HIV-Infizierten deutlich verlängert haben. Diese Therapien sind aber sehr teuer und haben deshalb bisher in den Entwicklungsländern noch keine Anwendung gefunden. Mit Hochdruck wird daran gearbeitet, einen Impfstoff gegen HIV zu entwickeln. Dies ist allerdings sehr schwierig, weil die HIV-Antigene stark veränderlich sind. Erst wenn ein Impfstoff vorliegt, kann man auf ein Abklingen der Pandemie hoffen.

Aids ist eine tödlich verlaufende Schwächung des Immunsystems. Sie wird durch Viren hervorgerufen. Die meisten Ansteckungen erfolgen durch Geschlechtsverkehr. Kondome schützen vor HIV-Infektionen.

1 Beschreibe anhand der Abbildungen 2 und 3 den Aufbau und die Entwicklung von HIV.
2 Begründe, warum sich der Körper gegen HIV nicht wehren kann.
3 Erkundige dich in der nächsten Aids-Beratungsstelle, welche Hilfen HIV-Infizierten und Aidskranken gegeben werden.

Streifzug durch die Ethik

HIV-Infizierte wollen nicht isoliert sein

Katja ist 19 Jahre alt und mit HIV infiziert. Sie erzählt: „Zuerst war es natürlich ein schwerer Schock für mich, als ich nach einem Bluttest erfuhr, dass ich mit HIV infiziert bin. Ich wollte mit niemandem darüber sprechen, war völlig verzweifelt und dachte schon an Selbstmord. Schließlich haben meine Eltern gemerkt, dass mit mir etwas nicht in Ordnung ist. Ich habe ihnen dann doch alles erzählt.
Besonders meine Mutter war sehr verständnisvoll. Sie hat mir keine Vorwürfe gemacht und mich erst einmal getröstet. Dann sind meine Eltern zusammen mit mir zu meiner Arbeitsstelle gegangen. Ich arbeite in einem Versicherungsbüro. Glücklicherweise stellte sich heraus, dass mein Chef über HIV und Aids gut informiert war. Er wusste, dass ich bei meiner Arbeit weder die Kollegen noch die Kunden mit HIV anstecken kann, weil die Viren nicht durch Händeschütteln, Husten oder das gemeinsame Benutzen von Geschirr übertragen werden können. Ich war schon froh, dass ich wenigstens meinen Arbeitsplatz behalten konnte. Seit einigen Monaten habe ich mich auch einer Selbsthilfegruppe angeschlossen. Dort treffen sich mehrmals in der Woche HIV-Infizierte und Aidskranke. Wir reden über unsere gemeinsamen Probleme und versuchen uns gegenseitig zu helfen. Abwechselnd besuchen wir auch Aidskranke, die zu schwach sind, um selbst zu kommen.
Unsere Gruppe wird übrigens auch von vielen gesunden Menschen unterstützt. Manche unterhalten sich nur mit uns oder laden uns ins Kino ein. Andere helfen uns mit Spendengeldern oder mit Einrichtungsgegenständen für unsere Räume. Dieser Kontakt von HIV-Infizierten, aber auch mit Gesunden, die sich um uns kümmern, ist für mich sehr wichtig. Ich habe das Gefühl, nicht allein gelassen zu werden und außer meinen Eltern noch andere Gesprächspartner zu haben, mit denen ich über alles reden kann. Natürlich habe ich Angst vor der Zukunft. Aber vielleicht kann man uns HIV-Infizierten ja doch bald mit neuen Medikamenten wirksam helfen ...“

4 Selbsthilfegruppe

Michael ist 23 Jahre alt und nicht mit HIV infiziert. Er arbeitet in einer Aidsgruppe mit:
„Vor zwei Jahren ist mein Cousin an Aids gestorben. Damals habe ich mitbekommen, wie viel Hilfe diese Menschen brauchen. Ganz besonders leiden sie darunter, wenn sie sich ausgegrenzt und isoliert fühlen. Deshalb habe ich mich der Aidshilfe in meinem Wohnort angeschlossen.
Wir informieren nicht nur in der Öffentlichkeit, vor allem in den Schulen, über HIV und Aids, sondern wir kümmern uns natürlich vor allem um die Betroffenen selbst. Einer unserer Mitarbeiter steht regelmäßig für telefonische Beratungen zur Verfügung. Viele HIV-Infizierte trauen sich zunächst nicht, persönlich zu kommen. Für diese Menschen ist die Telefonberatung ein erster wichtiger Schritt aus der Isolation. Meist kommen sie dann nach kurzer Zeit doch selbst. Als erste Kontaktmöglichkeit bieten wir jeden Tag ein kostenloses Frühstück an, wo man sich zwanglos treffen und offen über die Probleme, die persönlich oder beruflich auftreten, sprechen kann. Die meisten schließen sich dann irgendwann einer unserer Selbsthilfegruppen an. Wir betreuen bei uns eine Gruppe für Heterosexuelle, eine für schwule Männer und eine Frauengruppe. Wir versuchen jedem, der zu uns kommt, in seiner ganz persönlichen Situation Hilfestellungen zu geben. Dazu gehört beispielsweise, dass wir mit ihm gemeinsam zum Sozialamt gehen, einen neuen Arbeitsplatz suchen oder einen besonders ausgebildeten Arzt vermitteln. Anderen können wir bei der Suche nach einer Wohnung behilflich sein oder ihnen den Zugang zu einer Wohngemeinschaft eröffnen. Ganz besonders wichtig ist auch die Betreuung von Drogenabhängigen.
Wenn die Krankheit Aids dann ausbricht, organisieren wir auch eine häusliche Krankenpflege und helfen den Kranken durch besonders geschulte Betreuer, mit ihrem Schicksal fertig zu werden. Sie dürfen nie das Gefühl bekommen allein gelassen zu werden ...“

Immunbiologie

Prüfe dein Wissen

A1

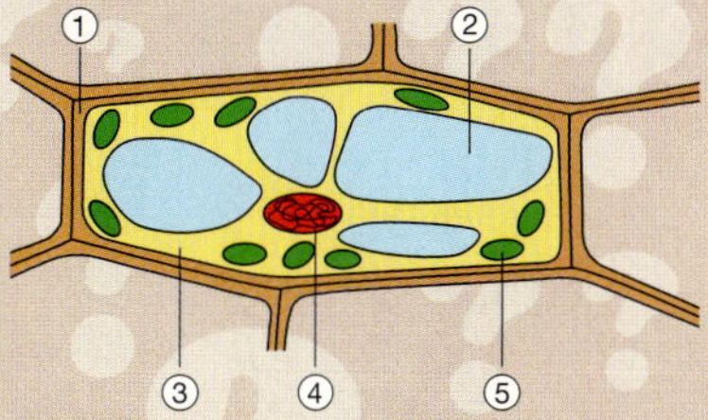

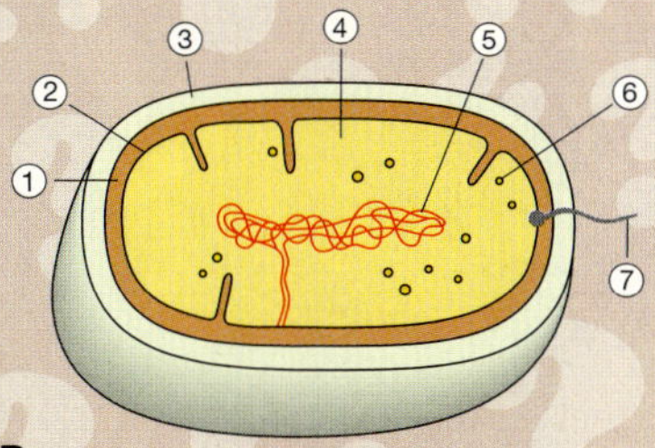

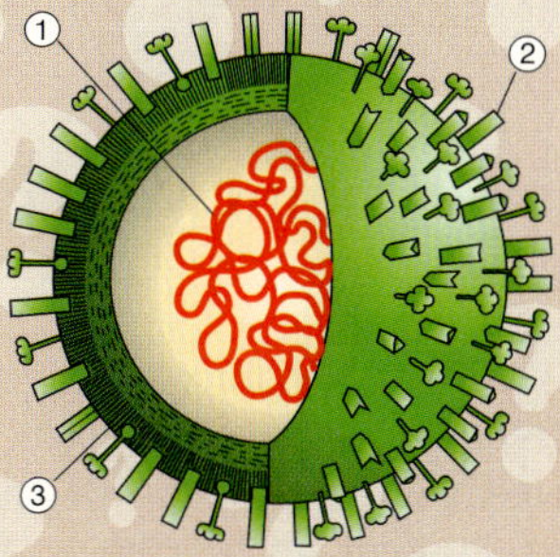

Die Abbildung zeigt ein Virus, ein Bakterium und eine Pflanzenzelle.

a) Nenne die Bildunterschrift zu A bis C. Erläutere deine Zuordnung.

b) Ordne den Zahlen in A bis C die entsprechenden Begriffe zu.

c) Erkläre, ob der Einsatz von Antibiotika bei Tuberkulose oder Tollwut sinnvoll ist.

A2 Bildung von Antikörpern im Schafblut

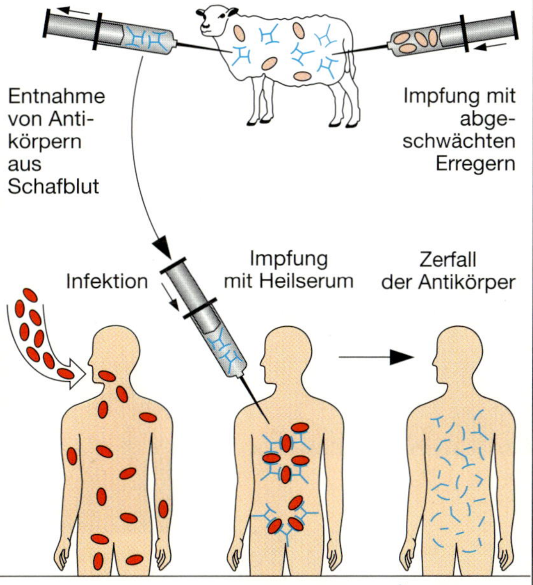

a) Beschreibe das 1890 von BEHRING entwickelte Verfahren der passiven Immunisierung und vergleiche es mit dem der aktiven Immunisierung.

b) Nenne Vor- und Nachteile bei den beiden Verfahren.

A3 Über 30 Millionen Menschen sind zur Zeit weltweit mit HI-Viren infiziert.

a) Erkläre, warum eine HIV-Infektion so gefährlich ist.

b) Weshalb lässt sie sich (bisher) nicht durch eine Impfung bekämpfen?

c) Nenne mögliche Übertragungswege des HI-Virus und mögliche Schutzmaßnahmen vor einer HIV-Infektion.

A4
Erkläre die Ausbreitung der Pest.

Sexualität des Menschen

1 Graffiti

2 Träumen und Schwärmen

1 Liebe und Partnerschaft beim Menschen

Alex weiß nicht, was mit ihm los ist. Seit Miriam vor einigen Wochen in seine Straße gezogen ist, kann er nur noch an sie denken. Wenn er sie sieht, werden seine Knie ganz weich und in seinem Bauch fühlt er ein ganz komisches Kribbeln. Bis vor kurzem noch hatte er alle Mädchen ziemlich albern gefunden. Er und seine Freunde übertrafen sich gegenseitig mit dummen Sprüchen, wenn die Mädchen in seiner Klasse mal wieder eine Party veranstalten wollten.
Aber jetzt ist alles ganz anders. Stundenlang kann er davon träumen, wie es wäre, mit Miriam zu tanzen und dabei ihren Körper zu spüren. Selbst im Unterricht kann er sich nur noch schwer konzentrieren. Er sieht Miriam zwischen den Mathematikaufgaben und beim Vokabelnlernen. Sie ist einfach überall.

Klar, Alex ist verliebt. Der Begriff *„Liebe"* steht für ein zärtliches schönes Gefühl, das man für einen anderen Menschen empfindet. Kinder lieben ihre Eltern, Geschwister oder Großeltern. Manchmal kann man ein ähnliches Gefühl aber auch für ein Haustier oder ein besonderes Spielzeug empfinden.
Was in der **Pubertät** neu hinzukommt, ist, dass Liebe jetzt etwas mit **Sexualität** zu tun hat. Wer verliebt ist, möchte den anderen anfassen und streicheln und ihm so zu verstehen geben, dass man für ihn da ist. Man möchte mit dem anderen Zärtlichkeiten austauschen, ihn küssen und vielleicht sogar mit ihm schlafen.
Wenn ein Junge und ein Mädchen „miteinander gehen": Was heißt das eigentlich? Da die Erwartungen an eine **Freundschaft** verschieden sein

3 Stundenlanges Telefonieren

können, ist es wichtig, viel miteinander zu reden, um die Erwartungen und Einstellungen des anderen kennen zu lernen.
Beide sollten deutlich sagen, was sie möchten oder nicht möchten, und die Vorstellungen des anderen dann auch respektieren. Wer etwas tut, nur um die Erwartungen des anderen zu erfüllen, wird leicht selbst unzufrieden, und das kann sehr schnell zu Enttäuschungen führen. Das Miteinanderreden hilft auch bei Konflikten, einen von beiden akzeptierten Weg für Kompromisse zu finden. Wenn dies nicht gelingt, zerbrechen Freundschaften häufig, was sehr schmerzhaft sein kann. Dann ist es hilfreich, Freundinnen und Freunde oder auch Eltern zu haben, mit denen man über alles reden kann. Es ist in der Entwicklung von Jugendlichen normal, dass Freundschaften geschlossen, aber auch wieder aufgekündigt werden. So werden Freude und Enttäuschungen erlebt und erfahren. Später kann aus einer Freundschaft eine dauerhafte **Partnerschaft** entstehen. Grundlage einer Partnerschaft sind gegenseitiges Vertrauen, Zuneigung, das Respektieren der persönlichen Freiheit sowie Treue. In einer Partnerschaft werden Zärtlichkeiten ausgetauscht sowie sexuelle Wünsche und Bedürfnisse erfüllt.

Mit dem Abschluss der Berufsausbildung oder des Studiums werden viele Paare finanziell unabhängig und beschließen zu *heiraten* oder eine *eheähnliche Gemeinschaft* zu bilden. Aus der **Ehe** oder der eheähnlichen Gemeinschaft wird mit der Geburt des ersten Kindes eine **Familie.** Die Partner sind sich bewusst, dass sie dem Kind die notwendige Liebe und Geborgenheit geben müssen, damit es seelisch und körperlich gesund heranwachsen kann. So wird nicht nur die gegenseitige Verantwortung erweitert, sondern auch das Füreinanderdasein verstärkt.

4 Schwierige Kontaktaufnahme

In der Pubertät entwickeln sich intensive Gefühle für das andere Geschlecht. Freundschaft und Partnerschaft sollten geprägt sein durch das gegenseitige Respektieren von Erwartungen.
Aus einer Ehe oder eheähnlichen Gemeinschaft mit Kind wird eine Familie.

1 Nenne Möglichkeiten, wie Mädchen und Jungen Kontakt miteinander aufnehmen können.
2 Nenne Eigenschaften, die einen guten Freund oder eine gute Freundin auszeichnen.
3 Nenne Merkmale, die eine gute Partnerschaft kennzeichnen. Erläutere.
4 „Liebe bedeutet, dass es keiner Worte bedarf." Nimm Stellung zu dieser Aussage.

Pinnwand

Formen der Sexualität

Prostitution

Es gibt Menschen, vor allem Männer, die ihre sexuellen Wünsche und Bedürfnisse befriedigen, indem sie eine Partnerin oder einen Partner kaufen. Dies nennt man **Prostitution.** Die Prostituierten stellen ihren Körper gegen Bezahlung den Männern zur Verfügung. Zwischen Prostituierten und Kunden gibt es im Allgemeinen keine persönlichen Beziehungen.

Homosexualität

Die meisten Menschen haben andersgeschlechtliche oder *heterosexuelle* Beziehungen. Es gibt aber auch Männer und Frauen, die nur vom gleichen Geschlecht körperlich und seelisch angesprochen werden. Deshalb gehen sie sexuelle Beziehungen mit Partnern des gleichen Geschlechts ein. Ein solches Verhalten bezeichnet man als **Homosexualität.** Männliche Homosexuelle nennt man auch Schwule und weibliche Homosexuelle Lesben. Fühlt sich ein Mensch zu beiden Geschlechtern gleichermaßen hingezogen, spricht man von Bisexualität.

Sexueller Missbrauch

Man spricht von sexuellem Missbrauch, wenn Erwachsene an Kindern oder Jugendlichen und Männer an Frauen (selten umgekehrt) zu ihrer eigenen Befriedigung sexuelle Handlungen gegen den Willen des anderen durchführen. Die Täter nutzen nicht nur häufig ihre körperliche Überlegenheit aus, sondern vor allem die Unerfahrenheit und das Vertrauen von Kindern und Jugendlichen. Dabei kommen die Täter oft aus dem Familien-, Freundes- oder Bekanntenkreis. Die Opfer haben meist starke Scham- oder Schuldgefühle, sodass sie über den Missbrauch nur selten von sich aus sprechen. Hilfe finden Betroffene bei Vertrauenslehrern, dem Kinderschutzbund, Beratungsstellen des Jugendamtes, Pro Familia oder dem Frauenhaus (siehe Telefonbuch oder die Angaben in der regionalen Tagespresse).

Kleines Glossar zur Sexualität

Analverkehr: Geschlechtsverkehr, bei dem der Penis in den After eingeführt wird
Ejakulation: Samenerguss
Exhibitionist: jemand, der sexuelle Lust empfindet, indem er seine Geschlechtsorgane in der Öffentlichkeit zeigt
erogene Zonen: Körperregionen wie z. B. Brustwarzen oder Lippen, die durch zärtliches Berühren zu sexueller Erregung führen
Genitalverkehr: Geschlechtsverkehr, bei dem der Penis in die Scheide eingeführt wird
Masochismus: sexuelle Lust durch das Erleiden von Schmerzen und Demütigungen
Masturbation oder **Onanie:** Selbstbefriedigung; sexuelle Befriedigung der eigenen Person durch Reizung der Geschlechtsorgane
Orgasmus: seelischer und körperlicher Höhepunkt der sexuellen Erregung und Lust; bei der Frau kommt es zum rhythmischen Zusammenziehen und Entspannen des Scheideneingangs und der Gebärmutter und beim Mann zur Ejakulation
Petting: Reizen von Geschlechtsorganen und erogenen Zonen des Partners, teilweise bis zum Orgasmus
Pornographie: sprachliche und bildliche Darstellung sexueller Handlungen unter Ausklammerung seelischer und partnerschaftlicher Aspekte der Sexualität
Sadismus: sexuelle Lust durch das Zufügen von Schmerzen und Demütigungen
Safer Sex: sexuelle Handlungen, bei denen die Ansteckungsgefahr mit HIV herabgesetzt ist (z. B. die Verwendung eines Kondoms beim Geschlechtsverkehr mit unbekanntem Partner)
Travestie: Neigung, die Kleidung des anderen Geschlechts zu tragen
Voyeur: jemand, der sexuelle Lust empfindet beim heimlichen Beobachten sexueller Handlungen anderer oder beim Beobachten sexuell anregender Handlungen

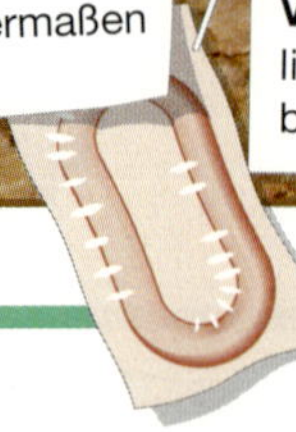

2 Typisch Mann – typisch Frau?

In der Werbung findet man häufig ein bestimmtes Bild von Männern und Frauen. So werden Männer meist jung und sportlich dargestellt. Ihre Figur zeigt die typisch männlichen Merkmale wie breite Schultern, muskulösen Brustkorb, schmale Hüften und kräftige Beine. Frauen sind meist jung und hübsch. Sie zeigen typisch weibliche Merkmale wie schmale Schultern, schlanke Taille, breite Hüften und lange schlanke Beine. Ihr Busen ist häufig besonders betont.
Aber nicht nur im Hinblick auf das Aussehen gibt es typisch weibliche und typisch männliche Merkmale. Auch über die Art, wie Männer oder Frauen sich verhalten, gibt es ganz bestimmte Vorstellungen. So werden Männer häufig als besonders „cool“, stark und mutig dargestellt. Frauen dagegen scheinen eher hilfsbedürftig und verführerisch zu sein. In Werbeanzeigen wird mit solchen Merkmalen in Aussehen und Wesen von Männern und Frauen für bestimmte Produkte geworben.

Entspricht so ein *Männer- oder Frauenbild* der Wirklichkeit? Wenn man sich im Freundeskreis umschaut, so wird man sehr schnell feststellen, dass das nicht so ist. Besonders deutlich wird dies am Aussehen. Kaum eine Frau oder ein Mann hat eine solche Traumfigur, wie sie in Werbeanzeigen dargestellt ist. Ob man jemand mag oder nicht, ist aber sicher nicht nur von solchen Äußerlichkeiten abhängig.

Auch das Verhalten entspricht häufig nicht den typisch weiblichen oder männlichen Merkmalen.

So gibt es auch mutige, starke Frauen, die sehr viel leisten, allein erziehende Mütter zum Beispiel oder Frauen mit interessanten Berufen oder Hobbys, die viel Kraft erfordern. Es gibt aber auch viele Männer, die keinen Spaß daran haben, immer nur „cool“ zu sein: Männer, die beispielsweise gerne kochen und einen gemütlichen Abend mit ihrer Familie verbringen.

Trotzdem gibt es noch immer viele Vorstellungen, was ein Mann oder ein Junge, eine Frau oder ein Mädchen tun sollten und was nicht. Früher wurden Mädchen und Jungen entsprechend erzogen. Frauen waren für die Hausarbeit und die Kinder zuständig, Männer mussten in einem Beruf Geld für die Familie verdienen. Heute ist das nicht mehr ausschließlich so. Männer und Jungen dürfen lieb, schwach oder passiv sein, wenn sie wollen. Frauen und Mädchen können ihre Wünsche und Vorstellungen äußern und durchsetzen, wenn sie wollen. Wichtig ist, dass man herausfindet, was einem am meisten entspricht, und sich dementsprechend verhält. Dies ist besonders auch im Hinblick auf die Wahl des Berufes wichtig.

Männer und Frauen müssen heute keinem bestimmten Bild mehr entsprechen. Jeder kann seine Lebensplanung nach den eigenen Vorstellungen und Fähigkeiten gestalten.

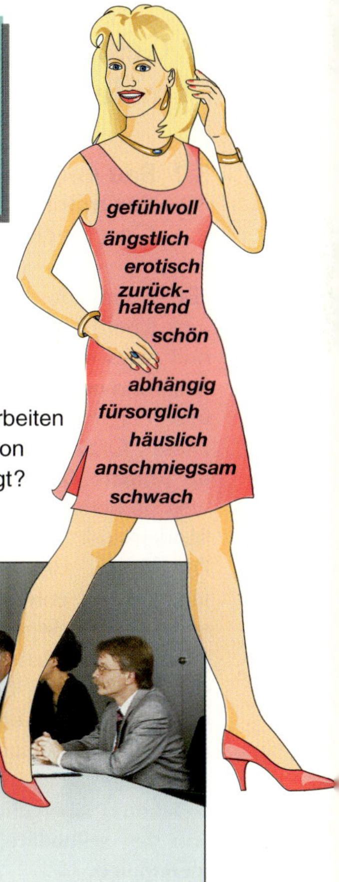

1 Sammle Werbeanzeigen, die „typisch männliche“ Männer und „typisch weibliche“ Frauen zeigen. Fertige eine Collage an.

2 Mache eine Umfrage: Welche Arbeiten im Haushalt werden üblicherweise von Männern, welche von Frauen erledigt? Begründe die Zuordnungen.

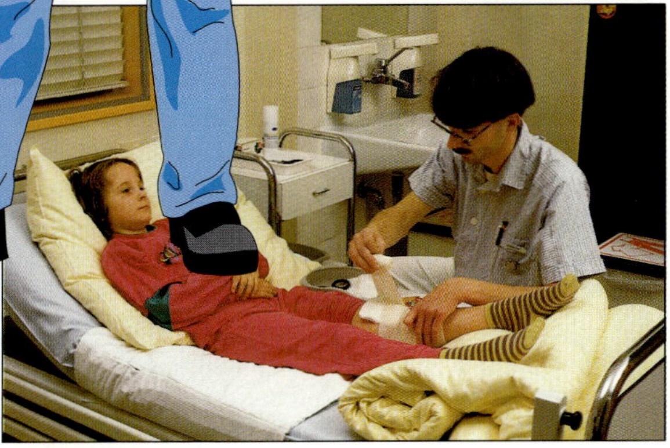

1 Typisch Mann?

2 Typisch Frau?

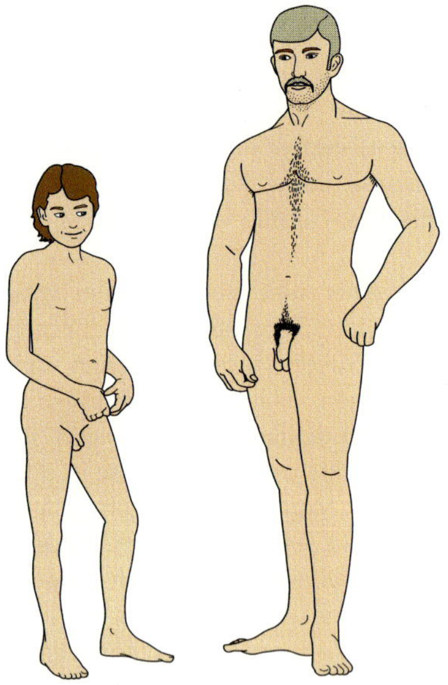

1 Junge und Mann

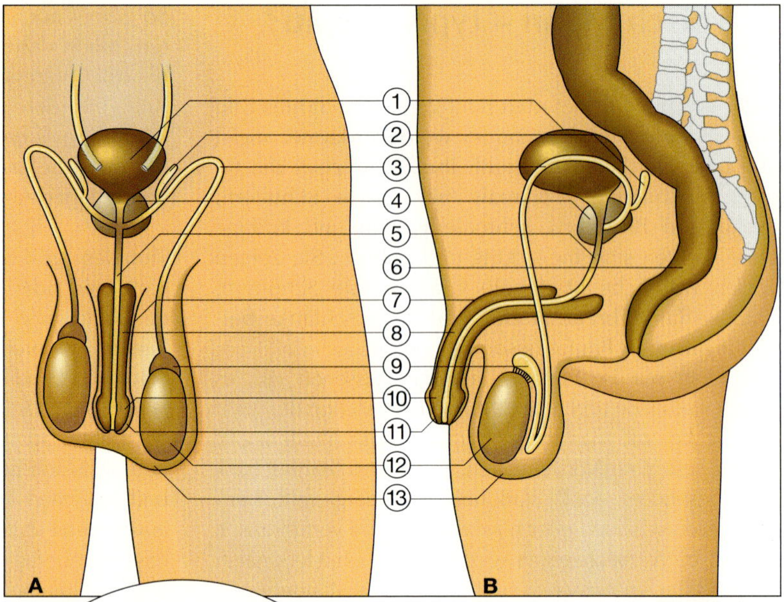

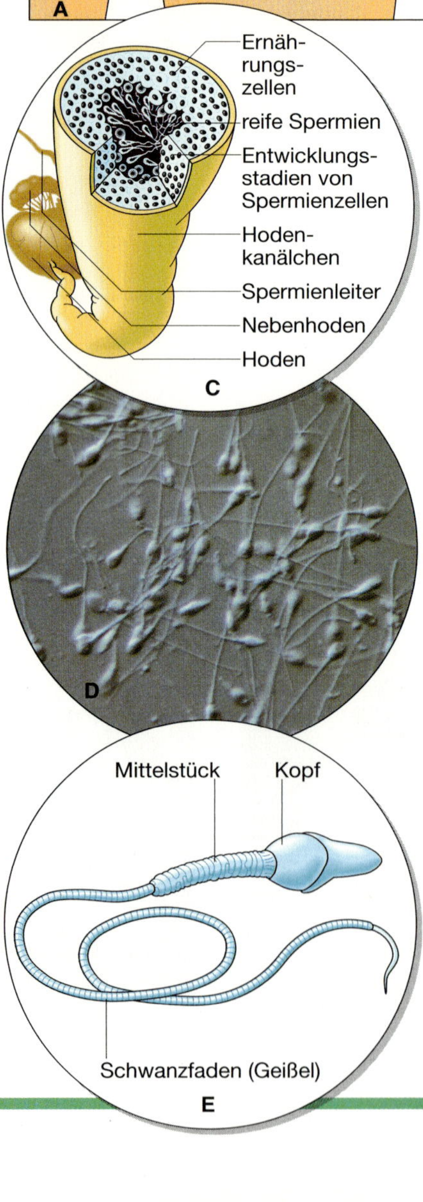

2 Männliche Geschlechtsorgane. ***A*** *von vorn;* ***B*** *von der Seite;* *① Harnblase; ② Bläschendrüse; ③ Spermienleiter; ④ Vorsteherdrüse; ⑤ Harn-Sperma-Röhre; ⑥ Enddarm; ⑦ Penis (Glied); ⑧ Schwellkörper; ⑨ Nebenhoden; ⑩ Eichel; ⑪ Vorhaut; ⑫ Hoden; ⑬ Hodensack;* ***C*** *Hodenkanälchen;* ***D*** *Spermien (Mikrofoto);* ***E*** *einzelnes Spermium (Schema)*

3 Geschlechtsmerkmale des Menschen

3.1 Bau und Aufgaben der männlichen Geschlechtsorgane

„Es ist ein Junge!“ Diese Feststellung einer Hebamme nach der Geburt eines Kindes ist leicht zu treffen, denn bei Jungen sind ein *Penis* und ein *Hodensack* ausgebildet. Diese Organe bezeichnet man als **primäre Geschlechtsmerkmale,** weil sie bereits bei der Geburt vorhanden sind.
Erst beim Heranwachsen zum Jugendlichen entwickeln sich weitere Geschlechtsmerkmale. Dazu gehören beim Mann der Bartwuchs, eine tiefe Stimme, breite Schultern, ein schmales Becken sowie oft eine starke Körperbehaarung, die am Bauch allmählich in die Schambehaarung übergeht. Man spricht von den **sekundären Geschlechtsmerkmalen.**
Die Zeit des Eintritts in die Geschlechtsreife heißt Pubertät. Die Geschlechtsorgane wachsen nun zu ihrer endgültigen Größe heran und werden voll funktionsfähig. Die **Geschlechtsdrüsen** des Mannes, in denen die männlichen Geschlechtszellen, die **Spermien,** erzeugt werden, sind die **Hoden.** In diesen Organen liegen Tausende von gewundenen *Hodenkanälchen.* Eine besondere Gewebeschicht darin heißt Keimschicht. Dort entwickeln sich aus *Spermienmutterzellen* die Spermien. Dabei durchlaufen sie zwei Zellteilungen. Zur Reifung benötigen die Spermien eine etwas geringere Temperatur, als im Inneren des Körpers herrscht. Deshalb liegen die Hoden in einer Hautfalte, dem Hodensack, außerhalb des Bauchraums.
Jeden Tag reifen bis zu 200 Millionen Spermien heran. Sie werden in den *Nebenhoden* gespeichert. Ein

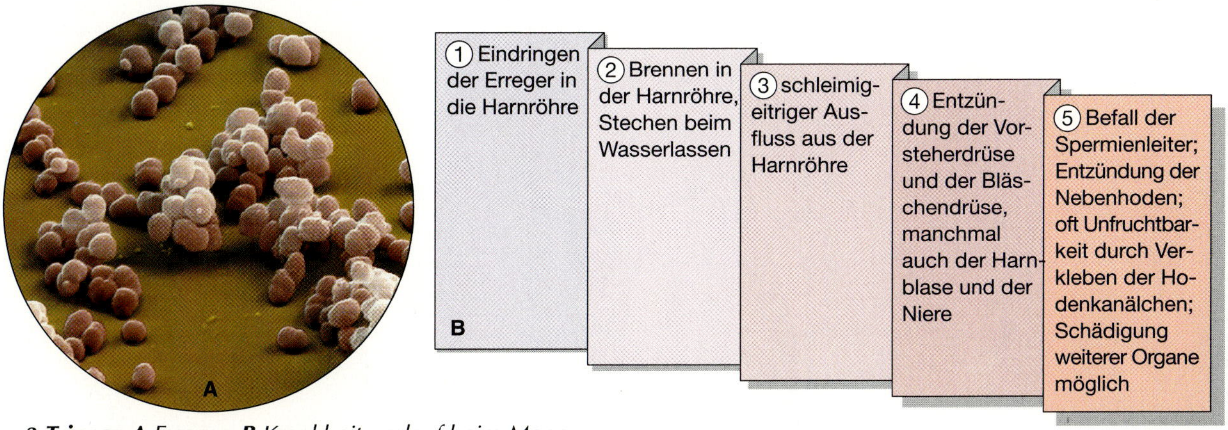

3 ***Tripper. A*** *Erreger;* ***B*** *Krankheitsverlauf beim Mann*

voll ausgereiftes Spermium ist etwa 0,05 mm lang. Im ovalen Kopfabschnitt liegt der Zellkern mit dem Erbgut. Im Mittelstück wird durch Abbau von Nährstoffen Energie freigesetzt, die zur Bewegung der Zelle erforderlich ist. Die Bewegung erfolgt durch einen Schwanzfaden.

Das Eintreten der Geschlechtsreife bemerkt ein Junge meist daran, dass es im Schlaf zum Ausstoßen einer Flüssigkeit aus dem Penis kommt. Man nennt sie *Spermaflüssigkeit.* In ihr sind viele Millionen Spermien enthalten. Einen solchen plötzlichen *Spermaerguss* bezeichnet man auch als *Pollution.*
Ein Spermium kann die Eizelle einer Frau befruchten. Beim Geschlechtsverkehr führt der Mann seinen Penis in die Scheide der Frau ein. Voraussetzung dafür ist die Versteifung des Gliedes, die als **Erektion** bezeichnet wird. Dabei strömt Blut in die *Schwellkörper.* Der Penis richtet sich dadurch auf und vergrößert sich. Durch Bewegungen des Gliedes in der Scheide erfolgt eine Reizung, vor allem an der empfindlichen *Eichel.* Beim Höhepunkt der geschlechtlichen Erregung, beim **Orgasmus,** kommt es zum Ausstoßen von Sperma, zur **Ejakulation.** Dabei werden die Spermien durch krampfartige Muskelbewegungen aus den Nebenhoden in die *Spermaleiter* und von dort durch die *Harn-Sperma-Röhre* nach außen gepresst. Gleichzeitig geben die *Vorsteherdrüse,* auch *Prostata* genannt, sowie die paarig angelegten *Bläschendrüsen* Sekrete ab, die sich mit dem Sperma mischen und zusammen die weißlich trübe Spermaflüssigkeit bilden. Durch Berührungen seines Gliedes kann ein Junge selbst die geschlechtliche Erregung bis zum Orgasmus auslösen. Man spricht dann von *Selbstbefriedigung.*

Stichwort

Geschlechtskrankheiten

So nennt man Infektionen, die zunächst meist die Geschlechtsorgane befallen, manchmal aber auch auf andere Organe übergreifen können. Meist werden die Erreger dieser Krankheiten durch geschlechtliche Kontakte übertragen. Zu den Geschlechtskrankheiten im weiteren Sinne zählt auch Aids, obwohl diese Krankheit das Immunsystem und nicht die Geschlechtsorgane schädigt.

Schmerzen beim Wasserlassen können Anzeichen einer Geschlechtskrankheit sein. Durch Bakterien hervorgerufen wird der *Tripper,* der auch *Gonorrhöe* genannt wird. Durch Behandlung mit Antibiotika kann diese Krankheit geheilt werden. Eine unbehandelte Tripperinfektion kann zur Unfruchtbarkeit oder anderen schweren körperlichen Schäden führen.
Ebenfalls durch Antibiotika heilbar ist die *Syphilis,* eine weitere Geschlechtskrankheit. Unbehandelt kann sie schwere Spätfolgen, sogar den Tod, verursachen.
Ein wirksamer Schutz gegen alle durch Geschlechtsverkehr übertragbaren Infektionskrankheiten ist die Verwendung von Kondomen.

In den Hoden werden die männlichen Geschlechtszellen, die Spermien, erzeugt. Beim Orgasmus werden Spermien durch das versteifte Glied in einem Spermaerguss ausgestoßen.

1 Beschreibe anhand von Abbildung 2 den Aufbau und die Lage der männlichen Geschlechtsorgane.
2 Beschreibe den Aufbau eines Spermiums.
3 Ordne den Erreger des Trippers einer bestimmten Bakterienform zu. Verwende dazu die Pinnwand Seite 67.
4 Beschreibe den Ablauf einer nicht behandelten Tripperinfektion anhand der Abbildungen 2 und 3.
5 Informiere dich anhand der Pinnwand Seite 67 über die Syphilis. Nenne wesentliche Unterschiede zum Tripper.

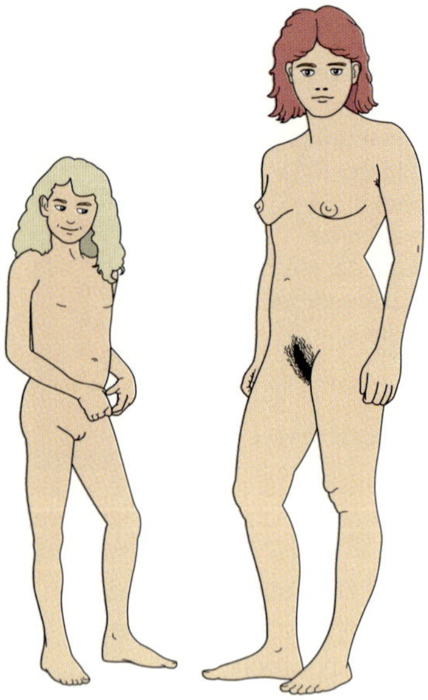

1 Mädchen und Frau

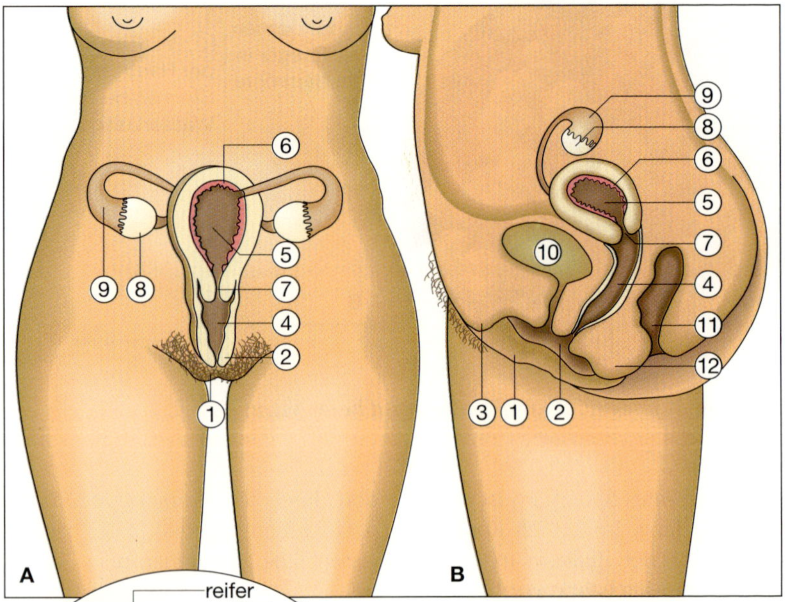

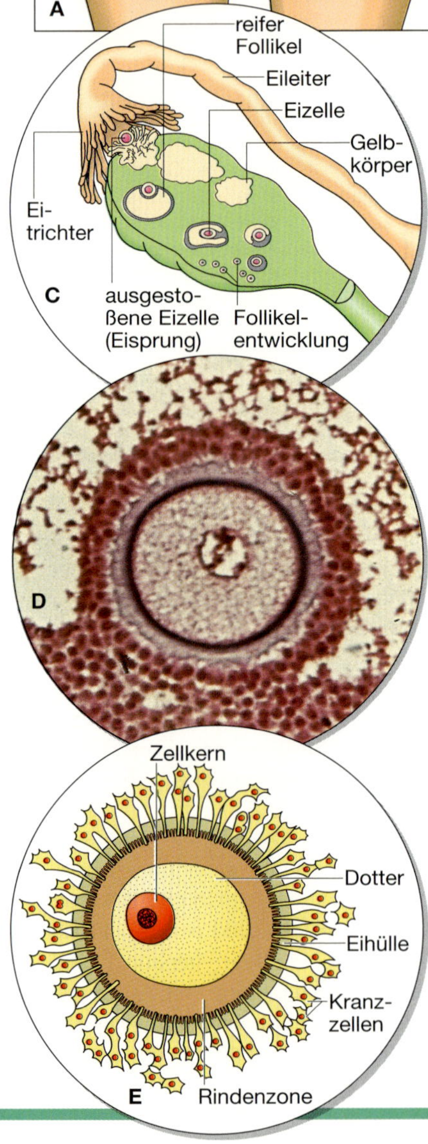

2 Weibliche Geschlechtsorgane. ***A*** *von vorn;* ***B*** *von der Seite;* *① Große Schamlippen; ② Kleine Schamlippen; ③ Kitzler; ④ Scheide; ⑤ Gebärmutter; ⑥ Gebärmutterschleimhaut; ⑦ Muttermund; ⑧ Eierstock; ⑨ Eitrichter und Eileiter; ⑩ Harnblase; ⑪ Enddarm; ⑫ Damm;* ***C*** *Follikelreifung im Eierstock;* ***D*** *Eizelle (mikroskopische Aufnahme);* ***E*** *Eizelle (Schema)*

3.2 Bau und Aufgaben der weiblichen Geschlechtsorgane

Bei Mädchen und Frauen liegen die Geschlechtsorgane vorwiegend im Inneren des Körpers. Die **primären Geschlechtsmerkmale** sind die *Schamlippen*, der *Kitzler* und die *Schamspalte*. Mit Beginn der Pubertät bilden sich auch die **sekundären Geschlechtsmerkmale** aus. Dazu gehören die Brüste, schmale Schultern und ein breites Becken sowie die Schambehaarung. Insgesamt haben Frauen meist rundlichere Körperformen als Männer. Dies liegt an der stärkeren Ausbildung von Fettgewebe in der Unterhaut.

Die sekundären Geschlechtsmerkmale der Frau weisen auf ihre Fähigkeit hin Kinder zu gebären und diese nach der Geburt selbst zu ernähren: Das breite Becken ist notwendig, um den Durchtritt des Kindes bei der Geburt zu ermöglichen. Die Brüste enthalten in Bindegewebe und Fettpolstern eingebettete *Milchdrüsen*, die nach einer Geburt Muttermilch zur Ernährung des Säuglings bilden.

Den Eintritt der Geschlechtsreife bemerkt ein Mädchen durch das Auftreten der ersten *Regelblutung* oder **Menstruation.** Dies ist die Folge des Heranreifens von weiblichen Geschlechtszellen, den **Eizellen.** Diese werden in den weiblichen Geschlechtsdrüsen, den **Eierstöcken,** gebildet.

Die Eierstöcke liegen in Höhe des Blinddarms im Bauchraum und werden von Bindegewebe gehalten. Sie haben etwa die gleiche Größe wie die Hoden beim Mann. Im Gegensatz zu den männlichen Geschlechtsdrüsen, die nach Eintritt der Geschlechtsreife ständig große Mengen neuer Spermazellen ausbilden, enthalten die beiden

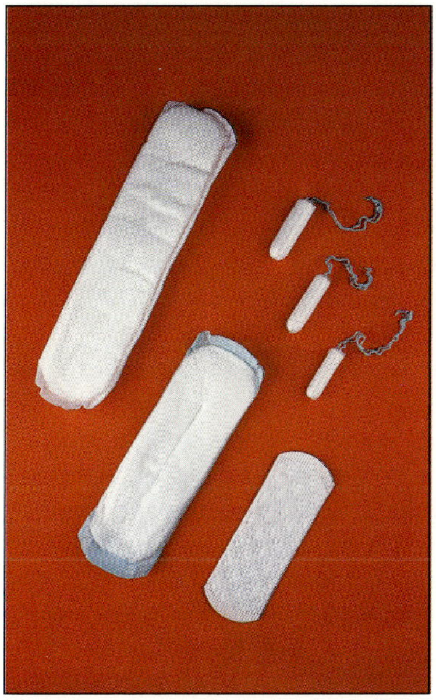

3 Hygieneartikel für die Menstruation

Eierstöcke eines Mädchens bereits bei der Geburt etwa 400 000 Zellen, die sich später zu Eizellen weiterentwickeln können. Bei einer geschlechtsreifen Frau kommt davon in jedem Monat etwa in der Mitte zwischen zwei Regelblutungen eine einzige Eizelle in einem der beiden Eierstöcke zur Reifung. Sie entwickelt sich in einem aus Zellen bestehenden und mit Flüssigkeit gefüllten Bläschen, dem **Follikel.** Ist die Eizelle ausgereift, erfolgt der *Eisprung,* den man auch **Ovulation** nennt. Dabei platzt der Follikel an der Oberfläche des Eierstocks auf und die Eizelle wird ausgestoßen. Der Follikel entwickelt sich weiter zum *Gelbkörper.*
Die Eizelle hat einen Durchmesser von etwa 0,1 Millimeter. Sie wird nach der Ovulation vom *Eitrichter* aufgenommen und wandert von dort im Laufe mehrerer Tage durch den *Eileiter* zur *Gebärmutter.* Diese Bewegung wird durch Muskeln und Flimmerhärchen an den Wänden von Eitrichter und Eileiter hervorgerufen.
Nur wenige Stunden nach dem Eisprung ist die Eizelle befruchtungsfähig. Ist eine Befruchtung erfolgt, beginnt sich die befruchtete Eizelle zu teilen. Der durch diese Teilungen entstehende Keim nistet sich in der **Gebärmutter** ein und wächst dort heran.
Erfolgt keine Befruchtung, stirbt die Eizelle ab. In diesem Falle baut sich auch die *Gebärmutterschleimhaut* ab. Die Blut- und Schleimhautreste werden ausgestoßen. In dieser Zeit der Menstruationsblutung ist eine besondere Hygiene erforderlich. Die Blutung wird durch Tampons, die in die Scheide eingeführt werden oder durch Binden, die ebenfalls aus saugfähigem Material bestehen, aufgenommen. Ein regelmäßiger mehrmaliger Wechsel am Tag ist erforderlich, um die Vermehrung von Bakterien und dadurch entstehende Geruchsentwicklungen zu verhindern. Dabei sollte die Schamgegend äußerlich gründlich gewaschen werden.
Wie ein Junge kann auch ein Mädchen seine Geschlechtsorgane durch Berührung reizen und dadurch lustvolle Gefühle hervorrufen. Am empfindlichsten ist der Kitzler, die *Klitoris,* die oberhalb der Harnröhrenöffnung zwischen den *Kleinen Schamlippen* liegt. Bei geschlechtlicher Erregung schwillt der Kitzler an. Außerdem geben Zellen in der Scheidenwand eine Flüssigkeit in die Scheide und in die Schamspalte ab und machen diese dadurch gleitfähig.

Geschlechtskrankheiten können auch bei Frauen auftreten. Aufgrund des unterschiedlichen Aufbaus der Geschlechtsorgane sind die Symptome und Folgen z.B. einer Tripperinfektion aber anders als beim Mann. Besonders schwerwiegende Folgen können Geschlechtskrankheiten bei schwangeren Frauen haben, da eine Infektion des Kindes während der Schwangerschaft oder bei der Geburt möglich ist.

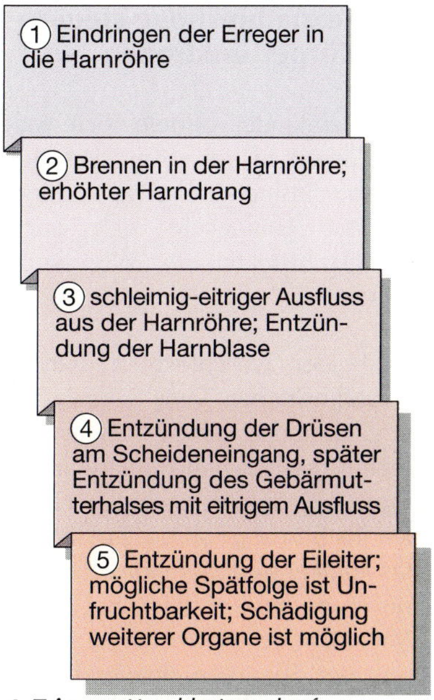

4 Tripper. *Krankheitsverlauf bei der Frau*

Die weiblichen Geschlechtsdrüsen sind die Eierstöcke. In ihnen reift in jedem Monat eine Eizelle. Wird sie nicht befruchtet, stirbt sie ab und wird in der Menstruationsblutung ausgeschieden. Bei einer Schwangerschaft wächst das Kind in der Gebärmutter heran.

1 Stelle in einer Tabelle die sekundären Geschlechtsmerkmale von Mann und Frau gegenüber.
2 Beschreibe die Lage der weiblichen Geschlechtsorgane und erkläre jeweils ihre Aufgaben.
3 Beschreibe anhand der Abbildungen 2 C und D die Reifung eines Follikels sowie den Aufbau einer reifen Eizelle.
4 Berechne, wie viele Eizellen bei einer Frau im Laufe von 35 Jahren zur Reifung kommen können. Vergleiche die Zahl mit der der gebildeten männlichen Geschlechtszellen.
5 Vergleiche den Verlauf einer unbehandelten Tripperinfektion bei Mann und Frau. Arbeite dazu mit Abbildung 4 auf dieser und Abbildung 3 auf Seite 87.

3.3 Sexualhormone steuern viele Körperfunktionen

Als Kleinkinder ähneln sich Mädchen und Jungen im Körperbau sehr. Sie sind nur an den primären Geschlechtsmerkmalen zu unterscheiden. Erst in der Pubertät entwickeln sich auch die sekundären Geschlechtsmerkmale. Wie wird diese Entwicklung gesteuert?

Bei beiden Geschlechtern wird die Produktion von **Sexualhormonen** vom Sexualzentrum des Zwischenhirns gesteuert. Dieser Gehirnbereich regt mit dem Beginn der Pubertät die Hirnanhangsdrüse, die *Hypophyse,* zur Abgabe mehrerer Hormone an. Diese werden ins Blut abgegeben. Zu diesen Hormonen gehören das *Follikel stimulierende Hormon* (FSH) und das *Luteinisierungshormon* (LH). Bei Jungen regt das FSH das Wachstum der Hoden an, außerdem ist es für die Reifung der Spermien notwendig. Das LH aktiviert bestimmte Zellen zwischen den Hodenkanälchen, die so genannten Zwischenzellen, zur Produktion des männlichen Geschlechtsdrüsenhormons, das *Testosteron* heißt. Dieses Hormon wird über das Blut im Körper verbreitet und bewirkt die Ausbildung der sekundären männlichen Geschlechtsmerkmale.
Die Ausschüttung von FSH und LH wird durch die Anwesenheit von Testosteron reguliert. Ist viel Testosteron im Blut, hemmt dies die Bildung von FSH und LH, ist wenig Testosteron vorhanden, werden vermehrt FSH und LH ausgeschüttet. Daraufhin steigt auch der Testosteron-Spiegel wieder an. Man nennt eine derartige Regulation *Rückkopplung.*

Bei Mädchen bewirken die Hormone des Zwischenhirns und die Sexualhormone mit Beginn der Pubertät die Ausbildung der sekundären Geschlechtsmerkmale und das Einsetzen des weiblichen **Zyklus.** Dieser beginnt mit der mehrere Tage dauernden Monatsblutung. Nach etwa 14 Tagen erfolgt die Ovulation. Kommt es nicht zu einer Befruchtung der Eizelle, setzt nach weiteren 14 Tagen die nächste Monatsblutung und damit der nächste Zyklus ein. Die Vorgänge im Körper während eines Zyklus werden von mehreren Hormonen beeinflusst. Zunächst gibt die Hypophyse FSH ab. Dieses Hormon bewirkt bei der Frau die Reifung der Follikel in den Eierstöcken. Die Ovulation eines reifen Follikels tritt ein, wenn ein weiteres Hormon der Hypophyse, das LH, seine höchste Konzentration erreicht hat.

Bereits während der Follikelreifung beginnt der Eierstock mit der Produktion mehrerer Hormone, die als *Östrogene* bezeichnet werden. Das wichtigste davon, das *Östradiol,* wird auch *Follikelhormon* genannt. Unter seinem Einfluss bilden sich die sekundären weiblichen Geschlechtsmerkmale aus. Außerdem bewirkt Östradiol, dass die Gebärmutterschleimhaut auf das Vierfache ihrer ursprünglichen Dicke anwächst. Nach der Ovulation färbt sich der übrig bleibende Rest des Follikels gelb und wird zum Gelbkörper. Dieser erzeugt das Hormon *Progesteron.* Dieses *Gelbkörperhormon* bewirkt, dass die Gebärmutterschleimhaut sich so verändert, dass sie zur Aufnahme des Keimes nach einer Befruchtung bereit ist. Progesteron wirkt auch auf das Zwischenhirn ein und hemmt die Bildung von FSH und LH, sodass zunächst kein weiterer Follikel reifen kann.
Wird die Eizelle nicht befruchtet, bildet sich der Gelbkörper nach einigen Tagen zurück. Dadurch sinkt auch die Menge des Gelbkörperhormons. Dies bewirkt zweierlei: Die Gebärmutterschleimhaut wird abgebaut und mit der beginnenden Monatsblutung abgestoßen. In dieser Zeit wird der Schleimpfropf, der sonst den Eingang in die Gebärmutter versperrt, aufgelöst. Jetzt können Blut und Reste der Schleimhaut ungehindert abfließen. Der hemmende Einfluss des Gelbkörperhormons auf das Zwischenhirn lässt nach, sodass FSH und später auch LH wieder vermehrt gebildet werden und die Reifung eines weiteren Follikels anregen können. Damit beginnt ein neuer Zyklus.

> Stichwort
>
> **Sexualhormone**
>
> Diese Hormone beeinflussen und steuern die Entwicklung und die Funktion der Geschlechtsorgane. Außerdem bewirken sie die Ausbildung der sekundären Geschlechtsmerkmale. Sexualhormone werden vorwiegend in den Geschlechtsdrüsen gebildet.

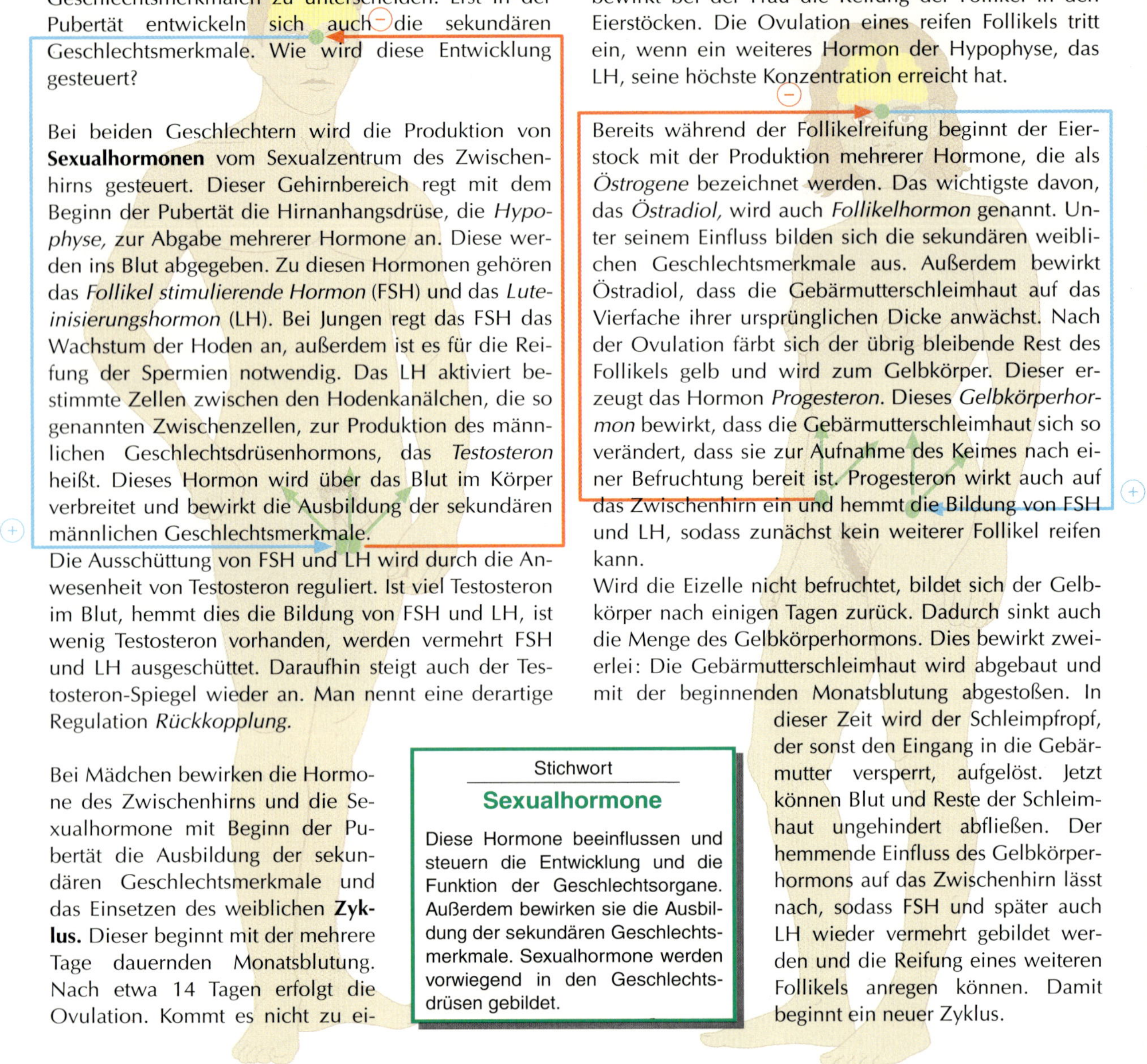

beim Mann:	bei der Frau:
Bartwuchs, Achselbehaarung, Schambehaarung, ausgeprägte Körperbehaarung, tiefe Stimme, breite Schultern, schmales Becken	Wachstum der Brüste, Achselbehaarung, Schambehaarung, geringe Körperbehaarung, hohe Stimme, schmale Schultern, breites Becken

1 Wirkung der Sexualhormone auf die sekundären Geschlechtsmerkmale
(⊕ Förderung, ⊖ Hemmung der Hormonproduktion)

Während der Pubertät findet bei Mädchen und Jungen eine tief greifende Umstellung des Hormonhaushalts im Körper statt. Dies macht sich z. B. durch das verstärkte Auftreten von Mitessern und Pickeln bemerkbar. Die Hormonumstellung führt auch zu veränderten Verhaltensweisen, besonders gegenüber dem jeweils anderen Geschlecht, aber auch im Umgang mit Eltern und Erziehern. Der Prozess der Selbstfindung und der allmählichen „Abnabelung" von den Eltern beginnt. Es dauert mehrere Jahre, bis aus Kindern Erwachsene geworden sind mit einer ausgeprägten Persönlichkeit und der Fähigkeit, das Leben in eigener Verantwortung gestalten zu können.

Sexualhormone bewirken die Ausbildung der sekundären Geschlechtsmerkmale. Außerdem sind sie für die Bildung der Geschlechtszellen erforderlich. Bei der Frau regeln mehrere Hormone den weiblichen Zyklus.

1 Erläutere die unterschiedliche Wirkung der Hormone FSH und LH bei Mann und Frau.

2 Stelle die Wirkung der verschiedenen Hormone des weiblichen Zyklus als Pfeildiagramm dar. Verwende dazu die Zeichen ⊕ für Förderung und ⊖ für Hemmung. Arbeite mit Abbildung 2.

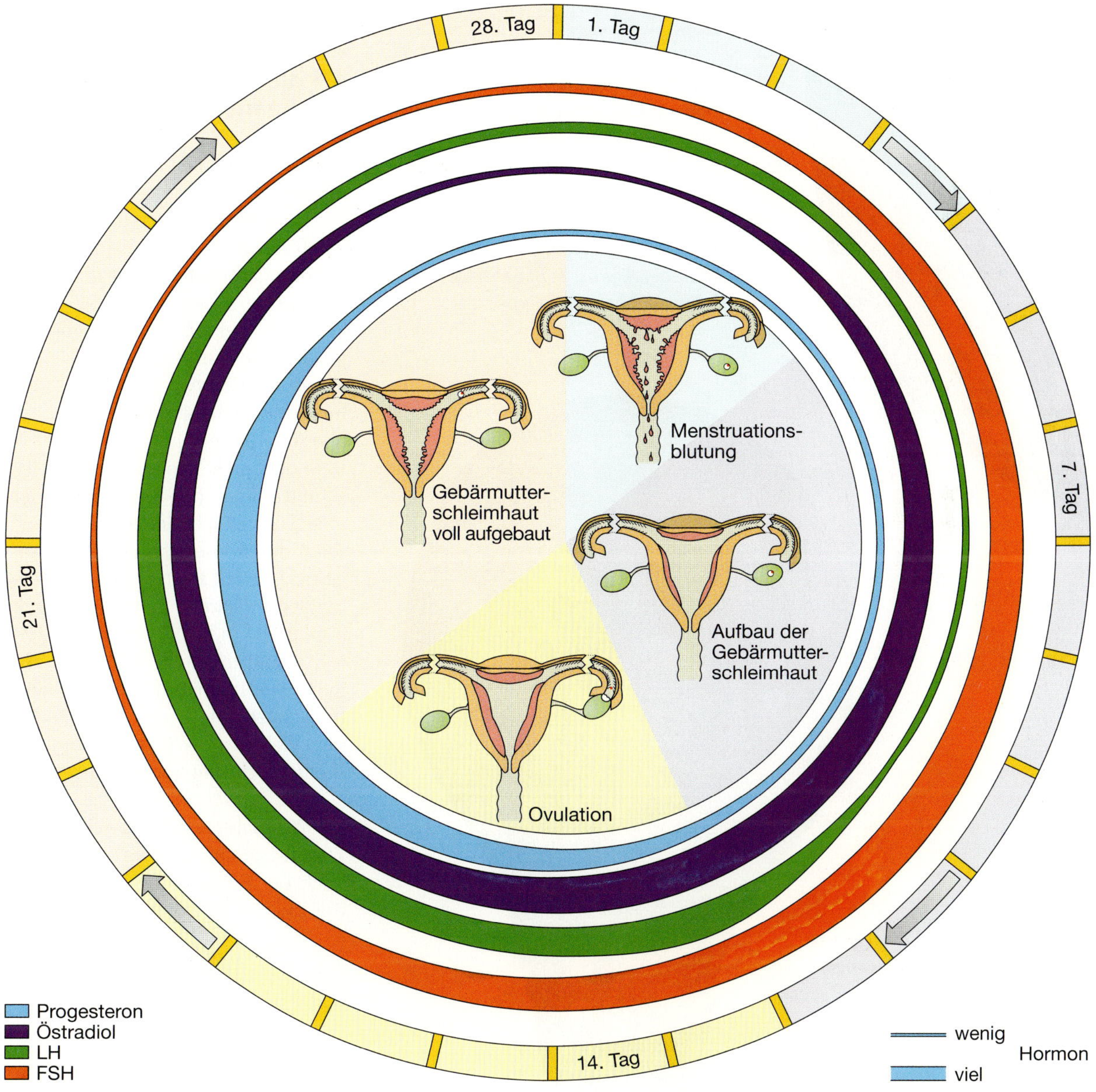

2 Weiblicher Zyklus *(Schema)*

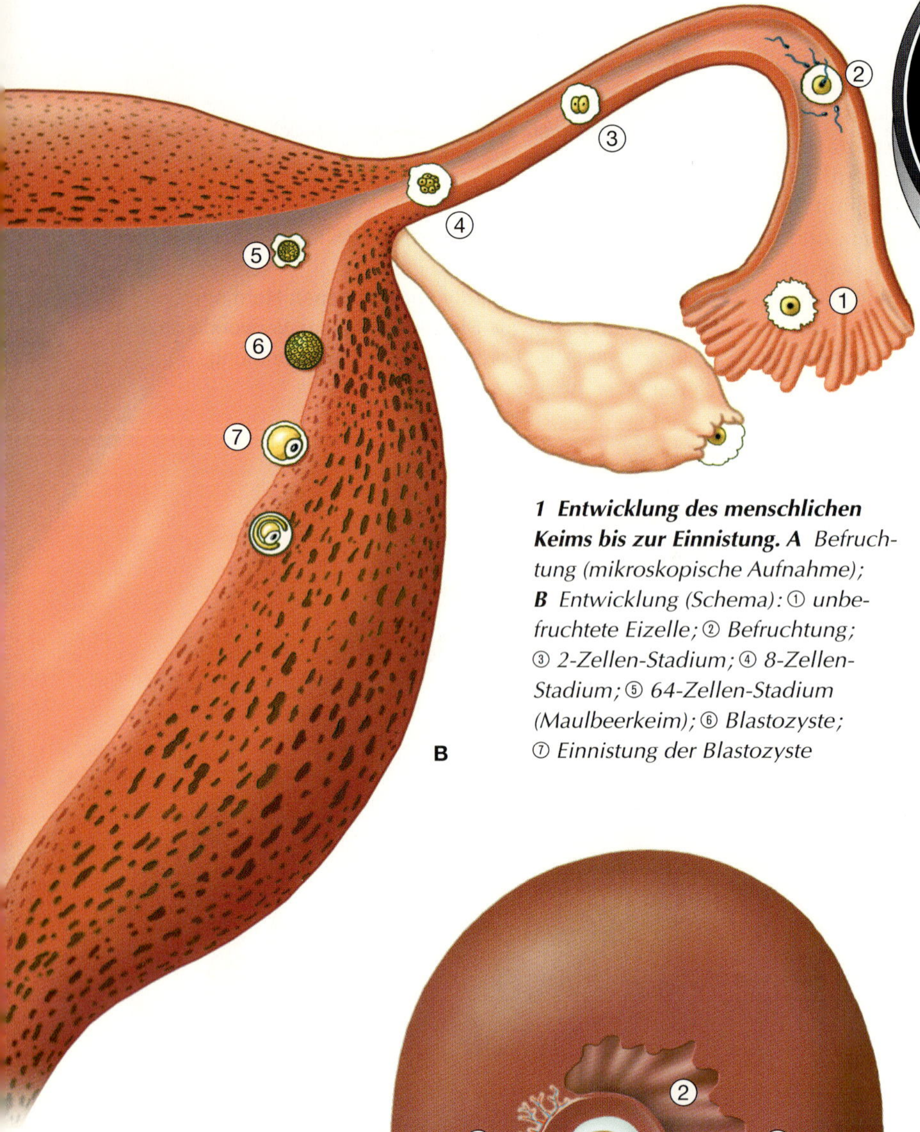

1 ***Entwicklung des menschlichen Keims bis zur Einnistung. A*** *Befruchtung (mikroskopische Aufnahme);* ***B*** *Entwicklung (Schema): ① unbefruchtete Eizelle; ② Befruchtung; ③ 2-Zellen-Stadium; ④ 8-Zellen-Stadium; ⑤ 64-Zellen-Stadium (Maulbeerkeim); ⑥ Blastozyste; ⑦ Einnistung der Blastozyste*

4 Ein Kind entsteht

4.1 Befruchtung und Keimesentwicklung

Geschlechtsverkehr in den Tagen um den Ovulationszeitpunkt kann zu einer **Schwangerschaft** führen. Nach der Ejakulation wandern die Spermien, angetrieben durch ihre Geißeln, mit einer Geschwindigkeit von drei bis fünf Millimetern pro Minute durch die Gebärmutter in die Eileiter. Auf dem Weg dorthin sterben allerdings viele der Spermien bereits ab.

Befindet sich im obersten Abschnitt eines der beiden Eileiter eine Eizelle, schwimmen die Spermien durch chemische Signale angelockt darauf zu. Nur der schnellsten Spermienzelle gelingt es, durch die Eihülle in das Plasma der Eizelle vorzudringen. Dort wird aus dem Spermienkopf der Zellkern freigesetzt. Dieser verschmilzt mit dem Zellkern der Eizelle. Damit ist die **Befruchtung** abgeschlossen.

Die befruchtete Eizelle wird auch **Zygote** genannt. Etwa einen Tag nach der Befruchtung beginnt sich die Zygote zu teilen. Weitere Zell-

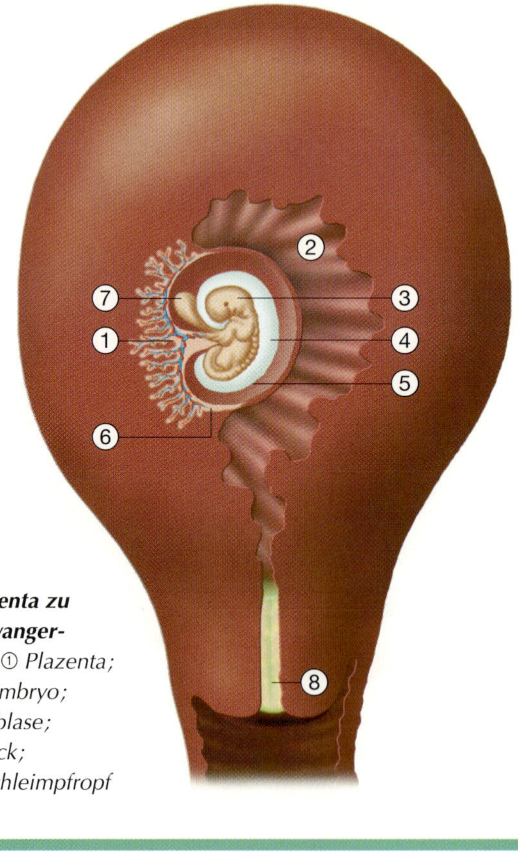

2 ***Gebärmutter und Plazenta zu Beginn des zweiten Schwangerschaftsmonats (Schema).*** *① Plazenta; ② Gebärmutterhöhle; ③ Embryo; ④ Fruchtwasser; ⑤ Fruchtblase; ⑥ Zottenhaut; ⑦ Dottersack; ⑧ Gebärmutterhals mit Schleimpfropf*

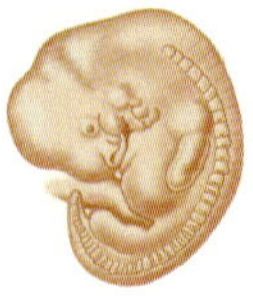

A 1,2 cm Länge

teilungen schließen sich an. Nach etwa fünf Tagen entsteht durch Flüssigkeitsaufnahme ein *Bläschenkeim,* die **Blastozyste.** In diesem Stadium ist der Keim durch die Flimmerhärchen des Eileiters bereits bis zur Gebärmutter transportiert worden. Eine Woche nach der Befruchtung erfolgt die **Einnistung** in der Gebärmutterschleimhaut.

Die Gebärmutterschleimhaut gibt nun ein Hormon ab, das den Abbau des Gelbkörpers im Eierstock verhindert. Dadurch wird das Gelbkörperhormon weiter gebildet und die Reifung eines neuen Follikels sowie der Abbau der Gebärmutterschleimhaut unterbunden. Das Ausbleiben der Regelblutung ist meist das erste Anzeichen einer Schwangerschaft.

Nur ein bestimmter Bereich der Blastozyste, der *Keimschild,* entwickelt sich weiter zum **Embryo,** in dem in den nächsten Wochen alle Organe des Menschen angelegt werden. Die übrigen Zellen der Blastozyste werden zu *embryonalen Hilfsorganen,* die den Embryo schützen oder ernähren. Innen bildet sich die mit *Fruchtwasser* gefüllte *Fruchtblase* aus, in der der Embryo vor Stößen geschützt schwebt. Außen liegt die *Zottenhaut.* Dort, wo sie in Kontakt mit der Gebärmutterschleimhaut steht, entwickelt sich der *Mutterkuchen.* Dieses auch **Plazenta** genannte Organ besteht vorwiegend aus Blutgefäßen, die sowohl von der Gebärmutterschleimhaut als auch aus Teilen der Zottenhaut gebildet werden. Die Verbindung zwischen Plazenta und Embryo erfolgt durch einen Stiel, aus dem später die **Nabelschnur** wird. Das mütterliche Blut bleibt vom Blut des heranwachsenden Kindes immer durch eine dünne Membran getrennt. Durch diese *Plazentaschranke* kann aber ein Stoffaustausch erfolgen: Das mütterliche Blut versorgt den Keim mit Nährstoffen und Sauerstoff. Kohlenstoffdioxid und andere Endprodukte aus dem Stoffwechsel des Kindes werden im Gegenzug aufgenommen und von der Mutter ausgeschieden.

Etwa acht Wochen nach der Befruchtung sind alle Organe des Kindes angelegt. Der Keim wird nun **Fetus** genannt. In den nächsten Monaten entwickeln sich aus den Organanlagen die funktionsfähigen Organe. Nach sieben Monaten ist die Entwicklung weitgehend abgeschlossen. In den letzten zwei Schwangerschaftsmonaten nimmt der Fetus nur noch an Größe und Gewicht zu.

Die Schwangerschaft beginnt mit der Befruchtung einer Eizelle im Eileiter. Die Entwicklung von Embryo und Fetus vollzieht sich in der Gebärmutter.

1 Beschreibe anhand der Abbildungen 1 bis 3 die Entwicklung des Menschen.

2 Erläutere die Bedeutung der embryonalen Hilfsorgane sowie der Gebärmutter.

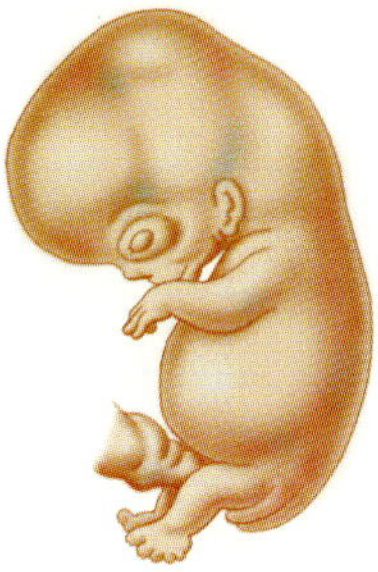

B 3,2 cm Länge

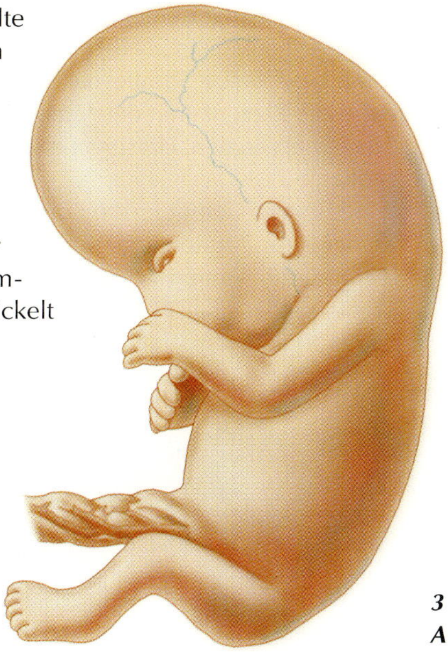

C 9 cm Länge

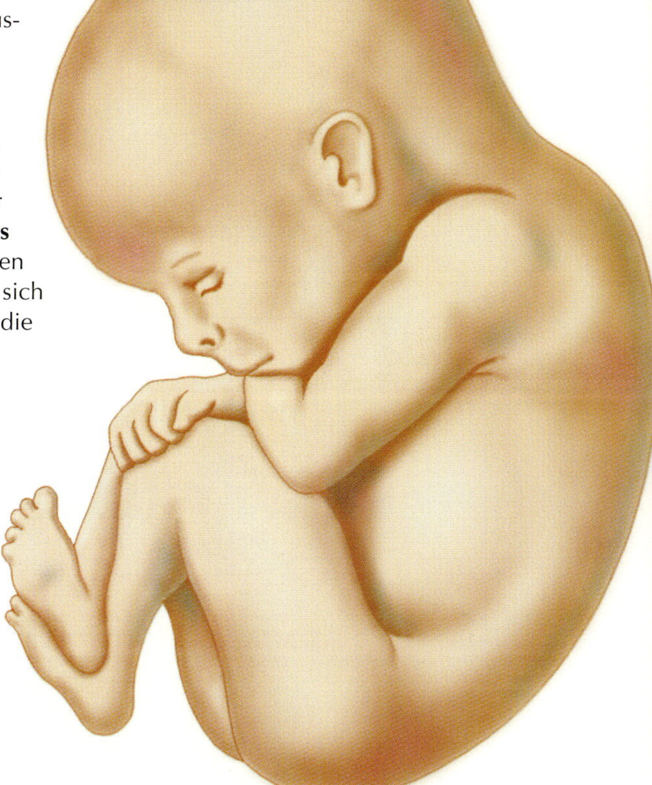

D 16,6 cm Länge

3 Wachstum von Embryo und Fetus (etwa Lebensgröße).
***A** Anfang 2. Monat; **B** Ende 2. Monat;*
***C** Ende 3. Monat; **D** Ende 4. Monat*

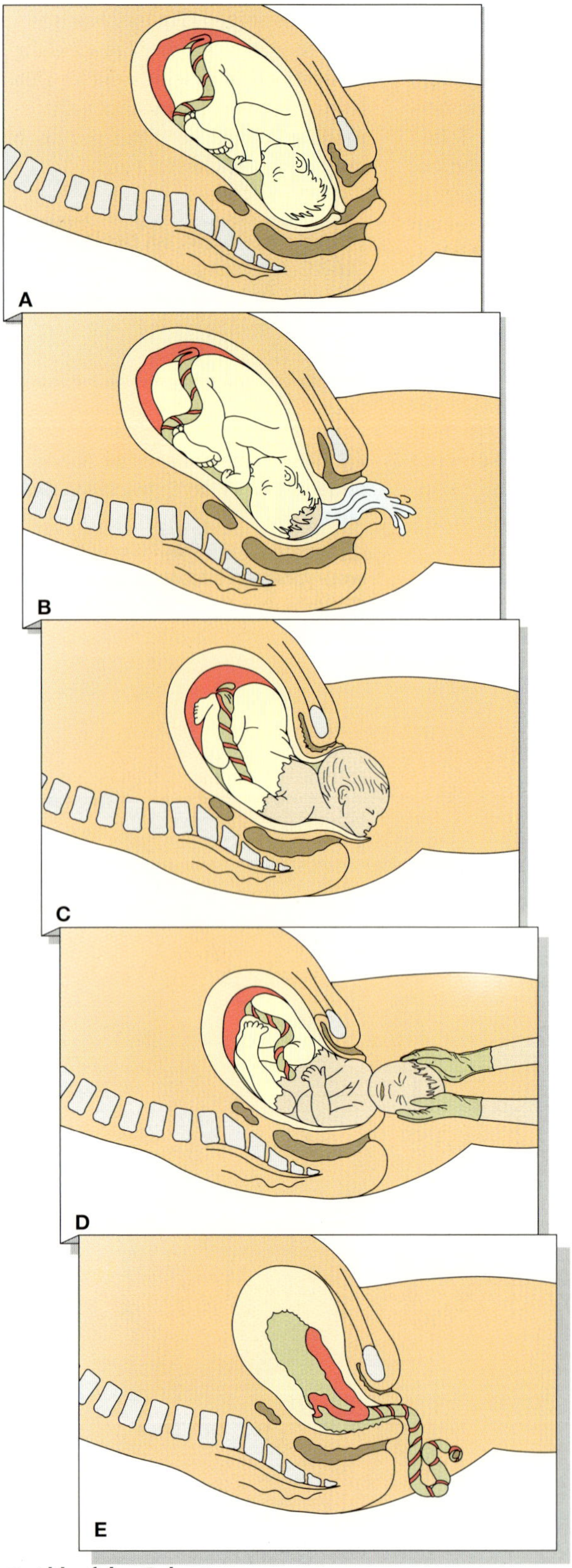

1 Ablauf der Geburt

4.2 Die Geburt

Vom Zeitpunkt der Befruchtung bis zur Geburt vergehen im Durchschnitt 270 Tage. Zwischen dem Ende des ersten Schwangerschaftsmonats und der Geburt wächst das Gewicht des heranwachsenden Kindes um das Tausendfache, die Körpergröße um das Fünfzigfache. Gegen Ende der Schwangerschaft nimmt das Kind meist eine Körperhaltung ein, die für die bevorstehende Geburt am günstigsten ist. Dabei sind Arme und Beine eng an den zusammengekrümmten Körper angelegt, der Kopf weist nach unten und das Gesicht ist von der Bauchdecke der Mutter abgewandt.

Den Beginn der Geburt bemerkt die Mutter durch das Einsetzen der **Wehen.** Dabei zieht sich die Muskulatur der Gebärmutter schmerzhaft zusammen. Zunächst sind die Wehen noch unregelmäßig und kommen im Abstand von etwa einer viertel Stunde. In dieser *Eröffnungsphase* öffnet sich langsam der Muttermund und der Gebärmutterhals weitet sich. Schließlich platzt die Fruchtblase. Die Wehen werden nun stärker und kommen in immer kürzeren Abständen. Durch einige besonders kräftige *Presswehen* wird das Kind durch den engen Geburtskanal zwischen den Beckenknochen der Mutter in die Scheide gepresst. Diese schwierigste Phase der Geburt kann die Gebärende durch eine bestimmte Atemtechnik und die Anspannung der Muskulatur in der Bauchdecke unterstützen. Sobald der Kopf des Kindes durch die Scheide tritt, ergreift ihn die Hebamme oder der Arzt, um den Körper anschließend durch eine vorsichtige Drehung nachzuziehen. Das Kind ist nun geboren und beginnt selbstständig zu atmen. Die Nabelschnur wird abgeklemmt und später durchtrennt. Diesen Vorgang nennt man auch *Entbindung.*
Etwa eine halbe Stunde nach der Geburt des Kindes wird die Plazenta mit der Nabelschnur und den Resten der embryonalen Hilfsorgane als **Nachgeburt** ausgestoßen.
Sind bei der Geburt ernste Komplikationen mit Gefährdungen für Mutter und Kind zu erwarten, muss die Geburt durch einen operativen Eingriff erfolgen. Bei einem solchen *Kaiserschnitt* werden Bauchdecke und Gebärmutter unter Narkose geöffnet, um das Kind auf diesem Wege zur Welt zu bringen.

Bei der Geburt wird das Kind durch kräftiges Zusammenziehen der Gebärmuttermuskulatur, die Wehen, aus dem Mutterleib gepresst.

1 Beschreibe anhand der Abbildungen den Ablauf der Geburt.

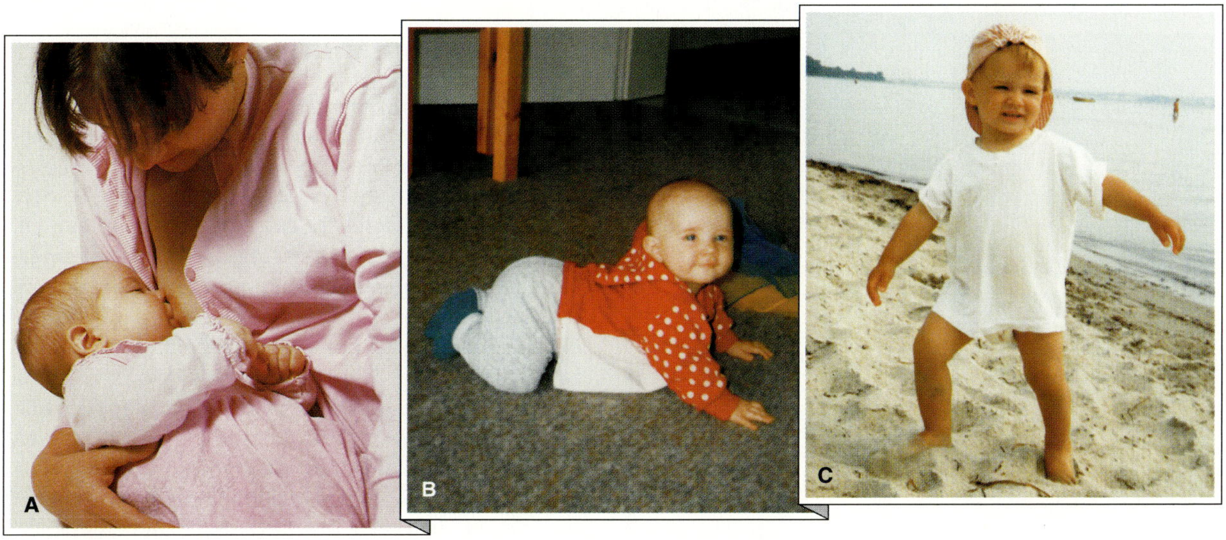

1 ***Entwicklung zum Kleinkind. A*** *Säugling wird gestillt;* ***B*** *Krabbelalter;* ***C*** *Kleinkind*

4.3 Säugling und Kleinkind

In den ersten Lebensmonaten braucht der *Säugling* viel Pflege, Aufmerksamkeit und Zuwendung. Noch ist das Kind weitgehend hilflos und verfügt nur über einige wenige angeborene Verhaltensweisen, die es nicht erlernen muss. Dazu gehören beispielsweise das Schreien und der Saugreflex. Das Schreien ist für das Kind die einzige Möglichkeit, auf sich aufmerksam zu machen. Mutter und Vater oder andere Personen, die sich regelmäßig um den Säugling kümmern, lernen schnell die möglichen Ursachen des Schreiens zu verstehen, z.B. Hunger, Müdigkeit, Unwohlsein oder Schmerzen. Ist das Kind hungrig, beginnt es sofort zu saugen, wenn ihm die Mutter die Brust bietet oder wenn ihm die Flasche gereicht wird.

Enger körperlicher Kontakt zu den Eltern wird nicht nur bei der Nahrungsaufnahme gepflegt, sondern auch beim Baden, Wickeln, An- und Auskleiden. Übernimmt der Vater regelmäßig einen Teil der Versorgung, kann er eine ebenso tiefe Bindung zu seinem Kind aufbauen wie die Mutter. Wichtig für eine gesunde seelische Entwicklung des Säuglings ist, dass er von immer den gleichen Bezugspersonen, in der Regel den Eltern, versorgt wird. Ständig wechselnde Bezugspersonen können Ursache von schweren seelischen Entwicklungsstörungen sein.

Stichwort

Stillen

Die Brustdrüsen sondern nach der Geburt Muttermilch ab. Diese enthält alle für die Entwicklung des Kindes notwendigen Stoffe. Muttermilch enthält weniger Eiweiß, aber mehr Zucker als Kuhmilch. Das Stillen dient nicht nur der Ernährung. Durch den engen Körperkontakt mit der Mutter trägt es auch zum Wohlbefinden des Säuglings bei.

Nur in den ersten Wochen nach der Geburt schläft der Säugling meistens zwischen den Zeiten der Nahrungsaufnahme. Mit zunehmendem Alter werden die Wachphasen länger, und das Kind nimmt seine Umgebung mit immer größerer Aufmerksamkeit wahr. Die Eltern spielen nun häufig mit ihrem Kind. Im Spiel werden Sinnesorgane, Gehirn und die Muskulatur geübt und ihre Leistungsfähigkeit weiterentwickelt.

Besonders auffallend ist die zunehmende Kontrolle der Körperbewegungen. Zuerst kann der Säugling den Kopf in Bauchlage anheben, später auch den Oberkörper. Mit etwa einem halben Jahr sitzt das Kind ohne Hilfe, wenig später zieht es sich an Möbeln hoch und steht, wenn es sich festhalten kann. Meist folgt eine kurze Krabbelphase, in der sich das Kind auf allen Vieren bewegt. Mit einem Jahr können viele Kinder schon die ersten Schritte ohne Hilfe selbstständig laufen.

Bereits in den ersten Lebensmonaten beginnt der Säugling zu plappern, die Fähigkeit sinnvolle Worte und später Sätze zu bilden entwickelt sich meistens im zweiten Lebensjahr. Aus dem Säugling wird ein *Kleinkind.* In dieser Zeit lernt der junge Mensch auch erste soziale Kontakte zu Gleichaltrigen aufzubauen, z.B. beim gemeinsamen Spiel im Sandkasten.

Zur gesunden Entwicklung eines Säuglings ist die intensive Betreuung durch die Eltern notwendig.

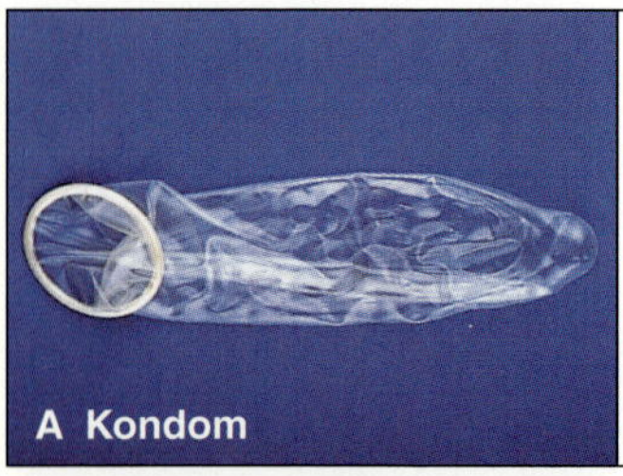

dünne Gummihaut, die vor dem Geschlechtsverkehr über den versteiften Penis gestreift wird und die Spermaflüssigkeit auffängt; verhindert auch die Ansteckung mit Geschlechtskrankheiten

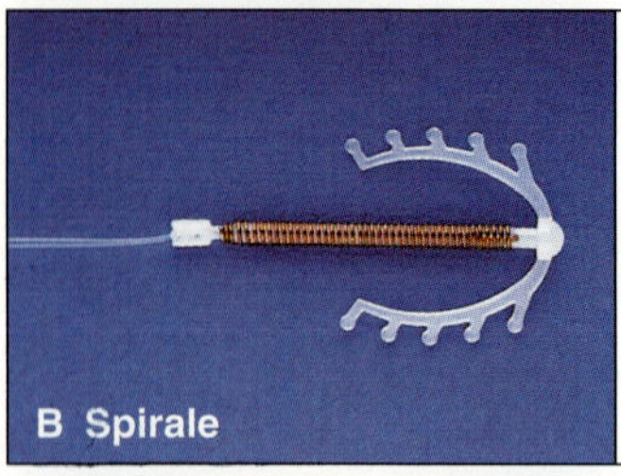

aus Kunststoff oder Kupfer; muss vom Arzt in die Gebärmutter eingesetzt werden; verhindert die Befruchtung oder die Einnistung eines Keimes

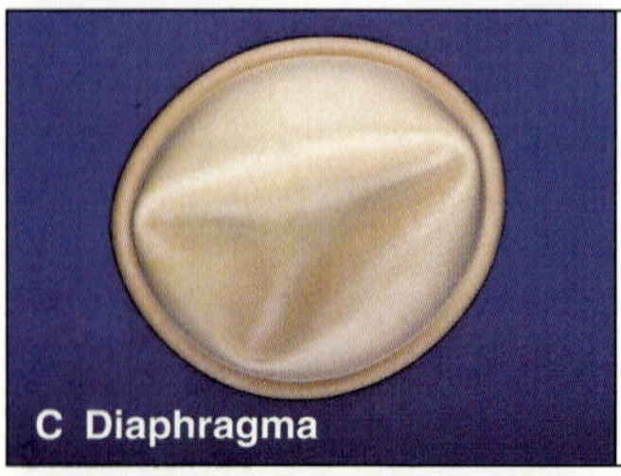

Gummikappe, die vor dem Geschlechtsverkehr über den Muttermund gestülpt wird und das Eindringen der Spermaflüssigkeit verhindert; darf erst mehrere Stunden nach dem Geschlechtsverkehr wieder entfernt werden

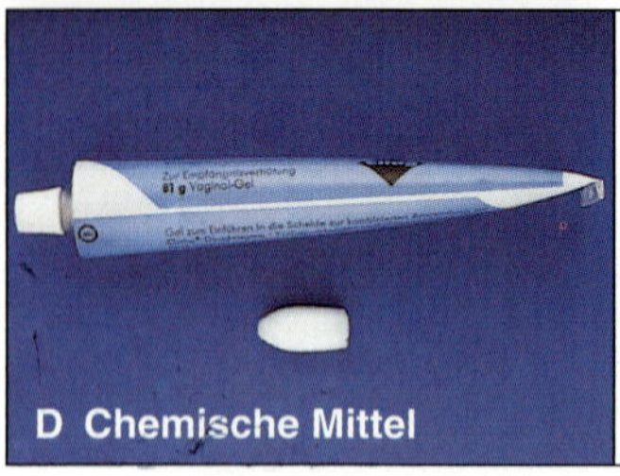

Zäpfchen, Cremes oder Tabletten, die vor dem Geschlechtsverkehr in die Scheide eingeführt werden und Stoffe enthalten, die Spermien abtöten; sehr unsichere Verhütungsmethode

1 Methoden der Empfängnisverhütung

5 Familienplanung

Viele Paare wünschen sich irgendwann Kinder. Den Zeitpunkt und die Anzahl der Kinder möchten sie aber selbst bestimmen. Manche wollen erst ihre Berufsausbildung abgeschlossen haben, bevor sie Eltern werden, andere möchten vielleicht erst eine Wohnung einrichten. Eine wichtige Voraussetzung für die **Familienplanung** ist die **Empfängnisverhütung.** Dazu gibt es mehrere Methoden.

Eine Befruchtung ist nur in einem Zeitraum von etwa zehn Tagen in der Mitte eines Menstruationszyklus zur Zeit des Eisprungs möglich. Bei der so genannten *natürlichen Verhütung* vermeidet das Paar Geschlechtsverkehr in der Zeit dieser „fruchtbaren Tage“. Diese Methode der Familienplanung ist allerdings recht unzuverlässig, da der Zeitpunkt des Eisprungs durch Krankheit, Stress oder seelische Einflüsse stark schwanken kann.

Bei der Verwendung von *mechanischen Verhütungsmitteln* wird das Eindringen der Spermien in die Gebärmutter verhindert. *Chemische Verhütungsmittel* töten die Spermien ab, bevor sie eine Eizelle erreichen können.

Die sicherste und von Frauen am häufigsten angewandte Methode ist die *hormonale Empfängnisverhütung* durch Einnahme der **Pille.** Die Tabletten enthalten eine bestimmte Mischung an weiblichen Sexualhormonen, vor allem Östradiol und Progesteron. Diese Hormone bewirken, dass weder eine Eireifung noch ein Eisprung stattfinden kann. Zudem wird auch die Gebärmutterschleimhaut nicht vollständig aufgebaut, sodass sich auch kein Keim einnisten könnte. Da die Pille ein Medikament ist, muss sie vom Arzt verschrieben werden. Dieser entscheidet nach einer eingehenden Untersuchung, welches Präparat für die Frau das geeignetste ist. Manchmal müssen mehrere Pillensor-

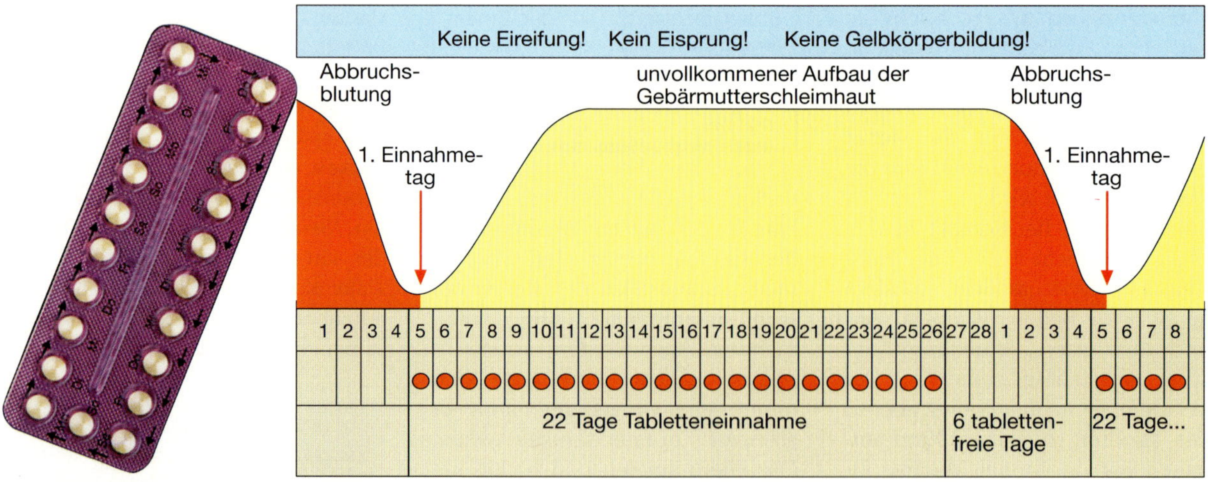

2 Hormonale Empfängnisverhütung

ten ausprobiert werden, um unerwünschte Nebenwirkungen auszuschließen.
Die verschiedenen Arten der Pille unterscheiden sich nicht nur in ihrer Zusammensetzung, sondern auch im Rhythmus, in dem sie eingenommen werden müssen. Die meisten Präparate werden etwa drei Wochen lang täglich genommen, dann wird die Einnahme eine Woche lang unterbrochen. In dieser Zeit kommt es zu einer Abbruchblutung, die aber meist nicht so stark ist wie eine normale Regelblutung.

In den meisten Industriestaaten ist Familienplanung die Regel. Die Bevölkerung in diesen Ländern ist fast konstant oder wächst nur langsam. In den meisten Entwicklungsländern nimmt die Bevölkerung jedoch stark zu. Oft verdoppelt sich die Zahl der Menschen dort in weniger als 30 Jahren. Seit etwa 100 Jahren wächst die Zahl der Menschen so rasch, dass man von einer **Bevölkerungsexplosion** spricht. Da der Siedlungsraum und die Rohstoffvorräte begrenzt sind, bietet die Erde nicht beliebig vielen Menschen eine Lebensgrundlage. Wirksame Maßnahmen zur Begrenzung des Bevölkerungswachstums gehören zu den vordringlichen Aufgaben der Weltpolitik in diesem Jahrhundert.

Es gibt verschiedene Methoden zur Empfängnisverhütung.
Sie dienen der Familienplanung.

1 Nenne Möglichkeiten der natürlichen, mechanischen und chemischen Empfängnisverhütung.
2 Erkläre die Wirkungsweise der Pille.
3 Beschreibe anhand von Abbildung 3 die Bevölkerungsexplosion.

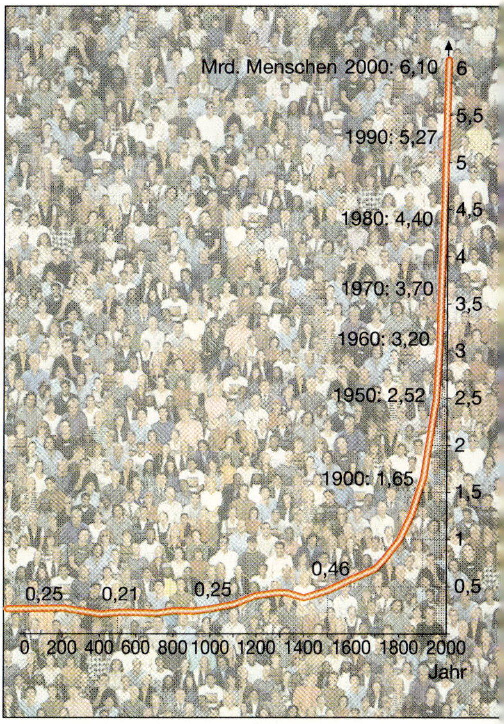

3 Entwicklung der Weltbevölkerung

Schwangerschaftsabbruch

Streifzug durch die Politik

Manchmal kommen Frauen durch eine ungewollte Schwangerschaft in eine schwierige Lage. Sie fühlen sich nicht imstande das Kind auszutragen, zur Welt zu bringen und anschließend zu versorgen. Ein solcher Fall kann z.B. vorliegen, wenn die Schwangerschaft durch eine Vergewaltigung hervorgerufen wurde. Es kann auch sein, dass ein Kind die persönliche Lage der Mutter unzumutbar belasten würde, etwa weil sie noch sehr jung ist. Manchmal wird durch eine Schwangerschaft auch die Gesundheit oder sogar das Leben der Mutter bedroht. In anderen Fällen lässt sich schon zu Beginn der Schwangerschaft feststellen, dass das Kind nach der Geburt an einer unheilbaren schweren Erbkrankheit leiden wird.
In einer solchen oder ähnlichen Situation kann es sein, dass die Frau daran denkt, einen **Schwangerschaftsabbruch** vornehmen zu lassen, eine Abtreibung. Dabei entfernt ein Arzt unter Narkose den Embryo mit allen embryonalen Hilfsorganen aus der Gebärmutter. Der Keim stirbt dadurch ab. Neuerdings sind auch Medikamente entwickelt worden, so genannte Abtreibungspillen, die eine künstlich ausgelöste Fehlgeburt herbeiführen.
In manchen Ländern gilt – wie früher auch in Deutschland – die Abtreibung als schweres Verbrechen. Heute ist nach den Bestimmungen des Strafgesetzbuchs (§ 218) der Schwangerschaftsabbruch in Deutschland unter bestimmten Bedingungen straffrei, wenn folgende Voraussetzungen erfüllt sind: Die Schwangere muss sich vor dem Eingriff von einer staatlich anerkannten Einrichtung beraten lassen, welche Folgen eine Abtreibung hat und welche Hilfen angeboten werden können, wenn das Kind doch ausgetragen wird. Hat dieses Gespräch stattgefunden, wird eine Bescheinigung darüber ausgestellt. Diese berechtigt einen Arzt, den Eingriff vorzunehmen, und zwar spätestens zwölf Wochen nach der Empfängnis. Das Gesetz stellt die schwierige Entscheidung über einen Schwangerschaftsabbruch also letztendlich in die Verantwortung der Frau. Manche Menschen sind mit dieser gesetzlichen Regelung nicht einverstanden. Sie lehnen Abtreibungen aus religiösen oder ethischen Gründen grundsätzlich ab.

Pinnwand

FORTPFLANZUNG UND ENTWICKLUNG BEI TIEREN

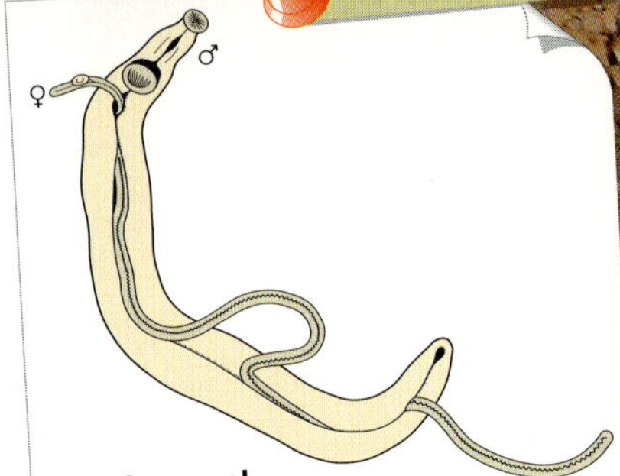

Pärchenegel

Leben in ständiger Begattung: Pärchenegel gehören zu den Plattwürmern; diese tropischen Parasiten leben in den Venen des Bauchraumes des Menschen und verursachen eine schwere Krankheit, die Bilharziose; die dünnen Weibchen liegen in einer rinnenartigen Falte des größeren Männchens
Weitere Beispiele: beim Doppeltier (ebenfalls ein Plattwurm) sind Männchen und Weibchen fest miteinander verwachsen; bei manchen Meereswürmern leben Zwergmännchen wie Parasiten in den Geschlechtsorganen der Weibchen

„Gebärende" Blattlaus

Eingeschlechtliche Fortpflanzung: Entstehung von Nachkommen aus unbefruchteten Eiern; diese Form der Fortpflanzung heißt auch Jungfernzeugung; Blattläuse pflanzen sich im Sommer eingeschlechtlich fort und bringen lebende Nachkommen zur Welt; erst im Herbst treten auch Männchen auf und begatten geflügelte Weibchen
Weitere Beispiele: Drohnen von Bienen und anderen Hautflüglern entstehen aus unbefruchteten Eiern, ebenso die Männchen einiger Rädertiere

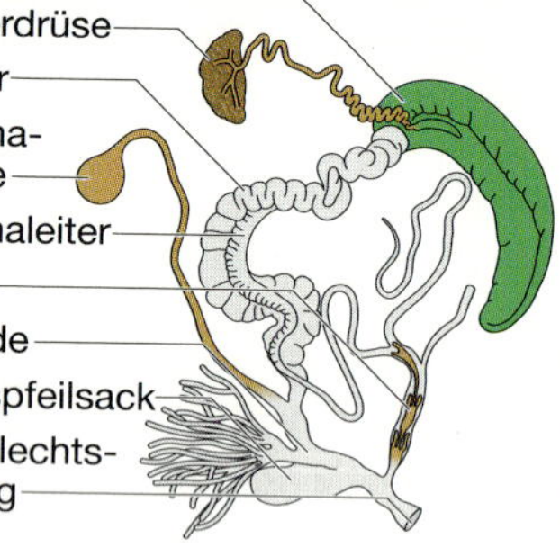

Geschlechtsorgane der Weinbergschnecke

Zwitter: Tiere, die sowohl männliche als auch weibliche Geschlechtszellen bilden können; bei der Weinbergschnecke entstehen Eier und Spermien in einer gemeinsamen Zwitterdrüse, andere Zwitter haben getrennte Geschlechtsdrüsen (z. B. der Regenwurm)
Weitere Beispiele: Regenwurm, Plattwürmer, manche Nesseltiere und Fische

Generationswechsel: abwechselndes Auftreten von verschiedenen Formen (Generationen) einer Tierart, die sich auf unterschiedliche Weise fortpflanzen; bei der Ohrenqualle ist die Quallengeneration frei schwimmend (1); sie pflanzt sich geschlechtlich fort; aus der Zygote entsteht eine Larve (2), die sich am Boden festsetzt und zu einem Polypen heranwächst (3 bis 5); der Polyp bildet durch ungeschlechtliche Fortpflanzung (Querteilung) neue Quallen (6 bis 9)
Weitere Beispiele: Generationswechsel in anderer Form als bei der Ohrenqualle kommt häufig bei Parasiten vor, etwa beim Malariaerreger, bei manchen Bandwürmern und anderen parasitischen Plattwürmern, außerdem bei Blattläusen

Geschlechtliche Fortpflanzung: Bildung von Geschlechtszellen (Eizellen und Spermien), die miteinander verschmelzen (Ausnahme: eingeschlechtliche Fortpflanzung); mit der befruchteten Eizelle (Zygote) beginnt die Entwicklung der nächsten Generation; eine besondere Form der geschlechtlichen Fortpflanzung ist die Konjugation bei Wimperntierchen

Ungeschlechtliche Fortpflanzung: einzelne Zellen oder ganze Teile des elterlichen Tieres werden abgetrennt und wachsen zu eigenständigen Lebewesen heran
Beispiele: Teilung bei Einzellern, Knospung oder Querteilung bei Nesseltieren, Heranwachsen von Jungtieren am Hinterende mancher Meereswürmer

4 Beschreibe den Aufbau der Geschlechtsorgane bei der Weinbergschnecke. Begründe, ob eine eindeutige Zuordnung zu männlichen oder weiblichen Organen in jedem Fall möglich ist.

5 Beschreibe den Generationswechsel bei der Ohrenqualle. Nenne Unterschiede zum Generationswechsel beim Malariaerreger (siehe Seite 70).

6 Begründe, warum die Konjugation beim Pantoffeltierchen eine besondere Form der geschlechtlichen Fortpflanzung ist.

Sexualität des Menschen

Prüfe dein Wissen

A 1 Erläutere die Begriffe Liebe und Sexualität. Nenne Unterschiede zwischen beiden.

A 2 Erkläre, was man unter Empfängnisverhütung und Familienplanung versteht.

A 3 In der „Pille" sind die Hormone Progesteron und Östrogen enthalten.
a) Erläutere die Aufgaben beider Hormone im Zyklus der Frau.
b) Begründe, welches dieser Hormone in der Pille in erster Linie an einer Empfängnisverhütung beteiligt ist.

A 4 Nach einem Eisprung wandelt sich der Restfollikel in den Gelbkörper um. Dieser bildet sich nach etwa zehn Tagen wieder zurück, wenn keine Befruchtung erfolgt. Wird die Eizelle jedoch befruchtet, bleibt der Gelbkörper erhalten.
a) Erläutere die Aufgaben des Gelbkörpers im weiblichen Zyklus.
b) Begründe, welche Bedeutung der Erhalt des Gelbkörpers während einer Schwangerschaft hat.

A 5 Eine bestimmte Krankheit beginnt bei beiden Geschlechtern mit folgenden Symptomen: Brennen in der Harnröhre und Austreten einer schleimig-eitrigen Flüssigkeit.
a) Auf welche Krankheit deuten die Symptome hin?
b) Begründe, warum bei diesen Symptomen eine sofortige ärztliche Behandlung erforderlich ist.

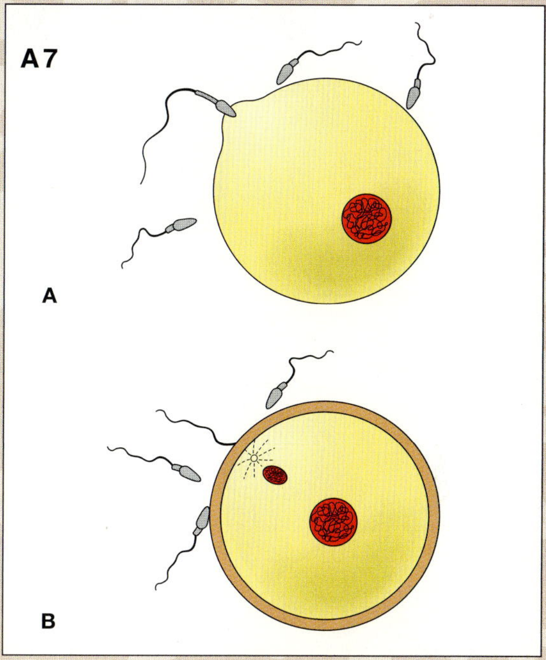

Die Abbildung zeigt schematisch einen wichtigen Vorgang in der Entwicklung des Menschen.
a) Benenne den Vorgang und erläutere seine Bedeutung.
b) Beschreibe die Entstehung der beteiligten Zellen, ihren Aufbau und ihre Aufgaben.
c) In Abbildung B ist im Vergleich zu A eine zusätzliche derbe Membran um die größere Zelle ausgebildet. Äußere dich zur Bedeutung dieser Membran.
d) Erläutere in Stichworten, welche weiteren Entwicklungen sich an den abgebildeten Vorgang anschließen.

A 6 a) Ordne den Ziffern die passenden Begriffe zu.
b) Erläutere die Aufgaben der Organe mit den Ziffern ①, ⑤ und ⑥.
c) In der Abbildung sind zwei getrennte Blutkreisläufe zu erkennen, die aber in engem Kontakt zueinander stehen.
Begründe die Trennung beider Kreisläufe.

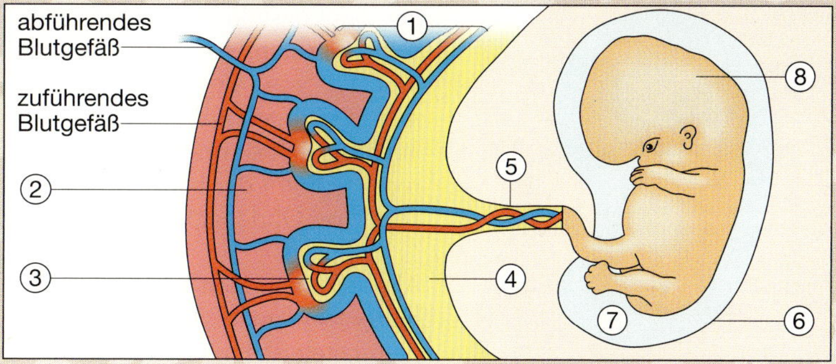

Grundlagen der Vererbung

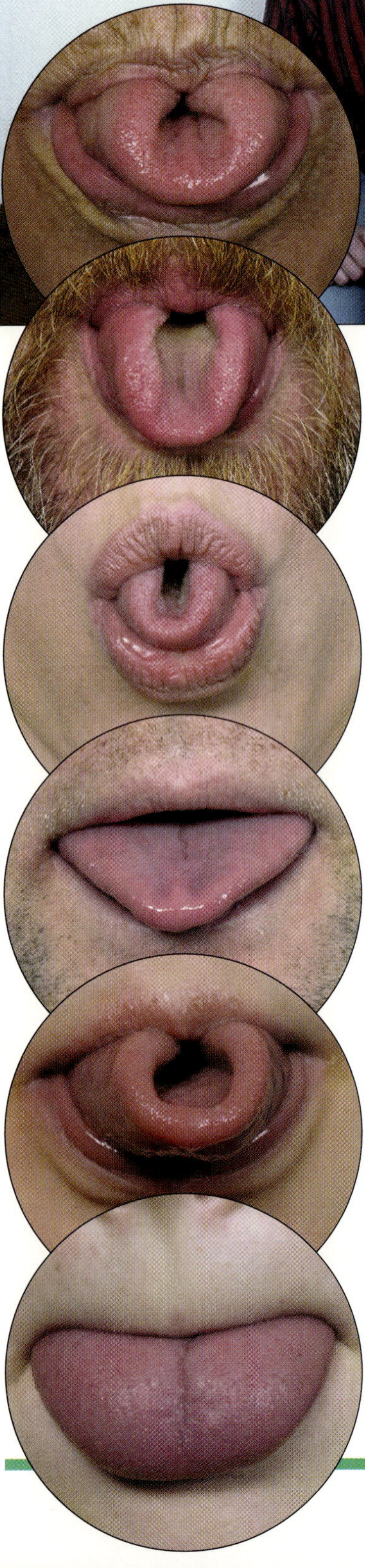

1 Zungenrollen in drei Generationen

1 Merkmale werden von den Eltern weitergegeben

Es sieht schon merkwürdig aus, wenn Großeltern, Eltern und Kinder versuchen, ihre Zunge mit den seitlichen Rändern nach oben einzurollen. Fast alle Familienmitglieder sind „Zungenroller". Offensichtlich wird diese Fähigkeit an die Nachkommen weitergegeben, sie wird *vererbt*. So sind etwa 70 Prozent der Bevölkerung „Zungenroller" und etwa 30 Prozent sind „Zungen-Nichtroller". Allerdings können die „Nichtroller" das Zungenrollen teilweise erlernen.
Das Rollen sowie das Nichtrollen der Zunge sind äußere Eigenschaften, also *Merkmale*. Das äußere Erscheinungsbild eines Menschen, sein **Phänotyp,** setzt sich aus einer Vielzahl von Merkmalen zusammen. Dazu gehören beispielsweise auch die Farbe von Haut und Haaren, die Form der Haare sowie die Form von Ohrläppchen oder Nase.

Alle Informationen zur Ausbildung dieser Merkmale liegen in einer befruchteten Eizelle bereits vor. Die Gesamtheit dieser Information, der *Erbanlagen* oder **Gene,** ergibt das Erbbild des Menschen, den **Genotyp.** Weil bei der Befruchtung der Eizelle durch eine Spermienzelle Erbanlagen beider Elternteile kombiniert werden, weisen Kinder Eigenschaften der Eltern auf. Kinder können sich aber von ihren Eltern in manchen Merkmalen erheblich unterscheiden. Die Ursachen von Übereinstimmungen zu ergründen, aber auch die unterschiedlichen Ausbildungen von Merkmalen über viele Generationen zu erklären, ist die Aufgabe der *Vererbungslehre* oder **Genetik.**

Merkmale bestimmen den Phänotyp eines Menschen. Sie werden über die Gene an die Kinder weitergegeben.

1 Stelle einen Stammbaum für das Merkmal „Zungenrollen" der abgebildeten Familie auf.
Nimm auch die Pinnwand Seite 101 zu Hilfe.

Vererbung von Merkmalen beim Menschen

Pinnwand

Haare auf dem zweiten Fingerglied

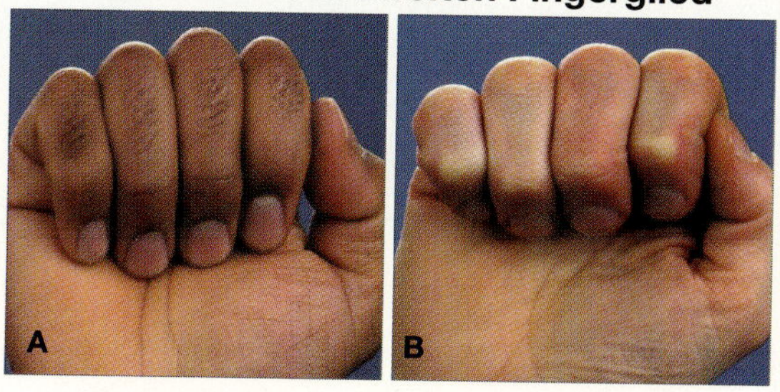

Merkmalsträger — kein Merkmalsträger

Haarform

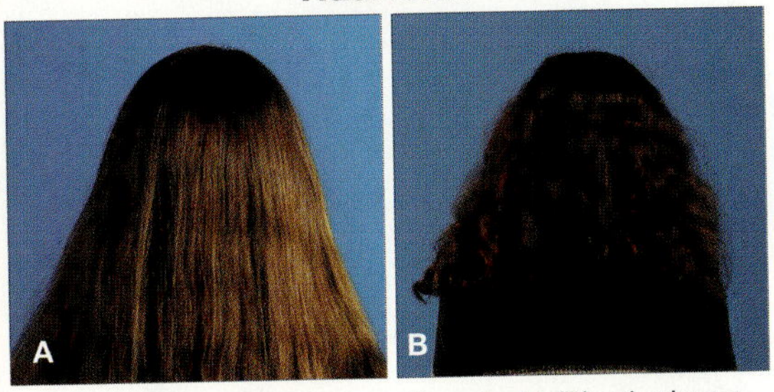

Haare können glatt (A), gewellt, gelockt (B) oder kraus sein. Bei der Vererbung dieser Merkmale sind Mischformen möglich.

Uringeruch nach Spargelessen

Nach dem Verzehr von Spargel verspüren einige Menschen einen auffälligen Geruch ihres Urins. Ursache hierfür ist ein flüchtiger schwefelhaltiger Stoff, das Methylmercaptan. Er wird mit dem Urin ausgeschieden. Das Mercaptan wird durch ein bestimmtes Enzym aus Stoffen des Spargels gebildet. Die Bildung dieses Enzyms wird von den Eltern auf die Kinder vererbt.

PTH-Schmecker

Phenylthioharnstoff (PTH) ist ein sehr giftiger Stoff, der nicht geschluckt werden darf. Kommt er mit der Zunge in Berührung, empfinden einige Menschen einen bitteren Geschmack, andere schmecken nichts. Etwa 70 Prozent der deutschen Bevölkerung sind „Schmecker", die anderen „Nichtschmecker". Die Schmeckfähigkeit ist auf ein bestimmtes Enzym zurückzuführen, das im Körper des Schmeckers hergestellt wird. Diese PTH-Schmeckfähigkeit wird von den Eltern auf die Kinder vererbt.

Ohrläppchen

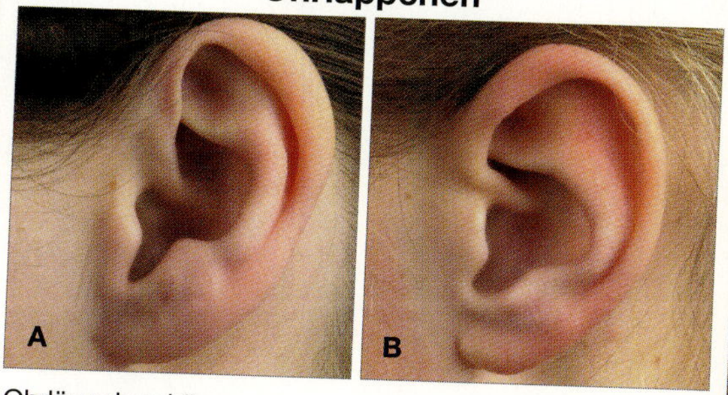

Ohrläppchen können angewachsen (A) oder frei (B) vererbt werden.

Daumenbiegen

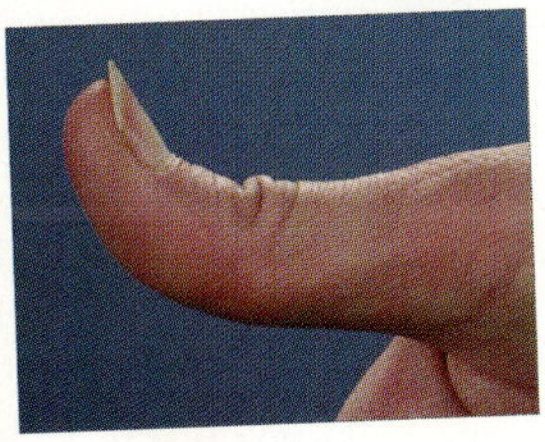

Einige Menschen können das Endglied des Daumens beinahe im rechten Winkel nach außen biegen.
Die Untersuchung eines Stammbaums zeigt, dass diese Eigenschaft sehr selten auftritt.

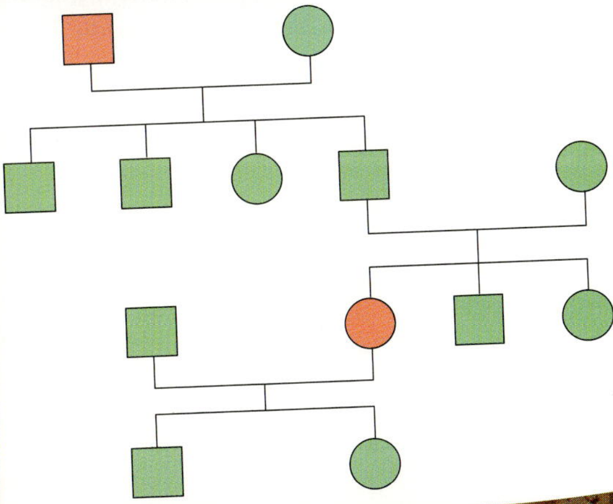

Haarfarbe

Die Haarfarbe ist auf die Ausbildung von Farbstoffen, so genannten Pigmenten, zurückzuführen. Bei der Vererbung können verschiedene Pigmente gemischt werden, sodass unterschiedliche Farbtöne entstehen. Ähnliches gilt auch für die Ausbildung der Farbe von Augen und Haut.

Stammbaum

Stellt man die verschiedenen Generationen der Nachkommen einer Familie grafisch durch Symbole und Verbindungslinien dar, erhält man einen Stammbaum. Dabei bedeuten folgende Symbole:

- □ oder ♂ Mann
- ○ oder ♀ Frau
- □—○ oder □⌴○ Eltern
- ○ □ ○ □ Geschwister
- ■ ♂ ● ♀ Merkmalsträger

1 Befruchtete Eizelle

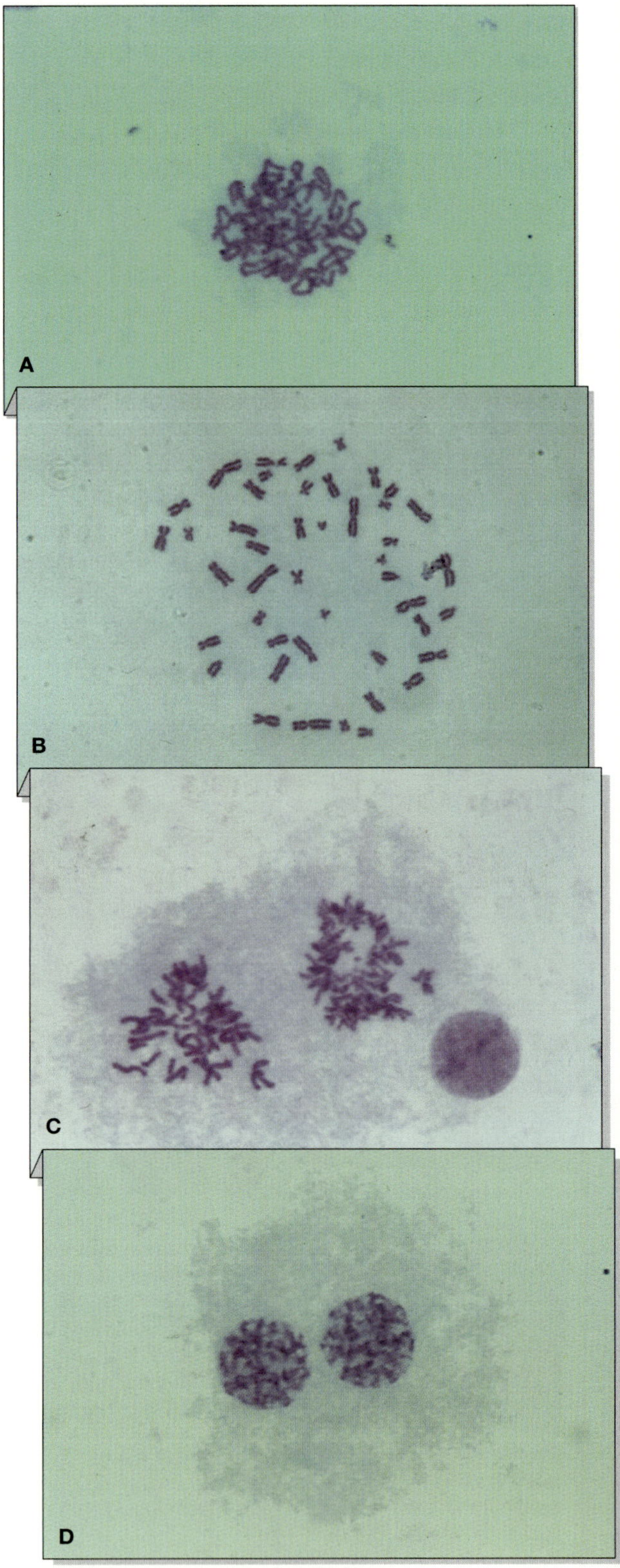

2 Kernteilung (Mitose) und Zellteilung bei menschlichen Zellen

2 Chromosomen sind Träger der Erbanlagen

2.1 Mitose und Zellteilung

Eine Eizelle des Menschen teilt sich etwa dreißig Stunden nach ihrer Befruchtung in zwei Zellen. Diese Zellen teilen sich dann erneut. Nach fünf Wochen haben sich die Zellen so stark vermehrt, dass der etwa ein Zentimeter lange Embryo mit dem Auge deutlich erkennbar ist. Auch beim erwachsenen Menschen müssen Tag für Tag Zellen neu gebildet werden. So sterben zum Beispiel Hautzellen nach etwa zwanzig Tagen ab und werden durch Teilung von Zellen in einem *Bildungsgewebe* ersetzt.

Beobachtet man eine Zellteilung mikroskopisch, sieht man, dass vor der eigentlichen Zellteilung die Teilung des Zellkerns erfolgt. Diese Kernteilung nennt man **Mitose.** Den Ablauf der Mitose kann man in einzelne Zeitabschnitte oder Phasen einteilen. In der ersten Phase, der *Prophase,* ist der Zellkern deutlich als ein kugeliges Gebilde zu erkennen, das von einer Kernhülle begrenzt ist. Färbt man den Zellkern an, lassen sich fädige Kernstrukturen, die **Chromosomen,** erkennen. Sie liegen wie in einem Knäuel angeordnet vor. Durch Aufschraubung und Faltung in der Prophase werden die Chromosomen verkürzt. In dieser dichteren Form sind sie im Lichtmikroskop deutlicher zu erkennen. Kernhülle und Kernkörperchen werden in kleinere Teile zerlegt und sind nun mikroskopisch nicht mehr zu sehen. Gleichzeitig teilt sich im Zellplasma das *Zentralkörperchen.* Die Tochter-Zentralkör-

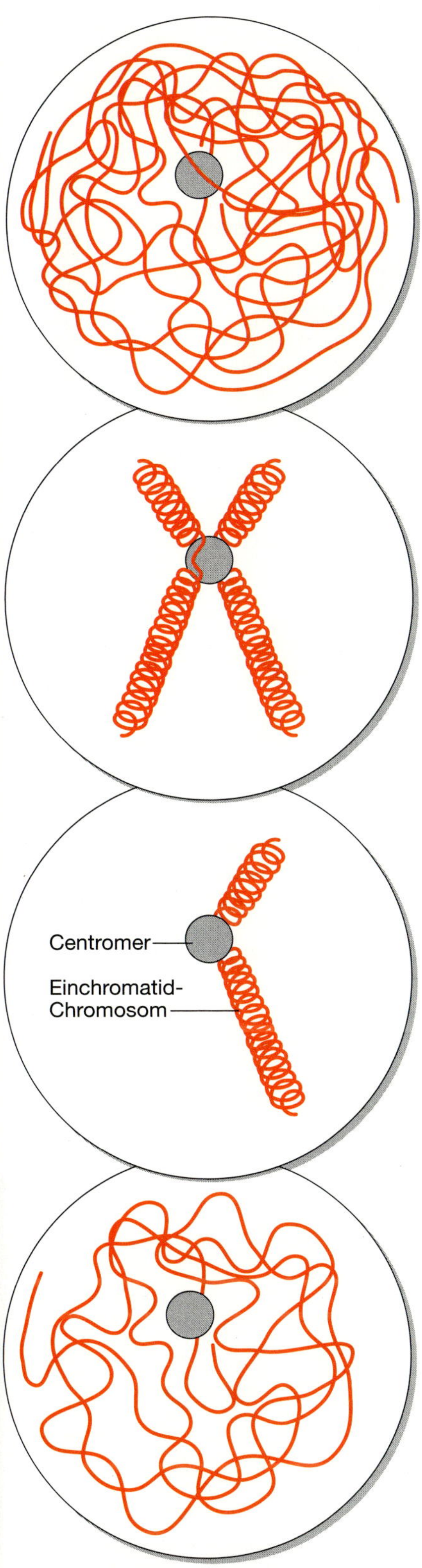

*3 **Chromosomenzustände während der Mitose** (Schema)*

perchen wandern zu den Zellpolen. Zwischen ihnen bilden sich faserige Strukturen, die *Spindelfasern.*

Mithilfe dieses Spindelapparates werden die inzwischen stark verdichteten Chromosomen zur Zellmitte bewegt. Hier liegen sie in einer Ebene. Diese Anordnung ist typisch für die *Metaphase.* Deutlich lässt sich nun der Bau der Chromosomen erkennen: Jedes Metaphase-Chromosom setzt sich aus zwei identischen Längshälften, den *Chromatiden,* zusammen. Sie werden an einer Einschnürungsstelle, dem *Centromer,* zusammengehalten. Man spricht daher auch von *Zwei-Chromatiden-Chromosomen.*

Am Centromer setzen Spindelfasern an. In der nun folgenden *Anaphase* verkürzen sich die Fasern. Dabei werden die Chromatiden eines jeden Zwei-Chromatiden-Chromosoms getrennt und als *Ein-Chromatid-Chromosomen* zu den entgegengesetzten Polen gezogen. Hier entschrauben und entfalten sie sich und bilden wieder ein fädiges Knäuel. Gleichzeitig werden Kernhüllen und Kernkörperchen wieder sichtbar. Im Zellplasma sind die Spindelfasern nicht mehr zu erkennen. Diese letzte Phase der Mitose heißt *Telophase.* Bereits während der Telophase beginnt die Zelle sich einzuschnüren. Durch Ausbildung von Zellmembranen kommt es zur **Zellteilung.** Aus der Ausgangszelle sind zwei Tochterzellen mit einer identischen Anzahl von Chromosomen gebildet worden.

Vor einer erneuten Teilung der Tochterzellen müssen sich die Ein-Chromatid-Chromosomen verdoppeln. Dies geschieht in einem Zeitabschnitt zwischen der Zellteilung und der nächsten Mitose, den man als *Interphase* bezeichnet. Den gesamten Vorgang von einer Interphase bis zur nächsten nennt man *Zellzyklus.*

Zellen vermehren sich durch Teilung. Vor jeder Zellteilung erfolgt eine Mitose. Die entstehenden Tochterzellen enthalten dieselbe Anzahl von Chromosomen wie die Ausgangszelle.

1 Beschreibe die Veränderungen eines Chromosoms im Verlaufe der Mitose.

2 Beschreibe mithilfe der Pinnwand Seite 104 den Versuch zur Übertragung (= Transplantation) eines Zellkerns beim Krallenfrosch. Welche Schlussfolgerung ziehst du aus dem Versuch?

3 Beschreibe den Transplantationsversuch bei der Grünalge Acetabularia auf der Pinnwand Seite 104. Erläutere die Bedeutung des Zellkerns für die Zelle.

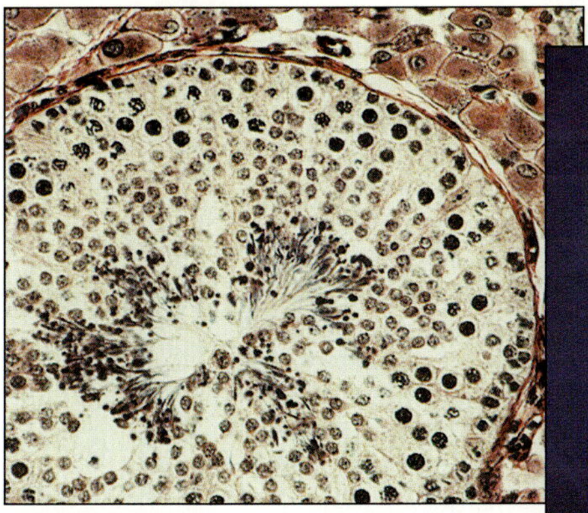

*4 **Bildungsgewebe im Hoden***

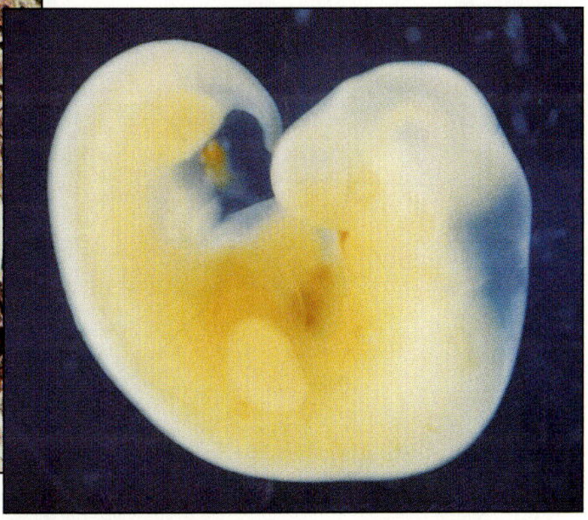

*5 **Menschlicher Embryo** (fünf Wochen alt)*

Pinnwand

ZELLKERN – TRÄGER DER ERBANLAGEN

DNA – eine Säure ist die Erbsubstanz

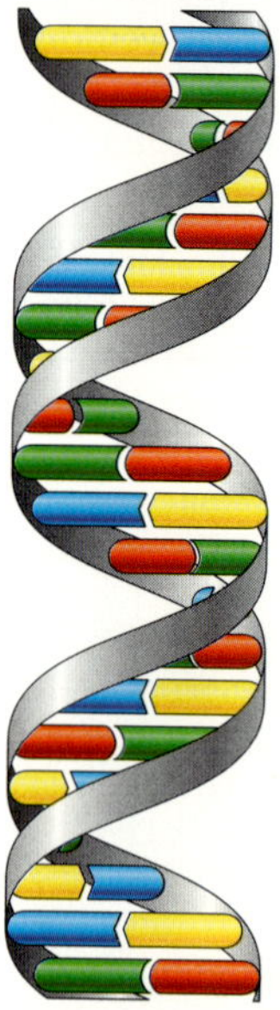

Die Kernsäuren oder *Nucleinsäuren* bilden zusammen mit Eiweißstoffen die Chromosomen. Chromosomen sind Träger der Erbanlagen. Dabei stellt eine bestimmte Art von Nucleinsäuren die Erbsubstanz dar. Es ist die Desoxyribonucleinsäure (**DNA**, von engl. **D**esoxyribo **N**ucleic **A**cid).

Die DNA ist ein langkettiges Teilchen. Man muss es sich wie eine gedrehte Strickleiter aufgebaut vorstellen. Die beiden „Seile“ sind einheitlich aus gleichen Bausteinen zusammengesetzt. Bei den „Sprossen“ hingegen gibt es zwei verschiedene Typen. Jeder Sprossentyp setzt sich aus zwei ineinander passenden Bausteinen, also einem Bausteinpaar, zusammen. Diese beiden Bausteinpaare sind für jede DNA in einer festgelegten Reihenfolge angeordnet. Diese Reihenfolge der Sprossenbausteine ist sozusagen der Erbinformationsspeicher für die Ausbildung von Merkmalen. Dies gilt für alle Lebewesen einschließlich des Menschen.

Acetabularia

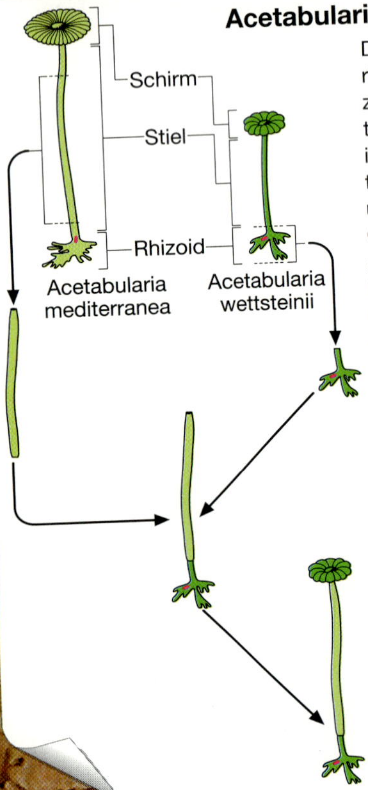

Die Grünalge Acetabularia besteht aus einer einzigen mehrere Zentimeter großen Zelle. Diese ist in einen gekammerten Schirm, einen Stiel und ein wurzelartiges Gebilde, das Rhizoid, gegliedert. Im Rhizoidbereich liegt der Zellkern. Es gibt verschiedene Acetabularia-Arten, die sich vor allem in der Form des Schirms unterscheiden. Zur Klärung der Bedeutung des Zellkerns für die Zelle wurden verschiedene Versuche mit Acetabularia-Arten durchgeführt. Dabei wurden Zellabschnitte von einer Pflanze auf die andere übertragen (= Transplantation). Dort wuchsen sie ohne Schwierigkeiten mit der jeweils anderen Pflanze zusammen.

Entnahme von einem Zellkern aus einer Eizelle

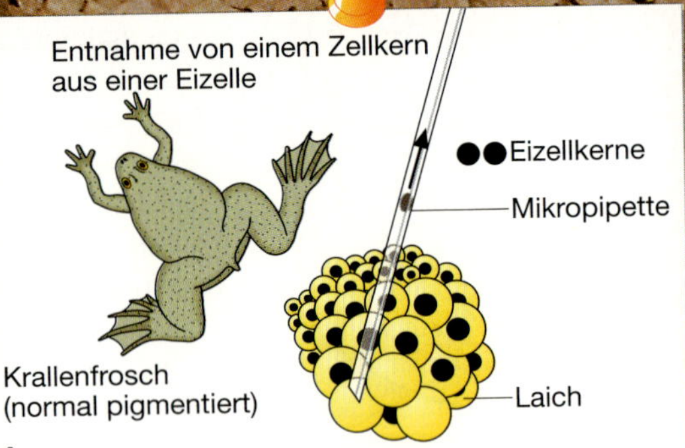

A

Entnahme von einem Zellkern aus einer Hautzelle

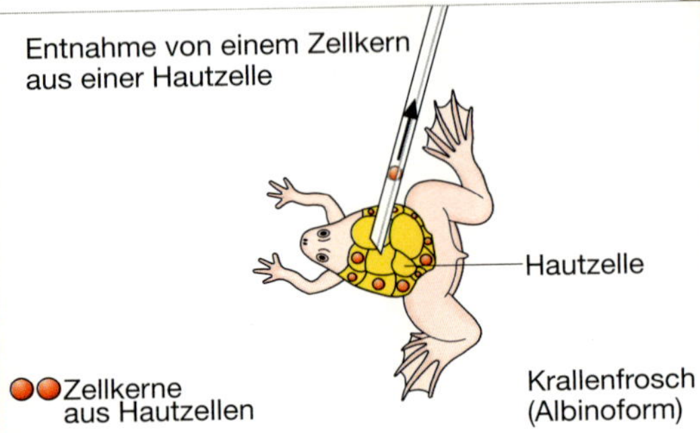

B

Transplantation eines Zellkerns einer Hautzelle der Albinoform in die entkernte Eizelle der pigmentierten Form

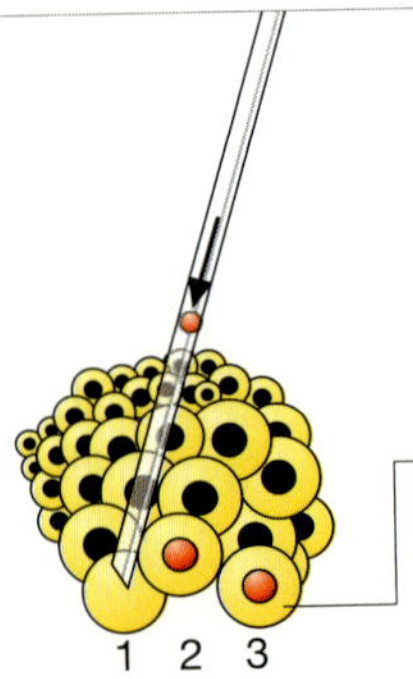

C

Albinofrösche aus den kerntransplantierten Eizellen 1, 2 und 3

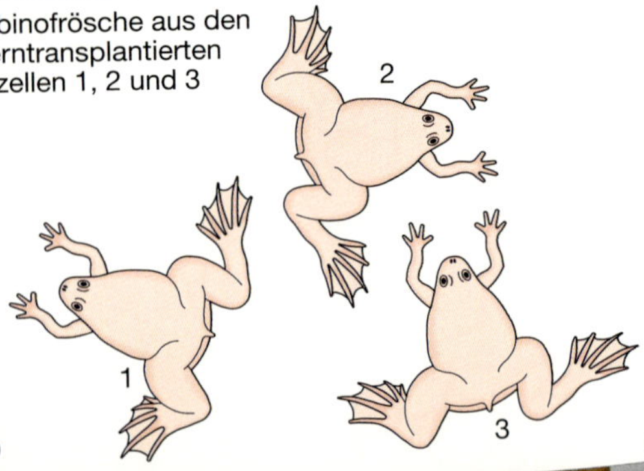

D

Übung

Chromosomen

V1 Bau von Chromosomenmodellen

Material: Klingeldraht (oder „Pfeifenputzer", z. B. vier 40 cm lange weiße und vier 20 cm lange rote Drahtstücke); 4 Druckknöpfe; Kugelschreibermine; weißes DIN-A4-Papier

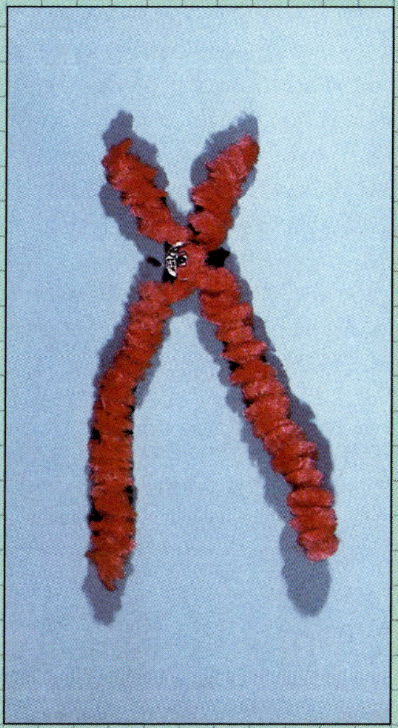

Durchführung: Aus zwei gleich langen Klingeldrahtstücken und einem Druckknopf wird ein Zwei-Chromatiden-Chromosom gebaut. Dabei wird jedes Drahtstück so durch zwei benachbarte Löcher einer Druckknopfhälfte gezogen, dass ungleich lange Bereiche entstehen. Die Drahtstücke werden dann über den Druckknopf miteinander verbunden.

Die so hergestellten vier Chromosomenmodelle werden „geknäuelt" auf das Blatt Papier gelegt. Dies entspricht der späten Prophase der Mitose.

Zur Veranschaulichung von verdichteten Chromosomen werden die Drahtstücke mithilfe der Kugelschreibermine aufgeschraubt.

Aufgaben: a) Welche Teile des Chromosomenmodells entsprechen den Teilen eines Chromosoms in Wirklichkeit?

b) Lege die vier Chromosomenmodelle auf ein Blatt Papier. Vollziehe die Kernteilung wie in Abbildung 2 auf Seite 108 nach. Erläutere.

c) Nach der Entstehung der Tochterzellen soll eine davon im Modellversuch erneut geteilt werden. Vollziehe diese Teilung am Modell nach. Erläutere dein Vorgehen.

V2 Mikroskopische Untersuchung von Mitosestadien

Material: Mikroskop und Zubehör; Zeichenpapier; Zeichenmaterial; Dauerpräparat einer Wurzelspitze der Küchenzwiebel (aus der Biologiesammlung)

Durchführung: Mikroskopiere das Bildungsgewebe der Wurzelspitze einer Küchenzwiebel bei mittlerer Vergrößerung.

Aufgabe: Suche vier Zellen in verschiedenen Phasen der Kernteilung. Stelle die stärkste Vergrößerung ein und zeichne diese Zellen. Gib durch Ziffern den zeitlichen Verlauf der Kernteilung an.

A3 Zustände von Chromosomen

In welchen Zuständen liegen die Chromosomen beim Menschen in a) Mundschleimhautzellen, b) Leberzellen, c) Spermienzellen, d) Eizellen und e) Eimutterzellen zu Beginn der Teilung vor?

A4 Mitose bei Pflanzenzellen

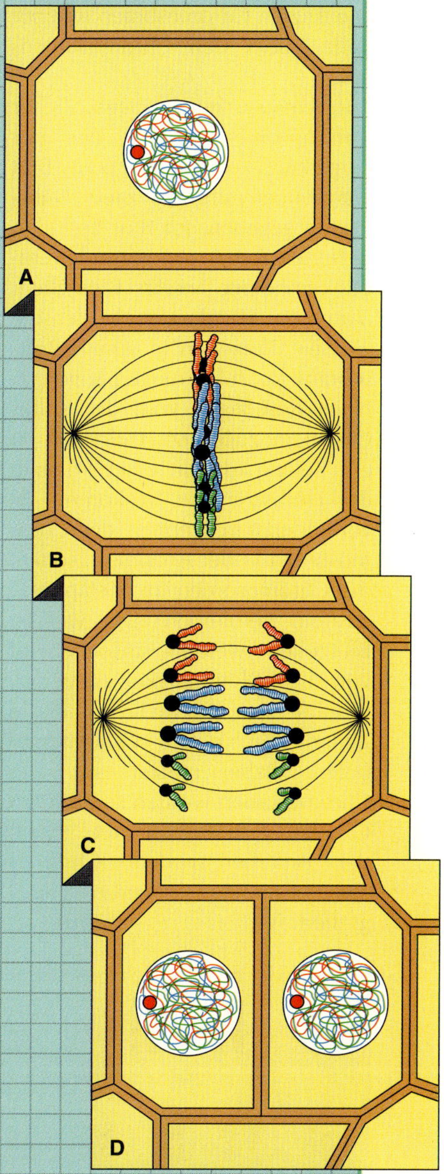

a) Beschreibe den Ablauf der Mitose und der Zellteilung einer Pflanzenzelle.

b) Worin unterscheiden sich die Mitosen von Pflanze und Mensch?

2.2 Der Chromosomensatz des Menschen

In der Metaphase einer Mitose sind die Zwei-Chromatiden-Chromosomen lichtmikroskopisch besonders gut zu erkennen und zu zählen. Die Anzahl Chromosomen in einer Zelle bildet den Chromosomensatz.

Zur Untersuchung menschlicher Chromosomen werden aus der Fingerkuppe einige Tropfen Blut entnommen und in eine Nährlösung gegeben. Im Blut befinden sich viele kernlose rote und wenige kernhaltige weiße Blutzellen. Durch die Nährlösung werden die weißen Blutzellen in einem Brutschrank zu Zellteilungen angeregt. Nach drei Tagen wird der Kultur Colchicin zugesetzt. Colchicin ist ein Zellgift, das in einer Pflanze, der Herbstzeitlose, vorkommt. Es verhindert ein Trennen der Chromosomen in der Anaphase, sodass die Chromosomen im Metaphasezustand verbleiben. Die weißen Blutzellen werden anschließend von der Blutflüssigkeit getrennt. Mithilfe einer Pipette lässt man die Zellen auf einen Objektträger fallen. Dabei platzen sie. Die Chromosomen werden so auf dem Objektträger ausgebreitet. Nach dem Anfärben wird der Chromosomensatz mikroskopiert und fotografiert.

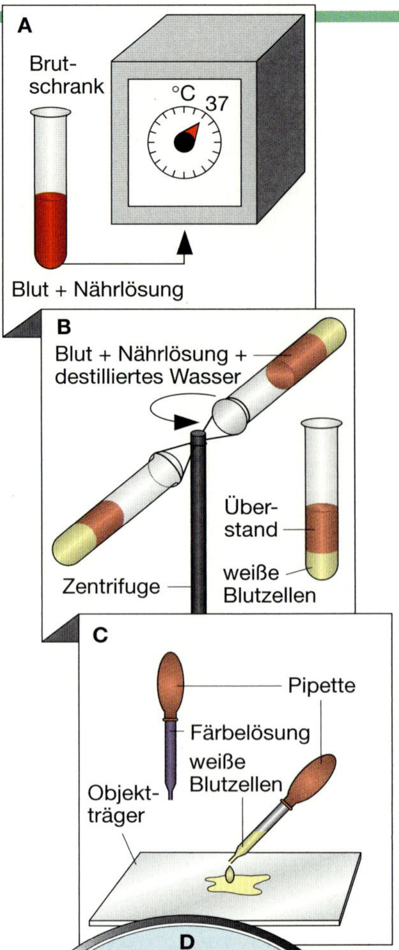

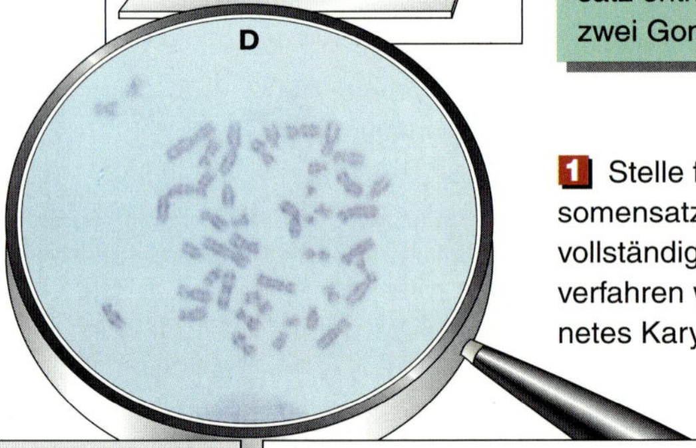

Verwendet man zum Färben einen bestimmten Farbstoff, werden Bandenmuster auf den Chromosomen sichtbar. Aus dem Foto werden die Chromosomen ausgeschnitten und nach ihrer Größe und der Lage des Centromers geordnet. Der geordnete Chromosomensatz heißt **Karyogramm.** Im Karyogramm des Menschen zählt man 46 Chromosomen. Dabei fällt auf, dass jeweils zwei Chromosomen in Form, Größe und Bandenmuster übereinstimmen. Man nennt sie *homologe Chromosomen.* Im Karyogramm eines Mannes findet man 22 solcher Chromosomenpaare. Sie heißen *Autosomen.* Hinzu kommen noch zwei weitere unterschiedlich gestaltete Chromosomen, die Geschlechtschromosomen oder *Gonosomen.* Im Karyogramm einer Frau liegen auch 22 Autosomenpaare, aber zwei gleich aussehende Gonosomen vor.

Der menschliche Chromosomensatz enthält 44 Autosomen und zwei Gonosomen.

1 Stelle fest, ob der Chromosomensatz in Abbildung 1 D vollständig ist. Wie muss weiterverfahren werden, um ein geordnetes Karyogramm herzustellen?

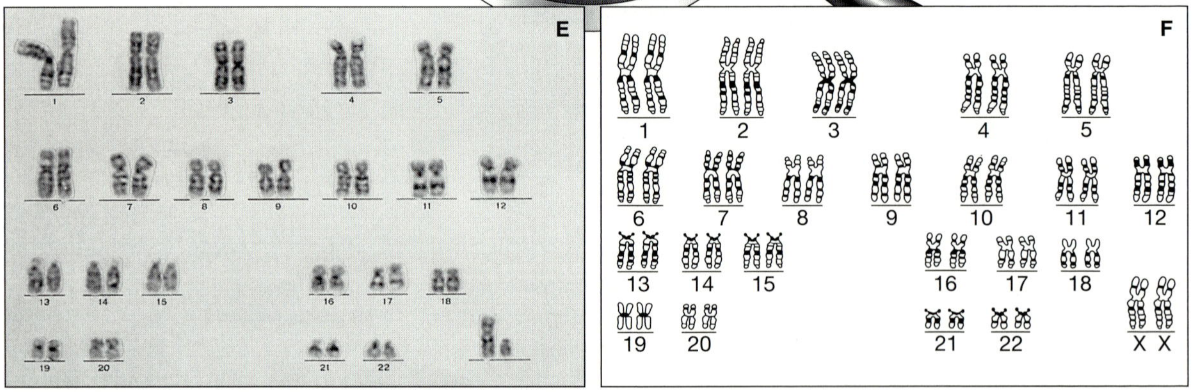

1 ***Chromosomenpräparation. A*** *Kultivierung von Blutzellen;* ***B*** *Zentrifugation;* ***C*** *Auftropfen von Blutzellen;* ***D*** *Chromosomensatz (Foto);* ***E*** *Karyogramm Mann (Foto);* ***F*** *Karyogramm Frau (Schema)*

Pinnwand

CHROMOSOMENZAHLEN

Maultier

Maulesel heißen die Nachkommen eines Pferdehengstes und einer Eselstute, Maultiere die eines Eselhengstes und einer Pferdestute.

Karyogramme von Mensch und Menschenaffen

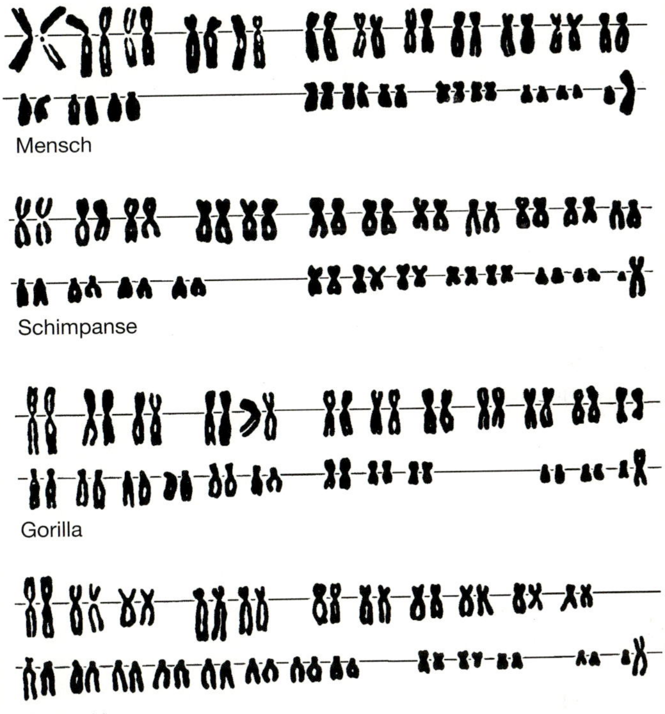

2 Vergleiche die Chromosomensätze von Mensch und Menschenaffen.

3 Welche Schlussfolgerung hinsichtlich der Verwandtschaft von Mensch und Menschenaffen ergibt sich aus dem Vergleich der Chromosomensätze?

Chromosomenzahlen von Pflanzen

Adlerfarn	104	Löwenzahn	104
Raps	38	Birke	84
Erbse	14	Rosskastanie	14
Sauerkirsche	32	Fichte	24
Schachtelhalm	216	Gartenbohne	216
Kartoffel	48	Küchenzwiebel	48

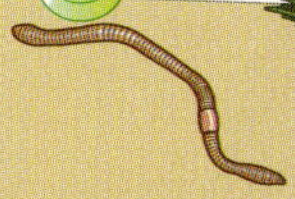

Chromosomenzahlen von Tieren

Stechmücke	6	Biene	32
Mehlkäfer	20	Regenwurm	32
Karpfen	104	Kreuzkröte	22
Grasfrosch	26	Amsel	80
Haushuhn	78	Hase	48
Hauskatze	38	Hund	78
Pferd	64	Esel	62
Eidechse	38	Stubenfliege	12

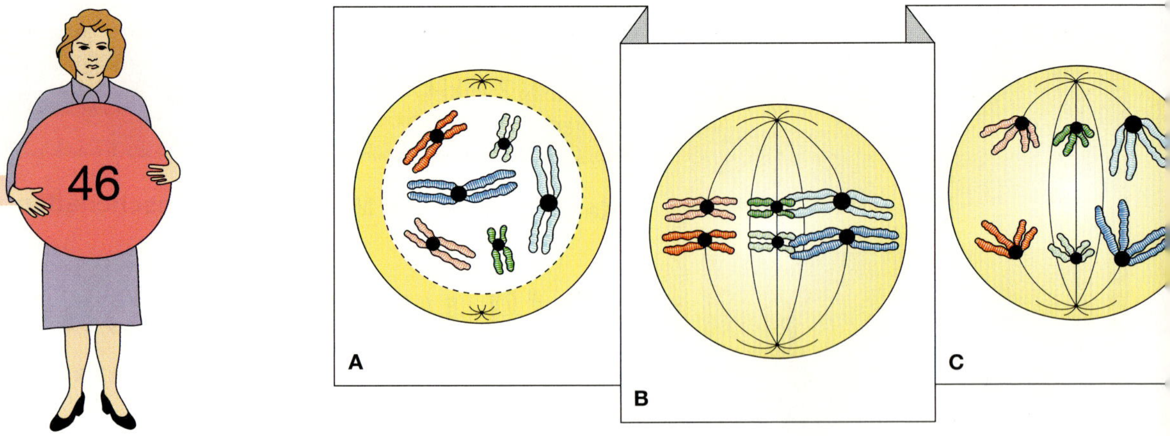

***1 Geschlechtszellenbildung bei der Frau. A** bis **F** Schema (am Beispiel von sechs der 46 Chromosomen);*
***G** Eizelle (mikroskopische Aufnahme)*

2.3 Geschlechtszellen enthalten den einfachen Chromosomensatz

In jeder Körperzelle von Frau und Mann befinden sich 46 Chromosomen. Sie setzen sich aus 23 Chromosomenpaaren zusammen. Die Chromosomen eines jeden Paares sehen gleich aus, sie sind homolog. Eine Ausnahme bilden die Geschlechtschromosomen beim Mann. Sie haben unterschiedliche Größe und Form. Bei der Frau dagegen sehen die Geschlechtschromosomen gleich aus.

Bei der sexuellen Fortpflanzung verschmilzt der Zellkern einer Spermienzelle mit dem der Eizelle. Die befruchtete Eizelle enthält jedoch nicht 92, sondern wieder nur 46 Chromosomen. Da aus der befruchteten Eizelle alle Körperzellen des Kindes durch mitotische Zellteilungen hervorgehen, hat das Kind in jeder Körperzelle ebenfalls 46 Chromosomen. Daraus kann der Schluss gezogen werden, dass Geschlechtszellen einen einfachen oder **haploiden** Chromosomensatz von 23 Chromosomen aufweisen. Bei der Befruchtung vereinigen sich die beiden haploiden Chromosomensätze zu einem doppelten, dem **diploiden** Chromosomensatz.

Wie entstehen nun haploide Geschlechtszellen? Dieser Vorgang ist bei der Reifung der Geschlechtszellen zu beobachten. Zur Bildung von Geschlechtszellen aus Geschlechtsmutterzellen sind zwei Zellteilungen, so genannte *Reifeteilungen,* erforderlich, die man zusammen als **Meiose** bezeichnet.

Die Halbierung des diploiden Chromosomensatzes einer Geschlechtsmutterzelle findet in der *1. Reifeteilung* statt. Da der diploide Chromosomensatz verringert, also reduziert wird, spricht man auch von der *Reduktionsteilung.*

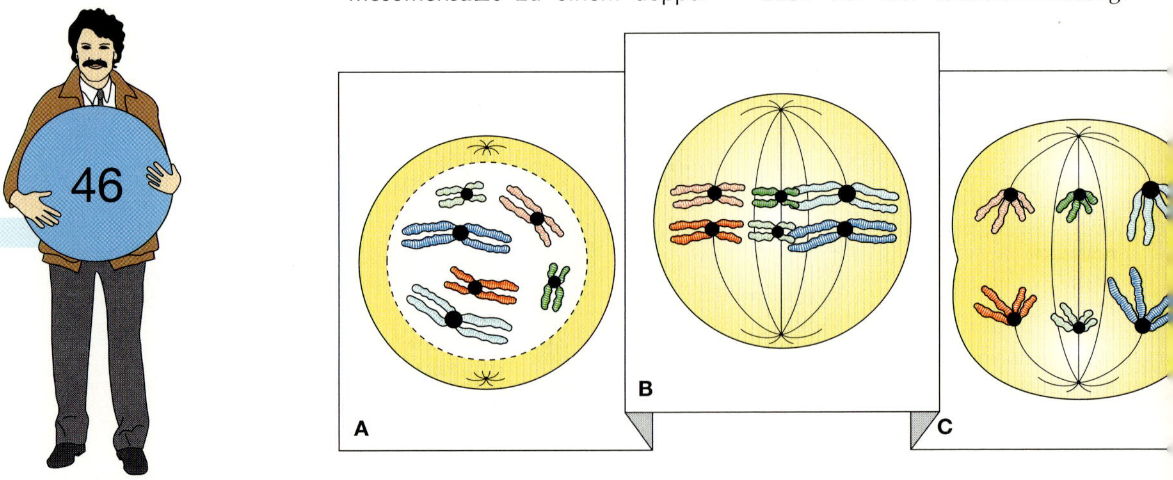

***2 Geschlechtszellenbildung beim Mann. A** bis **F** Schema (am Beispiel von sechs der 46 Chromosomen);*
***G** Spermien (mikroskopische Aufnahme)*

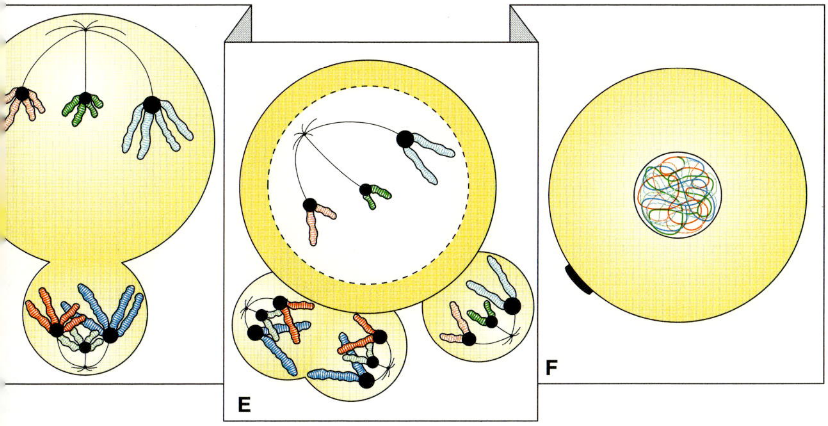

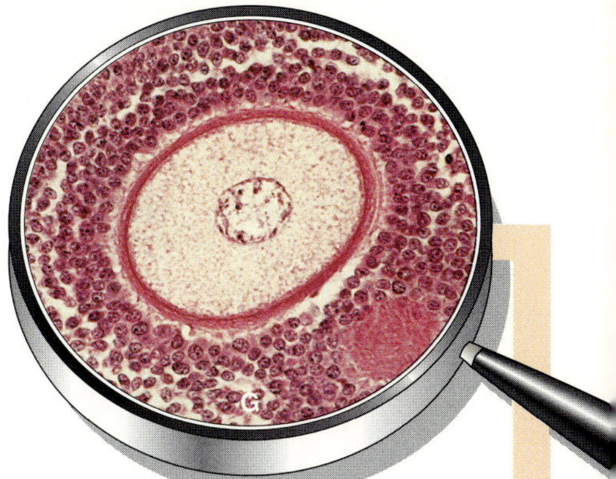

Im Verlaufe der Prophase verdichten sich die bis dahin fädigen Zwei-Chromatiden-Chromosomen. Sie werden dann in der Metaphase zur Zellmitte bewegt. Dabei legen sich die homologen Zwei-Chromatiden-Chromosomen paarweise zusammen. In der folgenden Anaphase werden diese nun zu den entgegengesetzten Zellpolen transportiert. Dabei ist es dem Zufall überlassen, welches Zwei-Chromatiden-Chromosom aus jedem Paar in die eine oder andere Tochterzelle gelangt. An jedem Zellpol liegt nun ein einfacher Chromosomensatz aus Zwei-Chromatiden-Chromosomen. Diese werden in einer sofort anschließenden *2. Reifeteilung,* die einer Mitose ähnlich ist, in die Ein-Chromatid-Chromosomen getrennt. So entstehen aus einer Spermienmutterzelle vier haploide Spermienzellen. Auch aus einer Eimutterzelle gehen vier Zellen hervor. Allerdings verkümmern drei dieser Zellen zugunsten einer haploiden, plasmareichen Eizelle.

Bei der Geschlechtszellenbildung erfolgt die Reduktion des diploiden Chromosomensatzes zu zwei haploiden Chromosomensätzen. Dies geschieht in der 1. Reifeteilung der Meiose.

1 Worin unterscheidet sich die Meiose bei Mann und Frau?

2 Die Chromosomensätze auf der Pinnwand Seite 107 enthalten immer eine gerade Anzahl von Chromosomen. Erläutere.

3 Das Maultier kann keine befruchtungsfähigen Geschlechtszellen bilden. Erläutere. Nimm die Pinnwand Seite 107 zu Hilfe.

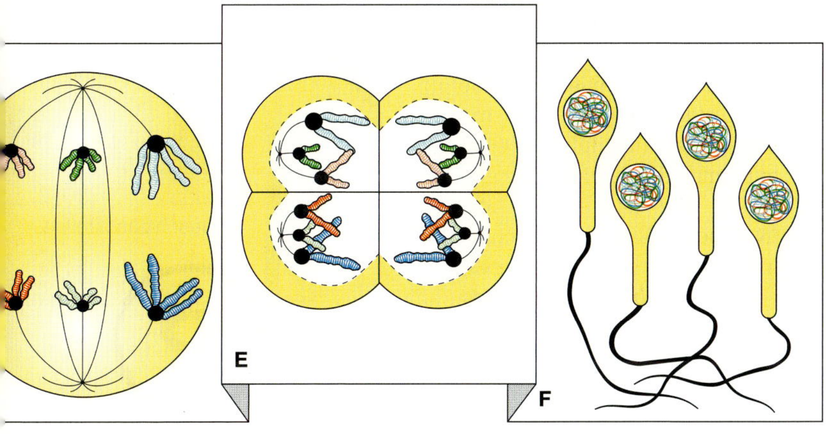

1 Johann Gregor MENDEL
(1822–1884)

3 MENDEL entdeckte die Vererbungsregeln

3.1 Phänotyp und Genotyp

Lange Zeit war es nicht möglich, die Vererbung von Merkmalen zu erklären. Der Augustinermönch MENDEL war der Erste, der in der Mitte des vorigen Jahrhunderts über Versuche einige Gesetzmäßigkeiten der Vererbung entdeckte.

> Stichwort
>
> **Rasse**
>
> Als Rasse bezeichnete MENDEL die Lebewesen einer Art, die sich in einem oder mehreren Merkmalen voneinander unterscheiden.

MENDEL experimentierte mit Rassen der Gartenerbse. Dabei wählte er Pflanzen, die sich in einem oder in wenigen Merkmalen wie der Blütenfarbe oder Farbe und Form der Samen unterschieden. Er nahm nur solche Pflanzen, die das bestimmte Merkmal über mehrere Generationen beibehielten. Solche Pflanzen sind bezüglich dieses Merkmals **reinerbig.** So wählte MENDEL zum Beispiel eine Erbsenrasse mit reinerbig weißen und eine mit reinerbig roten Blüten aus. Diese Pflanzen bildeten die Elterngeneration, die **Parentalgeneration (P).** Von den jungen Blüten der weiß blühenden Pflanzen entfernte er die Staubblätter, um eine Selbstbestäubung zu verhindern. Dann bestäubte er die Narben dieser Blüten mit Pollenkörnern der rot blühenden Erbsenpflanzen. Nach der Befruchtung der Eizellen in den Samenanlagen durch die männlichen Geschlechtszellen entwickeln sich die Samen. Eine solche Vereinigung von Geschlechtszellen verschiedener Rassen heißt auch *Kreuzung.* Die Embryonen in den Samen stellen die 1. Tochtergeneration, die 1. **Filialgeneration (F_1),** dar. MENDEL säte dann diese Samen aus. Nach der Keimung entwickelten sich Erbsenpflanzen mit ausschließlich roten Blüten. Wie war das zu erklären?

Man könnte vermuten, dass die Herkunft der Pollenkörner für die Ausbildung der Blütenfarbe verantwortlich ist. MENDEL führte daher die umgekehrte, die *reziproke,* Kreuzung durch, indem er Pollenkörner der weiß blühenden Rasse auf die Narben der rot blühenden Rasse übertrug. In der F_1-Generation erhielt er wieder einheitlich rot blühende Pflanzen. Diese Beobachtungen sowie viele weitere Untersuchungen auch mit anderen Merkmalen führten MENDEL zur Entdeckung einer Gesetzmäßigkeit, die später als die **1. MENDELsche Regel** bezeichnet wurde: *Kreuzt man Lebewesen einer Art, die sich in einem Merkmal unterscheiden, für das sie reinerbig sind, so sind die Nachkommen in der F_1-Generation in Bezug auf dieses Merkmal untereinander gleich (= uniform).*

Diese **Uniformitätsregel** gilt auch bei reziproker Kreuzung.

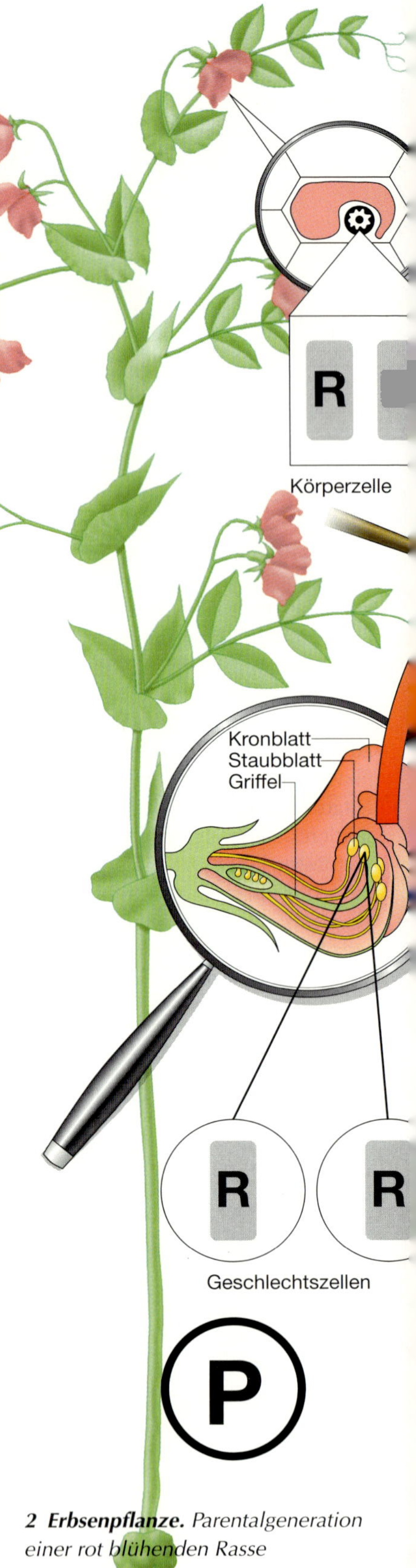

2 Erbsenpflanze. *Parentalgeneration einer rot blühenden Rasse*

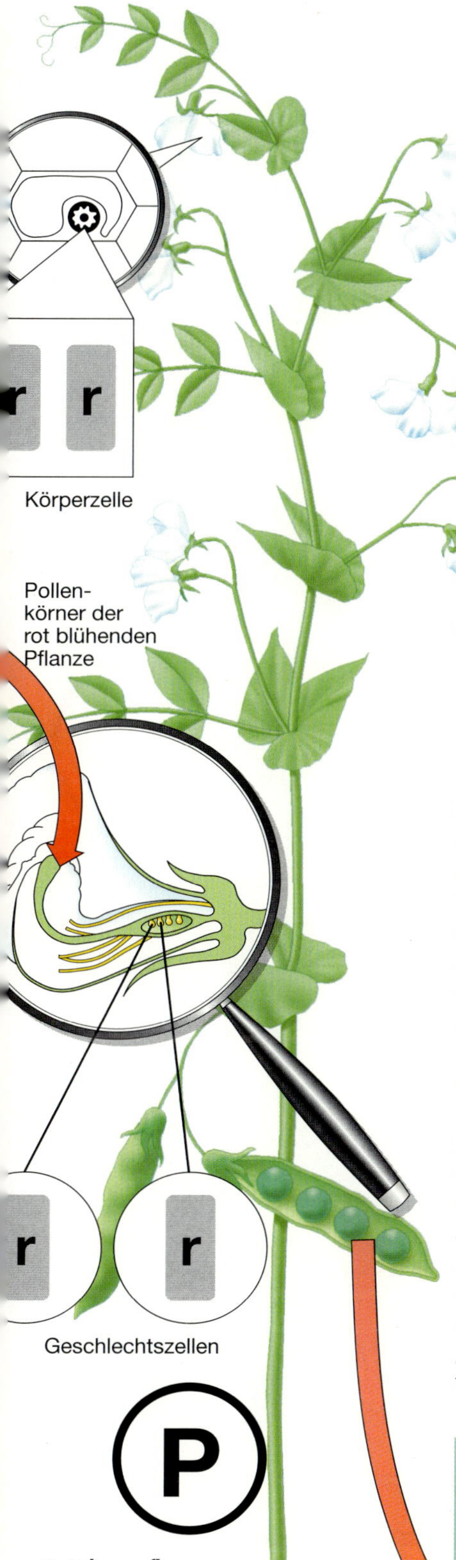

MENDEL nahm an, dass jedes Merkmal im äußeren Erscheinungsbild, dem *Phänotyp,* durch das Zusammenwirken von zwei Erbanlagen ausgebildet wird. Daraus ergibt sich, dass die Geschlechtszellen für jedes Merkmal nur eine Erbanlage enthalten. Bei der Kreuzung in den Abbildungen 2 und 3 besitzt die rot blühende Pflanze in der männlichen Geschlechtszelle die Anlage zur Ausbildung der roten Blütenfarbe und die Eizelle der weiß blühenden Pflanze die Erbanlage für eine weiße Blüte. Treffen nun beide Geschlechtszellen bei der Befruchtung zusammen, enthält die Zygote zwei Erbanlagen für die Blütenfarbe: „rot" und „weiß". Weshalb entwickelt die jetzt heranwachsende Tochtergeneration rote Blüten?

MENDEL erklärte dies folgendermaßen: Von den beiden Erbanlagen ist die Anlage für rote Blütenfarbe „stärker" und „unterdrückt" die Anlage für „weiß". Man sagt, diese Anlage ist **dominant** und kennzeichnet sie durch einen Großbuchstaben (R). Die unterdrückte Anlage wird als **rezessiv** bezeichnet und mit dem entsprechenden Kleinbuchstaben (r) benannt. Die befruchtete Eizelle sowie alle sich daraus entwickelnden Körperzellen der F_1-Generation haben dann bezüglich des Merkmals „Blütenfarbe" die Anlagenverteilung oder den *Genotyp* Rr. Da die F_1-Nachkommen für dieses Merkmal *mischerbig* sind, spricht man auch von Mischlingen oder *Hybriden,* bei Tieren von Bastarden.

MENDEL entdeckte Gesetzmäßigkeiten der Vererbung, indem er Kreuzungsversuche mit Erbsenrassen durchführte.

3 ***Erbsenpflanze.*** *Parentalgeneration einer weiß blühenden Rasse*

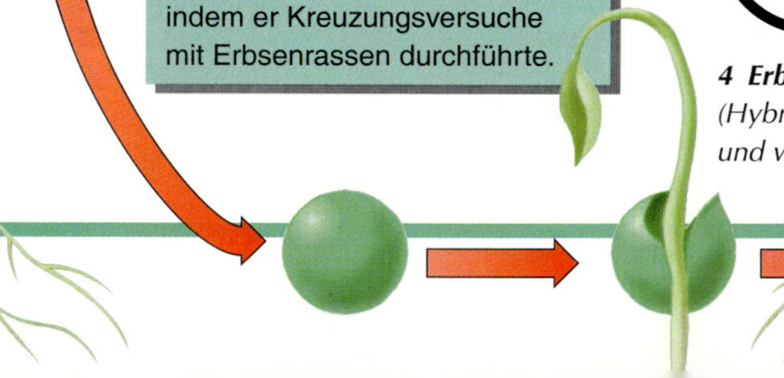

4 ***Erbsenpflanze.*** *F_1-Generation (Hybride) aus einer reinerbig rot und weiß blühenden Rasse*

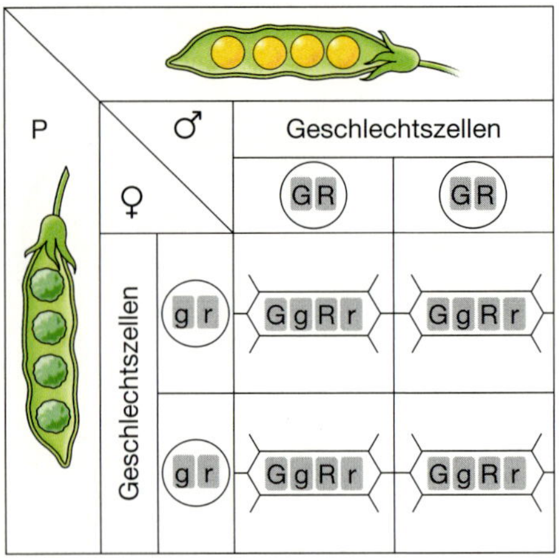

*1 **Kombinationsquadrat mit F_1-Generation** (dihybrider Erbgang)*

3.2 Erbanlagen können kombiniert werden

MENDEL untersuchte verschiedene Merkmale bei Erbsenpflanzen hinsichtlich ihrer Vererbung. Kreuzte er Erbsenpflanzen, die reinerbig gelbe Samen ausbilden, mit einer reinerbig grünsamigen Rasse, fand er in den Hülsen der F_1-Pflanzen nur gelbe Samen. Die F_1-Generation zeigt also Uniformität für dieses Merkmal. Ferner kann dem Ergebnis entnommen werden, dass die Anlage, das **Gen,** für die Ausbildung des Merkmals „gelbe Samenfarbe“ dominant ist gegenüber dem Gen zur Ausbildung der grünen Samenfarbe. Es liegt also ein *dominant-rezessiver Erbgang* vor. Geht das Merkmal „grüne Samenfarbe“ in der F_1 verloren? Zur Klärung dieser Frage säte MENDEL die Samen der F_1-Hybriden aus und vermehrte die Pflanzen durch Selbstbestäubung. Dann untersuchte er das Aussehen der 2. Tochtergeneration, der *F_2-Generation.* Auf dem Beet wuchsen 258 F_2-Erbsenpflanzen, von denen er 8023 Samen erntete. Diese waren nicht einheitlich gefärbt: MENDEL zählte 6022 gelbe und 2001 grüne Samen. Das entspricht annähernd einem Verhältnis von 75 % : 25 %.

Die Merkmale der Parentalgeneration spalteten sich in der F_2-Generation in einem bestimmten Zahlenverhältnis wieder auf. Kontrollversuche mit anderen Merkmalen ergaben immer ein ähnliches Ergebnis. Daraus leitete sich eine weitere Gesetzmäßigkeit der Vererbung von Merkmalen ab, die später als **2. MENDELsche Regel** oder **Spaltungsregel** formuliert wurde: *Kreuzt man die Mischlinge der F_1-Generation untereinander, so spalten sich die Merkmale der Eltern in der F_2-Generation in einem bestimmten Zahlenverhältnis wieder auf, und zwar beim dominant-rezessiven Erbgang im Verhältnis 75 % : 25 % (3 : 1).*

Erbgänge, bei denen sich die Eltern nur in einem Merkmal unterscheiden, nennt man **monohybrid.** MENDEL kreuzte auch Erbsenrassen, die sich in mehreren Merkmalen unterschieden. So untersuchte er einen Erbgang mit zwei Merkmalen, einen **dihybriden Erbgang.** Bei der Kreuzung von Erbsenrassen mit reinerbig gelben, runden und reinerbig grünen, runzligen Samen war die F_1-Generation erwartungsgemäß uniform. Es traten nur gelbe, runde Samen auf. Die Gene für gelb und rund sind also dominant. Ein solcher Erbgang lässt sich an einem Erbschema in Form eines Kombinationsquadrates nachvollziehen. Heute weiß man, dass die Anlage für die Ausbildung der Samenfarbe auf einem anderen Chromosom liegt als die Anlage für die Ausbildung der Samenform. Bei der Kreuzung der F_1-Nachkommen untereinander erhielt MENDEL in der F_2-Generation auch Samen mit neuen Eigenschaften: Von 556 gezählten Samen der F_2-Generation waren 315 gelb und rund, 101 gelb und runzlig, 108 grün und rund so-

*2 **Erbsenpflanze.** Dihybride F_1-Generation mit Geschlechtszellenbildung. **G** = gelb; **g** = grün; **R** = rund; **r** = runzlig*

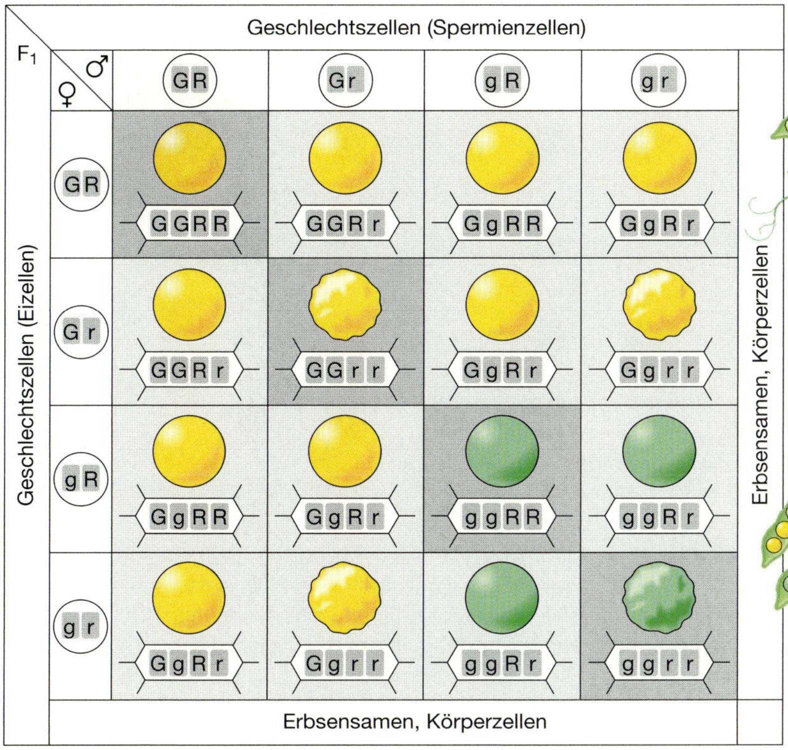

3 ***Kombinationsquadrat mit F_2-Generation*** *(dihybrider Erbgang)*

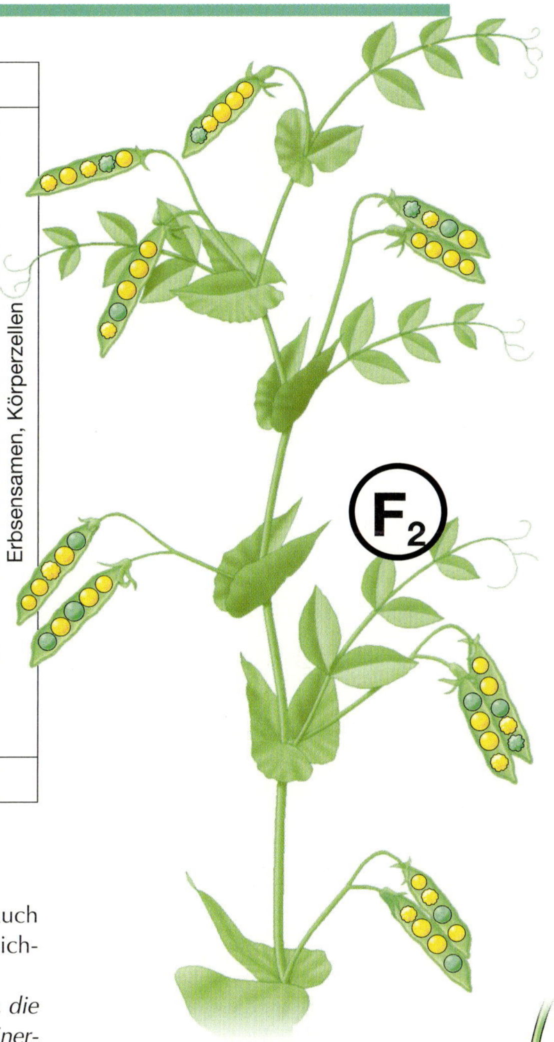

4 ***Erbsenpflanze***
(dihybride F_2-Generation)

wie 32 grün und runzlig. Das ergibt eine Aufspaltung in einem Verhältnis von 9/16 : 3/16 : 3/16 : 1/16 oder 9 : 3 : 3 : 1. Die Gene zur Ausbildung von Farbe und Form der Samen der Ausgangsrassen waren also unabhängig voneinander kombiniert worden. So kam es auch zu Neukombinationen wie zum Beispiel gelbe und runzlige Samen. In der F_1-Generation sind sowohl in den männlichen als auch in den weiblichen Blütenorganen Geschlechtszellen gebildet worden, in denen vier verschiedene Genkombinationen möglich sind. Im Kombinationsquadrat ergeben sich danach vier mal vier, also 16 Genkombinationen für die F_2-Generation. In der Diagonalen sind doppelt reinerbige Sorten angeordnet. Zwei von ihnen entsprechen dem Genotyp der P-Generation, zwei sind Neukombinationen, also neu entstandene Rassen. Diese Neukombination von Genen beinhaltet die **3. MENDELsche Regel,** die auch als **Unabhängigkeitsregel** bezeichnet wird:

Kreuzt man Lebewesen einer Art, die sich in mehreren Merkmalen reinerbig unterscheiden, so werden die einzelnen Gene bei der Bildung der Geschlechtszellen unabhängig voneinander verteilt. Bei der Befruchtung können die Gene dann in neuen Kombinationen zusammentreten.

In einem dihybriden Erbgang werden die Gene unabhängig voneinander weitergegeben und können neu kombiniert werden. Auf diese Weise entstehen neue Rassen.

1 Auf den Seiten 110 und 111 wird die Kreuzung einer rot blühenden mit einer weiß blühenden Erbsenrasse beschrieben. Erstelle ein Erbschema (Kombinationsquadrat) für die F_1 und eines für die F_2.

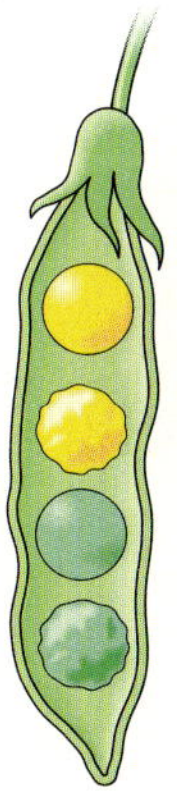

2 Erstelle Kombinationsquadrate für die Kreuzung von Erbsenrassen mit reinerbig gelben und grünen Samen bis zur F_2.

3 Du siehst zwei verschiedene weiß blühende Erbsenpflanzen. Welche Genotypen liegen bezüglich der Blütenfarbe vor?

4 Ermittle das Zahlenverhältnis für die verschiedenen Phänotypen der F_2-Generation in der Abbildung 3.

5 Die Nachkommen einer mischerbig rot blühenden Erbsenpflanze und einer weiß blühenden spalten sich in beide Merkmale auf, und zwar im Zahlenverhältnis 1 : 1. Zeige dies an einem Erbschema.

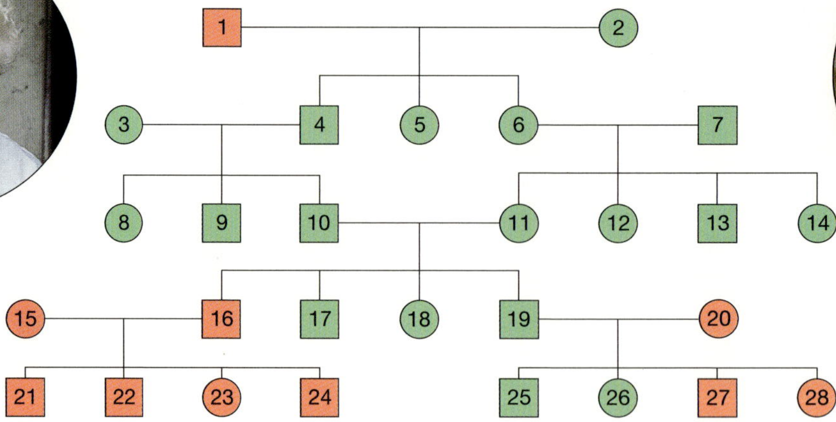

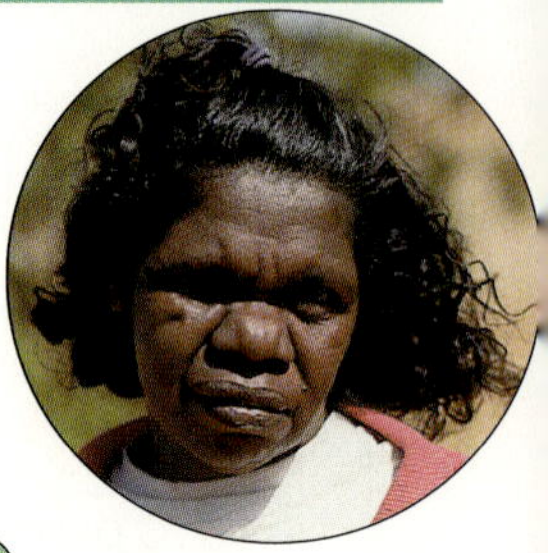

1 Stammbaum einer Aboriginefamilie (Ureinwohner Australiens) mit Albinismus

4 Untersuchung von Erbanlagen beim Menschen

Weiß gefärbte Haare, Wimpern und Augenbrauen, rötliche Augen sowie hellrosa Haut sind Merkmale von Albinos. Albinos sind Menschen, bei denen der Aufbau von Farbstoffen, den Pigmenten, gestört ist. Die Augen erscheinen zum Beispiel rot, weil die Iris keine Farbstoffe enthält und somit das Blut in der Aderhaut hindurchschimmert. Die Augen sind daher sehr lichtempfindlich. *Albinismus,* so heißt diese Krankheit, ist auf eine defekte Erbanlage zurückzuführen, wodurch die Pigmentbildung in den Zellen unzureichend oder gar nicht erfolgt. Wie wird diese Anlage, dieses Gen, an die Nachkommen vererbt? Da Kreuzungsversuche an Menschen aus ethischen Gründen nicht in Frage kommen, müssen andere Methoden zur Ermittlung von Erbgängen beim Menschen herangezogen werden. Eine wichtige Methode ist die **Familienforschung.** Hierbei wird das Auftreten von Merkmalen über möglichst viele Generationen hinweg untersucht. Man stellt also Stammbäume auf, an denen die Gültigkeit von Erbgesetzen ermittelt werden kann. Betrachtet man zum Beispiel den abgebildeten Stammbaum, sieht man, dass Albinismus bei Männern und Frauen auftritt. Ferner wird deutlich, dass das Krankheitsbild nicht in jeder Generation auftaucht. Dies lässt auf ein rezessives Gen für Albinismus schließen. Albino-Eltern sind also reinerbig wie ihre Nachkommen. Gesunde Eltern können dann ein Albinokind bekommen, wenn sie beide bezüglich dieses Merkmals heterozygot sind.

Albinismus kommt in Deutschland durchschnittlich einmal bei 40 000 Personen vor. Diese statistische Aussage betrifft die Gesamtbevölkerung, die regionale Häufigkeit kann jedoch unterschiedlich sein. Die Untersuchung einer großen Zahl von Menschen in einer Bevölkerung ist eine weitere wichtige Methode der Vererbungslehre beim Menschen. Eine solche **genetische Bevölkerungsanalyse** gibt Auskunft über die Verteilung und Häufigkeit von Erbkrankheiten in der Bevölkerung. Das ist zum Beispiel wichtig, um durch Vorsorgeuntersuchungen von Säuglingen angeborene Stoffwechselerkrankungen zu erkennen und zu behandeln.

Erbkrankheiten wie Albinismus, aber auch viele Merkmale beim Menschen, werden nach bestimmten Gesetzmäßigkeiten vererbt. Solche Merkmale bleiben im Laufe des Lebens eines Menschen in der gleichen Ausprägung erhalten. Dagegen verändern sich andere Eigenschaften wie zum Beispiel Körpergröße, Körpergewicht oder auch Intelligenz. Wird die Ausbildung solcher Merkmale möglicherweise von der Umwelt beeinflusst?

Zur Klärung dieser Frage setzt man die Methode der **Zwillingsforschung** ein. Es gibt eineiige und zweieiige Zwillinge. Eineiige Zwillinge gehen aus einer Zygote hervor, bei der sich nach der Teilung die Tochterzellen trennen. Aus diesen entstehen erbgleiche Lebewesen. *Zweieiige Zwillinge* hingegen entstehen aus zwei befruchteten Eizellen. Sie sind in ihren Erbanlagen nicht gleich.

Zur Untersuchung von Vererbungsvorgängen beim Menschen wurden an eineiigen sowie an zweieiigen Zwillingen statistische Erhebungen vorgenommen. Bei den eineiigen Zwillingen untersuchten die Forscher auch solche, die durch Zufall in früher Kindheit getrennt wurden und in verschiedener Umgebung aufwuchsen. Bei ihnen lässt sich der Einfluss von Erbgut und Umwelt deutlicher einschätzen. Vergleicht man

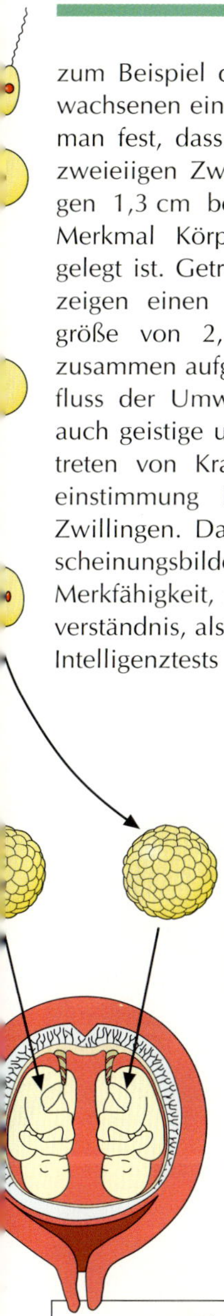

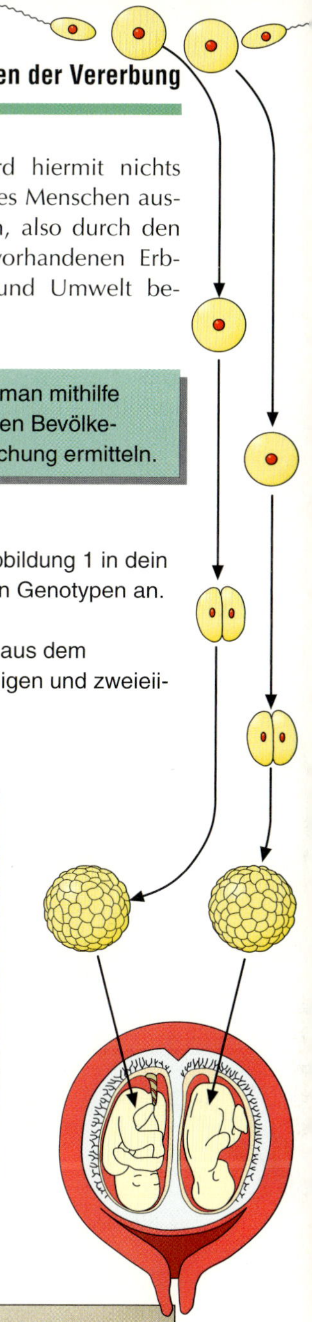

zum Beispiel die Körpergröße bei gemeinsam aufgewachsenen eineiigen und zweieiigen Zwillingen, stellt man fest, dass der durchschnittliche Unterschied bei zweieiigen Zwillingen 4,5 cm, bei eineiigen Zwillingen 1,3 cm beträgt. Hieraus folgert man, dass das Merkmal Körpergröße überwiegend genetisch festgelegt ist. Getrennt aufgewachsene eineiige Zwillinge zeigen einen deutlichen Unterschied ihrer Körpergröße von 2,1 cm. Diese Abweichung gegenüber zusammen aufgezogenen Zwillingen lässt auf den Einfluss der Umwelt schließen. Viele körperliche, aber auch geistige und seelische Merkmale sowie das Auftreten von Krankheiten zeigen eine größere Übereinstimmung bei eineiigen gegenüber zweieiigen Zwillingen. Das heißt, dass diese Merkmale und Erscheinungsbilder überwiegend erbbedingt sind.

Merkfähigkeit, schlussfolgerndes Denken und Zahlenverständnis, also die Fähigkeiten, die mit so genannten Intelligenztests gemessen werden, sind offenbar überwiegend angeboren. Allerdings wird hiermit nichts direkt über die Leistungsfähigkeit eines Menschen ausgesagt. Durch Erziehung und Lernen, also durch den Einfluss der Umwelt, können die vorhandenen Erbanlagen gefördert werden. Erbgut und Umwelt bestimmen den Menschen gemeinsam.

Die Vererbung beim Menschen kann man mithilfe der Familienforschung, der genetischen Bevölkerungsanalyse sowie der Zwillingsforschung ermitteln.

1 Übertrage den Stammbaum der Abbildung 1 in dein Heft. Gib zu jeder Person die möglichen Genotypen an. Verwende die Symbole A und a.

2 Welche Folgerungen ergeben sich aus dem Vergleich des Körpergewichts bei eineiigen und zweieiigen Zwillingen?

<table>
<tr><th rowspan="2">Zwillingspaare</th><th colspan="3">Unterschiede in</th><th colspan="3">Übereinstimmung in %</th></tr>
<tr><th>Körpergröße (cm)</th><th>Körpergewicht (kg)</th><th>Punkte beim Intelligenztest</th><th>Masern</th><th>Zuckerkrankheit</th><th>Tuberkulose</th></tr>
<tr><td>zweieiige Zwillinge</td><td>4,5</td><td>7,9</td><td>13,4</td><td>47</td><td>37</td><td>25</td></tr>
<tr><td>eineiige Zwillinge (getrennt aufgewachsen)</td><td>2,1</td><td>4,8</td><td>9,5</td><td rowspan="2">95</td><td rowspan="2">84</td><td rowspan="2">69</td></tr>
<tr><td>eineiige Zwillinge (gemeinsam aufgewachsen)</td><td>1,3</td><td>4,7</td><td>7,4</td></tr>
</table>

2 *Zwillinge.* *Merkmale und Krankheiten im Vergleich*

3 Eineiige Zwillinge

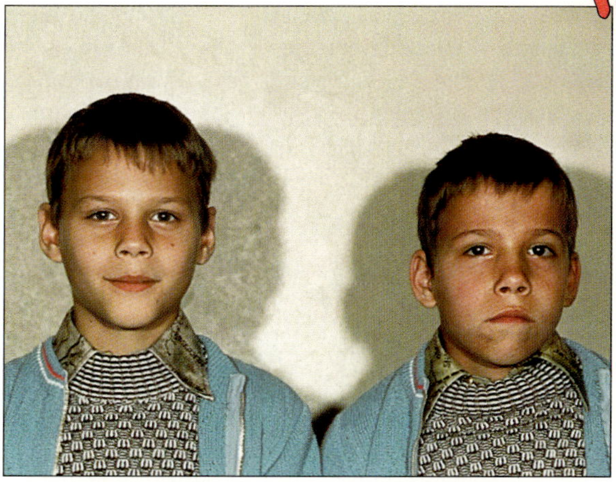

4 Zweieiige Zwillinge

5 Die Vererbung des Geschlechts

Der diploide Chromosomensatz eines Menschen setzt sich aus 44 Autosomen und zwei Gonosomen zusammen. Bei der Frau sind die Gonosomen gleich gestaltet und heißen *X-Chromosomen.* Beim Mann unterscheiden sich die Geschlechtschromosomen in Größe und Gestalt. Das größere der beiden bezeichnet man als *X-Chromosom,* das kleinere als *Y-Chromosom.* Offenbar muss das Y-Chromosom für die Ausbildung des männlichen Geschlechts verantwortlich sein.

Geschlechtszellen werden im Verlaufe der Meiose aus Geschlechtsmutterzellen gebildet. In den Eierstöcken der Frau reifen Eizellen mit dem haploiden Chromosomensatz 22+X heran. In den Hoden des Mannes liegen Spermienmutterzellen. Nach der Meiose enthält die eine Hälfte der Spermienzellen 22 Autosomen und ein X-Chromosom, die andere Hälfte 22 Autosomen und ein Y-Chromosom.

Die Entscheidung über das Geschlecht des Kindes fällt bei der *Befruchtung.* Dringt zufällig eine Spermienzelle mit dem X-Chromosom in die Eizelle ein, entsteht eine Zygote mit dem Chromosomensatz 44+XX. Aus dieser Zygote entwickelt sich ein Mädchen. Verschmilzt dagegen eine Eizelle zufällig mit einer Spermienzelle, die ein Y-Chromosom enthält, entwickelt sich aus der Zygote ein Junge. Das Geschlecht des Kindes hängt also vom Zufall ab und wird durch die jeweilige Spermienzelle bestimmt.

Da 50% der Spermienzellen ein X-Chromosom und 50% ein Y-Chromosom tragen, müsste das *Zahlenverhältnis der Geschlechter* zum Zeitpunkt der Geburt 1:1 betragen. Tatsächlich beträgt es aber etwa 105 Jungen zu 100 Mädchen. Dies gilt nicht nur für Deutschland, sondern für alle Länder. Man nimmt an, dass die etwas leichteren Y-Spermienzellen schneller zur Eizelle gelangen als die X-Spermienzellen.

Untersuchungen haben ferner ergeben, dass X-Spermienzellen einige Stunden länger leben als Y-Spermienzellen. Insofern spielt auch der Zeitpunkt der Befruchtung eine Rolle für die Entwicklung des Geschlechts. Findet die körperliche Vereinigung von Mann und Frau zwei Tage vor dem Eisprung statt, ist die Wahrscheinlichkeit für die Zeugung eines Mädchens höher. Liegen sexuelle Vereinigung und Eisprung etwa zeitgleich, ist die Wahrscheinlichkeit für die Zeugung eines Jungen höher.

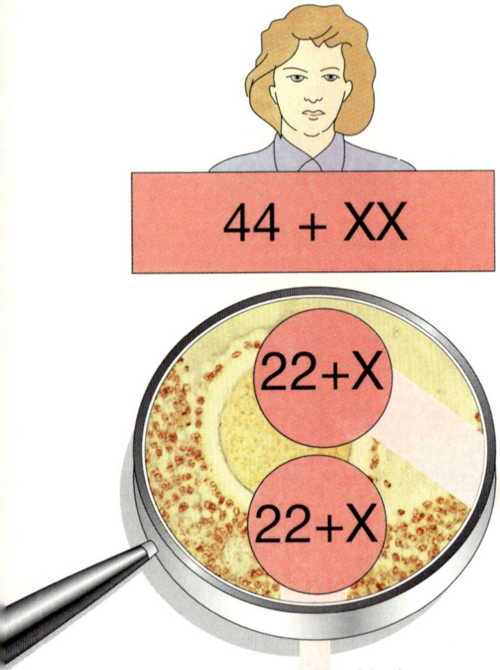

1 Vererbung des Geschlechts

1 Max und Petra sind Zwillinge. Sind sie eineiige oder zweieiige Zwillinge? Nenne die Genotypen ihrer Geschlechtszellen.

Die Vererbung des Geschlechts erfolgt durch X- und Y-Chromosomen.
Das Y-Chromosom bestimmt das männliche Geschlecht.

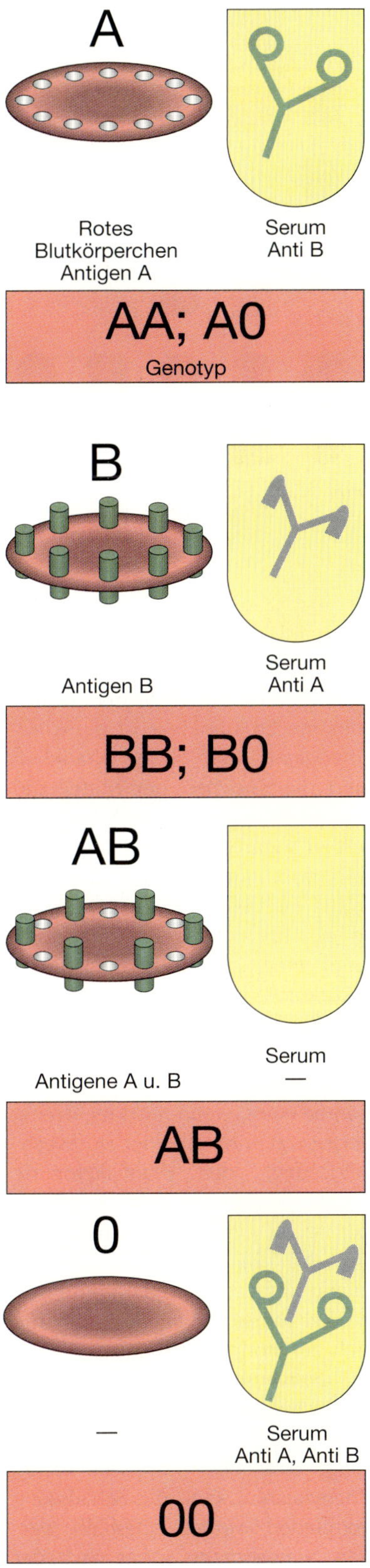

1 Blutgruppen und Genotypen

6 Die Vererbung der Blutgruppen

Es kann vorkommen, dass vier Geschwister die Blutgruppen A, AB, B und 0 haben, ihre Eltern die Blutgruppen A und B.

Die Blutgruppen unterscheiden sich durch bestimmte Merkmale wie den Antigenen auf der Oberfläche der roten Blutzellen. Dabei handelt es sich um Stoffe, deren Bildung durch die Gene A, B und 0 bewirkt werden. Durch statistische Auswertung von Familienstammbäumen hat man herausgefunden, dass die Gene A und B dominant über das Gen 0 sind. Das bedeutet, dass die Menschen mit der Blutgruppe A in ihren Körperzellen die Genotypen AA oder A0 tragen könnten. Die Körperzellen bei Menschen mit der Blutgruppe B können ebenfalls reinerbig (Genotyp BB) oder mischerbig (Genotyp B0) sein. In dem vorliegenden Fallbeispiel müssen die Eltern jedoch mischerbig sein, da ihre Kinder die vier Blutgruppenmerkmale A, B, AB und 0 zeigen. Menschen mit der Blutgruppe 0 sind stets reinerbig. Bei der Blutgruppe AB sind die Merkmale der Blutgruppen A und B phänotypisch gleich stark ausgebildet. Die Gene A und B wirken also beide dominant.

Auch der *Rhesusfaktor,* ein weiterer erbbedingter Blutfaktor, wird dominant-rezessiv vererbt. Beim Rhesusfaktor handelt es sich um einen Eiweißstoff, der ebenfalls in der Membran der roten Blutzellen vorkommt. Bei etwa 85 % der Bevölkerung bewirkt ein dominantes Gen, man bezeichnet es mit D, die Ausbildung des Rhesus-Faktors. Diese Menschen sind Rhesus-positiv. Der restliche Teil der Bevölkerung ist Rhesus-negativ, ihnen fehlt der Rhesus-Faktor. Das entsprechende Gen (d) ist rezessiv.

Bei der Vererbung der Blutgruppen des AB0-Systems sind die Gene für die Ausbildung der Blutgruppen A und B dominant. Die Blutgruppe 0 wird rezessiv vererbt. Der Rhesus-Faktor wird im dominant-rezessiven Erbgang weitergegeben.

1 Erstelle einen Stammbaum über die Vererbung der Blutgruppen bei der nebenstehenden Familie. Ordne den einzelnen Personen die Genotypen zu.

2 Eine Mutter hat die Blutgruppe A, ihr Kind die Blutgruppe 0. Nenne die möglichen Blutgruppen des Vaters.

3 In wie viel Prozent der Fälle können eine Rhesus-positive Mutter und ein Rhesus-positiver Vater Rhesus-negative Kinder haben?

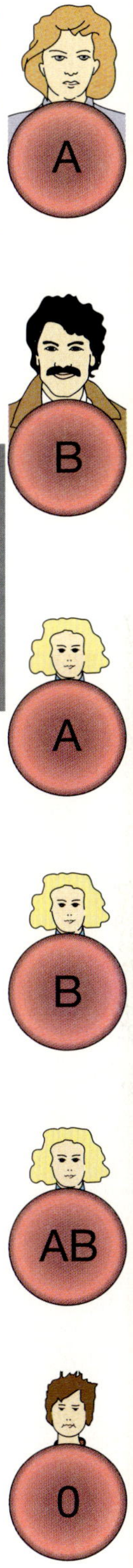

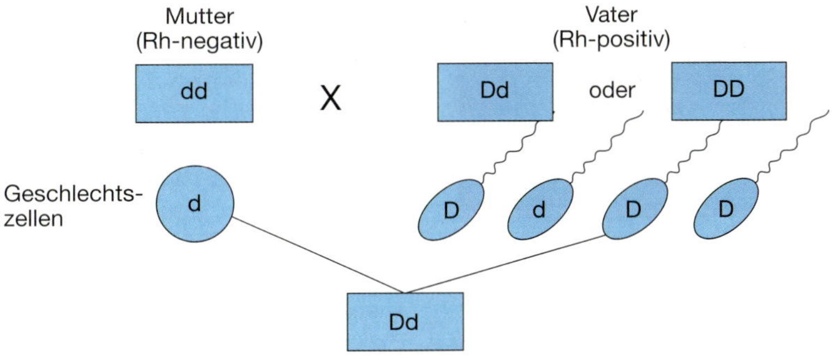

2 Vererbung des Rhesusfaktors

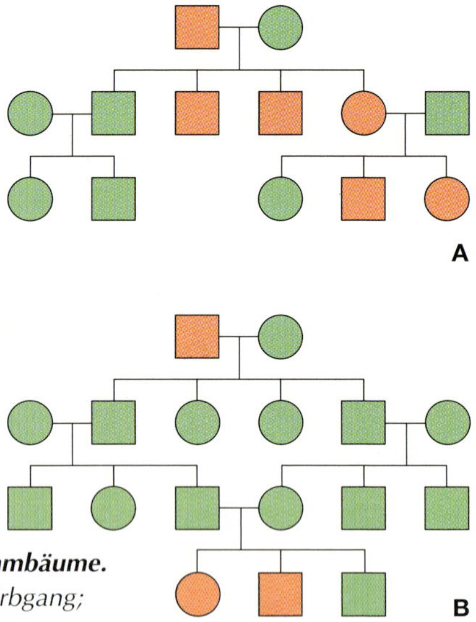

1 Der Habsburger Kaiser Maximilian I. (1459–1519) mit seiner Familie *(Gemälde von B. STRIGEL, 1515)*
2 Münze (1694) mit dem Porträt von Kaiser Leopold I.

4 Familienstammbäume.
A *dominanter Erbgang;*
B *rezessiver Erbgang*

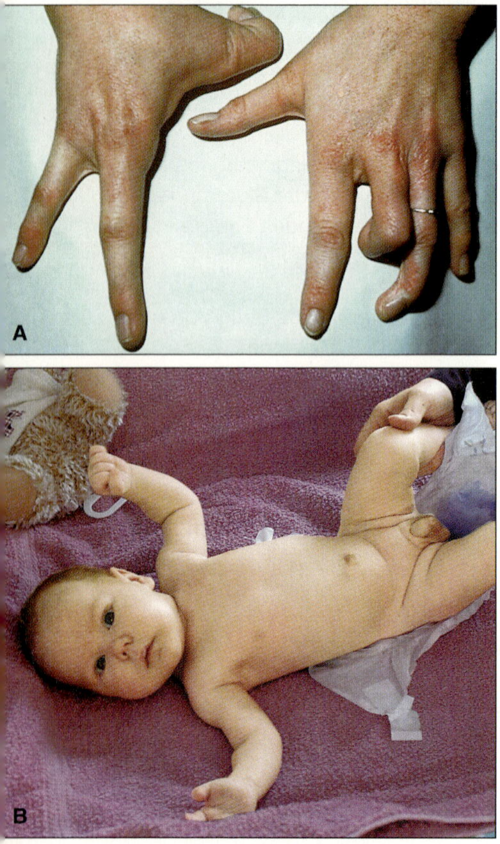

3 Veränderte Erbmerkmale.
A *Spalthand (dominant);*
B *Phenylketonurie (rezessiv); der Urin auf der Windel ergibt mit einem Nachweisstoff eine Blaufärbung*

7 Veränderungen des Erbgutes

Seit Jahrhunderten wird in der Adelsfamilie der Habsburger eine stark vergrößerte Unterlippe von Generation zu Generation weitervererbt. Dieses Merkmal ist auf einen Vorfahren zurückzuführen, bei dem es zufällig auftrat. Ursache war eine Veränderung im Erbgut dieses Vorfahren. Solche Veränderungen nennt man **Mutationen.** Wird ein einzelnes Gen betroffen, spricht man von einer **Genmutation.**

Mutationen können auch die Ursache von Missbildungen oder Krankheiten sein. Als *Spalthand* bezeichnet man eine Veränderung des Handskeletts. Statistische Untersuchungen zeigen, dass solche Merkmale zwar äußerst selten sind, aber in bestimmten Familien gehäuft vorkommen. Ein Stammbaum einer solchen Familie zeigt, dass ein krankes Kind das Merkmal immer von einem kranken Elternteil geerbt hat. Daraus folgt, dass das mutierte Gen dominant, das unveränderte Gen rezessiv ist. Dieses Gen tritt also in zwei Erscheinungsformen auf, die man *Allele* nennt. Jedes Familienmitglied mit dem Allel für „Spalthand" weist diese Behinderung auf. Eine andere dominante Erbkrankheit ist die *Kurzfingrigkeit.* Bei dieser Krankheit sind die Knochen der Mittelhand und auch der Finger verkürzt oder fehlen sogar ganz. Bei dem ebenfalls dominanten *Marfan-Syndrom* treten mehrere Krankheitsmerkmale gleichzeitig auf wie zum Beispiel eine Formveränderung des Brustkorbs und überlange Arm- und Beinknochen.

Unter etwa 10 000 Neugeborenen könnte eines, wenn nicht rechtzeitig vorgesorgt wird, an einer Stoffwechselstörung, der Phenylketonurie (PKU), erkranken. Diese Krankheit beruht auf einer Enzymschädigung, bei der die Aminosäure Phenylalanin nicht auf normale Weise umgesetzt werden kann. Deshalb häuft sich ein Stoff im Körper an, der auf das Nervensystem giftig wirkt und zu schweren geistigen Schäden führt. Durch eine spezielle Ernährung, eine Diät mit sehr wenig Phenylalanin, kann die Schädigung vermieden werden. Deshalb werden Neugeborene sofort nach der Geburt auf PKU untersucht.

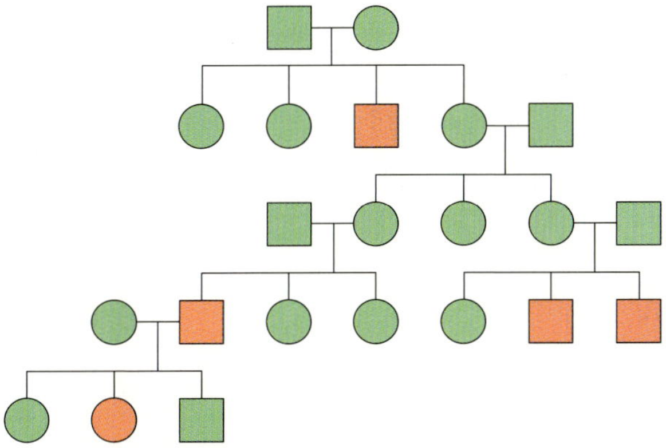

5 ***Rotgrünsehschwäche in einer Familie (Stammbaum)***

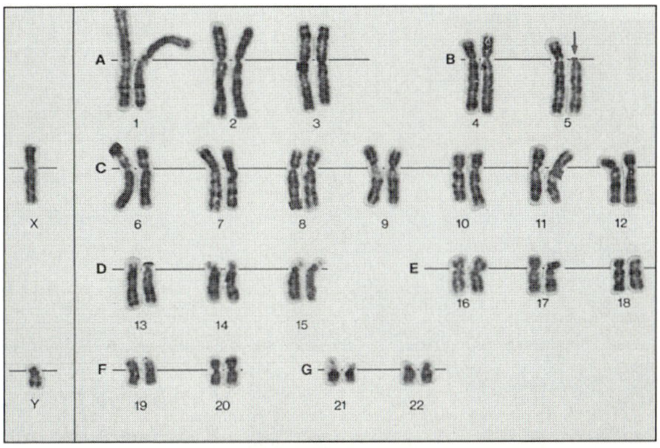

6 ***Katzenschrei-Syndrom*** *(Karyogramm, Deletion an einem Chromosom 5)*

Diese Krankheit wird rezessiv vererbt. Ein Kind ist nur dann krank, wenn es von beiden Eltern jeweils das Allel für Phenylketonurie geerbt hat. Da dieses Allel ziemlich selten ist, ist die Wahrscheinlichkeit für ein Zusammentreffen von zwei mutierten Genen gering. Bei Ehen zwischen verwandten Partnern, zum Beispiel Cousin und Cousine, ist dagegen die Wahrscheinlichkeit höher.

Die häufigste rezessive Erbkrankheit in Mitteleuropa ist die oft tödlich verlaufende *Mucoviscidose.* Von etwa 2000 Neugeborenen leidet eines unter dieser Krankheit. Aufgrund einer Enzymschädigung wird vor allem in der Lunge ein zähflüssiger Schleim gebildet, der quälenden Husten mit Erstickungsanfällen verursacht.

Manche Erbkrankheiten treten bei Männern wesentlich häufiger auf als bei Frauen. Die *Rotgrünsehschwäche* beispielsweise kommt bei etwa 8 % aller Männer, aber bei nur 0,5 % der Frauen vor. Bei dieser Sehstörung können bestimmte Abstufungen der Farben Rot und Grün nicht unterschieden werden. Das Allel für Rotgrünsehschwäche ist rezessiv gegenüber dem Allel für normales Farbsehen. Dies erklärt jedoch nicht den Geschlechtsunterschied. Man hat entdeckt, dass dieses Gen auf dem X-Chromosom, also einem Geschlechtschromosom, liegt. Daher spricht man auch von einem *geschlechtschromosomengebundenen Erbgang.* Bei Frauen tritt die Rotgrünsehschwäche nur auf, wenn sie auf beiden X-Chromosomen jeweils das defekte Gen tragen, wenn sie also für dieses Allel homozygot sind. Sind Frauen hingegen mischerbig, haben sie also nur ein defektes Gen auf einem der beiden X-Chromosomen, sind sie phänotypisch gesund, können aber das Allel für Rotgrünsehschwäche auf ihre Nachkommen übertragen. Sie sind *Überträgerinnen* oder *Konduktorinnen.* Männer sind phänotypisch immer rotgrünsehschwach, wenn ihr X-Chromosom dieses Allel enthält. Das kleine Y-Chromosom, das nur wenige Gene trägt, hat kein entsprechendes Allel.

Stichwort

Auslöser von Mutationen

Als Ursache von Mutationen kommen vielfach chemische Stoffe in Betracht, die man mit der Luft einatmet oder mit der Nahrung aufnimmt. Ein besonders wirksamer Auslöser von Mutationen ist energiereiche Strahlung wie zum Beispiel Röntgenstrahlung. Bei einer großen Zahl von Mutationen kann der Grund der Erbänderung nicht eindeutig erkannt werden. Dann spricht man von Spontanmutationen.

Die bisher beschriebenen Erbkrankheiten werden durch einzelne fehlerhafte Gene, also durch Genmutationen, bedingt. Bei der mikroskopischen Untersuchung von Chromosomen, zum Beispiel in einem Karyogramm, sind diese Fehler nicht zu erkennen. Bei einigen anderen Erbkrankheiten fällt dagegen auf, dass an einem Chromosom ein Stück fehlt. Es ist offensichtlich abgebrochen und mit den darauf liegenden Genen verloren gegangen. Eine Störung im Aufbau einzelner Chromosomen nennt man **Chromosomenmutation.** Ein solcher Chromosomenstückverlust, eine *Deletion,* liegt zum Beispiel beim *Katzenschrei-Syndrom* vor. Kinder mit dieser Störung sind körperlich und vor allem geistig weit zurückgeblieben. Auffällig ist das Wimmern dieser Kinder, das an Katzengeschrei erinnert und zu dem Namen der Krankheit geführt hat. Man kennt nur wenige Chromosomenmutationen beim Menschen. Vermutlich wird durch eine derartige Veränderung des Erbmaterials ein Embryo so stark geschädigt, dass er bereits im Mutterleib stirbt.

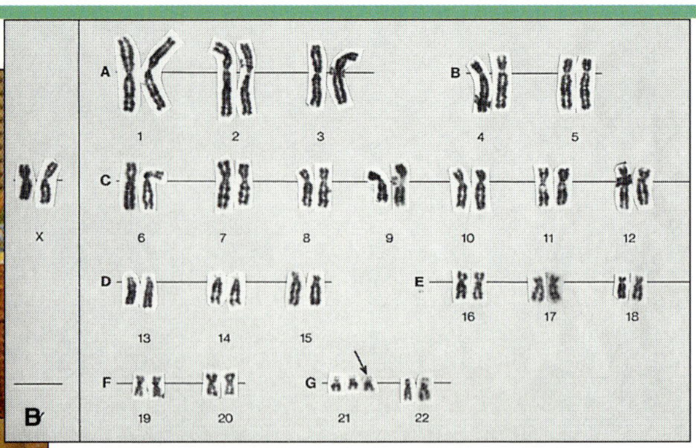

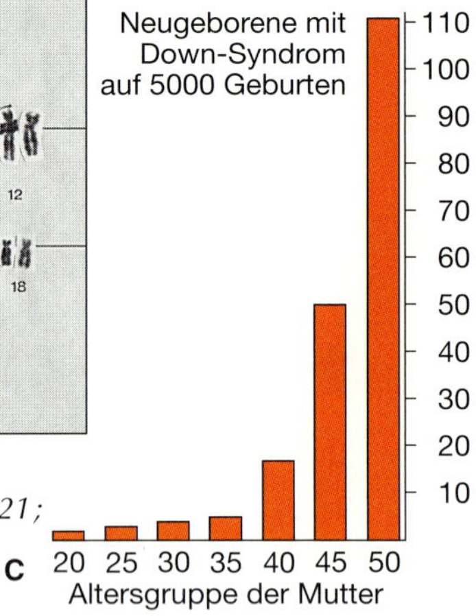

7 ***Trisomie 21. A*** *Kind mit* DOWN*-Syndrom;* ***B*** *Karyogramm mit überzähligem Chromosom 21;* ***C*** *Zusammenhang zwischen Häufigkeit von Trisomie 21 und Alter der Mutter*

In einem Heim für geistig Behinderte werden oft auch Menschen betreut, die eifrig und freudig leichtere Arbeiten durchführen können. Viele dieser Menschen sind von dem DOWN-Syndrom betroffen. Der englische Kinderarzt DOWN beschrieb 1860 zuerst dieses Krankheitsbild. Auffällig sind die etwas herabhängenden oberen Augenlider, eine dicke Zunge, eine größere Anfälligkeit gegen Infektionskrankheiten und oft ein Herzfehler. Früher starben etwa die Hälfte der Betroffenen vor Erreichen des zehnten Lebensjahres.

1959 entdeckte man die Ursache dieser Krankheit: Im Karyogramm ist das Chromosom 21 dreimal zu finden. Deshalb bezeichnet man die Krankheit auch als *Trisomie 21.*

Eine solche Änderung in der Zahl der Chromosomen wird als **Genommutation** bezeichnet. Es fällt auf, dass die Häufigkeit des Auftretens von Trisomie 21 in erster Linie vom Alter der Eltern abhängt.

So haben z.B. Frauen, die bei der Schwangerschaft älter als 35 Jahre sind, ein erhöhtes Risiko für ein Trisomie-krankes Kind.

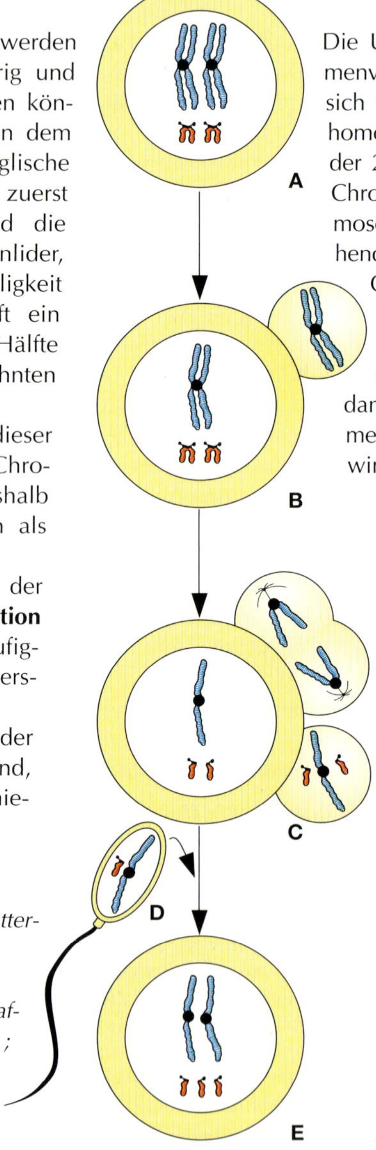

8 Entstehung einer Trisomie 21. A *Eimutterzelle mit diploidem Chromosomensatz (es sind nur zwei Chromosomenpaare dargestellt);* ***B*** *1. Reifeteilung mit fehlerhafter Trennung des Chromosomenpaares 21;* ***C*** *2. Reifeteilung;* ***D*** *Befruchtung der Eizelle durch eine haploide Spermienzelle;* ***E*** *Zygote mit Trisomie 21*

Die Ursache ist ein Fehler in der Chromosomenverteilung während der Meiose. Wenn sich während der 1. Reifeteilung die beiden homologen Chromosomen 21 oder während der 2. Reifeteilung die beiden Ein-Chromatid-Chromosomen des Zwei-Chromatiden-Chromosoms 21 nicht trennen, weist die entstehende Eizelle nicht ein, sondern zwei Ein-Chromatid-Chromosomen 21 auf. Bei der Befruchtung gelangt durch die Spermienzelle ein drittes Chromosom dieser Art in die Zygote. Die Körperzellen enthalten dann also drei Zwei-Chromatiden-Chromosomen 21. Das überzählige Chromosom 21 bewirkt alle Merkmale dieses Krankheitsbildes.

Manche Erbkrankheiten werden durch Genmutation bewirkt. Das veränderte Gen kann dominant oder rezessiv gegenüber dem unveränderten Gen sein. Andere Erbkrankheiten können durch Chromosomenmutation oder Genommutation hervorgerufen werden.

1 Erläutere eine mögliche Ursache der Entstehung von Rotgrünsehschwäche. Nimm die Seite 119 zu Hilfe.

2 Nenne Erbkrankheiten, die den beiden auf Seite 118 abgebildeten Familienstammbäumen zugeordnet werden könnten.

3 In manchen Fällen kann als Ursache einer Trisomie 21 eine veränderte Spermienzelle bewiesen werden. Zeichne entsprechend Abbildung 8 den Ablauf von der Spermienmutterzelle bis zur Zygote.

Genetische Familienberatung

Streifzug durch die Medizin

Man schätzt, dass in Deutschland jährlich etwa 50 000 körperlich und geistig behinderte Kinder geboren werden. 75 % dieser Behinderungen sind erblich bedingt. Manche Erbleiden führen zu schwersten Belastungen der Betroffenen und auch ihrer Familien. Gibt es medizinische Möglichkeiten, erbkranken Menschen zu helfen?

Ein Fehler in den Erbanlagen kann heute noch nicht behoben werden. Allerdings können die gesundheitlichen Auswirkungen mancher Erbfehler gemildert oder ganz vermieden werden, wenn das Vorliegen eines bestimmten Defektes bei einem Kind frühzeitig erkannt wird. Wenn sich ein Paar ein Kind wünscht und den Arzt über eine Erbkrankheit in der Familie informiert, wird dieser das Aufsuchen einer **genetischen Beratungsstelle** vorschlagen. Dort wird zuerst mithilfe von Familienstammbäumen die Wahrscheinlichkeit für eine mögliche Erkrankung des Kindes ermittelt. In manchen Fällen kann mit *Labortests,* bei denen die Chromosomen der Eltern untersucht werden, bereits eine Risikoaussage gemacht werden. Wenn bereits eine Schwangerschaft eingetreten ist, kann das ungeborene Kind innerhalb der Gebärmutter untersucht werden. Bei einer *Fruchtwasseruntersuchung* wird zwischen der 14. und 16. Schwangerschaftswoche mit einer Kanüle etwas Fruchtwasser aus der Fruchtblase gesaugt.
Im Fruchtwasser sind Zellen des Fetus zu finden, die auf Chromosomenschäden untersucht werden können. In den meisten Fällen kann der Arzt die werdende Mutter beruhigen. Wenn jedoch zum Beispiel eine Trisomie 21 festgestellt wird, ist die Frau vor eine äußerst belastende Entscheidung gestellt. Das Gesetz erlaubt in solchen und anderen begründeten Fällen nach einer Beratung in einer staatlich anerkannten Einrichtung einen Schwangerschaftsabbruch, eine *Abtreibung,* in einer bevollmächtigten Arztpraxis oder Klinik.
Trotz einer nachgewiesenen Behinderung entscheiden sich viele Mütter für ihr Kind, da ein Schwangerschaftabbruch für sie eine große moralische und psychische Belastung bedeuten würde.

Gibt es Möglichkeiten, auf das Erbgut des Menschen einzuwirken, um es zu verbessern oder um Erbkrankheiten zu verhindern? Mit diesen Fragen beschäftigt sich die **Eugenik.** In der Zeit des Nationalsozialismus ist dieser Bereich der Medizin auf entsetzliche Weise missbraucht worden: Erbkranke oder für erbkrank gehaltene Menschen wurden unfruchtbar gemacht, also *sterilisiert,* oder sogar getötet. Mit solchen, die Menschenwürde missachtenden Maßnahmen meinte man, das Erbgut des deutschen Volkes verbessern bzw. „rein halten" zu können. Diese Verbrechen zeigen, wie sorgfältig und kritisch man bei allen Eingriffen, die sich auf das Erbgut des Menschen beziehen, abwägen muss, ob ihre Durchführung verantwortet werden kann.

Auch ein modernes Verfahren wie beispielsweise das *Klonen* von Menschen, also die im Labor durchgeführte Erzeugung von mehreren erbgleichen Menschen, ist nicht vereinbar mit der Menschenwürde.

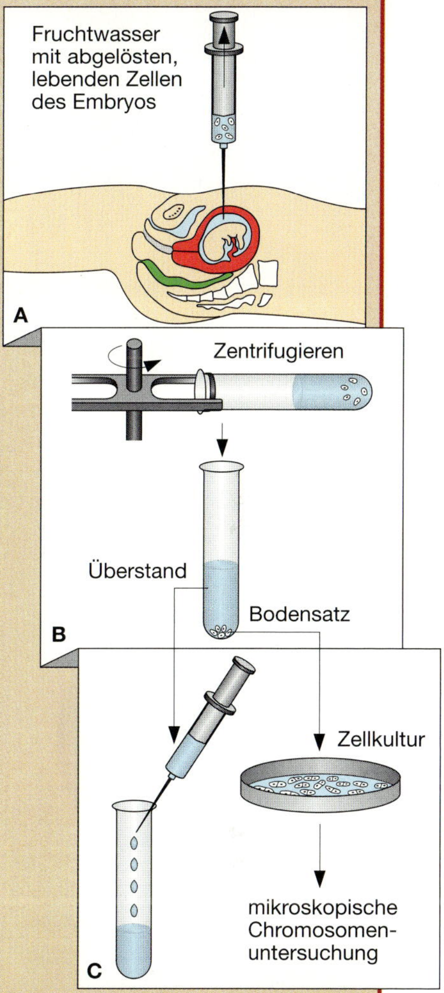

9 Fruchtwasseruntersuchung
***A** Entnahme des Fruchtwassers;*
***B** Abtrennen der Zellen des Fetus;*
***C** weitere Untersuchungen*

4 Bei einer Fruchtwasseruntersuchung besteht ein Risiko von etwa 1 %, dass durch den Eingriff eine Fehlgeburt ausgelöst wird. Erläutere, weshalb bei Frauen unter 35 Jahren normalerweise keine Fruchtwasseruntersuchung zur Feststellung einer Trisomie 21 durchgeführt wird. Nimm die Abbildung 7 auf Seite 120 zu Hilfe.

Prüfe dein Wissen

Grundlagen der Vererbung beim Menschen

A 1

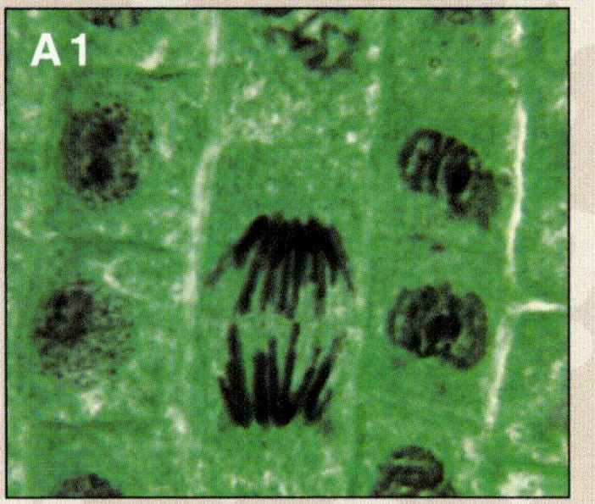

Das Foto zeigt eine Zelle aus dem Bildungsgewebe der Wurzel einer Zwiebelpflanze. Beschreibe den Entwicklungszustand der Zelle. Ordne die Momentaufnahme einer Phase im Zellzyklus zu.

A 2

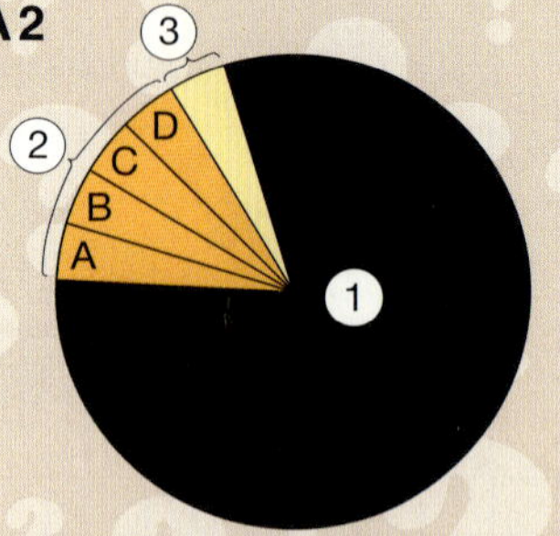

a) Ordne den Ziffern und Buchstaben entsprechende Begriffe der Phasen im Zellzyklus zu.
b) Nenne den jeweiligen Chromosomenzustand in den einzelnen Phasen ① bis ③.

A 3

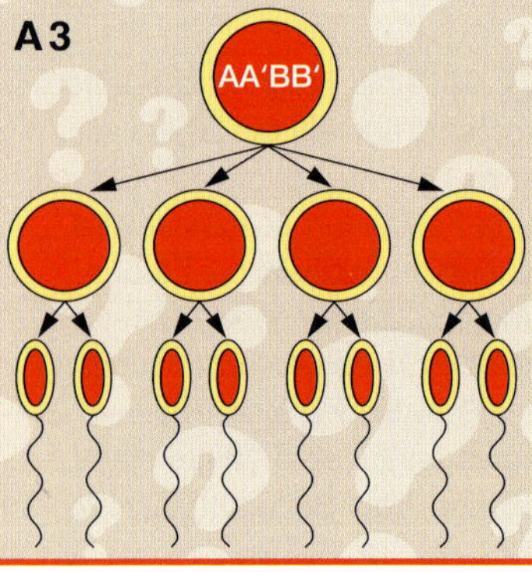

a) Beschreibe die Bildung von Spermienzellen.
b) Übertrage die Darstellung in dein Heft. Zeichne alle Möglichkeiten der Chromosomenverteilung ein.

A 4

Die Kreuzung einer rot blühenden Rasse der Wunderblume mit einer weiß blühenden ergibt in der F_1 rosa blühende Pflanzen. Da das Merkmal Blütenfarbe in der F_1 zwischen den Merkmalen der Eltern liegt, spricht man von einem **intermediären Erbgang.**
a) Fertige Kombinationsquadrate für die Kreuzungen der P- und F_1-Generation an. Verwende die Symbole R für rote und W für weiße Blütenfarbe.
b) Ermittle das phänotypische und genotypische Zahlenverhältnis der F_2-Generation.
c) Erläutere, ob die Erbgänge bis zur F_2 den MENDELschen Regeln folgen.

A 5 In einem Lehrbuch findet sich folgende Beschreibung zur Kreuzung von Erbsenpflanzen mit dem Merkmal Samenfarbe: *„Kreuzt man zwei F_1-Erbsenpflanzen mit gelben Samen miteinander, erhält man in der F_2 drei gelbsamige und eine grünsamige Pflanze."*
a) Äußere dich kritisch zu dieser Beschreibung.
b) Stelle den Erbgang in einem Kombinationsquadrat dar.

A 6

Die Kreuzung zweier Erbsenrassen mit den Merkmalen grüne und gelbe Hülsen ergibt in der F_1 Erbsenpflanzen mit ausschließlich grünen Hülsen. Zeichne ein Erbschema bis zur F_2-Generation.

A 7

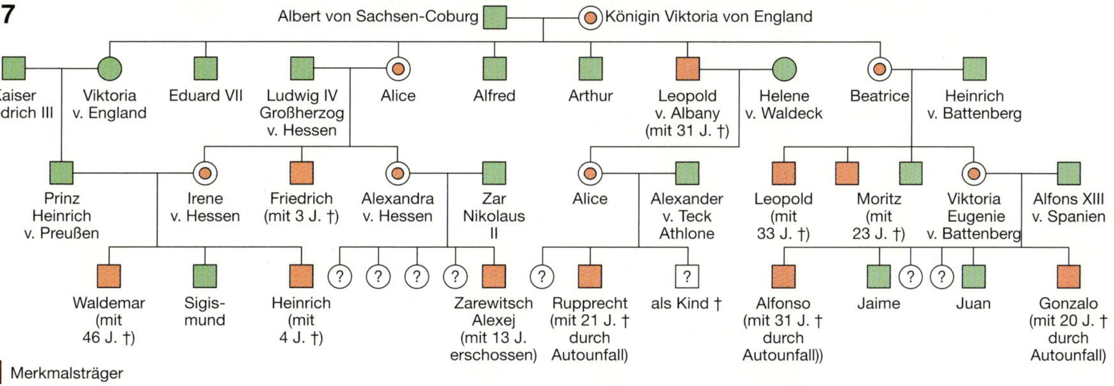

Die Abbildung zeigt einen Familienstammbaum für die Bluterkrankheit im europäischen Adel. Die Krankheit besteht in einer Verzögerung der Blutgerinnung.

a) Nenne Besonderheiten, die dir an dem Stammbaum hinsichtlich der Vererbung der Krankheit auffallen. Erläutere.

b) Zeichne den Stammbaum bis zur zweiten Generation in dein Heft und trage die Genotypen ein.

c) Kann es auch bluterkranke Frauen geben? Begründe deine Antwort.

A 8

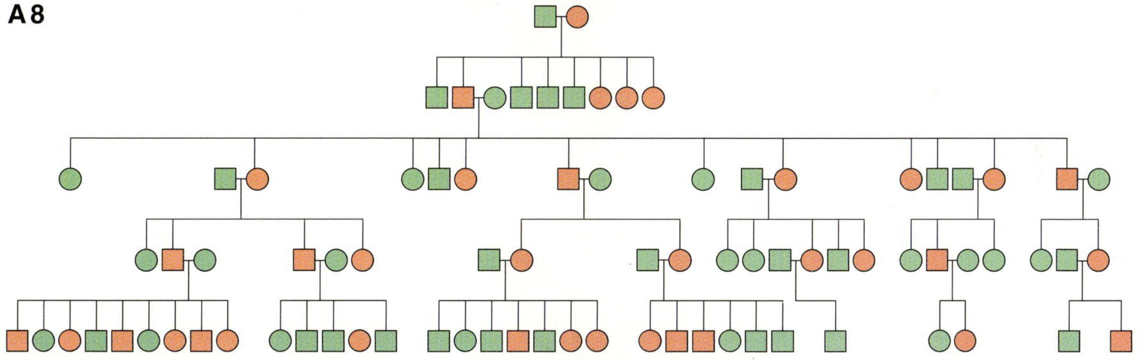

a) Vergleiche den abgebildeten Stammbaum mit dem der Bluterkrankheit von A 7.

b) Kläre die Dominanzverhältnisse im dargestellten Familienstammbaum.

c) Zeichne den Stammbaum in dein Heft und trage die Genotypen ein (z. B. A = dominant; a = rezessiv)

A 9

Krankheit	Übereinstimmung in % eineiige Zwillinge	zweieiige Zwillinge
Keuchhusten	96	94
Blinddarm-entzündung	29	16

a) Beschreibe die Entwicklung von eineiigen und zweieiigen Zwillingen.

b) Weshalb eignen sich eineiige und zweieiige Zwillinge für die Untersuchung von Erbanlagen?

c) Vergleiche die beiden Krankheiten in Bezug auf ihre Anteile von Erbe und Umwelt miteinander. Erkläre.

d) Ist es möglich, dass Zwillinge zwei verschiedene Väter haben können? Erläutere.

e) Erläutere die Entwicklung von Drillingen.

Abstammungslehre

1 Stammbaum der Hunde

1 Argumente für die Abstammungslehre

1.1 Verwandtschaft erzeugt Ähnlichkeit

Viele Menschen betreiben als Hobby Ahnenforschung. Sie möchten wissen, wo ihre Wurzeln liegen, woher sie kommen und wer ihre Vorfahren waren. Solche Informationen erhält man auch, wenn man sich einen Rassehund kauft: Hundezüchter legen viel Wert auf die „Reinrassigkeit" ihrer Schützlinge. Allerdings reicht der Stammbaum eines Rassehundes, den man bei seinem Kauf erwirbt, selten weiter als drei Generationen zurück – bis zu seinen Urgroßeltern. Wer weiter in der Vergangenheit seines Dackels, Dalmatiners oder Dobermanns gräbt, wird freilich feststellen, dass dessen Vorfahren noch vor wenigen Jahrhunderten ganz anders ausgesehen haben. Und wer tief genug gräbt, stößt irgendwann auf den Urahn aller unserer Hunderassen: den Wolf.

Dass alle unsere Haushunde vom Wolf abstammen, vermag man auf den ersten Blick kaum zu glauben, so sehr unterscheiden sie sich voneinander. Manche Rassen sehen einander allerdings ähnlicher als andere. Deutsche Schäferhunde sehen beispielsweise Belgischen Schäferhunden viel ähnlicher als Rehpinschern. Dafür gibt es einen einfachen Grund: Deutsche Schäferhunde sind mit Belgischen Schäferhunden näher verwandt als mit Rehpinschern.
Verfolgt man den Stammbaum der Hunde noch weiter zurück, trifft man auf Astgabeln, die zu anderen Raubtieren führen, die mit unseren Hunden viel gemeinsam haben: Kojoten, Schakale, Füchse, Marderhunde und andere. Sie alle gehören zur Gruppe der hundeartigen Raubtiere. Und noch weiter unten stößt man auf Gabelungen, die zu anderen Raubtiergruppen führen: Katzen, Bären und Marder.

Dass manche Tier- und Pflanzenarten einander ähnlicher sind als andere, ist schon seit frühester Zeit bekannt. Die Idee, dass diese Ähnlichkeiten Ausdruck von Verwandtschaftsbeziehungen sein könnten, ist dagegen relativ neu. Sie wurde erstmals von dem britischen Naturforscher **Charles DARWIN** geäußert, der 1859 darauf aufmerksam machte, dass „gemeinsame Abstammung die einzige bekannte Ursache großer Ähnlichkeiten zwischen Lebewesen" ist. DARWIN war davon überzeugt, dass nicht nur Menschen oder Hunde einen Stammbaum haben, sondern dass alles Leben auf der Erde durch *einen gemeinsamen Stammbaum* miteinander verbunden ist. Der auf der gegenüber liegenden Seite abgebildete „Stammbaum der Hunde" ist also nach dieser Ansicht nur das äußerste Ende eines Zweiges, der zu einem sehr viel größeren Baum gehört.

Schaut man sich die Gliedmaßen verschiedener Landwirbeltiere an, erkennt man, was damit gemeint ist. Ein Ingenieur käme wohl kaum auf die Idee, so unterschiedliche Werkzeuge wie den Arm eines Menschen, den Flügel einer Möwe, die Flosse einer Meeresschildkröte oder das Bein eines Pferdes aus den gleichen Bauteilen zu konstruieren. Und doch bestehen all diese Gliedmaßen, obwohl sie ganz unterschiedliche Aufgaben zu erfüllen haben, aus den gleichen Knochenelementen wie das Bein eines längst ausgestorbenen Lurches namens Ichthyostega. Die Größe, Form und auch die Anzahl einzelner Elemente ist zwar variabel, aber der prinzipielle **Bauplan** ist derselbe. Dafür gibt es nur eine Schlussfolgerung: All diese Tiere sind miteinander verwandt. Man nennt solche Merkmale, die ihre Ähnlichkeit gemeinsamer Abstammung verdanken, **homologe Merkmale.**

Natürlich war sich DARWIN bewusst, dass nicht alle Ähnlichkeiten zwischen verschiedenen Arten auf Verwandtschaft beruhen. Aber viele Ähnlichkeiten, bemerkte er, beschränken sich „auf Äußerlichkeiten". Ein „Walfisch" sieht bei oberflächlicher Betrachtung beispielsweise aus wie ein Fisch. Aber diese Ähnlichkeit beschränkt sich tatsächlich auf eine Äußerlichkeit, nämlich die Körperform. An vielen anderen Merkmalen, wie beispielsweise dem, dass Walmütter ihre Jungen säugen, kann man erkennen, dass sie keine Fische, sondern Säugetiere sind. Ihre Ähnlichkeit mit Fischen beruht darauf, dass sich die Vorfahren der Wale ebenso wie die Fische an ein Leben im Wasser angepasst haben. Merkmale, deren Ähnlichkeit darauf beruht, dass sich ihre Träger an gleiche Lebensweisen angepasst haben, nennt man **analoge** oder **Anpassungsmerkmale.**

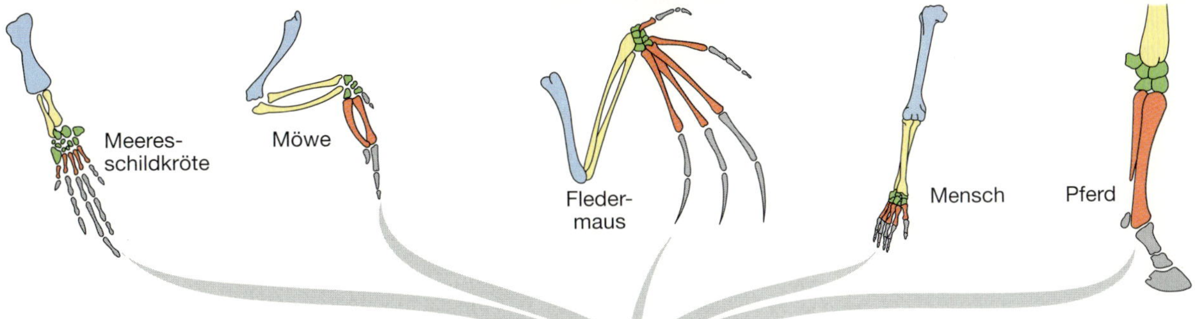

2 Vordergliedmaßen verschiedener Wirbeltiere

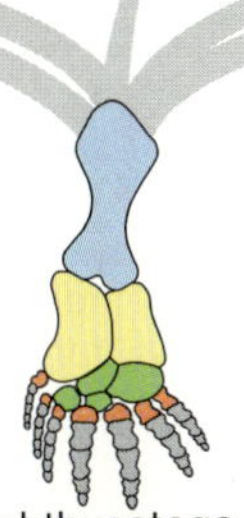

1 Handelt es sich bei den Flügeln von Vögeln, Fledermäusen und Libellen um homologe oder analoge Merkmale? Begründe deine Entscheidung.

Viele Ähnlichkeiten zwischen Lebewesen lassen sich nur als Ergebnis gemeinsamer Abstammung deuten. Ähnlichkeiten können aber auch durch gleichartige Lebensweise zustande kommen.

Streifzug durch die Geschichte

Eine Theorie erschüttert ein Weltbild

3 Charles DARWIN 1881

Wissenschaft erscheint oft als staubtrockene Angelegenheit, die sich nur selten mit dem beschäftigt, was die Menschen wirklich bewegt. Dass es auch ganz anders sein kann, zeigte sich am 30. Juni des Jahres 1860. An diesem Tag fand in Oxford eine Tagung der British Association for the Advancement of Science statt, an der etwa 700 Zuhörer teilnahmen – nicht nur Wissenschaftler. Zwei von ihnen sollten Schlagzeilen machen. Der eine war unter dem Spitznamen „Soapy Sam" (der „seifige Sam") bekannt: Bischof Samuel WILBERFORCE, mächtiger Hüter der biblischen Wahrheit. Der andere wurde als „Darwins Bulldogge" bezeichnet, weil er dessen Ideen so wortgewaltig verteidigte: Thomas Henry HUXLEY, Professor für Anatomie in London.

Am Ende eines langatmigen Vortrages eröffnete WILBERFORCE die Diskussion. Er wandte sich an HUXLEY und fragte ihn, ob er großväter- oder großmütterlicherseits von einem Affen abstamme. Bleich vor Zorn erwiderte HUXLEY, er hätte lieber einen „erbärmlichen Affen zum Großvater als einen Mann, der seinen Einfluss und seine Begabung dazu missbraucht, eine ernsthafte wissenschaftliche Diskussion ins Lächerliche zu ziehen." Es kam zum Tumult. Eine Dame fiel in Ohnmacht und ein Herr beschwor die Anwesenden mit empor gehaltener Bibel, „Gott mehr zu glauben als dem Menschen."

Ursache der ganzen Aufregung war ein Buch, das ein halbes Jahr zuvor, am 24. November 1859, erschienen war: *On the Origin of Species by Means of Natural Selection or the Preservation of Favoured Races in the Struggle of Life.* Der Autor, ein bekannter Privatgelehrter namens Charles DARWIN, behauptete darin, „dass die Arten nicht unabhängig voneinander erschaffen worden sind, sondern von anderen Arten abstammen."

Die Idee war nicht neu: Ähnliches hatten auch andere schon vermutet. Aber überzeugende Beweise und Argumente hatte bislang noch niemand vorbringen können. DARWIN lieferte beides: überzeugende Argumente und eine überwältigende Fülle von Indizienbeweisen.

Obwohl DARWIN die heikle Frage der Abstammung des Menschen in diesem Buch noch sorgsam umgangen hatte, war ihm zumute, als „gestehe er einen Mord." Ihm war klar, dass seine Thesen das Weltbild der Menschen aufs tiefste erschüttern mussten.

4 Papst JOHANNES PAUL II.

Die Erschütterung ist heute noch zu spüren. Als Papst JOHANNES PAUL II. am 22. Oktober 1996 verkündete, dass in der „Evolutionstheorie mehr als eine Hypothese zu sehen" sei, war die Aufregung groß. Hatte die Kirche ihren Widerstand gegen DARWIN aufgegeben? Nicht ganz, denn der Papst hatte eine wichtige Einschränkung gemacht: „Der menschliche Körper hat seinen Ursprung in der belebten Materie, die vor ihm existierte. Die Geistseele hingegen ist unmittelbar von Gott geschaffen."

2 Was kann man sich unter einer „Geistseele" vorstellen?

Wie alt ist die Erde?

Streifzug durch die Erdkunde

5 Das Monument Valley in Arizona

Im Monument Valley in Arizona, Schauplatz zahlreicher Wildwestfilme, ist es fast mit Händen greifbar: Der Zahn der Zeit nagt auch an der Erde – Wind, Regen und andere Naturkräfte verändern die Erdoberfläche. Doch wie lange hat es gedauert, bis solche bizarren Landschaftsformen entstanden sind? Wie alt ist die Erde eigentlich?

Nach Meinung des anglikanischen Erzbischofs James USSHER war die Antwort in der Bibel zu finden. Er hatte das Alter der Menschen seit Adam und Eva zusammengerechnet und kam auf diese Weise 1654 zu der Überzeugung, die Erde sei im Jahre 4004 v. Chr. erschaffen worden. Andere wussten es noch genauer und datierten das große Ereignis auf Sonntag, den 26. Oktober 4004 v. Chr. um 9 Uhr vormittags. Damit schienen alle Vermutungen, die heutigen Lebewesen seien das Ergebnis einer langen Evolution, als pure Spinnerei.

Erst gegen Ende des 18. Jahrhunderts vermuteten Geologen, die die verschiedenen **Schichten der Erdkruste** untersuchten, die Erde müsse sehr viel älter sein – vielleicht einige Millionen Jahre. DARWIN, der sich auch mit der Bildung von Gesteinsschichten befasst hatte, schätzte das Alter der Erde gar auf mehrere Milliarden Jahre.

Andere Wissenschaftler jener Zeit bedienten sich anderer Methoden. Der schottische Physiker Lord KELVIN kam 1897 auf ein Alter von 24 Millionen Jahren, indem er berechnete, wie schnell die Erdwärme ins Weltall entweicht. Etwas später berechnete ein irischer Geologe, wie lange es gedauert haben musste, bis das Salz ins Meer gekommen war. Danach war die Erde höchstens 100 Millionen Jahre alt.

Erst im 20. Jahrhundert ermöglichte die Entdeckung der **Radioaktivität** genauere Messungen. Radioaktive Elemente sind nicht stabil – sie zerfallen mit konstanter Geschwindigkeit, die man in der so genannten **Halbwertszeit** angibt, bis aus ihnen neue, stabile Elemente geworden sind. Mithilfe solcher „atomarer Uhren" lässt sich das Alter der Erde heute recht genau bestimmen: Es beträgt knapp 4,6 Milliarden Jahre.

Vor 2,5 Millionen Jahren: In Afrika erscheinen die ersten Menschen.

Vor 65 Millionen Jahren: Die Dinosaurier sterben aus.

Vor 400 Millionen Jahren: Pflanzen und Tiere erobern das Festland.

Vor 540 Millionen Jahren: Im Kambrium entsteht eine Vielzahl neuer Tierarten.

Vor 640 Millionen Jahren: Die ersten Vielzeller erscheinen

Vor 2 Milliarden Jahren: Der Sauerstoffgehalt der Atmosphäre nimmt stark zu.

Vor 2,2 Milliarden Jahren: erste Zellen mit Zellkern?

Vor 2,7 Milliarden Jahren: Sauerstoff produzierende Mikroorganismen erscheinen.

1 ***Rügen. A*** *Kreidefelsen;* ***B*** *Foraminiferen*

1.2 Fossilien – Zeugen aus der Urzeit

Millionen von Touristen bestaunen jedes Jahr den Kreidefelsen auf Rügen. Den wenigsten ist allerdings bewusst, dass dieser Felsen aus den sterblichen Überresten mikroskopisch kleiner Einzeller besteht, die vor 80 Millionen Jahren den Meeresboden bedeckten: den Kalkschalen fossiler Algen und Foraminiferen.

Fossilien sind meist durch Mineralieneinlagerung versteinerte Reste oder Spuren ausgestorbener Lebewesen. Solche Versteinerungen kennt man schon lange. Manche hielten sie für Werke des Teufels, der damit die Menschen verwirren wolle, andere für zu Stein gewordene Überreste von Lebewesen, die der Sintflut zum Opfer gefallen waren. Heute weiß man, dass viele Tiere und Pflanzen vergangener Erdepochen tatsächlich Katastrophen zum Opfer fielen: Die Dinosaurier, deren Schicksal vermutlich ein riesiger Meteorit besiegelte, der vor 65 Millionen Jahren auf der Erde einschlug, sind das berühmteste Beispiel. Obwohl manche Fossilien in großer Zahl vorkommen, ist die Wahrscheinlichkeit, dass von einem Lebewesen noch Millionen Jahre nach seinem Tod Spuren gefunden werden, äußerst gering. Schon wenige Stunden nach dem Tod eines Tieres machen sich die Larven von Schmeißfliegen und andere Aasfresser über den Leichnam her. Was sie übrig lassen, wird von Bakterien zersetzt. Je nach Witterung sind schon nach wenigen Tagen oder Wochen nur noch Hartteile – Knochen oder Schalen – übrig. Solche Hartteile haben die größte Chance erhalten zu bleiben, aber meist werden auch sie von Säuren im Boden innerhalb weniger Jahre vollständig aufgelöst oder werden durch Verwitterung zerstört.

Es müssen also glückliche Umstände zusammenkommen, damit ein Lebewesen als Fossil erhalten bleibt. Die meisten Fossilien findet man in **Sedimentgesteinen** – das sind Gesteinsschichten, die aus dem Schlamm und Sand am Boden urzeitlicher Gewässer gebildet werden. Wird ein Leichnam schnell genug von einer solchen Sedimentschicht bedeckt, kann der Verwesungsprozess gestoppt werden. Konserviert werden können Lebewesen aber auch auf andere Art. Jeder weiß beispielsweise, dass man Lebensmittel frisch halten kann, indem man sie einfriert. Ein natürliches Tiefkühlregal ist der sibirische Dauerfrostboden: Dort hat man schon mehrfach ausgezeichnet erhaltene, tiefgefrorene Mammuts gefunden – Tiere, die unseren heutigen Elefanten bemerkenswert ähnlich sahen. Ein anderes natürliches Konservierungsmittel ist das Harz der Nadelbäume. In zu **Bernstein** erstarrten Harztropfen finden sich nicht selten viele Millionen Jahre alte Insekten und andere Kleinlebewesen.

Um ein Fossil richtig deuten zu können, ist es natürlich wichtig, sein Alter zu kennen. Bei Fossilien, die in Sedimentgesteine eingeschlossen sind, liefert die Schichtenfolge einen wichtigen ersten Hinweis: Tiefer liegende Gesteinsschichten sind in der Regel älter als weiter oben liegende Schichten. Manche Fossilien treten nur in ganz bestimmten Gesteinsschichten auf; sie dienen Geologen als **Leitfossilien,** um das Alter der entsprechenden Schicht zu bestimmen. Untersuchun-

2 ***Fossilien. A*** *Bernstein mit Insekteneinschluss;* ***B*** *Trilobit;* ***C*** *fossile Pflanze;* ***D*** *Mammutbaby*

gen über die Schichtenfolge und die in ihnen enthaltenen Leitfossilien sagen allerdings nur etwas über das relative Alter einer Gesteinsschicht oder eines Fossils aus; derartige Altersbestimmungen werden daher auch als **relative Datierungsmethoden** bezeichnet. Aufschluss über das *absolute Alter* liefern **absolute Datierungsmethoden,** wie sie beispielsweise durch die Untersuchung radioaktiver Elemente möglich sind.

Fossilien sind von großer Bedeutung, weil sie Aufschluss über die Geschichte des Lebens auf der Erde geben und damit auch ein zentraler Prüfstein für die Evolutionstheorie sind. An den Fossilien lässt sich beispielsweise feststellen, dass Fische schon lange existierten, bevor die ersten Landwirbeltiere auf der Bildfläche erschienen, und dass menschliche Fossilien jünger sind als Fossilien der ersten Affen und Menschenaffen.

Zu den bekanntesten, nur als Fossilien erhaltenen Tieren zählen zweifellos die Dinosaurier. Spätestens seit der amerikanische Regisseur Steven SPIELBERG sie zumindest auf der Kinoleinwand wieder zum Leben erweckte, kennt sie jeder: den Pflanzen fressenden Brachiosaurus, der die Größe eines vierstöckigen Hauses erreichte, den sechs Meter hohen, Fleisch fressenden Tyrannosaurus und seinen kleineren, aber nicht minder gefährlichen Verwandten, den Velociraptor. Sie alle sind seit Millionen von Jahren ausgestorben und haben außer ihren Knochen anscheinend keinerlei Spuren hinterlassen. Aber das stimmt nicht ganz.
Tatsächlich haben die Dinosaurier heute noch lebende Nachfahren: die Vögel. Den Beweis für diese abenteuerlich klingende Behauptung lieferte ein Fossil, das vor etwa 150 Millionen Jahren auf den Grund einer tropischen Lagune versank und dort von Sand und Schlamm bedeckt wurde. 1861 wurde es in einem Kalksteinbruch im bayerischen Altmühltal bei Solnhofen ausgegraben, einer Gegend, die damals im Küstenbereich des tropischen „Thetys-Meeres" gelegen hatte.

Das Fossil, das wie eine Kreuzung aus Reptil und Vogel aussah, erhielt den Namen **Archaeopteryx** oder „Urvogel". Es besaß Federn und Flügel wie ein Vogel, hatte aber anders als diese einen langen Schwanz, Zähne in seinen Kiefern und an den Flügelspitzen drei Finger mit Krallen. Mit diesen Merkmalen glich er eher einem kleinen Dinosaurier. Tatsächlich hatte man ein Archaeopteryx-Exemplar lange für einen Dinosaurier gehalten, bis man seine Federn entdeckte.
Tiere, die Merkmale zweier verschiedener Tiergruppen in sich vereinigen, bezeichnet man auch als **Brückentiere** oder **Übergangsformen.** Sie zeigen, dass es auch zwischen scheinbar ganz unterschiedlichen Tiergruppen Übereinstimmungen gibt, wie man es unter Verwandten erwarten würde. Heute gilt es als sicher, dass die Vögel von räuberischen Dinosauriern wie dem Velociraptor abstammen.

Fossilien sind erhalten gebliebene Reste oder Spuren von Lebewesen aus früheren Epochen der Erdgeschichte. Manche besitzen Merkmale, die sie als Bindeglieder zwischen verschiedenen Tiergruppen ausweisen.

1 Fossilien sind wichtige Zeugnisse für die Entwicklung des Lebens auf der Erde. Begründe.

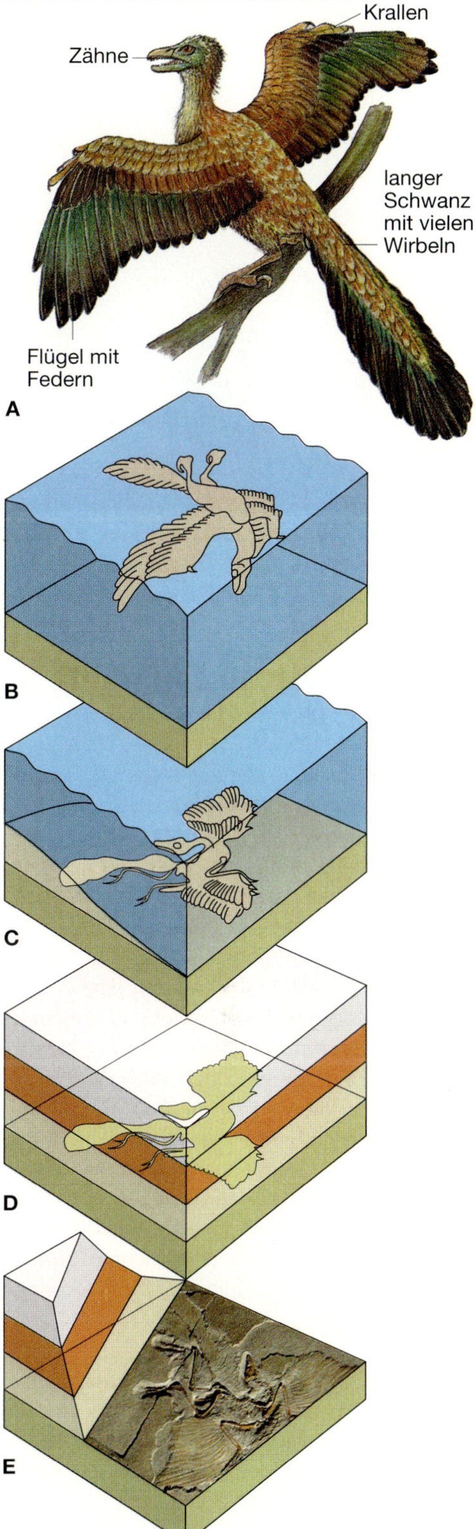

3 ***Urvogel. A*** *Rekonstruktion;* ***B*** *bis* ***D*** *Versinken des Leichnams im Meer und Bedeckung durch Sedimente;* ***E*** *1877 gefundenes Fossil*

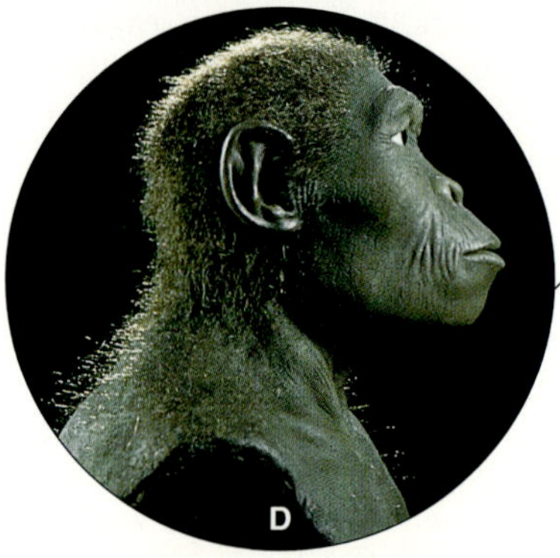

1 Der Weg zum Menschen. A *Olduvai-Schlucht;* ***B*** *Australopithecus afarensis;* ***C*** *Homo rudolfensis (Schädel unvollständig);* ***D*** *Homo habilis (Schädel unvollständig);* ***E*** *Homo erectus;* ***F*** *Homo sapiens*

2 Die Abstammung des Menschen

Durch Ostafrika läuft ein gigantischer Grabenbruch, das Afrikanische Rift Valley. An dieser Nahtstelle bricht der Kontinent langsam auseinander. Aktive und erloschene Vulkane säumen die Ränder des Grabenbruchs. Steil eingeschnittene Seitentäler ziehen sich viele Kilometer weit in das umliegende Hochland hinein.
Eines dieser Täler ist die Olduvai-Schlucht in Tansania. An den Wänden ist eine deutliche Schichtung der Gesteine zu erkennen. Die ältesten Gesteine liegen ganz unten, jüngere darüber. Fossilien, die man in diesen Schichten findet, können zeitlich gut eingeordnet werden.

Die Forscher Mary und Louis LEAKEY suchten 1931 erstmals in dieser Schlucht nach Fossilien. Außer großen Mengen an versteinerten Tierknochen entdeckten sie auch eine Anzahl einfacher Steinwerkzeuge. Wer hatte diese Werkzeuge hergestellt? Konnte man in dieser Schlucht vielleicht sogar Fossilien von ausgestorbenen Vorfahren des Menschen finden? Die LEAKEYs waren davon überzeugt und suchten weiter.
Nach fast 30 Jahren intensiver Suche gelang Mary LEAKEY 1959 der sensationelle Fund eines Schädels, der sowohl menschliche als auch affenähnliche Merkmale aufwies. Das Alter dieses Fundes wurde auf etwa 1,8 Millionen Jahre bestimmt. Schon 1960 gelang den LEAKEYs ein weiterer Aufsehen erregender Fund. Dieses neue Fossil, dessen Alter ebenfalls auf 1,8 Millionen Jahre geschätzt wurde, gehörte offensichtlich zu einer anderen Art als der Fund von 1959, denn es besaß ein deutlich größeres Gehirn. Man ordnete es der Gattung **Homo,** also *Mensch,* zu, obwohl sein Körperbau, wie spätere Funde zeigten, noch deutliche Unterschiede zum heute lebenden Menschen aufwies. Da die Annahme nahe lag, dass dieser *Urmensch* der Hersteller der Steinwerkzeuge gewesen war, die die LEAKEYs gefunden hatten, gab man ihm den Artnamen **Homo habilis,** *geschickter Mensch.*

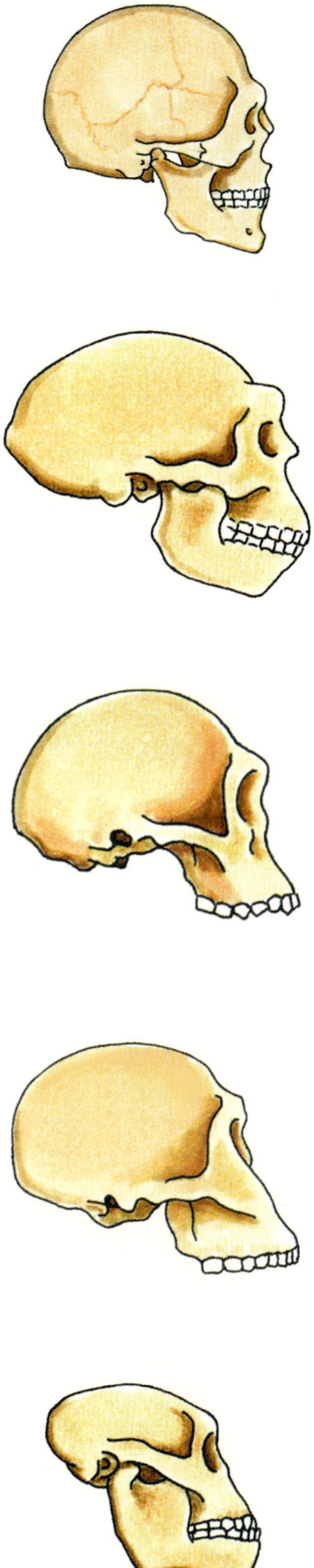

Der erste Fund aus der Olduvai-Schlucht gehörte dagegen zu einem Lebewesen, das zwar gleichzeitig mit Homo habilis gelebt hatte, aber noch viel mehr Ähnlichkeiten mit einem Menschenaffen aufwies. Ähnliche Fossilien hatte man bereits zuvor in Südafrika gefunden. Dieser Gattung hatte man daher den Namen **Australopithecus,** *Südaffe,* gegeben.
Weitere Funde von ausgestorbenen Vorfahren des Menschen zeigten, dass die Wiege der Menschheit wahrscheinlich in Ostafrika stand. Dort vollzogen sich die entscheidenden Schritte in der Entwicklung zum heutigen Menschen.

Heute kennt man eine fast unübersehbar große Fülle an affenähnlichen, menschenähnlichen und menschlichen Fossilien. Oft handelt es sich nur um einzelne Zähne oder um Bruchstücke eines Skeletts. Funde von vollständig erhaltenen Skeletten sind sehr selten. Aus diesen unvollständigen Funden versuchen die Paläo-Anthropologen, die sich mit der Abstammung des Menschen beschäftigen, die einzelnen Funde wie in einem Puzzle zusammenzusetzen.
Das Puzzle ist noch längst nicht vollständig. In groben Zügen lässt sich die Entwicklung zum Menschen aber bereits nachvollziehen.

Die Funde von Vormenschen in Afrika zeigen, dass Menschen und Menschenaffen, zu denen der Orang-Utan, der Gorilla und der Schimpanse zählen, gemeinsame Vorfahren haben. Die ältesten Fossilien, die zu dieser gemeinsamen Ursprungsgruppe gehören, sind über 20 Millionen Jahre alt. Während sich die Menschenaffen zu Bewohnern des tropischen Regenwaldes entwickelten und bis heute zeitweise oder ganz auf Bäumen leben, vollzog sich die Entwicklung zum Menschen in den locker von Bäumen und Büschen bestandenen Savannen.

Die ältesten Fossilien, die sich eindeutig den Vorfahren des Menschen zuordnen lassen, sind über vier Millionen Jahre alt. Diese *Vormenschen* fasst man zur Gruppe der Australopithecinen zusammen. Zu dieser Gruppe gehört beispielsweise die Art **Australopithecus afarensis,** benannt nach einem Fundort in Äthiopien.

Die ältesten Überreste, die zur Gattung Homo gezählt werden, fand man am Turkanasee in Kenia, der früher Rudolfsee hieß. Nach dem Fundort wird dieses nur unvollständig erhaltene Fossil **Homo rudolfensis** genannt. Die weitere Entwicklung ging über den **Homo erectus,** den *aufrecht gehenden Menschen,* bis zum heutigen **Homo sapiens,** den *vernunftbegabten Menschen.*
Viele der Fossilfunde lassen sich nicht in die direkte Entwicklungslinie zum modernen Menschen einordnen. Sie stellen „Sackgassen" in der Entwicklung dar. Zu einem solchen Seitenzweig gehört beispielsweise der Vormensch, den die LEAKEYs 1959 in der Olduvai-Schlucht fanden.

Die Knochenfunde verraten nur wenig darüber, wie die Vorfahren des Menschen wirklich ausgesehen haben. Rekonstruktionen sind Versuche, diesen Fossilien „ein Gesicht" zu geben.

Die Entwicklung zum Menschen erfolgte in Afrika.
Zu den direkten Vorfahren des heutigen Menschen gehören verschiedene Arten der Gattungen Australopithecus und Homo.

1 Beschreibe anhand der Abbildung 1 einige Stationen der Entwicklung zum Menschen. Nenne dabei wesentliche Veränderungen im Bau des Schädels.

3 Vorfahren des Menschen

3.1 Australopithecus lebte in Afrika

1978 arbeiteten Paläo-Anthropologen in Laetoli, einer Fundstelle südlich der Olduvai-Schlucht. Dort hatte man schon früher Fossilien von **Australopithecus afarensis** gefunden. Wieder einmal hatten die Forscher Glück: Diesmal stießen sie auf versteinerte Fußabdrücke. Sie beweisen, dass Australopithecus bereits vor 3,6 Millionen Jahren aufrecht ging. 1974 war in Äthiopien ein fast vollständig erhaltenes Skelett eines Australopithecus gefunden worden, das man **Lucy** taufte. Lucy war nur etwas über einen Meter groß und wog etwa 30 Kilogramm.

Wahrscheinlich streiften kleine Gruppen dieser Vormenschen auf der Suche nach Nahrung, die wahrscheinlich vorwiegend aus Früchten, Blättern und Samen bestand, durch die Savannen Afrikas. Ihre verhältnismäßig langen Arme und die Anatomie ihrer Hände deuten darauf hin, dass sie noch geschickt auf Bäume klettern konnten. Vermutlich suchten sie dort in der Nacht Schutz vor Raubtieren, wie es die Menschenaffen heute noch tun. Auf dem Boden bewegten sich Lucy und ihre Artgenossen aufrecht gehend fort. Dadurch hatten sie im offenen Gelände eine gute Übersicht. Sie konnten Feinde auf große Entfernungen entdecken und ihnen ausweichen. Außerdem hatten sie die Hände frei zum Tragen von Nahrung oder Kleinkindern. Vermutlich verwendeten sie Stöcke oder Knochen dazu, um im Boden nach essbaren Wurzeln oder Knollen zu graben. Werkzeuge aus Stein konnten sie aber vermutlich noch nicht gezielt herstellen.

Lucy hatte noch viele Merkmale, die an Menschenaffen erinnern: Das Gehirn war beispielsweise kaum größer als beim heutigen Schimpansen und der Kiefer stand schnauzenartig vor. Der aufrechte Gang ist allerdings ein eindeutig menschliches Kennzeichen. Lucy kann daher als eine Übergangsform von affenähnlichen Vorfahren zum Menschen angesehen werden.

Aus verschiedenen Gegenden Afrikas sind weitere Funde von Australopithecus bekannt. Manche von ihnen unterscheiden sich so stark von Lucy, dass man ihnen andere Art- und Gattungsnamen gegeben hat. Die ältesten Australopithecinen lebten vor etwa fünf Millionen Jahren, die letzten starben vor mehr als einer Million Jahren aus.

Die Vormenschen der Gattung Australopithecus lebten ausschließlich in Afrika. Sie konnten bereits aufrecht gehen.

1 Beschreibe anhand von Abbildung 1 den Lebensraum von Australopithecus afarensis.

2 Stelle mithilfe einer Atlaskarte und der Abbildung 1 B fest, in welchen Gebieten Afrikas Funde von Australopithecus gemacht wurden.

3 Betrachte die Fußspuren von Laetoli. Wie viele Personen sind hier gegangen?

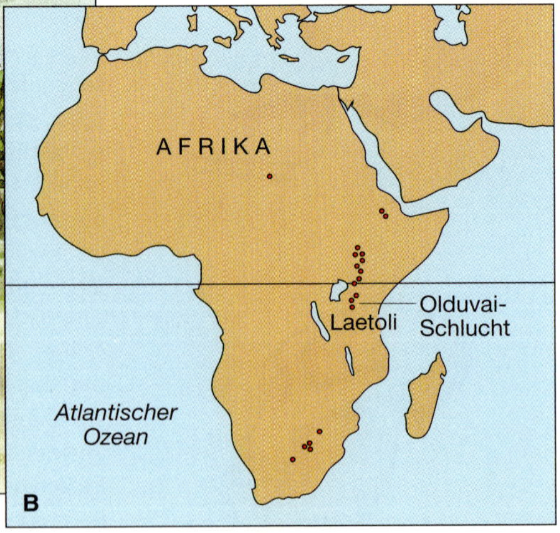

1 ***Australopithecus. A*** *im Lebensraum;* ***B*** *Fundorte in Afrika*

3.2 Homo erectus siedelte auch in Asien

Die ersten Schritte der Entwicklung zum heutigen Menschen vollzogen sich in den Savannen Afrikas. Dies wird beispielsweise durch ein fast vollständiges Skelett eines 1,6 Millionen Jahre alten *Frühmenschen* vom Turkanasee in Kenia belegt. Dieser *Turkana-Boy* besaß eine schlanke, hochgewachsene Gestalt und sah in dieser Hinsicht den Menschen, die heute in dieser Region leben, schon außerordentlich ähnlich. Damit zählte er unzweifelhaft zur Gattung **Homo.** Sein Schädel sah allerdings noch deutlich anders aus als beim modernen Menschen und auch sein Knochenbau war kräftiger. Sein Gehirn war deutlich größer als das des Homo habilis, hatte aber noch nicht die Größe wie beim modernen Menschen.

Wegen ihres aufrechten Ganges erhielten die urtümlichen Menschen den Artnamen **Homo erectus.** Von Ostafrika breiteten sich diese Frühmenschen dann in andere Regionen Afrikas und nach Asien aus. Die afrikanische Form des Homo erectus gehört wahrscheinlich zu den direkten Vorfahren des modernen Menschen.

Bereits vor über einer Million Jahren lebte der Homo erectus in Asien. Fossilfunde, die schon 1891 auf der zu Indonesien gehörenden Insel Java gemacht wurden, beweisen dies.

Auch in China lebten vor etwa 500 000 Jahren schon Frühmenschen. Die ersten Funde wurden um 1930 in einem Höhlensystem nahe der Hauptstadt Beijing (Peking) gemacht.
Dieser Peking-Mensch konnte schon mit dem Feuer umgehen, denn in der Höhle fanden sich Reste von Lagerfeuern. Außerdem benutzte er Werkzeuge, die vorwiegend aus Steinen angefertigt wurden. Im Gegensatz zu Australopithecus, der noch vorwiegend von pflanzlicher Nahrung lebte, nahmen die Ur- und Frühmenschen in zunehmendem Maße auch Fleisch als Nahrung zu sich. Wahrscheinlich sammelten sie zunächst verendete Tiere, später gingen sie aber zunehmend zur Jagd über. Es gibt Hinweise darauf, dass Frühmenschen bereits die Treibjagd auf in Herden lebende Tiere beherrschten. Ob sie auch schon über eine Sprache wie der moderne Mensch verfügten, ist unter den Forschern umstritten.

Nach Europa kamen die ersten Menschen offenbar vor knapp einer Million Jahren. In Spanien wurden vor wenigen Jahren Fossilien von Frühmenschen gefunden, die dort vor etwa 800 000 Jahren gelebt hatten. Aus Frankreich sowie der Gegend um Bilzingsleben (Thüringen) und der Gegend um Heidelberg stammen menschliche Fossilien, die etwas jünger sind. Ob diese Frühmenschen alle zur Art Homo erectus gehören, ist umstritten; mit Sicherheit waren die ersten Europäer aber nahe Verwandte des Homo erectus.

In Afrika lebende Formen des Homo erectus waren wahrscheinlich direkte Vorfahren des modernen Menschen. Von Afrika aus besiedelte der Homo erectus Teile Asiens und nahe Verwandte von ihm auch Europa.

1 Beschreibe die Lebensweise des Homo erectus, wie sie Abbildung 1A zeigt.
2 Benenne die erhaltenen Skelettteile in Abbildung 1B.

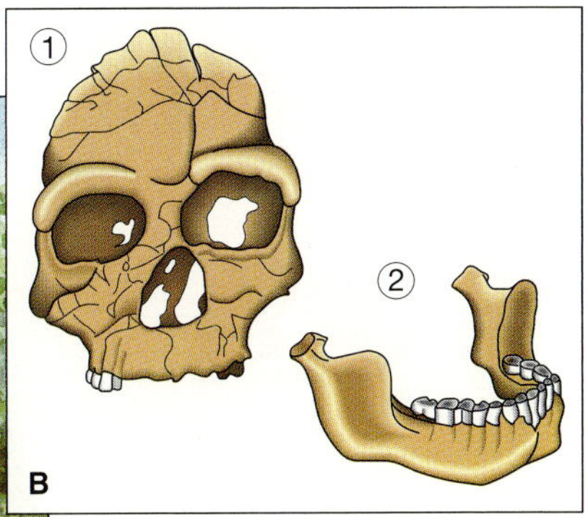

1 ***Homo erectus. A*** *Höhlenmenschen in China;* ***B*** *Funde von Frühmenschen aus Europa:*
① Frankreich: 400 000 Jahre alt,
② Heidelberg: 600 000 Jahre alt

3.3 Neandertaler und Homo sapiens

Im Jahre 1856 entdeckten Arbeiter in einem Steinbruch im Neandertal bei Düsseldorf einige urtümliche Knochen. Sie legten sie dem Lehrer Johann Carl FUHLROTT vor. Dieser untersuchte den Fund und stellte fest, dass er die Schädeldecke, einige Gliedmaßenknochen sowie Reste des Beckens eines Menschen vor sich hatte. Von dem Skelett heutiger Menschen unterschieden sich die Knochen aus dem Neandertal allerdings deutlich: Dieser Mensch hatte sehr viel kräftiger gebaute Knochen, eine fliehende Stirn und dicke Wülste über den Augen besessen. FUHLROTT kam schließlich zu der Überzeugung, dass es sich um die Reste eines Menschen aus der Eiszeit handeln müsse. Mit der Entdeckung dieses **Neandertalers** begann die systematische Erforschung der Abstammung des Menschen.

Seit ihrer Entdeckung sorgen die Neandertaler in der Öffentlichkeit und unter den Wissenschaftlern für heftige Kontroversen. Handelte es sich um „primitive Rohlinge", die eher Tieren als Menschen glichen? Oder war ihre Intelligenz der unseren ebenbürtig? Waren sie unsere Vorfahren, oder gehörten sie einer anderen Art an? Wurden sie vom modernen Menschen verdrängt oder gar ausgerottet, oder lebten beide friedlich nebeneinander und pflanzten sich miteinander fort?

Fest steht, dass die Neandertaler, die in der Zeitspanne von vor 200 000 bis vor etwa 30 000 Jahren in weiten Teilen Europas und Westasiens lebten, anders aussahen als heutige Menschen. Sie besaßen einen massigen Körper und verhältnismäßig kurze, aber sehr kräftige Gliedmaßen. Ihr Schädel mit der fliehenden Stirn und den Knochenwülsten über den Augen verlieh ihnen wohl ein nicht übermäßig „intelligentes Aussehen". Ihr Gehirn war allerdings nicht kleiner, sondern im Durchschnitt sogar noch etwas größer als beim heutigen Menschen. Was dies bedeutet, ist aber nicht ganz klar, denn bei heutigen Menschen gibt es keinen erkennbaren Zusammenhang zwischen Gehirngröße und Intelligenz.

Gegen die Annahme, dass die Neandertaler dem modernen Menschen geistig unterlegen waren, sprechen noch andere Befunde: Aus Grabfunden weiß man, dass sie ihre Toten bestatteten; verheilte Verletzungen deuten darauf hin, dass sie für Kranke sorgten, und Steingeräte zeigen, dass sie geschickte Werkzeugmacher waren. Sicher ist auch, dass sie mit Feuer umgehen konnten, Behausungen bauten und sich mit Fellen kleideten.

Mit ihrem stämmigen Körperbau, der wenig Wärme abstrahlte, waren die Neandertaler gut an das Klima im eiszeitlichen Europa angepasst. Dass sie auch erfolgreiche Großwildjäger waren, beweist ein Speer, der zwischen den Rippen eines vor 120 000 Jahren gestorbenen Elefanten steckte. Um so rätselhafter ist es, dass sie vor knapp 30 000 Jahren endgültig ausstarben – etwa 10 000 Jahre nachdem in Europa Menschen aufgetaucht waren, deren Anatomie derjenigen der heutigen Menschen auffallend glich.

Kaum jemand bezweifelt, dass das Aussterben der Neandertaler mit dem Auftauchen des modernen Menschen in Zusammenhang steht.

A

B

1 Neandertaler.
***A** Werkzeuge aus der Steinzeit;*
***B** bei der Herstellung von Speeren*

Die genauen Umstände sind allerdings unklar. Manche Wissenschaftler glauben, dass sich die beiden Menschenformen miteinander vermischt haben, sodass auch in heutigen Europäern sozusagen noch „Neandertalerblut“ fließt. Als Kronzeugen für ihre Theorie führen sie ein knapp 25 000 Jahre altes Kinderskelett an, das Ende 1998 in Portugal gefunden wurde. Da die Knochen dieses Kindes sowohl neandertalerähnliche als auch moderne Merkmale zeigen, glauben sie, dass es sich um einen Mischling handelt. Nach dieser Theorie gehörten die Neandertaler der gleichen Art an, wie die später in Europa auftauchenden Menschen – der Neandertaler war also lediglich eine Unterart des Homo sapiens. Der wissenschaftlich korrekte Name des Neandertalers lautete demnach *Homo sapiens neanderthalensis.*

Viele andere Wissenschaftler sind hier allerdings skeptisch, unter anderem weil sich die Schädel von Neandertalerkindern von denen zeitgleich lebender, anatomisch moderner Kinder eindeutig auseinanderhalten lassen. Sie halten Neandertaler und die vor 40 000 Jahren in Europa aufgetauchten anatomisch modernen Menschen für zwei verschiedene Arten, die sich nicht miteinander fortgepflanzt und fruchtbare Nachkommen gezeugt haben. Nach dieser Theorie lautet die wissenschaftlich korrekte Bezeichnung des Neandertalers daher *Homo neanderthalensis,* während die Menschen, die vor 40 000 Jahren in Europa auftauchten, ebenso wie wir zur Art **Homo sapiens** gehörten.

Auch über den Ursprung des Homo sapiens streiten sich die Wissenschaftler noch. Manche glauben, der Homo erectus habe sich in verschiedenen Teilen der Welt zum Homo sapiens weiterentwickelt. Nach dieser Ansicht wäre der Peking-Mensch ein direkter Vorfahre der heutigen Ostasiaten und der Neandertaler ein Vorfahre der heutigen Europäer.

Die meisten Fachleute schließen sich aber der **Theorie vom afrikanischen Ursprung des modernen Menschen** an. Nach dieser Theorie stammen alle heutigen Menschen von Vorfahren ab, die vor etwa 150 000 Jahren in Afrika entstanden. Sowohl die Neandertaler als auch die Peking-Menschen repräsentieren nach dieser Theorie blind endende Seitenzweige am Stammbaum des Menschen. Sie sind ausgestorben und haben keine heute noch lebenden Nachfahren.

Gestützt wird die Theorie vom afrikanischen Ursprung des modernen Menschen unter anderem durch die Tatsache, dass die ältesten fossilen Fundstücke anatomisch moderner Menschen – sie sind etwa 100 000 bis 120 000 Jahre alt – aus Afrika stammen.

Warum in Europa schließlich die Neuankömmlinge aus Afrika das Rennen machten und die Neandertaler ausstarben, wird vielleicht immer ein Rätsel bleiben. Da beide ein Leben als Jäger und Sammler führten, konkurrierten sie sicher um dieselbe Nahrung. Vielleicht waren die modernen Menschen besser in der Lage, knapper werdende Ressourcen zu nutzen. Harpunen, mit denen man Fische fangen konnte, kannten jedenfalls offenbar nur sie. Wie wenig „primitiv“ diese Menschen waren, beweisen auch die eindrucksvollen Höhlenmalereien, die vor 20 000 bis 30 000 Jahren in Spanien und Frankreich entstanden.

Die Neandertaler waren Menschen, die bis vor 30 000 Jahren in Europa lebten. Ob sie zur selben Art wie der aus Afrika kommende Homo sapiens gehörten, ist unter Wissenschaftlern umstritten.

1 Ordne die Vorfahren des Jetztmenschen in einer Skizze in der richtigen zeitlichen Abfolge an.

2 Homo sapiens.
***A** beim Fischfang; **B** Höhlenmalerei*

4 Die heutigen Menschen

Die Ureinwohner Nord- und Südamerikas, die Indianer, sind leicht voneinander zu unterscheiden, obwohl sie denselben Kontinent bewohnen. Jedoch sind sie z.B. einem Mongolen oder Chinesen ähnlicher als einem Mitteleuropäer oder Schwarzafrikaner. Der Grund liegt darin, dass Amerika vor etwa 30000 Jahren von Ostasien aus über Alaska durch Jetztmenschen besiedelt wurde. Einige dieser Menschengruppen blieben in Nordamerika, andere wanderten in Südamerika ein. In den unterschiedlichen Lebensräumen entwickelten sich in den getrennten Gruppe unterschiedliche Merkmale, die weiter vererbt wurden.

Solche Unterschiede zwischen verschiedenen Menschengruppen hat man lange Zeit dazu verwendet, mehrere „Rassen" voneinander abzugrenzen. Als Unterscheidungsmerkmale dienten beispielsweise die Hautfarbe, das Haar, die Körpergestalt sowie die Form von Nase, Lippen und Augenlidern. Bei näherer Betrachtung ergeben sich dabei allerdings Schwierigkeiten. Manche Forscher unterschieden nur drei „Großrassen", nämlich „Schwarze" (Negride), „Gelbe" (Mongolide) und „Weiße" (Europide). Andere Wissenschaftler glaubten dagegen mehr als sechzig „Rassen" unterscheiden zu können.

Der Grund für diese unterschiedlichen Auffassungen ist leicht zu erkennen. Anders als bei Rassehunden sind die Übergänge zwischen verschiedenen Menschengruppen nämlich fließend: Kein einziges Merkmal tritt ausschließlich bei einer bestimmten Menschengruppe auf. So gibt es beispielsweise Menschen mit sehr dunkler Hautfarbe nicht nur bei Afrikanern, sondern auch bei manchen Bevölkerungen Südindiens. Blondes Haar kommt nicht nur bei Europäern, sondern bei manchen Ureinwohnern Australiens und den Bewohnern einiger Inseln im Pazifik vor.

Alle Menschen gehören der gleichen Art an. Sie können sich also miteinander fortpflanzen und haben dies im Laufe vieler Völkerwanderungen auch immer wieder getan. Aufgrund der Vererbungsregeln kommt es bei Nachkommen von Menschen unterschiedlicher Bevölkerungen zu einer Kombination unterschiedlicher Merkmale. Diese ständige genetische Durchmischung sorgt dafür, dass es keine klaren „Rassegrenzen" gibt.

1 Heutige Menschen

Heute weiß man, dass die genetischen Unterschiede zwischen Menschen innerhalb einer Bevölkerung viel größer sind als die zwischen verschiedenen Bevölkerungen. Wissenschaftler ziehen daraus den Schluss, dass der Rassenbegriff für den Menschen nicht mehr verwendet werden sollte.

Viel größer als die biologischen Unterschiede zwischen verschiedenen Völkern sind die kulturellen Unterschiede, etwa in der Sprache und der Religion. Weltweite Kommunikation sowie Wanderungen von Menschen aus unterschiedlichen geografischen Regionen sorgen allerdings in der heutigen Zeit dafür, dass auch diese Unterschiede immer stärker verwischen.

Alle heutigen Menschen gehören einer Art an. Menschen aus unterschiedlichen Regionen der Erde unterscheiden sich, aber die Übergänge sind fließend und die Unterschiede zwischen Menschen aus einer Region sind größer als die zwischen Menschen verschiedener Regionen. Daher sollte der Rassenbegriff für den Menschen nicht mehr verwendet werden.

1 In Abbildung 1 sind Vertreter der „Menschheit" dargestellt. Erläutere diese Aussage.

2 Die Zugehörigkeit eines der auf der Pinnwand Seite 137 dargestellten Menschen zur Art Homo sapiens ist umstritten. Begründe.

MENSCHEN

Asiaten

Die Asiaten bewohnen große Gebiete Zentral-, Ost- und Südostasiens sowie einige Inseln im Pazifik. Es gibt viele verschiedene Völker mit sehr unterschiedlichen Merkmalen. Das obere Augenlid ist aber bei fast allen Asiaten in einem sichelförmigen Bogen angelegt (Mongolenfalte). Die Anfänge einiger asiatischer Kulturen reichen mehrere Jahrtausende zurück (z. B. in Japan und China). Heute haben asiatische Völker mit Abstand den größten Anteil an der Weltbevölkerung.

Indianer

Die Vorfahren der heutigen Indianer Nord- und Südamerikas wanderten vor etwa 30000 Jahren aus Asien ein. Die Indianer sind deshalb mit den Asiaten verwandt. Bei ihrer Ausbreitung über Amerika besiedelten Indianer verschiedene Lebensräume, z. B. die Prärien Nordamerikas sowie die südamerikanischen Urwälder und Hochgebirge. In Mittel- und Südamerika lebten Völker schon vor Jahrhunderten in hoch entwickelten Staaten. Durch die Einwanderung von Menschen aus anderen Erdteilen bilden die Indianer heute in vielen amerikanischen Staaten nur noch eine Minderheit.

Europäer

Unter allen Völkern der Erde finden sich die meisten Menschen mit heller Haut, hellem Haar und blauen Augen unter den Europäern. Europäische Völker leben heute außer in Europa vor allem in Amerika und Australien. Die meisten Völker Nordafrikas, Arabiens und des Nahen und Mittleren Ostens bis nach Indien sind mit den Europäern nahe verwandt.

Schwarzafrikaner

Die Schwarzafrikaner bilden sehr viele Völker mit ganz unterschiedlichen Merkmalen. Ursprünglich bewohnten sie vorwiegend die Gebiete Afrikas südlich der Sahara. Dabei besiedelten sie eine große Vielfalt verschiedener Lebensräume. Als Sklaven wurden Schwarzafrikaner vor allem nach Amerika verschleppt. In vielen Ländern Amerikas, z. B. in den USA und in Brasilien, haben Schwarze heute einen hohen Anteil an der Bevölkerung. Vor allem in Südamerika haben sich Völker afrikanischer Herkunft mit anderen Völkern vermischt.

Neandertaler

Die Neandertaler unterschieden sich vom modernen Homo sapiens durch verschiedene Merkmale. So hatten sie z. B. starke Überaugenwülste, eine fliehende Stirn, etwas vorstehende Kiefer und ein kräftiges Skelett. Das Kinn war abgerundet, das Gehirn im Durchschnitt etwas größer als beim heutigen Menschen. Die Ursachen für das Aussterben der Neandertaler sind bisher nicht genau geklärt.

Australier

Die Ureinwohner Australiens hatten lange vor der Ankunft der Europäer große Teile des fünften Kontinents besiedelt. Sie lebten dort vorwiegend als Jäger und Sammler. Aus den meisten Lebensräumen wurden sie von europäischen Siedlern verdrängt. Heute bilden die Ureinwohner Australiens nur noch eine Minderheit an der Gesamtbevölkerung.

1 Kinder unterschiedlicher Hautfarbe

5 Die Erklärung der Artenvielfalt

5.1 Variation und Selektion

Für viele Afrikaner oder Chinesen sehen Europäer alle gleich aus. Dasselbe denken viele Europäer über Afrikaner oder Chinesen. Wer jedoch etwas genauer hinschaut, erkennt sehr bald, dass afrikanische oder chinesische Kinder genauso unterschiedlich aussehen wie wir selbst. Tatsächlich unterscheiden sich alle Menschen individuell voneinander, und das gleiche gilt für die Angehörigen sämtlicher Tier- und Pflanzenarten. Diese überall anzutreffende Vielfalt bezeichnet man als **innerartliche Variation.**

Viele Unterschiede zwischen den Angehörigen einer Art beruhen auf unterschiedlichen Lebensbedingungen, Erfahrungen oder Training. So sieht ein Langstreckenläufer beispielsweise anders aus als ein Kugelstoßer. Viele andere Unterschiede sind aber erblich. Tatsächlich sind *alle* Menschen – ebenso wie die Angehörigen anderer Arten – auch *genetisch einzigartig.* Die einzige Ausnahme von dieser Regel sind *eineiige Zwillinge:* Sie sind genetisch identisch.

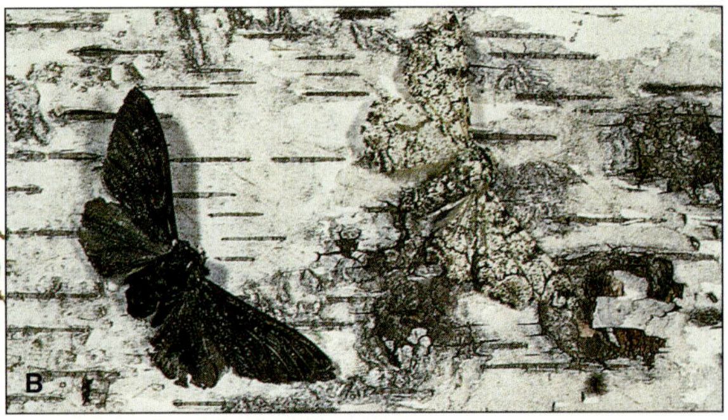

2 Farbvarianten bei Tieren. A *asiatische Marienkäferart;* ***B*** *Birkenspanner (Schmetterling)*

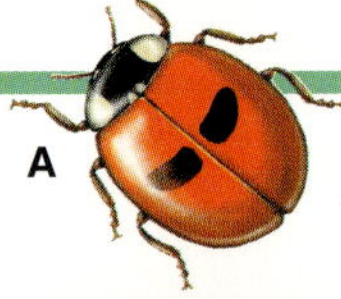

Die Quelle der genetischen Vielfalt sind letztlich spontan auftretende **Mutationen,** die an die Nachkommen weitergegeben werden. Mutationen allein könnten aber die genetische Vielfalt etwa der Hunderassen nicht erklären: Dafür sind sie zu selten. Weitaus bedeutsamer ist daher die Tatsache, dass bei der Bildung und Verschmelzung der Geschlechtszellen die Erbanlagen ständig neu miteinander kombiniert werden. Diese **Rekombination** gleicht dem Mischen eines Kartenspiels – nur ist die Anzahl der Karten sehr viel größer als bei einem gewöhnlichen Kartenspiel. Züchter machen sich die ungeheure genetische Vielfalt von Tieren und Pflanzen zunutze: Sie lassen nur die Individuen zur Fortpflanzung zu, die über Merkmale verfügen, die ihrem Zuchtziel entsprechen. Auf diese Weise ist die Vielfalt der heutigen Hunderassen entstanden.

In der Natur geschieht etwas Ähnliches – wenngleich die Natur kein „Zuchtziel" kennt und dort auch kein Züchter mit bestimmten Absichten am Werk ist. Beispielsweise ist der Birkenspanner an seinen bevorzugten Ruheplatz, die Birke, hervorragend *angepasst:* Die hellen Schmetterlinge werden von Vögeln nämlich wesentlich seltener entdeckt und gefressen als ihre dunklen Artgenossen. Sie werden daher – und dies ist das Entscheidende – mehr überlebende Nachkommen haben als ihre schlechter angepassten Artgenossen. Diesen Prozess, durch den besser angepasste Individuen einen Fortpflanzungsvorteil gegenüber ihren schlechter angepassten Artgenossen erlangen, nannte DARWIN **natürliche Selektion.** Auf lange Sicht führt natürliche Selektion zur Veränderung des Gen-Bestandes einer Art und damit zur **Evolution.**

Variation und Selektion sind die Grundelemente der Evolutionstheorie, die Charles DARWIN 1859 in seinem Buch über die „Entstehung der Arten" veröffentlichte und die auch heute noch Gültigkeit hat. Die 50 Jahre zuvor von **LAMARCK** aufgestellte Vermutung, dass alle Lebewesen einen angeborenen Drang zur Vervollkommnung besäßen und durch ständiges Training erworbene Merkmale an ihre Nachkommen vererbten, bestätigte sich dagegen nicht.

Variation und Selektion sind die wichtigsten Mechanismen der Evolution. Die genetische Variabilität liefert das Rohmaterial für die Selektion, die dann in einem zweiten Schritt dafür sorgt, dass besser angepasste Individuen im Schnitt mehr überlebende Nachkommen hinterlassen als schlechter angepasste.

1 Eineiige Zwillinge sind genetisch identisch, zweieiige jedoch nicht. Überlege, wie der Unterschied zustande kommt.

Zwei Wissenschaftler – zwei Theorien

Streifzug durch die Geschichte

Jean Baptiste MONET, Chevalier de LAMARCK, geb. am 1. August 1744 in Bazentin-le-Petit (Frankreich) als 11. Kind einer verarmten Adelsfamilie; 1793 Professor für wirbellose Tiere in Paris; vertritt in seinem Buch *Philosophie zoologique* (1809) eine Evolutionstheorie, nach der einfache Lebensformen spontan entstehen, durch eigene Anstrengungen immer perfekter werden und diese erworbenen Eigenschaften an ihre Nachkommen weitergeben; stirbt am 18. Dezember 1829 in Paris.

Charles Robert DARWIN, geb. am 12. Februar 1809 in Shrewsbury (England) als 5. Kind einer wohlhabenden Arztfamilie; studiert nach abgebrochenem Medizinstudium Theologie; nimmt von 1831 bis 1836 als unbezahlter Naturforscher an einer Weltumsegelung der „Beagle" teil; entwickelt nach seiner Rückkehr seine Evolutionstheorie, nach der alle heutigen Lebewesen von einem gemeinsamen Vorfahren abstammen; stirbt am 19. April 1882 in Down (Kent).

LAMARCK nahm an, dass sich die Vorfahren der Giraffen an veränderte Umweltbedingungen (höhere Bäume) dadurch anpassten, dass ihr Hals durch fortwährendes Strecken immer länger wurde. Diese erworbene Eigenschaft gaben sie an ihre Nachkommen weiter. Auf die Idee, dass verschiedene Arten gemeinsame Vorfahren haben könnten, kam LAMARCK noch nicht; seiner Ansicht nach ließen sich alle heutigen Arten auf ebenso viele primitive Vorfahren zurückführen.

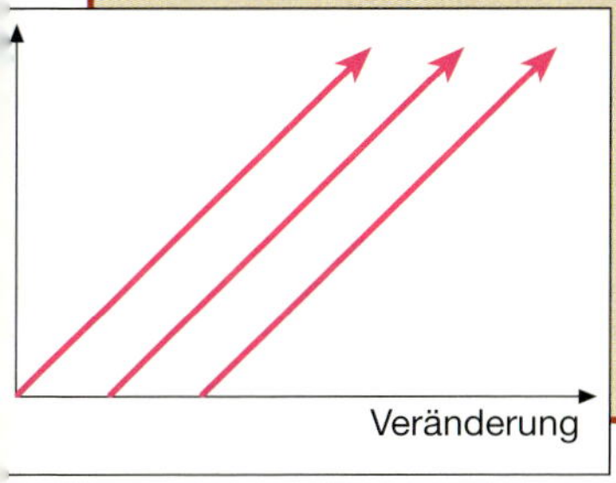

Nach DARWINs Vorstellung besaßen die Vorfahren der Giraffen unterschiedlich lange Hälse. Bei veränderten Umweltbedingungen (höhere Bäume) hatten diejenigen mit dem längeren Hals bessere Überlebenschancen und hinterließen mehr Nachkommen, die sich ebenfalls durch längere Hälse auszeichneten. DARWIN vermutete, dass Giraffen und alle anderen heutigen Lebewesen über eine lange Kette gemeinsamer Vorfahren miteinander verwandt waren.

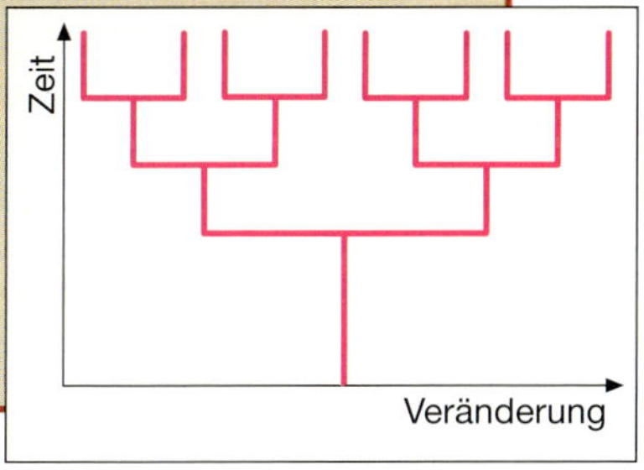

1 Maultier, Esel und Pferd

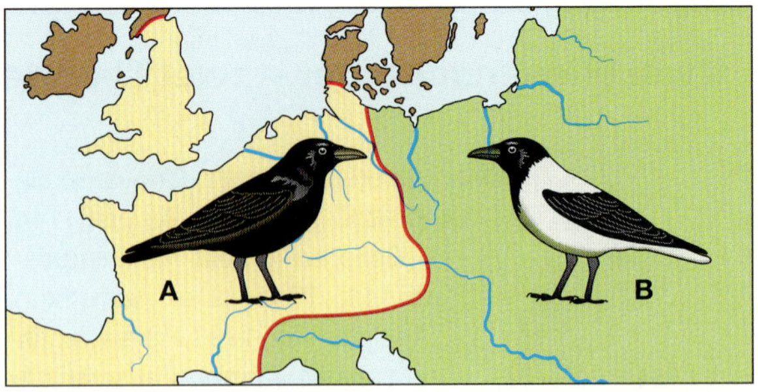

2 Verbreitungsgebiet von Raben- (A) und Nebelkrähe (B)

3 Artbildung im Modell. *Eine kleine Gruppe von Festland-Mäusen wird auf eine Insel verfrachtet (**A**); durch die neuen Lebensbedingungen verändern sich im Laufe der Generationen die erblichen Eigenschaften der Inselbewohner (**B**); nach Millionen von Jahren kommen die beiden Mäusegruppen wieder in Kontakt, können aber keine fruchtbaren Nachkommen mehr miteinander zeugen – eine Fortpflanzungsbarriere ist entstanden (**C**).*

5.2 Die Entstehung neuer Arten

Dass Pferde etwas anderes sind als Esel, weiß jedes Kind. Andererseits sehen sich Pferde und Esel so ähnlich, dass die Annahme einer engen Verwandtschaft zwischen beiden Arten nahe liegt. Für diese Annahme spricht noch etwas anderes: Man kann Pferde und Esel miteinander kreuzen. Den entstehenden Mischling nennt man Maultier, wenn die Mutter ein Pferd war, oder Maulesel, wenn die Mutter ein Esel war. Allerdings sind die Mischlinge selbst unfruchtbar: Sie können keine Kinder bekommen. Zwischen Pferden und Eseln gibt es also eine **Fortpflanzungsbarriere,** die sie daran hindert, miteinander fruchtbare Nachkommen zu erzeugen. Eine solche Fortpflanzungsbarriere ist das *Hauptkennzeichen verschiedener Arten.*

Bei anderen Tieren wie der in Westeuropa heimischen Rabenkrähe und der östlich der Elbe lebenden Nebelkrähe ist die Fortpflanzungsbarriere weniger vollständig: Wo Raben- und Nebelkrähe aufeinander treffen, erzeugen sie miteinander fruchtbare Nachkommen. Anders als bei Pferden und Eseln handelt es sich daher hier nicht um verschiedene Arten, sondern nur um *geographische Unterarten oder Rassen einer Art.*

Die Beispiele zeigen, wie man sich die Entstehung verschiedener Arten aus einem gemeinsamen Vorfahren vorstellen kann. Sind zwei Populationen einer Art längere Zeit voneinander getrennt, leben sie sich – oft in Angepasstheit an unterschiedliche Lebensverhältnisse – buchstäblich auseinander; treffen sie dann irgendwann wieder zusammen, passen sie nicht mehr zueinander: Sie können – wie Pferde und Esel – keine fruchtbaren Nachkommen mehr erzeugen oder sind gar nicht mehr daran interessiert, sich überhaupt miteinander fortzupflanzen.

Das Hauptkennzeichen verschiedener Arten sind Fortpflanzungsbarrieren. Sie entstehen oft in Angepasstheit an unterschiedliche Lebensbedingungen.

6 Die Entstehung des Lebens

Lange Zeit glaubten die Menschen, einfache Lebensformen würden ständig durch „Urzeugung" aus unbelebter Materie entstehen. Würmer, meinte der griechische Philosoph und Naturforscher ARISTOTELES, würden aus Schlamm und Unrat entstehen, und noch vor 200 Jahren glaubte GOETHE, dass man Flöhe aus einer Mischung aus Sägemehl und Urin erzeugen könne. Ganz abwegig waren diese Ideen nicht, denn schließlich konnte man ja sehen, dass ein verdorbenes Stückchen Fleisch eine ideale Brutstätte für Leben aller Art ist. Erst 1864 bewies der französische Arzt Louis PASTEUR durch Sterilisationsexperimente, dass die Vorstellung von der „Urzeugung" falsch war. Damit hatte man sich allerdings ein weiteres Problem eingehandelt: Wenn Leben nicht spontan durch „Urzeugung" entstehen kann, wie ist es dann entstanden?

Heute weiß man, dass einfache, den heutigen Bakterien ähnliche Lebensformen schon vor 3,5 Milliarden Jahren auf der Erde existierten. Aber wie kamen sie dort hin? Wenn die Entstehung des Lebens ein natürlicher Vorgang war, müsste dieser Prozess theoretisch im Labor nachvollziehbar sein. Leben aus unbelebter Materie zu erschaffen, ist bisher aber noch niemandem gelungen. Andererseits ist das vielleicht nicht so verwunderlich: Mehrere hundert Millionen Jahre hatte noch kein Wissenschaftler Zeit, zu experimentieren.

Auf dem Weg, die Entstehung des Lebens im Labor nachzuvollziehen, sind die Wissenschaftler in den letzten 50 Jahren allerdings schon ein gutes Stück vorangekommen. Der erste Schritt bestand in der Erkenntnis, dass auf der jungen Erde ganz andere Verhältnisse herrschten als heute: In der Atmosphäre gab es weder eine vor UV-Strahlen schützende Ozonschicht noch Sauerstoff, den man atmen konnte; vulkanische Gase wie Methan, Ammoniak und Kohlenstoffdioxid sowie Wasserdampf und elektrische Entladungen durch Blitze waren dagegen allgegenwärtig. Als der amerikanische Chemiker Stanley MILLER 1953 diese Bedingungen im Labor nachahmte, bildeten sich zahlreiche organische Substanzen – unter anderem auch Aminosäuren, die Bausteine der Proteine. Von dort bis zur Entstehung lebender Zellen ist es zwar noch ein weiter Weg, aber unlösbar erscheint die Frage nach der Entstehung des Lebens heute nicht mehr.

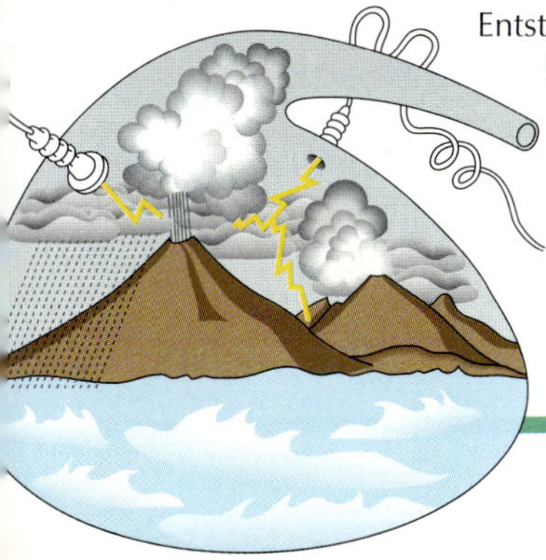

Streifzug durch die Ethik

„Darwinismus" – was ist das?

Für die meisten Menschen ist der Begriff „Darwinismus" gleichbedeutend mit dem „Gesetz des Dschungels": ein unerbittlicher Kampf aller gegen alle, bei dem nur der Stärkste überlebt. Manche warfen DARWIN sogar vor, er befürworte das „Recht des Stärkeren". Auch der Begriff der „Selektion" weckt bei vielen Menschen aufgrund der Politik der Nationalsozialisten äußerst schlimme Erinnerungen.

Tatsächlich spielte der Begriff vom „Kampf ums Dasein" bei DARWIN eine wichtige Rolle. Allerdings meinte er damit nicht, dass Tiere oder Menschen einander ständig die Köpfe einschlagen würden oder dies gar tun *sollten;* beim „Kampf ums Dasein" ging es auch nicht in erster Linie um Fressen und Gefressen werden. Es handelte sich eher um einen Wettbewerb um Fortpflanzungsvorteile, und dabei hatten auch positive Merkmale einen Selektionsvorteil: Liebe, Freundlichkeit, Solidarität, gegenseitige Hilfe und aufopferungsvolle Pflege von Jungtieren.
„Darwinismus" ist keine Ideologie, sondern eine wissenschaftliche Theorie: Manche Individuen einer Art erreichen aufgrund ihrer erblichen Eigenschaften einen höheren Fortpflanzungserfolg als andere. Langfristig führt dies zur Veränderung des Gen-Bestandes einer Art, also zur Evolution.
Mehr als uns zu erklären, warum etwas so ist, wie es ist, vermag eine Theorie wie der „Darwinismus" allerdings nicht. Was „gut" ist und was „schlecht", ist eine völlig andere Frage. Die Theorie der Evolution gibt uns darauf keine Antwort.

1 Informiere dich, welche Bedeutung der Begriff „Selektion" im Nationalsozialismus hatte.

Prüfe dein Wissen

Abstammungslehre

Der Säulenkaktus (A) ist eine Charakterpflanze der Wüstengebiete im Südwesten Nordamerikas. Ganz ähnlich aussehende Pflanzen, wie die Kandelaber-Euphorbien (B), kommen in Wüstengebieten der Alten Welt vor. Allerdings unterscheiden sich die beiden Arten im Aufbau ihrer Blüten. Beruht die Ähnlichkeit zwischen den beiden Pflanzen auf gemeinsamer Abstammung oder auf gleichartiger Anpassung an ähnliche Lebensbedingungen? Begründe deine Antwort.

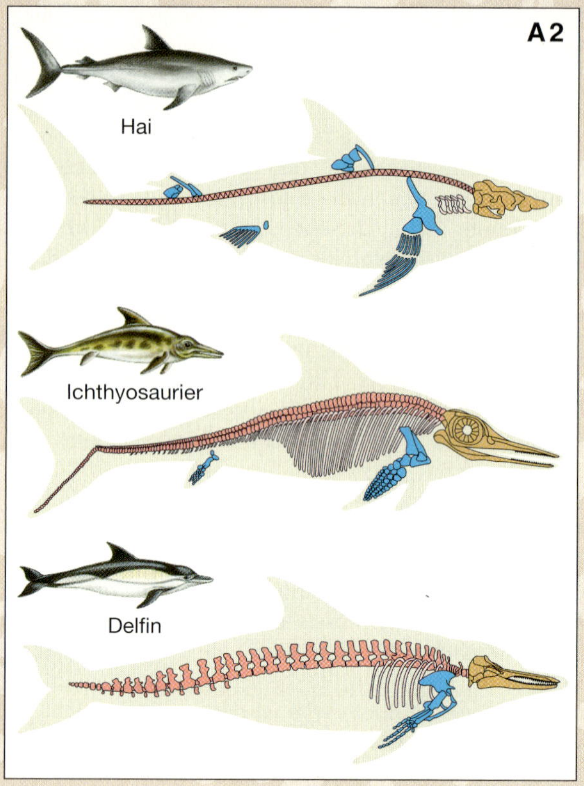

Im Gegensatz zu vielen anderen Tieren besitzen Haie, Delfine und die im Zeitalter des Jura weit verbreiteten, inzwischen aber ausgestorbenen Fischsaurier eine Wirbelsäure – ein Hinweis dafür, dass die drei Tierarten nahe miteinander verwandt sind. Auch in zahlreichen anderen Merkmalen ähneln sich die drei Tierarten: Alle drei leben (bzw. lebten) im Meer, ernähr(t)en sich hauptsächlich von Fischen, zeichne(te)n sich durch eine auffallend ähnliche Körpergestalt aus und vermehr(t)en sich durch innere Befruchtung. Von den Fischsauriern weiß man auch, dass sie – ebenso wie die Delfine und die Mehrzahl der Haie – lebende Junge zur Welt brachten (nur einige Haiarten, wie der in der Nordsee verbreitete Katzenhai, legen Eier). Dennoch werden alle drei Arten innerhalb der Gruppe der Wirbeltiere unterschiedlichen Tierklassen zugerechnet.

a) Nenne die Klassen, zu denen die drei Tierarten gehören.

b) Nenne Gründe, warum die drei Arten unterschiedlichen Tierklassen zugeordnet werden.

c) Nenne Gründe, warum sich die drei Arten so stark ähneln.

Der Grottenolm ist ein in den Karst-Höhlen Dalmatiens lebender Molch. Wie viele andere unterirdisch oder in Höhlen lebende Tiere ist er blind, besitzt aber noch Reste von Augen. Solche Reste einst funktionstüchtiger Organe werden auch **Rudimente** genannt. Rudimente waren schon für DARWIN ein wichtiger Indizienbeweis für seine Evolutionstheorie. Erkläre.

A4 In seinem Buch über die „Entstehung der Arten“ beklagte sich DARWIN über die „Lückenhaftigkeit des Fossilmaterials“. Obwohl heute viel mehr Fossilien bekannt sind als damals, hat sich an dieser Situation prinzipiell nichts geändert. Woran liegt das und welche Schwierigkeiten ergeben sich daraus?

A5 Fast 20 Jahre lang wehrten sich Bürgerinitiativen und Wissenschaftler gegen Pläne, aus einem ehemaligen Ölschieferbergwerk, der Grube Messel bei Darmstadt, eine Müllkippe zu machen. Man hatte in dem Ölschiefer, der aus dem Faulschlamm am Grunde eines urzeitlichen Sees entstanden war, nämlich eine Vielzahl hervorragend erhaltener Fossilien aus der Zeit von vor 49 Millionen Jahren gefunden – darunter Urpferde, Halbaffen und Krokodile. 1991 hatte der Protest Erfolg: Das Land Hessen erwarb das Gelände und stellte es unter Denkmalschutz. Im Jahr 1995 erklärte die UNESCO die Grube Messel schließlich als eine der weltweit bedeutendsten Fossilienfundstätten zum „Weltnaturerbe der Menschheit“.
Begründe, warum der Schutz von Fossilien ebenso wichtig ist wie die Erhaltung historischer Denkmäler und Kunstschätze.

A6 Sowohl Jean Baptiste de LAMARCK als auch Charles DARWIN waren der Meinung, dass die heutigen, in den Savannen Afrikas lebenden Giraffen von Tieren mit kurzen Hälsen abstammen. Diese Tiere könnten so ähnlich ausgesehen haben wie das Okapi – eine Art „Waldgiraffe“ aus dem zentralafrikanischen Regenwald, die erst 1901 entdeckt wurde. LAMARCK und DARWIN schlugen allerdings unterschiedliche Erklärungen dafür vor, warum die Giraffen im Laufe der Evolution lange Hälse bekommen hätten.

a) Beschreibe die beiden Evolutionstheorien. Nenne Unterschiede und Gemeinsamkeiten.
b) Nenne Gründe, die für die eine oder die andere Theorie sprechen.

Seit der Neandertaler entdeckt wurde, wurde er von Zeichnern sehr unterschiedlich dargestellt: Auf der linken Darstellung als grobschlächtiges, primitives Wesen, auf der rechten als jemand, der rasiert und modern gekleidet kaum auffallen würde. Welches Bild entspricht unseren heutigen Kenntnissen von den Neandertalern am ehesten?

Fette Seitenzahlen weisen auf ausführliche Behandlung im Text oder auf Abbildungen hin; f. = die folgende Seite; ff. = die folgenden Seiten.